西安交通大学 本科"十四五"规划教材

社会救助概论

主　编　胡芳肖

副主编　杨　潇　王育宝

西安交通大学出版社

国 家 一 级 出 版 社
全国百佳图书出版单位

内容提要

本书以新时代中国特色社会主义思想为指导,以我国社会救助制度改革和发展为历史背景,系统介绍了社会救助的基本理论,结合我国社会救助制度的运行实践,深入分析了我国社会救助制度运行中的现实问题及热点难点问题,并提出了相应的完善思路与对策。

全书共分十二章。第一章和第二章从理论层面介绍社会救助的一般理论,包括社会救助概述和社会救助的理论基础。第三章到第九章主要介绍了各专项社会救助制度的基本理论与运行实践,分析了我国专项救助制度改革发展中存在的热点难点问题,包括生活社会救助、灾害社会救助、生产社会救助、医疗社会救助、教育救助、住房社会救助、法律援助。第十章和第十一章对特殊人群的救助和社会力量参与社会救助问题做了介绍和探讨。第十二章从理论与实际、宏观与微观及国内外相结合的视角深入剖析了社会救助管理问题。

本书具有较强的研究性和教学实用性,可以作为高等院校本科生教材,也可为相关专业人员和政府部门的实际工作者提供一定的参考和借鉴。

图书在版编目(CIP)数据

社会救助概论 / 胡芳肖主编. — 西安 :西安交通大学出版社,2022.6(2023.2 重印)

ISBN 978 - 7 - 5693 - 2406 - 8

Ⅰ. ①社… Ⅱ. ①胡… Ⅲ. ①社会救济-研究-中国 Ⅳ. ①D632.1

中国版本图书馆 CIP 数据核字(2021)第 249421 号

书　　名	社会救助概论
	SHEHUI JIUZHU GAILUN
主　　编	胡芳肖
副 主 编	杨　潇　王育宝
责任编辑	魏照民
责任校对	郭　剑
装帧设计	伍　胜
出版发行	西安交通大学出版社
	(西安市兴庆南路 1 号　邮编:710048)
网　　址	http://www.xjtupress.com
电　　话	(029)82668357　82667874(市场营销中心)
	(029)82668315(总编办)
传　　真	(029)82668280
印　　刷	西安日报社印务中心
开　　本	787mm×1092mm　1/16　印张 16.75　字数 428 千字
版次印次	2022 年 6 月第 1 版　2023 年 2 月第 2 次印刷
书　　号	ISBN 978 - 7 - 5693 - 2406 - 8
定　　价	49.80 元

如发现印装质量问题,请与本社市场营销中心联系。

订购热线:(029)82665248　(029)82667874

投稿热线:(029)82668133

读者信箱:897899804@qq.com

前　言

　　社会救助制度是保障基本民生、促进社会公平、维护社会稳定的兜底性、基础性制度安排，是社会的"最后一道安全防护网"。国内外发展经验表明，社会救助制度事关困难群众基本生活和衣食冷暖，体现一国或地区社会制度的优越性。新中国成立以来，我们党以全心全意为人民服务为宗旨，始终重视困难群众的生产生活保障，通过实施生活救助，开展灾害救助、生产救助等社会救助，使特殊群体、困难群众基本生产生活得到了有效保证，产生了良好的社会效果。特别是1992年党的十四大召开以后，随着社会主义市场经济体制改革的不断深入，我国逐步建立起了与之相适应的社会救助制度体系，具体包括探索建立城乡最低生活保障制度、改革农村五保供养制度、完善灾害救助制度、发展专项救助制度和建立健全临时救助制度等。2012年党的十八大以后，以习近平同志为核心的党中央领导集体带领中国迈向中国特色社会主义建设新时代。我国社会救助事业也进入一个崭新的历史阶段。

　　进入新时代，我国社会救助制度建设重点也发生了一系列新变化。一是强调新时代背景下扶贫与社会救助的有效衔接。2013年，习近平总书记提出了精准扶贫与精准脱贫的新时期扶贫战略，2017年10月，在党的十九大报告中他再次提出："要动员全党全国全社会力量，坚持精准扶贫、精准脱贫，坚持中央统筹省负总责市县抓落实的工作机制，强化党政一把手负总责的责任制，坚持大扶贫格局，注重扶贫同扶志、扶智相结合，深入实施东西部扶贫协作，重点攻克深度贫困地区脱贫任务，确保到二〇二〇年我国现行标准下农村贫困人口实现脱贫，贫困县全部摘帽，解决区域性整体贫困，做到脱真贫、真脱贫。"为实现现行标准下农村贫困人口"两不愁、三保障"目标，我国政府进一步提出健康扶贫、社会救助助力脱贫等系列政策措施，这些对新时代实现精准脱贫与社会救助有效衔接提出了更高要求。二是社会救助体系更加完善，重视社会力量参与社会救助。2014年国务院发布的《社会救助暂行办法》，将我国社会救助概括为最低生活保障、特困人员供养、受灾人员救助、医疗救助、教育救助、住房救助、就业救助、临时救助以及社会力量参与的"8＋1"社会救助体系框架。2020年8月中共中央办公厅、国务院办公厅发布的《关于改革完善社会救助制度的意见》，从统筹发展社会救助体系、巩固脱贫攻坚成果、切实兜住兜牢基本民生保障底线高度，提出建立以基本生活救助、专项社会救助、急难社会救助为主体，社会力量参与为补充，建立健全分层分类救助制度体系的基本任务。这些政策都体现了我国在新时代建立完善的社会救助制度体系和社会力量参与社会救助的重要性。三是重视建立统一完善的社会救助组织管理体制机制。推动建立社会救助部际联系机制，以解决政府社会救助职能分散、容易造成救助资源重复浪费问题。完善灾害应急管理体制机制，成立应急管理部，将原由民政部门负责的灾害救助工作交由应急管理部负责。组建国务院直属机构——国家医疗保障局，承接原属人力资源和社会保障部的城镇职工和城镇居民基本医疗保险、生育保险职责，国家卫生健康委员会的新型农村合作医疗职责，国家发展和改革委员会的药品和医疗服务价格管理职责，民政部的医疗救助职责等。四是重视将大数据技术与社会救助信息化建设相结合，提升社会救助信息化水平。随着大数据、云计算等信息技术在各领域的应用和社会救助工作综合性、复杂性和开展难度的提高，社会救助领域也迫切需要提高信息化水平，迫切需要大数据支持实现精准救助，提高救助管理水平。特别是2020年年初新冠疫情突发以来社会救助制度运行与管理暴露的信息匮乏短板，也迫切需要统一的社会救助信息平台做支撑，以有效应对特殊时期困难人群的救助需要。

新时代我国社会救助体制机制的这些重大变化和实现社会救助事业高质量发展，迫切需要学者和实际部门工作人员在理论、实践等方面进行回应，在基本和全面建成社会主义现代化过程中创新有为。在西安交通大学本科"十三五"规划教材建设项目的支持下，教材编写组坚持保基本、兜底线、救急难、可持续的总体编写思路，以统筹救助资源、增强兜底功能、提升服务能力为重点，完善法规制度，健全体制机制，强化政策落实，不断增强困难群众的获得感、幸福感、安全感为努力目标，力求将中国特色社会主义新时代社会救助体制机制的变化体现在《社会救助概论》撰写中。

教材共分十二章。第一章和第二章，介绍社会救助的一般理论，构建了社会救助的理论基础。第三章到第九章，分别介绍和分析了生活社会救助、灾害社会救助、生产社会救助、医疗社会救助、教育救助、住房社会救助、法律援助等专项社会救助的基本理论、国外实践，分析总结了新时代中国特色社会主义制度下各专项社会救助制度改革与实践中存在的问题，提出了进一步深化改革的措施。第十章和第十一章，对特殊人群社会救助和社会力量参与社会救助进行了深入探讨。第十二章，以国际化视域，从理论与实践相结合角度认真分析了社会救助管理中存在的问题并提出了改革措施。秉承西安交通大学严谨的治学态度和作风，教材编写力求做到观点鲜明，逻辑严谨，论据确凿，措施可行。

教材有以下特色：

第一，重视理论与实践相结合。编写中，广泛吸收最新理论研究成果，既探讨社会救助理论基础，也对社会救助实践中出现的最新问题进行回应。每一章均从介绍基本理论开始，同时介绍运行层面的知识，如社会救助的行为主体及主要职能部门、我国城乡最低生活保障制度、灾害救助制度、医疗社会救助制度的运行实践等,以增强教材的立体感、实践性。注重社会救助理论基础构建。除借鉴国内成熟理论体系外,根据救助对象主要表现为贫困的问题,教材增加了贫困与反贫困理论、福利经济与社会救助、福利多元主义理论与社会救助、负所得税理论与社会救助等内容,并对国内的反贫困理论进行了一定拓展,充实了社会救助理论基础。

第二,适度的创新性。在教材编写之初,我们通过追踪国内外热点问题,使教材编写充分反映社会救助领域的最新研究成果。每章还设计了现状、问题与完善思路,试图通过对我国社会救助制度实施中出现的热点难点问题的深入探讨,让学生了解我国社会救助制度的实践,通过问题意识,激发学生学习热情。

教材由胡芳肖(西安交通大学)担任主编,杨潇(西安交通大学)、王育宝(西安交通大学)担任副主编。具体编写分工如下:第一章、第二章、第三章、第四章、第十二章由胡芳肖教授撰写和修订;第五章、第六章、第十章,第十一章由杨潇副教授撰写和修订;第七章、第八章、第九章由王育宝副教授撰写和修订。西安交通大学公共政策与管理学院社会保障专业硕士研究生田若楠参与了第三章内容的修订,李粉粉参与了第二章、第四章内容的修订,刘维阳参与了第七章、第九章、第十一章内容的修订,孙玉洁参与了第八章内容的修订,李艳梅参与了第十二章内容的修订。

编写组成员在编写中,参考了国内外大量相关学术论文和研究报告、有关文件,在此对被引用文献的作者、相关机构表示由衷感谢!教材的出版得到了西安交通大学"十四五"教材规划建设项目和西安交通大学公共政策与管理学院领导的大力支持,西安交通大学出版社编辑魏照民等为教材的出版付出了辛勤的劳动,在此一并致谢!

主编　胡芳肖

2022 年 1 月于西安交通大学

目 录

第一章 社会救助概述

社会救助是当今世界各国保障低收入家庭和居民基本生存权的重要手段。虽然在中国和西方的一些国家，很早以前就有了"救灾济贫"的思想，但这种"救灾济贫"活动从一种民间行为转化为国家行为，却经历了一个较长的历史阶段。随着社会救助实践的深入，社会救助理论也得到不断发展和完善。本章介绍了社会救助的含义、特征及功能，介绍了中国社会救济产生和发展历史，并从理论层次，揭示了社会救助与社会保险、社会保障等的区别和联系，为深入学习社会救助理论与应用奠定基础。结合我国的实际，对社会救助的行为主体进行了系统的分析。

第一节 社会救助的含义、内容、特征及功能

一、社会救助的基本含义

中国最早由国家主导的社会救济制度可以追溯到奴隶社会，这种救助制度可称为"荒政"，它是指政府救济饥荒的法令、制度与政策措施。荒政是古代社会救济政策的中心，概因天灾降临，动辄威胁千百万人的生命，如果处置不当，不仅会发生大量的非正常死亡，还会引起巨大的社会动荡，威胁统治者的统治。慈善救济是个人或组织基于博爱心理从事的扶贫济弱行为。据考证，中国最早的慈善设施是设置于南北朝时的孤独院。在传统社会，血缘组织包括家庭和宗族，地缘组织包括会馆、公所等。这两类组织在古代社会，承担了相当多的恤贫济弱功能，成为传统社会救济不可或缺的组成部分。家庭是社会的最基本细胞，是指由血缘关系的成员组成的占有共同的财产、有共同的收支预算，并通过劳动的分工过着共同的生活的群体。在传统社会，由于缺乏发达的社会保护体系，家庭承担了许多保护职能。宗族是以血缘关系为纽带而形成的一种宗法共同体，义助是以族产为物质基础的一种义务救助行为。宗族救济调节了宗族内部关系，增强了宗族的凝聚力，稳固了社会秩序和封建社会的纲常名教。宗族救济是封建宗法精神的体现，宗法精神又使宗族救济进一步发展，两者互相结合，成为传统社会救济一大特点。会馆是同乡人在京城或其他异乡都市所建立的专供本乡人集会、寄寓的场所或团体组织，会馆、公所为流寓客籍的工商仕宦提供善举，强化了同乡的凝聚力，减轻了社会成员的生存压力，抚平了一些贫穷和在外遭遇挫折者的不满和愤懑心理，增强了社会成员的求生能力，发挥了一定的社会救济功能。

在国外，"社会救助"这一范畴，是从传统的贫民救济和社会救济这一对范畴中演变而来的。西方国家在 20 世纪以前习惯于使用"贫民救济"一词，英国 1601 年颁发的《伊丽莎白济贫

法》是西方最早以法律形式确定的社会救助保障。中国把古代至解放以前的一切贫民赈济措施称之为"社会救济"，并一直沿用到今天。无论是"贫民救济"还是"社会救济"，都是对宗教慈善事业、国家政府救济以及民间其他互济行为的概括。

"社会救助"一词最早见于1909年英国的一个皇家专门委员会的报告中，这个报告要求废除惩戒性的济贫法，而代之以合乎人道主义精神的社会救助。不过，这个建议直到20世纪30年代才被采纳。把社会救助纳入社会保障体制的，则首推美国1935年通过的《社会保障法案》，这部立法把对老人、孤儿、盲人、伤残者和病人的"社会救助"列为社会保障的三大部分之一。第二次世界大战之后，"社会救助"一词在全世界被普遍接受。

是否依据法律进行救助，是现代社会救助制度与传统社会救济的重要区别之一。历史上的社会救助表现为对救济者的施舍和恩赐，使受惠者受到人格和尊严的损害，如君主对臣民的恩赐、富人对穷人的恩赐，或者"救世主"对芸芸众生的恩赐。中国古籍中的"赐田""施舍""施粥"等记载足见其居高临下的恩赐性。穷人和灾民为了得到恩赐，不得不接受丧失人格尊严的惩罚。在中世纪的英国，接受救济者同时要受到鞭打、切耳、关进牛栏等惩罚。现代社会救助由专门的政府机构实行，有严格的科学管理，由专门技术人员按照法律规定的标准实行救助。在救助动机方面，历史上的救灾济贫与现代社会救助也存在明显区别，前者仅仅是为了维护统治秩序，往往不到危及统治阶级的统治秩序之时，统治者就不会对贫民与灾民进行救助；现代社会救助制度下享受救助是公民生存的基本权利，消灭贫困，保障低收入阶层和各种不幸者的基本生活是政府不容推卸的责任。现代社会救助的范围也比以前的济贫范围要广得多，凡在一国规定的最低生活标准以下的相对贫困者都可享受救助，而且社会救助的标准按国家经济发展水平而不断调整。历史上的社会救济基本上是临时性、随意性较强的救灾济贫活动，并未形成一种经常性的社会救助制度。

现代意义的社会救助（social relief/succour）是社会保障制度的有机组成部分和基本手段之一，是指通过立法由国家或者政府对由于失业、疾病、灾害等原因造成收入中断或者收入降低并陷入贫困的人员或者家庭实行补偿的一种社会保障制度。

社会救助有以下几层具体含义。

第一，社会救助的实施主体主要是国家，是由国家通过立法保护贫困人员，这意味着实施社会救助是国家义不容辞的责任和义务。

第二，社会救助的对象是贫困人员。虽然任何人或者任何一个家庭只要其家庭人均收入水平低于国家规定的某一贫困线，就可以享受社会救助待遇，但实际上只有有限的人群才可以享受到社会救助待遇，这是与社会保险、社会福利等其他社会保障制度不同的地方，因为后者的实施对象具有广泛性，往往包括所有社会成员。

第三，享受社会救助的条件不是缴费而是低于贫困线，但对是否低于贫困线需要进行资格审查与家庭经济状况调查。只有通过资格审查者，才能享受相应的社会救助。

社会救助制度是社会进步和社会文明的重要标志。随着社会、经济、文化以及政治等要素的发展，社会救助的内涵和外延也在不断变化。由于各国或某一国家在不同时期的社会经济、价值观念和文化传统上的差异，社会救助的内涵和外延也有所不同。

二、社会救助的主要内容

社会救助对象的确定是社会救助制度实施首先要解决的问题。对于社会救助对象的识别，各国基本都采取申请和调查相结合的办法，一般需要经过两个步骤，即资格审核与家庭经济资源和财产调查。首先,申请者必须符合申请的资格条件,即他应该属于有关项目针对的目标群体,这些资格条件包括年龄、家庭类型、国籍或居民身份、健康和残疾情况及劳动市场参与情况等。如果申领人符合申请的资格条件,政府将会进一步对申请人及相关家庭成员的收入及资产状况进行调查,看他是否能达到享受有关待遇的条件。其次,对申请人及相关家庭成员的收入及资产状况进行调查。家计调查的首要问题是确定申请者的现有资源以及资源是以个人还是以家庭来计算。虽然各国的社会救助制度均要求待遇接受者没有足够的生活来源,但是对"生活来源"的解释有很大的差异。什么算是申请人拥有的生活资源?"可能的帮助"应该包括哪些人?家庭成员之间如何互相支持?总体来说,比较一致的情况是以核心家庭为单位计算资源,同时考虑申领人及其配偶的现有财力,各国政府均趋向要求家庭和社会互助在整个社会救助体系中发挥更为重要的作用。家计调查的另一个问题是怎样对待申请者的财产。就个人来说,哪些资源在什么程度上可以排除在外,免于家计调查?各国在社会救助标准之外都规定一个免审额度,即允许申领人持有少量的资产或收入,不抵扣社会救助金。在美国,申请者申请 SSI 时会被考虑的财产包括房地产、银行存款、现金、股票和债券。个人申请者和以家庭为单位的申请者允许被免除财产价值是不同的,申请者所居住的土地和房屋、面值小于或等于 1500 美元的人寿保险单、汽车不会被考虑。除了资格审核和家计调查之外,各国自 20 世纪 80 年代以来,在失业人口居高不下的压力之下,纷纷引入或强化就业审查制度,要求社会救助对象必须努力寻找就业机会,积极与政府管理的职业介绍机构联系,并接受适当的工作安排。

确定社会救助的标准是社会救助制度运行的关键环节。社会救助制度作为保障社会安全的最后一道防线,是要保障人们的最低生活水平。什么是最低生活水平?不同的国家有不同的理解。有些国家提出"合理的、充足的"生活,有些国家提出"体面的或有尊严的"生活。具体定在什么标准,不同国家之间的差距非常大。例如,日本确定低标准生活的依据是"维持健康的有文化的生活"。德国社会救助的唯一标准是"需要原则",满足贫困人群的生活保障需要和生命尊严需要。由于社会救助在这些国家已经有了很长的历史,早期制定救助标准时更多的是对其合理性的考虑,即救助标准是否能够满足救助需要,使救助对象不至于陷入贫困。经过多年的发展,定期调整对救助标准的影响更显突出,因此政府关注的焦点相应地转移到了救助标准的定期调整机制上。各国比较一致的做法是依据社会经济发展水平,科学界定最低生活保障标准或贫困线这一动态指标,而且对于不同家庭结构、不同类别的受助人群给予不同的救助标准。制定救助标准时一般以家庭为单位,主要参考的指标有三项:家庭月纯收入(包括可利用的财产资源)、人均消费水平和家庭月实际支出。救助标准的调整周期通常为一年,调整的主要方法为根据物价指数调整或根据收入增长指数调整。

在社会救助经费来源上,各国主要的做法是在中央和地方政府承担的前提下,充分发挥社会力量,鼓励民间组织在社会救助中发挥作用。在中央与地方经费分担问题上,各国具体的制度安排非常复杂,不同的国家有不同的安排。美国由联邦政府、州政府和地方政府共同负担,各自的比例由各州对该项目的实际支出和州人均收入来决定,人均收入较低的州,联邦政府负担的比例较高。英国由中央政府确定社会救助标准并负责具体管理,由中央财政拨款。日本中央政府根据不同地区制定不同的救助标准,地方政府负责具体实施,中央财政承担 75% 左右的资金。德国由联邦政府负责立法,州政府代表地方利益,参与联邦国会的法案和行政法规讨论,市政府负责具体的社会救助事务,并承担 75% 的社会救助资金,另外 25% 的救助资金由中央政府承担。我国社会救助的资金主要来自地方政府,但中央财政对地方财政困难的地区实行转移支付政策。中央财政转移支付资金的多少取决于该地区贫困人口数量和贫困程度、社会救助工作开展的绩效和地方配套资金落实情况。近年来,我国社会救助资金筹集越来越重视社会组织等社会力量的作用。

从救助的具体内容来看,一般来说,社会救助的内容主要包括生活社会救助、医疗社会救助、住房社会救助、生产社会救助、教育社会救助和灾害社会救助、特殊对象救助、失业救济和扶贫。有些国家还实行丧葬社会救助、护理社会救助、法律社会救助等。其中,生活社会救助在整个社会救助制度中处于核心地位,具有最重要性,而其他社会救助项目对生活社会救助起补充作用。虽然这些社会救助项目仅仅是针对某一个方面而言的,但有时会具有重叠性,即某一些或者某一个家庭可能同时会享受其中的几项社会救助待遇。

2014年2月,我国国务院颁布了《社会救助暂行办法》,这是我国首部社会救助行政法规。《社会救助暂行办法》为我国社会救助工作提供了基本的法规遵循,将传统的分散救助项目整合为基本生活救助、专项救助和临时救助三大类,形成了"8+1"的社会救助体系框架,即最低生活保障、特困人员供养、受灾人员救助、医疗救助、教育救助、住房救助、就业救助、临时救助以及社会力量参与的社会救助体系。

另外有些国家还实行丧葬社会救助和护理社会救助。丧葬社会救助是指政府对死者家属给予物质上帮助的一种社会救助项目。护理社会救助是指政府对需要护理的人员提供现金和实物上帮助的一种社会救助项目。由于人口的老龄化等原因,需要护理的人数大量增加,他们的护理费用往往很高,依靠自身力量难以承担。因此,政府对这些人提供护理社会救助。护理社会救助的主要支付方式有现金支付和实物支付,其中实物支付包括免费提供适合被护理人员需要的床、拐杖等特殊生活用品。

三、社会救助的基本特征

1.权利与义务的不对等性

社会救助是对社会成员最低生活需求的保障,是对公民基本生存权利的保障。当某一些人或者一部分家庭依靠自身力量无法应付或者解决各种风险而陷入贫困时,通过社会救助手段向他们提供物质上的帮助是国家和政府不可推卸的义务。享受社会救助待遇的人员和家庭无须尽自己的义务或者尽少量的义务就可以享受待遇,也无须支付任何费用。因此,社会救助就存在一个权利与义务不对等的属性。社会保险强调先缴费后享受,即只有缴纳了保险费(尽义务),才可以领取各种保险金(享受权利);社会福利中虽然没有像社会保险那样强调权利与义务的对等,但在许多社会福利项目中,必须事先支付一定的费用,才能享受相应的社会福利待遇。

在许多国家,享受社会救助待遇的人员和家庭不需尽任何的个人义务就能够享受待遇;但也有些国家开始实行享受社会救助需要尽少量的义务,即必须参加如义务劳动等公共活动。

2.资金来源的单一性

社会救助资金来源具有单一性。社会救助资金的主要来源是政府财政,这里既包括中央财政也包括各级地方财政,只有通过财政支出才能保证社会救助资金来源的充分性和及时性,才能让贫困人员不需要支付任何相关费用就能够领取社会救助金。

从目前世界各国的实施情况来看,相当多的国家虽然实行中央财政与地方财政分担的方式,但往往中央财政负担比例比地方财政高一些。这样可以保证各地贫困人员在享受标准上的统一和公平。当然,除了国家财政支出以外,社会救助资金来源的另一途径是社会的各种捐款,但这种捐款并不是社会救助资金的主要来源,在整个社会救助资金中仅占一部分。

3. **享受对象的有限性**

虽然社会救助的实施具有普遍性,任何个人和家庭只要符合了家庭人均收入低于国家法定贫困线以下的条件,就可以享受社会救助待遇,因而任何一个社会成员都有可能成为社会救助的实施对象。但实际上,由于符合条件有资格享受社会救助待遇的人员和家庭在整个社会中往往仅是一小部分,从这个意义上来说,社会救助待遇享受对象具有有限性。

社会保险制度的实施范围具有广泛性,一般包括所有劳动者。有些国家实行了全民的社会保险制度,即社会保险制度覆盖到所有的社会成员,比较典型的是基本医疗保险制度。社会福利制度的实施范围也具有普遍性,社会福利可以分为以特殊对象为实施范围的社会福利项目(如妇女儿童社会福利)和以一般社会成员为实施对象的社会福利项目(如公共社会福利)。

4. **保障水平的低层次性**

社会救助的目标是应对灾害和克服贫困,而非改善或提高福利和生活质量,从而处于现代社会保障体系的最低或最基本的层次。社会救助提供的是满足最低生活需求的资金或物资,救助金的发放标准也在一定时期社会的平均生活水平、平均收入水平之下,目的是在公平与效率之间寻求适度平衡。它既体现了人道主义精神,在最低生活水平线上拉起了最后一道安全网,使每一个公民不至于生计断绝时处于无助的困境,同时,对申请救助者只提供满足最低生活需求的资金和实物,避免其产生依赖心理乃至不劳而获的思想。因此,社会救助又被称作社会的"最后一道防护网"。社会保险制度是保障国民的基本生活水平,社会福利制度是保障国民较高的生活水平,因此后两者的保障水平都要比社会救助高得多。社会救助、社会保险和社会福利三者的保障水平是逐步递进的。

目前各国对最低生活水平的理解和解释是不同的,因此产生了对社会救助支付标准确定上的差异。有的国家如一些发达国家认为,最低生活水平除了维持生存以外还应该包括一些精神文化娱乐活动,即不仅维持贫困人员的最低物质生活水平,还应该保证最低精神文化生活质量。而发展中国家中的最低生活水平概念一般不包括精神文化娱乐方面的内容,仅仅指维持物质上的最低生活水平。由于对最低生活水平的理解不同,各国社会救助的保障水平的实际含义也有所不同。

5. **资格审查的严格性**

贫困人员在享受社会救助待遇之前,首先向当地社会救助相关管理部门提出申请,当地管理部门对申请材料进行审查和核实,然后对经审核属实的申请材料提交给高一级社会救助行政管理部门做进一步检查。对申请材料审查和核实的主要内容是,申请人员是否符合国家规定的法定贫困线这一条件,经核实和批准后,才给予发放社会救助金。

对申请人员的审查一般需要经过当地社会救助管理部门(如社区的社会救助中心等)和高一级社会救助行政主管部门(如区县级社会救助政府管理部门)这两个程序,能否享受社会救助待遇的决定权则掌握在后者手里。因此,对是否具有社会救助待遇享受资格的审查是非常严格的。

在其他社会保障制度尤其在社会保险制度中,一般没有像社会救助那样进行严格的资格审查。例如,在社会保险制度中,只要符合一定的领取条件就可以自动享受待遇,不需要事先向有关管理部门提出申请。在许多社会福利项目中也没有这么严格的资格审查,享受者只要支付了一定费用或者出示了相关证件后就可以享受。这也是社会救助与社会保险和社会福利的最大区别之一。

四、社会救助的基本功能

1. 社会救助是最后一道社会安全网

社会稳定是一个社会进步和发展的重要标志和条件，社会稳定首先表现为各种社会关系，特别是作为社会的主体——人的关系的稳定与和谐，这种稳定与和谐是以社会收入分配的公平和社会成员生存权利的保证为条件的。在现代社会，由于人们占有社会财产数额的不同，自身的劳动能力和就业机会也存在差异，市场分配机制又是以人们对资本量和劳动能力的付出为依据来确定收入数额的，这就容易产生分配中效率对公平的排斥，一部分社会成员由于各种原因而无法从市场上获得维持其生存所需要的收入，从而使其生存的基本权利得不到保障，成为社会不稳定的因素。国家和社会通过社会救助为低收入和无收入的社会成员提供最低生活保障，解决其生活上的困难，使其法定的基本生存权利得到维护，起到协调社会关系、稳定社会的作用。

2. 社会救助是劳动力再生产的重要条件

劳动力的再生产是以劳动者的物质消费和精神消费的形式来实现的。在现代经济条件下，社会再生产呈现周期性的运行特征，当经济萧条时，就业岗位减少，多余的劳动力会暂时退出劳动领域；而在经济复苏和经济高涨时，随着经济发展速度的逐渐加快，就业岗位逐渐增加，社会生产需要处于失业状态的劳动者回到生产领域。社会再生产的这种周期性运行特征要求暂时处于失业状态的劳动者作为劳动力后备军进行正常的再生产。社会救助在劳动者处于失业状态，失去劳动收入的情况下为其提供最低生活保障，为劳动力的正常再生产创造了必要的物质条件。

3. 社会救助是国家宏观调控的重要工具

社会救助制度是一种收入再分配制度，也是一种收入调节制度。它会影响社会需求的总量和结构，成为国家调节社会需求，进而调节经济运行的重要手段。因此，在现代社会，社会救助不仅具有保障社会成员最低生活需求的功能，而且还具有作为国家宏观调控政策工具的功能，它对经济运行有一种"自动稳定器"的功能和作用。具体表现为，在社会需求不足、经济衰退时，就业岗位减少，失业人口增加，享受社会救助的人口自动增加，政府的社会救济金支出自动增加，进而使社会需求通过社会救助支出的增加而保持一定规模，减缓社会供求之间的矛盾，推动经济增长；反之，在社会需求膨胀、供给相对不足、经济发展过热的情况下，就业岗位增加，失业人口减少，享受失业救济金的人口自动减少，客观上起到了收缩社会需求，稳定经济发展速度的作用。

第二节　社会救助的产生和发展

社会救助是社会保障制度中最古老的项目。一般认为，它起源于原始社会末期人类出于恻隐之心或宗教信仰而对贫困者施以援手的慈善事业。虽然中国早在2000多年前的春秋战国时期就出现了济贫的各种思想，国家介入济贫方面也比西方发达国家更早，但受儒家思想的影响，我国一直没有把得到国家和社会的救助看作是人民的基本权利。即使在20世纪50—70年代，这种格局还没有根本改变。21世纪以来,国家逐步把享受社会救助作为人民的基本权利。作为现代意义上的社会救助制度——社会救助成为国家行为和人民的基本权利的思想,则是出现在17世纪的英国。此后,其他各国也逐步建立起了社会救助制度。

一、中国社会救助的产生和发展

(一)中国古代社会救助制度

中国的济贫思想可谓源远流长。追溯历史,可以在2000多年前的春秋战国时期的百家争鸣中,找到诸子百家对济贫的各种思想,最为著名的是儒家的"民本"、"仁政"(主张政府积极介入)和"大同"思想(提倡民间互助互济)。《尚书》论述道:"德惟善政,政在养民。"《周礼》则曰:"以保息六养万民,一曰慈幼,二曰养老,三曰振穷、四曰恤贫,五曰宽疾,六曰安富。"《礼记》中说:"大道之行也,天下为公,选贤与能,讲信修睦。故人不独亲其亲,不独子其子,使老有所终,壮有所用,幼有所长,鳏寡孤独废疾者皆有所养。"《孟子》中也说,"人饥己饥,人溺己溺","出入相友,守望相助,疾病相扶持,则百姓亲睦",是为"大同"思想。中国自汉朝以来一千多年的封建社会历史中,儒家思想是处于正统地位的,所以它对中国济贫制度的影响很深。在济贫方面,儒家是主张政府积极介入和提倡民间互助互济的。

除了儒家以外,墨家的"兼爱"思想也广为流传。墨子主张"兼相爱、交相利",提倡"天下之人皆相爱,强不执弱,众不劫寡,富不侮贫,贵不敖贱,诈不欺愚","有力者疾以助人,有财者勉以分人,有道者劝以教人",若此,"则饥者得食,寒者得衣,乱者得治。若饥则得食,寒则得衣,乱则得治,此安生生",是为"兼爱"思想。墨家"兼爱"思想的重点是建立在"爱心"基础上的互助互济,是最具"社会性"的济贫思想。而道家则主张"无为而治"。老子说:"故圣人云:我无为而民自化,我好静而民自正,我无事而民自富,我无欲而民自朴。"庄子则说:"上必无为而用天下,下必有为为天下用,此不易之道也。"是为"无为"思想。在济贫方面,道家实际上主张政府不要干预,宁愿以天地为宗,听其自然,标榜以"道德"治天下。

中国最早由国家主导的社会救济制度可以追溯到奴隶社会,这种救助制度可称为"荒政"。周代不仅以其礼乐制度为中国以后的封建社会奠定了统治基础,其对荒政的理论总结也将中国古代荒政制度推向第一个高潮。春秋战国年间,杀伐横张,累年饥馑,民生困苦,待救孔殷,魏相李悝对前人经验总结创立平籴法,视一年中大、中、小饥的不同,而定籴出的多寡。这种熟年收谷、歉年以平价供应的办法,为我国荒政增加了新的内容。随着秦的统一和中央集权的建立和加强,荒政实施的空间扩大,前代的荒政经验为后继者提供了有益借鉴,在新的实践基础上有所发展,表现为:因灾蠲免作为救济措施屡有实施;赈饥济贫愈加频繁;平籴之法进一步推广;移民就粟已成常制。这表明古代社会的荒政到汉朝时已基本成型。从汉朝开始,中国就有了由朝廷兴办、名为"常平仓"的仓储制度;到了隋朝,又有了以地方劝募为主的"义仓";由隋至宋,是中国封建社会上升时期,政府在社会生活中仍然起着支配作用,荒政在隋唐两宋日臻成熟,救荒措施日趋完善,赈济、蠲免、调粟、安辑、借贷、养恤、劝分等措施已基本完备。到了南宋年间,出现了主要由社区管理,居民普遍加入,带有一定社会保险意义的"社仓"。元明清三代,是封建社会由盛转衰时期,同历代一样,三代王朝面临的社会问题丝毫未减,自然灾害更趋频繁。为了封建王朝的稳固,元代将救荒措施进一步制度化,各地受灾,酌免税粮、科差,皆有定制,入粟补官充赈之制,也较前更为完备。明代仓储制度较为完备,富商大贾捐资设仓已是常事。明代赈济种类也较多,且有临时与经常、急赈与常赈、正赈与加赈等种类,其中赈粥条例最为完备。清代作为最后一个封建王朝,集前代之大成,将中国荒政发展到鼎盛,表现为救灾程序日臻制度化;救荒措施全面完备;备荒措施更加完善。从社会救济角度来看,封建政府以荒政作为社会安全阀,力图将社会不稳定因素降到最低点,以利于其统治的长治久安。

除了荒政以外,由民间社会举办的慈善救济也构成中国社会救助的重要内容。据考证,中国最早的慈善设施是设置于南北朝时的孤独院。唐朝人文思想兴盛,扶危济困的慈善设施众多。悲田院就是组织较为完善且维持时间较久的一种。悲田院的前身是"悲田养病坊",是由佛教寺院主持出资,专以救济贫人为主。宋代慈善事业发展到很高水平,唐朝兴起的悲田院到北宋时仍在延续,名为"福田院",由政府主持,以官廪向乞丐发放钱粮。在开封设居养院,收容鳏寡孤独者。宋代首创安济坊,收养贫病人员,给予治疗。又设慈幼局,用常平仓息钱收养弃婴。对因贫不能够埋葬的或无主死尸,北宋政府下令设立漏泽园,给官地,令僧侣安葬他们。明清两代在一些中心城市和经济发达的江南地区,慈善事业得到较快发展。慈善内容从过去的捐粟赈灾发展到建桥、筑路、办义学、赡助贫困节义之人及其他各种公益事业。慈善事业是社会救济事业的组成部分,其在促进社会财富的二次分配和调节社会关系方面发挥了积极作用。

在传统社会,血缘组织包括家庭和宗族,地缘组织包括会馆、公所等。这两类组织在古代社会,承担了相当多的恤贫济弱功能,成为传统社会救济不可或缺的组成部分。家庭是社会的最基本细胞,在传统社会,由于缺乏发达的社会保护体系,家庭承担了许多保护职能。以养老为例,曾子曰:"孝子之养老也,乐其心,而不违其志,乐其耳目,安其寝处,以其饮食忠养之。"在传统的血缘组织中,宗族则是第二道保护屏障。宗族是以血缘关系为纽带而形成的一种宗法共同体。宗族的首要功能是义助。义助是以族产为物质基础的一种义务救助行为。族产有义田、义钱及其他实物之分。其中义田是宗族义助功能发挥的主要物质基础。据学者考证,义田首设于北宋著名政治家范仲淹的苏州范氏义庄。

上述种种济贫思想和实践在中国一直延续到现代,儒家的国家积极干预思想一直得到贯彻。中国古代的济贫实践在传统上较为注重运用政府行政手段,而没有采用立法手段,注重的是社会整体和国家控制,而较少强调个人权利和国家义务。

(二)中国近现代的社会救助制度

1840 年爆发的鸦片战争为中国由封建社会变为半殖民地半封建社会的历史转折点,是中国近代史的开端。在这一阶段,一方面中国的传统社会救济受到外来力量的冲击,另一方面国内绅商在社会救济中起到了巨大推动作用。

作为一支特殊社会力量,绅商参与社会公共事务管理是近代社会事业发展的缩影。由绅商组织的义赈大而不乱,每当灾情发生,首先成立义赈组织,然后劝赈,接着印制募捐册,交各地联络点使用。各地募款汇集于义赈总部,义赈组织派人散放。在此过程中,募款、司账、运解、发放等环节相互分开,各有专人负责,既提高了工作效率,又避免了官赈中的中饱私囊现象。

近代中国处在一个剧变的时代,保守的清政府在这种变化中,为了生存下去,也开始举办新式救济,如 1878 年,清政府在天津创设了广仁堂

五四运动以后,中国开始向现代社会迈进。中国的救助思想一方面承继了儒家思想的传统,另一方面又受到资产阶级民主革命和西方福利思想的影响,逐渐形成了一种独特的中国式的"补救型"社会救助思想。"补救型"社会救助思想将社会救助看成是一种在常规的社会机制

不能正常运转或者不能满足一部分社会成员某些较为特殊的社会需求时而采取的应急措施，因此，社会福利的目标被锁定为"为社会弱者服务"，即济贫。在这种思想的指导下，中国近代史上的国家济贫制度形成于20世纪初，中华民国建立后的第四年（1915年），政府便仿照英国的《伊丽莎白济贫法》颁布了《游民习艺所章程》。南京政府建立后，于1928年5月颁布首部社会救济法规，将五类人作为救济对象：无力自救之男女，年龄在60岁以上，无人抚养者；贫苦及被遗弃，年龄在6岁以下的男女婴孩；6岁以上15岁以下贫苦无依之幼年男女；无人抚养的肢体残废者、盲人和聋哑人等行动不自由者；赤贫者和贫苦无资经营农事或营业，年龄在15岁以上并无不良嗜好的男女。这是南京政府成立后，颁布的第一部救济法规，它着重调节院内救济，虽救济对象面显得较窄，但以法令形式将社会弱者救济纳入规范化管理，这在历史上是一显著进步。1928年，政府又颁布《管理各地方私立慈善机构规则》，翌年，颁布了《监督慈善团体法》。1930年政府在全国推行救灾准备金制度。这些立法显示，我国已经开始尝试用法律手段来规范济贫行为。1943年《社会救济法》公布实施。这是中国历史上第一部国家济贫大法。《社会救济法》规定，社会救济的对象为："一、年在六十岁以上精力衰耗者。二、未满十二岁者。三、妊妇。四、因疾病伤害残废或其他精神上身体上之障碍不能从事劳作者。五、因水旱或其他天灾事变致受重大损害或因而肆业者。六、其他依法令应予救济者。"《社会救济法》规定的"救济方法"有十二种："一、救济设施处所内之留养。二、现款或食物衣服等必需品之给予。三、免费医疗。四、免费助产。五、住宅之廉价或免费供给。六、资金之无息贷予。七、粮食之无息或低息贷予。八、减免土地赋税。九、实施感化教育及公民训练。十、实施技能训练及公民训练。十一、职业介绍。十二、其他依法所定之救济方法。"综上所述，在旧中国始终是"剩余型"思想占据主导地位。因为处在政府腐败、战争频发、灾荒连年的历史环境下，即使是"剩余型"的济贫也无法实现。

（三）新中国成立以来的社会救助制度

新中国成立以来我国社会救助事业的发展可以分为三大阶段。改革开放前的社会救助（1949—1977年）为第一阶段，改革开放到十八大以前的社会救助制度（1978—2011年）为第二阶段，十八大以来的新时代社会救助制度（2012年至今）为第三阶段。

1. 改革开放前的社会救助（1949—1977年）

中国共产党从成立之初就将劳动人民的社会救助问题放在一个重要的地位上。1945年7月，在延安召开的中国解放区人民代表会议筹备会上通过决议，成立了以周恩来、董必武为首的中国解放区临时救济委员会（简称"解救"，1946年改称中国解放区救济总会，简称"救总"），并制定了《解放区临时救济委员会组织和工作条例》。救总的任务主要是调查和统计抗日战争时解放区所受的损失，接收和分配联合国的救济物资，并且与宋庆龄领导的中国福利基金会相配合，为解放区的灾民和战争难民提供了大量的救济款项和物资。

在国民经济恢复和社会主义改造时期（1949—1956年），国家主要通过灾害救济、临时救济、生产自救、群众互助等为生活陷入困境的特殊群体提供非定期定量的救济。1949年中华人民共和国刚刚成立，中国就遭受了遍及长江、淮河、汉水、海河流域16省区的特大洪水灾害，受灾人口达4500多万人。针对当时的严重灾情，1949年11月负责救灾救济的内务部召开了各重灾省区救灾汇报会，提出了"不许饿死人"的口号和"节约救灾，生产自救，群众互助，以工代赈"的救灾方针。同年12月，政务院发布了《关于生产救灾的指示》，内务部发布《关于加强生产自救劝告灾民不往外逃并分配救济粮的指示》。1950年2月，成立了以董必武为主任，包括内务部、财政部等 12 个有关部委的中央救灾委员会。4 月又在北京召开了中国人民救济代表会议,成立了中国人民救济总会。新中国成立之初,中国有数以百万计的城市贫困户。在各大中城市,街巷中满是灾民、难民和散兵游勇,失业人员和无依无靠的孤老残幼也比比皆是。尽管当时国家财政还十分困难,但仍拨出大量经费和粮食,开展了大规模的城市社会救济工作。据不完全统计,在新中国成立后一年多时间里,武汉、广州、长沙、西安、天津等 14 个城市紧急救济了 100 多万人。1952 年,全国 152 个城市常年得到定期救济的人口达 120 多万,得到冬令救济的约达 150 多万。有的城市享受社会救济的人口竟达 20%～40%。为了帮助城市贫民从根本上解决生活问题,"生产自救"摆在一个很重要的位置。首先是以工代赈,组织大批失业贫民参加市政建设。其次是帮助烈军属和贫民从事手工业和小型工业生产。大规模的城市社会救济和生产自救迅速稳定了社会,恢复了秩序,使城市社会生活走上了正常轨道。

全面建设社会主义时期(1957—1977 年),城市的单位保障和农村的集体保障为绝大部分人口提供了生活保障,国家保障处于辅助地位。20 世纪 50 年代中后期,中国农村实现了合作化后,农民的生、老、病、死就基本上依靠集体经济力量来给予保障。对无依无靠无劳动能力的孤寡老人、残疾人和孤儿,则由集体实行"五保"供给制度,即"保吃、保穿、保住、保医、保葬(保教)"。上述种种措施最早在 1956 年的《高级农业生产合作社示范章程》中得到了确认。1958 年 12 月,党的八届六中全会通过《关于人民公社若干问题的决议》,明确提出:办好敬老院,为那些无子女依靠的老年人提供一个较好的生活场所。到 20 世纪 50 年代后期,中国与计划经济相配套的传统社会救济制度框架基本确立。在城镇,以充分就业为基础,将绝大部分城镇人口组织到全民所有制和集体所有制单位之中就业,社会保障是随着就业而生效的,职工、干部连同他们家属的生、老、病、死都靠着政府和单位了。在农村,随着农业合作化的层次越来越高,范围越来越广,到 1958 年建立人民公社,几乎所有农民都成了社员,他们可以享受集体保障。即使是孤寡老人和孤儿也可以吃"五保",由集体供养。在城市的国家保障和农村的集体保障这两张安全网中,已经网罗了中国绝大部分人口,漏在网的外面的或者挂在网的边上的人是极少数。

可见,传统的社会救济制度主要是针对特殊群体的救济,只有这些边缘群体才是吃"政府救济"的,而且,在这一阶段,救济与民政福利混合,形成中国特有的救助性社会福利制度。在这一阶段,我国社会救助的特点是:救助对象主要为特殊群体,即城市"三无"人员、农村五保户以及受灾人群;救助主体和资金来源渠道比较单一,主要依靠政府和集体组织;救助方式是定期定量救济与临时救济相结合;救助制度建设较为薄弱,没有形成定型的社会救助体系框架。这一时期建立了与我国计划经济体制和自身经济发展水平相适应的、救济与福利相混合的救济性社会救助制度,体现了社会主义制度的优越性,对缓解特殊困难群体的生存危机发挥了重要作用。

2. 改革开放到十八大以前的社会救助制度(1978—2011 年)

这一阶段主要包括社会救助事业的恢复与调整期(1978—1991)与社会救助制度向定型化发展时期(1992—2011 年)。

在恢复与调整时期,主要是恢复原有的社会救济工作,并在城市单位保障和农村集体保障逐渐瓦解的背景下,对城市"三无"人员的定期救济标准和农村五保供养人员的资金来源进行了适当调整。1978 年之后,我国社会主义现代化建设事业进入新的历史时期。与其他民政工作一样,困难群体的社会救助得到党和政府的高度重视。1978 年 5 月,民政部恢复成立。在民政部的 7 个司局级单位中,由农村社会救济司主管农村社会救济工作,由城市社会福利司主管城市社会救济工作。与此同时,各级民政部门也迅速成立了社会救济专门工作机构,这为社会救济各项政策的制定和实施提供了组织保障。

1984 年 4 月,第八次全国民政会议召开,明确提出新时期我国社会救济工作的基本方针是"依靠群众,依靠集体,生产自救,互助互济,辅之以国家必要的救济和扶持",肯定了无偿救济和有偿扶持相结合的做法,并决定把它作为救灾工作改革的一项重要内容深入开展下去。中共中央办公厅、国务院办公厅转发的《第八次全国民政会议纪要》,确定了救灾工作改革的思路是"为了适应农业管理体制变化的新情况,发挥地方的积极性和主动性,今年先在甘肃、宁夏试行自然灾害救济款包干体制,由省、自治区掌握使用的办法"。1987 年,民政部下发《关于切实加强救灾款管理工作的通知》,规定救灾款"有偿扶持用于生产自救的部分,以省、自治区、直辖市计算,不得超过全年救灾款总额的 10%"。在灾害管理体制方面进行了不断改革。1993 年 11 月,民政部提出了深化救灾工作改革,建立救灾工作分级管理、救灾款分级负担的救灾管理体制的思路。1993 年,民政部制定出台《自然灾害灾情统计制度》,使灾情统计工作有了根本遵循和依据。引进保险机制,实行救灾与救济相结合。1986 年,国务院正式成立扶贫开发领导小组办公室,办公室设在农业部,确定于 1990 年之前贫困县在正常年景下解决 90% 以上贫困户的温饱问题,国家的扶贫政策已经从单纯的生活救济转为"造血式扶贫",救灾的生产救济和扶贫功能逐步弱化。对符合中国国情的城乡社会救助制度进行探索,是这一阶段最主要的特征。

在农村,社会救济方式在不断探索中实现创新。随着家庭联产承包责任制的推行,集体经济组织的统筹保障功能日益弱化,迫切需要对政府的救济方式进行改革。针对改革开放初期农村贫困面较大的情况,农村救济主要采取以下措施:一是探索定期定量救济。救济对象主要是农村常年生活困难的特困户、孤老病残人员和精减退职的老职工,一般按照一定周期(季度或月)给予固定数额的救济金或救济粮等实物,以保障其基本生活;对其他贫困人口,则通过灾民荒情救济的方式给予临时救济。二是继续完善农村五保供养救助。将"五保"内容改为"保吃、保穿、保住、保医、保葬、孤儿保教"。中央明确提出要从村提留和乡统筹(即"三提五统")经费中列支资金用于农村五保供养,有的地方由全体社员分摊供养经费,从 1985 年起,乡镇统筹解决五保供养经济的办法在全国逐渐推行,同时,农村敬老院逐步得到恢复。在城镇,1979 年 11 月,民政部召开全国城市社会救济福利工作会议,明确城镇救济对象是"无依无靠、无生活来源的孤老残幼和无固定职业、无固定收入、生活有困难的居民。对中央明文规定给予救济的人员,按规定办理"。到 20 世纪 80 年代中期,全国特殊救济对象大约有 20 多种。从救济标准来看,从 80 年代初开始,各地民政部门在深入调查的基础上,根据当地经济发展和物价上涨情况分别调整了定期救济标准。从资金投入来看,国家不断增加城市社会救济费的支出。

1992 年,党的十四大召开以后,随着社会主义市场经济体制逐步建立,我国逐步建立起与之相适应的社会救助制度体系,包括探索建立城乡最低生活保障制度、改革农村五保供养制度、完善受灾人员救助制度、发展专项救助制度和建立健全临时救助制度,这一时期为中国特色的社会救助制度的定型化发展时期,制度建设的主要内容如下。

(1)探索建立最低生活保障制度。

20 世纪 90 年代初期,经济体制改革造成城市中下岗、失业人员迅速增加,传统社会救济制度亟待改革和创新。为了构建与市场经济体制相匹配的民生保障安全网,最低生活保障制度应运而生。上海市是我国探索建立城市居民最低生活保障制度最早的城市。1993年5月7日,上海市民政局、财政局、劳动局、人事局、社会保险局、市总工会联合发布《关于本市城镇居民最低生活保障线的通知》,宣布自1993年6月1日起在全市范围内实施最低生活保障制度,标准为月人均120元。1997年9月2日,国务院印发《关于在全国建立城市居民最低生活保障制度的通知》,提出了在全国建立城市居民最低生活保障制度的时间表,对城市居民最低生活保障工作提出了具体要求,极大地推动了城市低保制度在全国的推进速度,这是我国城市最低生活保障制度从探索阶段进入全面推广实施阶段的重要标志。1999年9月28日,国务院颁布《城市居民最低生活保障条例》,自1999年10月1日起施行。该条例对城市居民最低生活保障制度的保障原则、保障对象、管理部门及其职责、资金来源及管理、保障标准的确定及调整、审批程序、低保金的发放及其监督、违纪违法行为的处罚等相关内容作出了规定,其颁布施行标志着我国城市居民最低生活保障工作步入了法制化轨道。

在城市低保全面建立、稳步发展的同时,党中央、国务院也在积极推进建立农村最低生活保障制度。早在1992年,山西省就在左云、阳泉等地探索开展具有农村最低生活保障制度的试点工作,之后全国不少地方也都开展了类似试点。2003年农村税费改革政策推开后,农村社会救助进入农村低保、特困户定期定量救助与临时救济并存的时期,农村最低生活保障的作用开始显现,其地位日益突出。2007年1月1日,中共中央、国务院印发《关于积极发展现代农业扎实推进社会主义新农村建设的若干意见》,要求“在全国范围建立农村最低生活保障制度,各地应根据当地经济发展水平和财力状况,确定低保对象范围、标准,鼓励已建立制度的地区完善制度,支持未建立制度的地区建立制度,中央财政对财政困难地区给予适当补助”。2007年7月11日,国务院印发《关于在全国建立农村最低生活保障制度的通知》,标志着农村低保制度完成试点探索过程,进入全面推进的新阶段。

(2)改革农村五保供养制度与城市“三无”人员救助制度。

1994年国务院颁布了《农村五保供养工作条例》,将五保供养对象从原来由所在农业合作社供养,供养经费由社内农民分担,转为由农村集体经济集体组织供养,规定五保供养是农村的集体福利事业,所需经费和实物从村提留或者乡镇统筹费中列支,供养标准为当地村民一般生活水平。农村五保供养根据当地经济条件,实行集中供养或者分散供养。1997年3月,民政部颁布《农村敬老院管理暂行办法》,对集中供养服务设施建设管理作出规定,明确敬老院所需经费实行乡镇统筹,并通过发展院办经济和社会捐赠逐步改善供养人员的生活条件。党的十六大以后,农村税费改革在全国范围推开,取消了乡统筹、村提留和各种面向农民的集资摊派以及行政事业性收费,这使得原来由乡镇和村集体承担的农村五保供养资金难以落实到位,许多地区农村五保对象的合法权益得不到有效保障。2004年8月,民政部会同财政部、发展改革委下发《关于进一步做好农村五保供养工作的通知》,允许从农业税附加收入中列支,同时规定村级开支确有困难的,乡镇财政给予适当补助。2006年1月,国务院颁布修订后的《农村五保供养条例》,从3月1日起实施。修订后的条例将农村五保供养经费纳入公共财政保障范畴,全面系统地规范了供养对象、审批程序、供养标准、供养形式、机构建设、资金渠道、监督管理和权益保护等内容,确立了与社会主义市场经济体制相适应的新型农村五保供养制度,农村五保供养制度实现了从集体供养向财政供养的历史性转变。

敬老院是为农村五保对象提供集中供养服务的机构。为加强农村五保供养服务机构建设和管理,2006年7月民政部印发《关于农村五保供养服务机构建设的指导意见》,对五保供养服务机构建设的总体思路、基本原则、建设标准、机构管理等内容提出了明确要求。2006年9月,民政部会同发展改革委、财政部联合下发《关于贯彻落实〈农村五保供养工作条例〉的通知》,要求各地因地制宜地合理规划农村五保供养服务机构建设,坚持政府主导、社会参与,力争建成布局比较合理、设施基本配套、管理较为规范的农村五保供养服务机构网络。2010年10月,民政部颁布《农村五保供养服务机构管理办法》,对敬老院等五保供养服务机构的管理做出新的规定。

城市"三无"人员基本生活救助,主要是通过纳入城市居民最低生活保障制度,加之以居家为基础、社区为依托、机构为补充、医疗卫生和养老服务相结合的社会养老服务体系建设,对城市"三无"人员给予供养服务和生活保障。考虑到"三无"人员比一般的贫困人群在医疗、保健、照顾等方面存在着特殊需求,民政部门对低保家庭中的老年人、残疾人等特殊困难人员采取"分类施保"政策,通过增发低保金等办法给予重点照顾。针对城市"三无"人员中需要照料护理的,各地民政部门着力办好公办保障性养老机构,同时为低收入老人、经济困难的失能半失能老人提供无偿或低收费的供养、护理服务。2013年7月1日,新修订的《中华人民共和国老年人权益保障法》正式施行。该法从家庭赡养与扶养、社会保障、社会服务和社会优待等方面,明确了老年人特别是"三无"人员中的老年人享有的各项权益。2013年9月,国务院印发《关于加快发展养老服务业的若干意见》,明确指出政府应坚持保障基本,强调"各地公办养老机构要充分发挥托底作用,重点为'三无'老人、低收入老人、经济困难的失能半失能老人提供无偿或低收费的供养、护理服务"。

(3)完善灾害救助的体制与机制。

以1999年民政部、财政部《关于进一步加强救灾款使用管理工作的通知》为标志,对救灾体制进行了调整,重新明确救灾款的使用范围,救灾款发放使用的重点是重灾区和重灾户,特别是保障自救能力较差受灾群众的基本生活;停止救灾扶贫周转金的制度;停止救灾保险试点;全面取消群众互助互济型的农村基层扶贫互助储金会。推行救灾工作分级管理、救灾款分级负担的救灾工作管理机制。在2006年11月召开的第十二次全国民政会议上,将国家救灾方针调整为"政府主导、分级管理、社会互助、生产自救",强调了政府在救灾工作中的主导地位。2011年1月财政部和民政部制定了《自然灾害生活救助资金管理暂行办法》,进一步明确了中央补助地方项目和补助内容。以2003年"非典"为标志,我国的灾害管理从被动应对,逐渐发展为采取建立应急预案,制定救灾应急响应的管理机制和法制。2003年,民政部决定,根据因灾死亡人口、紧急转移安置人口、倒房数量以及地震等级等指标确定四级响应制度。2008年民政部制定了《关于加强自然灾害救助应急预案体系建设的指导意见》,初步形成纵向到底、横向到边的应急预案体系,各级应急响应机制不断完善。2010年6月30日,《自然灾害救助条例》经国务院第117次常务会议通过,并于2010年9月1日起施行。《自然灾害救助条例》针对受灾群众生活安排,对自然灾害的预防、救助准备,灾中的应急救援和过渡性安置,以及灾后的恢复与重建等,都做了明确规定。建立了灾害信息共享和灾情会商制度。从1990年起,每年年初召开年度自然灾害趋势会商会,加强了灾害管控能力。从2005年开始,由民政部牵头,协调有关涉灾部门,对当年自然灾害进行评估,提高了灾害管理水平。

(4)发展专项社会救助制度。

医疗救助、教育救助、住房救助等专项救助制度是中国社会救助体系的补充和保证,各专项救助制度的发展有利于社会救助体系的完善。①建立城乡医疗救助制度。2003年11月,民政部、卫生部、财政部联合下发《关于实施农村医疗救助的意见》，揭开了医疗救助制度建设的序幕。2005年3月，国务院办公厅转发民政部、财政部等《关于建立城市医疗救助制度试点工作的意见》，计划用2年时间进行试点，再用2～3年时间在全国建立起管理制度化、操作规范化的城市医疗救助制度。②建立廉租住房救助制度。在我国，住房救助是政府向低收入家庭和其他需要保障的特殊家庭提供现金补贴或直接提供住房的一种社会救助项目。1999年4月，建设部发布了《城镇廉租住房管理办法》，初步规范和明确了城镇廉租住房的来源、供给、管理、审批和监督等有关问题。2003年12月，建设部、财政部、民政部等部委联合发布《城镇最低收入家庭廉租住房管理办法》，进一步明确和细化了城镇廉租住房制度的操作程序。为彻底解决城市低收入家庭住房困难，国务院于2007年8月发布《关于解决城市低收入家庭住房困难的若干意见》，将住房救助的范围扩大到城市低收入家庭，将住房救助的形式由单纯的实物配租扩大到发放租赁补贴和实物配租相结合。③建立教育救助制度。教育救助主要是指国家对义务教育阶段的家庭经济困难学生提供必要的学习、生活帮助，对家庭经济困难的寄宿生补助生活费的社会救助项目。除此之外，各级政府还按照有关规定，对接受普通高中教育、普通高等教育和职业教育的家庭经济困难学生，通过减免学费、发放助学金、提供助学贷款、发放特殊困难补助、组织勤工助学等形式给予救助。

（5）建立健全临时救助制度。

在最低生活保障制度以及医疗、教育、住房等各专项救助制度日益完善的情况下，还有一部分困难人群因家庭人均收入超过当地低保标准，或者事情比较急迫难以等待申请程序等，不能及时得到救助，生活容易陷入困境。为了弥补制度空白，使社会救助安全网更为密实牢靠，建立实施临时救助制度被提上议事日程。2007年6月，民政部印发《关于进一步建立健全临时救助制度的通知》，鼓励地方探索建立临时救助制度，解决困难家庭遇到的特殊情况，维持其基本生活。各地民政部门积极探索、大胆实践，临时救助制度建设取得长足的进展，短短数年间，绝大多数省份初步建立了临时救助制度。在这一阶段，我国其他救助事业也得到发展和完善，如流浪乞讨人员救助。2003年6月20日，国务院发布《城市生活无着的流浪乞讨人员救助管理办法》，于8月1日正式施行，1982年5月12日国务院发布的《城市流浪乞讨人员收容遣送办法》同时废止。至此，强制性的收容遣送制度被废止，关爱保护性的救助管理制度正式确立。

在这一阶段，我国社会救助事业发展主要呈现以下特点：①救助的理念发生根本性转变，公平与正义成为社会救助的价值追求。公民享有社会救助成为公民应得的权利，依法向困难群体提供社会救助成为政府的义务；公平与效率都是社会保障追求的目标，但是具体到不同的社会保障制度，公平与效率的关系需要进一步分析。社会救助制度作为一种最低层次的社会保障，应该从民生的角度考虑问题，社会公平是其应有之义，因此在公平与效率的选择上往往倾向于公平优先。计划经济条件下大部分居民的生活问题得到城镇单位和农村集体经济的保障，社会救助制度解决的仅仅是"三无"人员和特殊对象，起到的是拾遗补阙的功能，发挥的是社会控制的作用，无所谓公平或效率。社会救助制度改革的最初原因却是为了解决改革开放和市场经济带来的贫困问题，保证经济发展的效率，并不是从公平的角度出发给予贫困人员制度保障。随着中国经济实力的增强和市场经济失灵造成的社会问题普遍引起关注，社会救助制度逐渐从为经济发展服务，转向真正为贫困人口服务，从强调效率转向更加关注社会公平。最低生活保障制度已经从城市扩展到农村，覆盖所有社会成员，更加注重社会公平和制度保障。②救助对象从"三无"人员扩大到城乡困难群体，救助群体不断扩大。③救助体系与内容不断完善，专项救助制度不断发展；低保制度在保障低保对象基本生存的同时，开始关注贫困人口的可持续发展问题。针对因病致贫、因教育致贫的家庭实施相应的医疗救助、教育救助等专项救助措施，目的在于打破贫困的恶性循环，增强贫困人口的可持续发展能力，帮助其实现自力更生和独立自主。通过制度的不断完善，这一时期我国的社会救助制度建设呈现出规范化、法制化、定型化发展的特征。

3.新时代社会救助制度（2012年至今）

2012年党的十八大以后，以习近平同志为核心的党中央领导集体带领中国走向新时代，社会救助事业发展也进入一个崭新的历史阶段。2014年2月，国务院颁布《社会救助暂行办法》，是我国首部社会救助行政法规。这一办法将传统的分散救助项目整合为基本生活救助、专项救助和临时救助三大类，形成了"8＋1"的社会救助体系框架。

2014年《社会救助暂行办法》提出的"8＋1"的社会救助体系的"8"是指最低生活保障制度、特困人员供养制度、受灾人员救助、医疗救助、教育救助、住房救助、就业救助、临时救助8个制度体系。"1"是指社会力量参与。最低生活保障制度方面对农村居民最低生活保障制度与城市居民最低生活保障制度进行了合并。特困人员供养是将原来的农村五保供养制度与城市"三无"人员的救助制度进行了整合。受灾人员救助是在国家建立健全自然灾害救助制度的基础上，对基本生活受到自然灾害严重影响的人员，提供生活救助。国家建立健全医疗救助制度，保障医疗救助对象获得基本医疗卫生服务。国家对在义务教育阶段就学的最低生活保障家庭成员、特困供养人员，给予教育救助。国家对符合规定标准的住房困难的最低生活保障家庭、分散供养的特困人员，给予住房救助。住房救助通过配租公共租赁住房、发放住房租赁补贴、农村危房改造等方式实施。国家对最低生活保障家庭中有劳动能力并处于失业状态的成员，通过贷款贴息、社会保险补贴、岗位补贴、培训补贴、费用减免、公益性岗位安置等办法，给予就业救助。国家对因火灾、交通事故等意外事件，家庭成员突发重大疾病等原因，导致基本生活暂时出现严重困难的家庭，或者因生活必需支出突然增加超出家庭承受能力，导致基本生活暂时出现严重困难的最低生活保障家庭，以及遭遇其他特殊困难的家庭，给予临时救助。国家鼓励单位和个人等社会力量通过捐赠、设立帮扶项目、创办服务机构、提供志愿服务等方式，参与社会救助。至此，我国建立了一个民政统筹、分工负责、相互衔接，政府救助和社会力量参与相结合，具有中国特色的社会救助体系。它标志着我国社会救助体系化已经完成，并进入定型发展的新阶段。

为了强化部门协作配合，2013年8月，经国务院同意建立社会救助部际联席会议这一协调机制。从2017年2月开始，在全国范围内建立起县级政府困难群众基本生活保障协调机制。社会救助部际联席会议和困难群众基本生活保障工作协调机制发挥出了强化部门协作配合的作用，促进了社会救助横向府际关系的整合。这一时期，我国社会救助体系建设把强化基层作为重点。一是在基层建立"一门受理、协同办理"平台。在全国范围内，依托街道办事处（乡镇人民政府）办事大厅、居（村）民委员会公共服务工作站等综合性便民服务场所，建立了统一的"社会救助"服务窗口，制定了社会救助申请分办、转办流程，同时还明确了办理时限。全国大部分县（市、区）实现了医疗救助"一站式"即时结算。二是政府购买社会救助服务，提升基层社会救助经办能力。针对长期以来基层社会救助经办服务能力薄弱，特别是由于人手不足、经费短缺、方式单一、效率不高等原因，导致一些地方社会救助兜底保障能力不足问题时有发生的现象,强调要改进政府提供公共服务的方式,采取政府购买服务方式,促进社会力量参与,从而提升基层社会救助经办服务能力,打通社会救助服务的"最后一公里"。这一时期我国各地探索综合性社会救助体系的发展路径。构建多元化的社会救助主体,逐步实现由过去的政府单一救助主体向动员社会各方面力量的转变,包括政府部门、社会组织、企事业单位和个人的力量,有效整合各系统、各部门的人力、物力、资金、信息、设施等资源,拓宽政府投入等筹资渠道,开始形成民政统筹、部门配合、上下联动、社会参与、多元筹资、统一救助的制度合力,有效弥补社会救助单一主体的供给不足。使用复合式的救助手段。近年来,在社会救助体系发展中,把拓展社会救助服务内涵作为社会救助体系发展改革的重要方向,强调通过政府购买社会救助服务途径,将部分事务性、临时性、服务性的工作委托、承包给社会组织、专业社会工作机构和竞争性市场主体来承担,同时鼓励社工机构和专业社会工作者、志愿者积极参与社会救助,进一步拓展社会救助服务内涵,促进由传统的、单一的物质和现金救助转向物质保障、生活照料、精神慰藉、心理疏导、能力提升和社会融入相结合的复合式救助,实现社会救助方式的多样化、组合化、专业化和个性化,最大程度上发挥社会救助的综合效用。

这一时期,我国对灾害救助体制机制进行了调整和改革。救灾管理体制方面,统一领导、分工负责、社会参与、分级管理、属地为主的灾害管理体制进一步健全。特别是 2018 年 3 月 13 日,第十三届全国人民代表大会第一次会议审议并批准了国务院机构改革方案。将国家安全生产监督管理总局的职责、国务院办公厅的应急管理职责、公安部的消防管理职责、民政部的救灾职责、国土资源部的地质灾害防治、水利部的水旱灾害防治、农业部的草原防火等的职责进行整合,组建应急管理部,至此,原民政部主管的灾害救助就由国家应急管理部负责。进一步加强自然灾害立体监测体系建设,完善各类自然灾害监测预警预报和信息发布机制,不断优化监测布局,灾害监测预警水平进一步提高。建立了中央和地方自然灾害生活救助资金分级负担机制,完善了防灾减灾救灾资金保障体系。加强组织领导,统筹各方资源,建立和发展"一队多用、专兼结合、军民结合、平战结合"的救灾抢险专业队伍。在应对系列重特大自然灾害和突发公共事件的过程中,社会组织、志愿者、社会工作者奔赴灾区,从事现场搜救、就地救援、医疗救护、卫生防疫、心理抚慰、物资配送等志愿服务,与政府功能互补的优势更加突出,初步形成了政府主导、多方参与、协调联动、市场配合、共同应对的多元化救灾格局。不断探索完善地震等主要灾害快速评估业务,逐步形成重特大灾害损失评估指标体系。中央财政不断完善农业保险保费补贴政策,积极支持农业保险发展,试点推进农房灾害保险,推动建立健全灾害保险制度,市场机制在转移和分摊灾害风险、拓宽救灾资金渠道等方面发挥越来越重要的作用。确定并实行了中央统筹指导、地方作为主体、灾区群众广泛参与的重建工作体制,有力提高了恢复重建的效能,重大灾害灾后恢复重建取得显著成效。在应对重特大自然灾害和人道主义危机中,中国多次向亚洲、非洲、拉美、南太平洋等地区的国家提供救灾资金和物资援助,派出救援队、医疗队支援受灾国家,支持有关国家救灾及灾后重建工作。中国还通过提供物资、开展培训等方式,帮助受援国提升应急救援水平,增强防灾减灾能力。

这一阶段我国社会救助制度从确立体系框架到不断完善,主要呈现出以下特点:救助理念上,更加注重保障公民基本生活、维护社会稳定、促进公平正义,充分体现了习近平新时代中国特色社会主义思想;救助对象方面,在不断扩大救助范围的同时,更加重视对特困人员和临时困难群众的救助;在救助参与主体上,由政府主导向政府主导下的政府和社会协同配合转变,形成了社会力量积极参与的社会救助新格局;在救助体系、内容设计方面,更加注重城乡统筹和部门间协同配合;救助制度运行方面,更加注重基层服务能力建设和操作程序的科学规范。我国已经逐步构建起与我国社会主义新时代的大背景相适应的,以最低生活保障和特困人员救助供养为基础,以医疗、教育、住房等专项救助制度为支撑,社会力量参与为补充的社会救助体系。

纵观中国社会救助制度的发展,我国社会救助在社会经济发展中扮演了非常重要的角色。在计划经济时期,社会救助解决了制度外"三无"人员的生活问题,有效保证了社会稳定;经济转型过程中,社会救助又保障了市场经济改革造成的贫困人口的基本生活,弥补了不完善的社会保险制度的漏洞,有效保障了经济社会和谐发展。社会救助制度在中国这样的发展中国家仍将长期受到重视,发挥巨大的作用。

二、我国社会救助制度的发展趋势

(一)我国社会救助制度建设面临的机遇与挑战

在新时代的背景下,我国社会救助制度的发展面临着新的发展机遇。

1.新时代党的一系列重大论断对社会救助制度完善和发展提供了重大机遇

中国共产党人的初心和使命,就是为中国人民谋幸福,为中华民族谋复兴。贫困不仅是与党的初心与使命相违背的,而且对于陷于贫困的人们来说是无望的,不幸福的。进入新时代,我们党始终不忘初心,矢志不渝地把消除贫困,实现全体人民的共同富裕作为初心和使命。尽管我国经过脱贫攻坚战略的实施,完成了消除绝对贫困的艰巨任务,但仍然存在着一些相对困难群体,社会救助制度作为最后一道社会安全网,必然在消除贫困、实现兜底方面发挥越来越重要的作用,在较长的历史时期仍然要承担起补齐民生短板、兜住兜牢民生底线、促进民生领域充分平衡发展的重任。民生保障要在幼有所育、学有所教、劳有所得、病有所医、老有所养、住有所居、弱有所扶上不断取得新进展,保证全体人民在共建共享发展中有更多获得感,不断促进人的全面发展、全体人民共同富裕,始终把人民利益摆在至高无上的地位,让改革发展成果更多更公平惠及全体人民,朝着实现全体人民共同富裕不断迈进。进入新时代,我国社会救助的目标将从克服收入贫困上升到提高困难群体可持续能力消除贫困,通过发展精神救助、教育救助、医疗救助、就业救助等实现积极性救助与发展型救助。

2.新时代社会主要矛盾的变化,对我国社会救助制度的均衡和充分发展带来了机遇

进入新时代,我国社会主要矛盾已经转化为人民日益增长的美好生活需要和不平衡不充分的发展之间的矛盾。在我国的社会主要矛盾还是"人民日益增长的物质文化需要同落后的社会生产之间的矛盾"的时候,我国社会救助制度主要是解决社会救助的覆盖面问题,主要目标是做到"应保尽保""应救尽救"。在我国社会主要矛盾已经发生转化的大背景下,我国社会救助制度迫切需要解决城乡之间、不同社会救助项目及不同人群之间发展不平衡、不充分的问题,切实提升社会救助工作的质量和效益,以更好地满足广大人民群众在社会救助方面日益增长的现实需要,从而实现社会主义促进人的全面发展与共同富裕的目标。

就我国社会救助制度现状来看,我国社会救助制度的"不平衡"主要表现在城乡之间发展不平衡,不同社会救助制度项目发展的不平衡,服务救助、精神慰藉等供给不足,个别地方还存在低保申请审核审批把关不严、民主评议和公示程序不规范、审核审批档案资料不完备、日常管理监督不到位等问题;"不充分"则是指发展的质量和效益不高,城乡最低生活保障标准普遍偏低,重生存保障,轻发展需求与精神需求,救助水平的城乡差距较大,部分特困人员供养服务机构建设时间较早,基础设施薄弱,尤其是消防安全、照料护理等设施设备明显不足,难以满足生活不能自理人员照料护理需求。因此,针对当前的社会主要矛盾,迫切需要完善我国社会救助制度发展过程中的一些不平衡不充分问题,大力提升发展的质量和效益,真正发挥社会救助的"兜底"功能。

3.电子信息技术的发展,对我国社会救助经办服务能力的提升和精细化管理提供了条件和机遇

目前我国由于部门间信息共享和数据交换还存在一定局限性,数据采集的完整性、及时性尚需提高,通过以云计算、大数据、智慧城市等为支撑的新兴技术和业态,有助于实现社会救助经办服务能力的提升和精细化的管理。首先,大数据技术的运用,有助于实现社会救助对象的精准识别和及时退出。当前由于技术手段的限制,社会救助制度在甄别救助对象时只能根据容易核查的家庭收入和家庭财产状况等收入指标来进行家庭经济状况的调查,无法有效参考家庭刚性支出等支出指标;由于信息更新不及时,有些对象难以退出低保制度,影响了低保的动态管理。随着计算机网络技术的普及,利用大数据技术进行"数据匹配",就可以帮助民政部门准确掌握救助对象个人、家庭收入、财产等信息以及社会救助情况,建立起多维度的核算指标,随时跟踪把握与社会救助相关的数据动态变化,成为新时代社会救助制度精确化管理的强有力的技术支撑。其次,数字化、网络化、智能化的信息技术为社会救助资源整合提供了机会。跨部门、多层次的救助对象核对信息平台的建立,有助于实现社会救助综合信息的共享,为个性化救助和综合救助提供了技术支撑,化解重复救助导致的救助资源浪费和不公平问题。最后,社会救助管理部门通过开发一些智能化管理软件,用信息化科学手段取代以往的手工操作,实现了社会救助基层经办服务的简单化便捷化操作,解决基层救助服务能力不足和提高经办服务的效率。

进入新时代,随着脱贫攻坚任务的完成和新技术的发展,我国社会救助制度还面临着一系列挑战。

(1)社会救助制度将成为我国反贫困的重要手段,社会救助制度建设面临一系列重大挑战。

随着"六个精准""五个一批"等系列扶贫政策的落实,我国脱贫攻坚战已取得了全面胜利。不可否认,即使经过脱贫攻坚战略的实施,仍有部分群体依靠自身的努力无法彻底摆脱贫困,如城市贫困人口,对于这部分群体,则需要通过完善最低生活保障制度在内的社会救助制度,发挥兜底保障功能,使其脱离贫困,社会救助制度将成为后脱贫时代反贫困的重要手段。

社会救助的功能和地位的提升,对社会救助制度的建设提出了一系列挑战,作为反贫困的主要手段,社会救助制度建设面临巨大的压力与挑战。通过社会救助实现兜底的目标,必然加大社会救助制度的财政压力与经办服务压力,最低生活保障标准要实现"兜得住""兜得牢"的目标,必然要随着社会经济的发展不断提高,这也必然加剧最低生活保障制度的运行压力。社会救助的对象大多为老、弱、病、残及智力残障或其他社会的不幸者,他们最缺乏维护自己权利的能力,是社会最需要帮扶的群体。我国政府如何践行"民政爱民、民政为民"的执政理念,推进救助管理运行机制创新,创新精准识别机制,主动发现困难群众及其诉求,发挥社会救助最后一道防线的作用,实现政策"兜得准"的目标等就成为新时代全面脱贫后我国必须面对和解决的问题。

(2)进入新时代,贫困的主体结构的变化和新的致贫因素的出现,对新时代我国社会救助制度的完善提出了重大的挑战。

我国贫困的主体结构逐步由绝对贫困人口转变为相对贫困人口。同时,在社会经济发展过程中也出现了一些新的致贫因素。例如:可支配收入在贫困标准以上,但由于生活成本过高、刚性支出过大,实际生活水平在贫困标准以下的人群排除在社会救助体系之外,导致"支出型贫困";由于劳动者的人力资本缺陷、劳动力的流动等而产生的收入低微或断续导致的贫困,以及由于权利贫困、机会贫困和可行能力的缺乏导致的贫困;对于单个家庭或个人来说,由于多种因素综合作用的结果导致的多维贫困。随着贫困主体结构的变化和致贫因素的新变化,对传统的救助思维和技术手段提出了改革的要求。这就要求今后的社会救助制度需要拓展救助对象,由绝对贫困群体向相对贫困群体转变,实现"弱有所扶"的目标。需要社会救助制度突破生存保障的救助范式,向积极性救助和发展型救助转变,由单一的物质救助向物质与服务救助相结合转变,由根据部门或机构的设置、职能开展救助向以救助对象为中心量身打造进行总体的综合救助转变。

(3)城乡居民隐性收入越来越多,加剧了家庭收入核查的难度。

在现实中,存在一些申请人隐性就业、低保家庭收入时有变动、收入不能得到持续监控等现象。近年来随着信息技术的发展和平台经济的出现,人们的就业形式更加多样化,家庭收入更加多元化,隐性收入越来越多,使得家庭收入的核查越来越困难。

(4)我国社会救助制度存在的一些问题,对新时代社会救助制度的完善形成了一定的挑战。

第一,社会救助理念有待提升。尽管经过70多年的发展,我国已经建立了完善的社会救助制度,形成了"8+1"社会救助体系,享受社会救助已经成为困难群体的基本权利,但是,基于权利意识的社会救助,过分强调权利而忽视被救助对象的义务,容易形成福利依赖和贫困陷阱现象,不利于实现贫困群体的自立自主意识和社会救助制度的助人自助。第二,社会救助体制机制有待进一步完善。进入新时代,社会救助制度的改革和完善要按照"兜底线、织密网、建机制"的要求,统筹城乡社会救助体系,完善最低生活保障制度,完善社会救助服务体系。由于户籍和属地化管理导致的城乡社会救助制度分割问题;由于城乡收入核查手段的缺乏,诚信文化氛围不足,在一定程度上存在骗保、错保、漏保、关系保、人情保等现象;国家从总体上立法不完善的原因,导致救助资金追回无法律依据,骗保现象无法根治的问题;由于容错机制的缺乏,加剧了政府工作人员的工作压力;城乡最低生活保障制度的对象退出存在"退保难"等现象,社会救助工作人员的专职化程度较低,基层经办服务能力不足等问题,这些都需要在新时代"兜底线、织密网、建机制"的指导下,进行体制机制的完善,最大限度地发挥社会救助制度"兜底线"的功能。第三,社会救助的形式有待拓展。我国救助制度往往只重视其物质保障,如提供食物、住处、医疗卫生等救助内容,而忽视救助对象的精神慰藉需求。

(5)社会救助城乡差距较大,整体救助水平有待提高。

第一,城乡低保对象认定条件差异较大。城市低保对象仅需满足家庭成员人均收入低于当地城市居民最低生活保障标准这一条件,而认定农村低保对象的要求更为严格。第二,在保障标准上,城市低保标准按照当地维持城市居民基本生活所需的衣、食、住费用,并适当考虑水电燃煤(燃气)费用以及未成年人的义务教育费用确定,农村低保标准则以能够维持当地农村居民全年基本生活所需的吃饭、穿衣、用水、用电等费用来确定,农村低保较城市低保少了燃煤和义务教育的费用。第三,城乡低保规范化管理水平不一,农村低保管理水平亟待加强。在实践中,由于农村较之城市更重视宗族等血缘关系,而基于血缘和地缘关系结成的熟人社会在管理上容易受人为因素干扰,加之农村居民收入核算困难,农村低保的基层工作力量严重不足,导致低保管理工作不够严格规范,透明度不高,随意性大。第四,资金投入差距较大。以陕西省为例,2017年省级城市低保财政补助14950万元,城市低保人口为30.6万人,人均补助为488.6元,全省农村低保财政补助7150万元,农村低保人口为87.6万人,人均补助81.6元,前者是后者的5.9倍。从陕西省城乡低保的标准来看,现行的城乡居民最低生活保障标准仅仅是维持生存的最低标准,这一标准无法满足低收入户的全部消费支出。2017年陕西省城市低保标准占低收入户人均消费支出的55.8%,而农村低保标准仅占低收入户人均消费支出的44.0%,陕西省城乡低保水平偏低。

(二)我国社会救助制度的发展趋势

1. 始终将实现社会公平正义作为最高的价值追求

党的十九大报告明确指出:"统筹城乡社会救助体系,完善最低生活保障制度。""必须多谋民生之利、多解民生之忧,在发展中补齐民生短板、促进社会公平正义,在幼有所育、学有所教、劳有所得、病有所医、老有所养、住有所居、弱有所扶上不断取得新进展,深入开展脱贫攻坚,保证全体人民在共建共享发展中有更多获得感,不断促进人的全面发展,全体人民共同富裕。"这些论断,都为新时代我国社会救助制度的发展完善指明了方向。社会救助应该始终坚持把公平正义作为最高价值追求,充分发挥补齐民生短板的重任。这就要求进一步推进社会救助制度均衡和充分发展,大力推行积极性和发展型社会救助政策,实现助人自助;加大精神慰藉与服务救助力度,完善社会救助的体制机制;实现城乡社会救助制度融合发展,根据社会经济的发展提高城乡最低生活保障标准;深入践行"民政为民、民政爱民"的工作理念,加强基层社会救助服务能力建设。

2. 建立解决相对贫困的长效机制,推行积极性和发展型社会救助政策

相对贫困问题将成为我国社会救助政策需要关注的问题,而建立解决相对贫困的长效机制是适应新时期我国贫困结构变化的关键。长效机制是相对于短效机制而言的,就业和能力提高是最可持续的长效机制。而积极性和发展型社会救助政策,就是解决相对贫困的长效机制。所谓积极性社会救助是指预防救助和强调受助方责任的救助。发展型社会救助政策最主要的特征是强调发展,它主张在一个更加广泛的发展过程中将社会政策与经济政策有效结合,实现社会与经济的协调发展。它们都是国际劳工组织和世界银行等国际组织倡导的消除发展中国家持久性贫困的新型救助模式。积极性社会救助政策与发展型社会救助政策在实践中要求社会救助政策与积极的劳动力市场政策相结合,积极探索社会救助对象的就业途径,强调救助对象权利与义务的平衡并重,救助者在享受救助时要承担促进社会经济发展的义务,如参加义务劳动,通过优化教育资源与医疗资源等,为贫困人群创造提升自己权利和机会。

我国在今后的社会救助中,应将教育就业、社会保障、身体健康、社会融入、生活状况等维度纳入贫困测量指标,解决好"贫""弱""困"的界定,变"救贫"为"扶弱",关注各类处于生活窘迫和发展困境的脆弱群体。建立分层分类的救助模式,匹配不同的救助资源和救助方式,形成"一户一策"的救助方案和赋能方案。关注相对贫困群体的政策诉求,树立积极救助的理念,强化救助者的权利义务意识,将救助者的救助与积极的劳动力市场政策结合起来,激发困难群体的内生动力,通过收入豁免等政策调动城乡低保人员的就业积极性,在民政部门牵头领导下建立社会救助部门联系机制,重视教育救助、医疗救助与其他救助制度衔接,形成合力,不断提高困难群体的自我发展能力。

　　3.加大精神慰藉与服务救助力度,完善社会救助的体制机制

　　目前我国的社会救助仅仅停留在提供吃、住、医这些基本生存服务,生存问题基本得以解决,但精神慰藉方面的需求得不到满足。在新时代下,社会救助要寻求政策创新,应拓展社会救助的服务功能,从经济救助逐步发展到服务救助、精神救助等。由物质救助向精神关怀并重转变,更加重视社会救助服务,要多关注心理救助、服务救助,防范心理疾病和精神疾病。深入践行"民政爱民、民政为民"的执政理念,进一步推动以精神慰藉为重点的社会救助服务体系的建设,满足困难群体的服务需要,如困境儿童救助服务、残疾人康复、"三无"老年人养老服务、流浪乞讨人员服务救助、精神病患者康复心理服务等,更好地体现党和政府的关怀与温暖,实现有温度的社会救助。

　　4.实现社会救助制度城乡融合发展,根据社会经济的发展提高城乡最低生活保障标准

　　我国在统筹城乡社会救助体系建设方面已经进行了有益的探索,如建立了城乡一体化的最低生活保障制度、医疗救助制度、特困人员供养制度等。但是,我们也要看到,目前我国城乡居民社会救助还存在一定的差异,以最低生活保障制度为例,我国在城乡低保对象的认定办法、保障标准水平、城乡低保规范化管理水平、城乡低保资金投入均存在一定的差距,这些差距的存在不利于城乡居民的社会救助权获得平等的保护,不利于社会救助制度的均衡与充分发展,不利于社会的和谐稳定。因此,只有大力促进我国社会救助体系的城乡融合发展,才能更好地发挥其社会救助制度作为最后一道安全网的"兜底"功能。今后,我国在统筹城乡社会救助体系建设方面仍需大胆创新,在破除城乡二元分治理念的基础之上,改革现有的城乡二元化的社会救助行政管理制度,打破城乡户籍的界限,统一城乡社会救助对象的认定、救助标准的确定办法,统一社会救助金的计发办法和城乡社会救助工作的管理制度。

　　在社会主义核心价值观指导下,我国必须高度重视社会贫弱群体生活水平的提高,而提高和改善社会贫弱群体生存状态的关键是建立低保标准随物价变动和收入变动的调整机制。虽然我国城乡低保标准随社会经济的发展不断提高,但是现行的城乡低保标准还仅仅是一个满足基本生存的最低标准,随着我国经济发展水平的提高,城乡居民最低生活保障目标应逐步从保障基本生存需要的层次逐步过渡到保障基本生活层次,并向保障有尊严的生活目标逐步靠近。因此,基于共享发展的理念,实现社会救助水平随经济发展水平的提高而提高就成为今后我国城乡低保标准向"兜得住、兜得牢"的方向发展。

　　5.加强基层社会救助服务能力建设,发展智慧社会救助服务体系

　　我国在创新经办服务方式,打造便民服务进行了有益的探索,如建立"一门受理、协调办理"的工作机制,优化救助资金"一卡通"发放方式,实现医疗救助"一站式"即时结算,推动政府采购事务性工作服务等,打通社会救助政策落实的"最后一公里",不断提高困难群众的"获得感",显著提高基层经办服务能力。今后应进一步解放思想,创新社会救助经办服务方式,完善政府购买社会救助服务的具体办法和措施,落实政府购买服务资金。在现有人员不足的地区,可通过政府购买服务的方式,鼓励社会力量承担相关工作,由其向县级民政部门、乡镇(街道)或特困人员供养服务机构派遣工作人员,缓解基层经办能力不足的问题;充实基层社会救助人员队伍,壮大基层经办服务人员的力量,提高各级社会救助工作人员为民服务、为民办事能力。加大基层工作人员培训力度,定期开展业务培训,提高社会救助经办人员的专业化和管理服务水平,推动基层社会救助工作的规范化开展。

　　在社会救助中重视运用现代信息技术手段。我国依托现代信息技术对救助对象精准识

别,精准管理方面积累了一定的经验,今后要进一步发挥现代技术手段在社会救助运行管理中的应用,重视使用现代技术手段,提升社会救助管理运行水平。建立社会救助大数据平台,实现社会救助数据的互联互通,打通社会救助不同部门的系统障碍,实现社会救助数据的共享,在已经建立的社会救助部门协调机制的基础上,更好地实现综合性社会救助,实现救助资源的优化配置。通过开发一些智能化管理软件,用信息化科学手段取代以往的手工操作,实现社会救助基层经办服务的简单化便捷化操作,解决基层救助服务能力不足和提高经办服务的效率。

第三节　社会保障体系中的社会救助

1935 年美国首先颁布了《社会保障法》。这部法律的诞生,不仅对美国,而且对整个世界社会保障的发展产生了重大而积极的影响。此后,社会保障制度进入了高速发展时期。这个时期,在社会救助和社会保险的基础上,社会福利制度诞生了。这样,社会保障制度由社会救助、社会保险和社会福利组成,现代社会保障制度的基本框架由此形成。这也就是说,社会救助制度在社会保障体系中具有基础性与独立性的地位,但社会救助不是一个孤立的社会保障制度,它与社会保险、社会福利和社会优抚等其他各种社会保障项目密切相关。社会救助与社会保险、社会福利和社会优抚等社会保障制度的这几个组成部分互相衔接、互相补充,构成一个相对完整的社会安全网络。

一、社会救助与社会保险

社会保险(social insurance)在现代国家中都具有明显的强制性,由劳动者及其工作单位或所在社区定期供款并且常常是由国家做后援的,用以帮助劳动者及其亲属在遭遇年老、疾病、工伤、残疾、生育、死亡、失业等风险时,防止收入中断、减少或丧失以及应付意外的经济支出,以保障其基本生活需求的社会保障制度。

社会保险与社会救助的共同之处在于,二者都属于社会保障体系中的一方面,存在先后衔接关系,先享受社会保险,不具备享受社会保险条件后,再享受社会救助。社会保险与社会救助的区别在于:①资金来源不同。社会救助享受者个人不出钱,资金主要来源于国家财政,社会保险基金则由劳动者、用人单位和国家三方负担。②保障层次不同。社会救助是最低层次的保障,是居民的最后一道安全网,社会保险则是针对劳动者所面临的不同风险的保障措施。③追求目标不同。社会救助以公平优先,社会保险以效率优先。

二、社会救助与社会福利

社会福利(social welfare)是现代国家的社会立法或社会政策,通常是由国家或社会为立法或政策范围内的所有对象普遍提供的在一定生活水平的基础上尽可能提高生活质量的资金和服务的社会保障制度。

社会救助与社会福利都属于社会保障体系的一个方面,资金都主要来源于国家。这一相同之处使得社会福利与社会救助在保障内容上很容易互相混淆。如我国统计年鉴在列支国家财政支出时,就称"社会救济福利费",将二者合并,而救灾支出本应属于社会救助的范围,统计年鉴中却将其单独列出;残疾人事业费应属于社会福利的范围,不应该单列于社会福利之外。特别是在针对诸如残疾人、流浪者、失业者等社会弱势群体时,社会救助与社会福利的内容经常也很难严格区分,这一现象也说明社会救助与社会福利在社会保障体系中密切相关。

社会福利是社会保障制度体系中最高层次的保障内容,目标是在保障其服务对象维持一定生活水平的基础上,尽可能提高他们的生活质量。社会福利的保障对象是立法或政策范围内的所有公民,社会救助只针对生活在贫困线以下的公民,享受社会福利不需像社会救助那样必须进行家庭经济状况调查。

三、社会救助与社会互助

社会互助是指在政府鼓励和支持下,社会团体和社会成员自愿组织和参与的扶弱济困活动。中共十四届三中全会通过的《中共中央关于建立社会主义市场经济体制若干问题的决定》中将社会保障体系的内容规定为社会保险、社会救助、社会福利、优抚安置、社会互助和个人储蓄积累保障六个方面,增加了社会互助和个人储蓄积累两项内容。

严格来说,社会互助并不能被称为一种社会保障制度,它表现为一种民间的非正式的社会支持网络,而社会救助则是一种正式的以国家为主体的安全网。需要注意的是,现代社会救助也提倡救助主体的多元化,如非政府组织的救助行为,企业与社会成员的一些慈善行为也经常被列入社会救助的途径之中。临时性的社会互助不能称为社会救助,只能说是社会救助的一个配套措施,但当这些社会互助行为被正规化、制度化之后(如我国的希望工程)也可以转化为社会救助。

四、社会救助与"三条保障线"

在我国社会保障领域,"三条保障线"是经常被论及的一个重要概念,它一般是指最低工资保障、失业保险金和最低生活保障线。最低工资保障是政府、企业对职工劳动报酬权益的最基本保障,它是劳动者在付出了正常劳动的情况下,从企业单位所获得的最低工资数额,故被称为城市社会保障的"第一道防线"。失业保险金则是针对依法参加社会保险的劳动者,因失业而导致经济收入受到影响,按规定在法定时间内获得补贴以弥补其因失业而损失的部分经济收入,它被称为是城市社会保障的"第二道防线"。最低生活保障线是政府对城市贫困人口进行社会救助的一项重要依据,按最低生活保障标准进行差额救助是城市居民最低生活保障制度的基本原理,它也是我国社会救助中的一个重要组成部分。最低生活保障是城市社会保障的"最后一道防线"。

值得注意的是,除已建立最低生活保障的少数农村地区外这"三条保障线"都是针对城市居民的。前两道防线一般来说是政府指导下的企业行为,是企业对单个职工的全额保障,而后者则属于政府行为,是政府根据经济状况对贫困家庭的保障,是差额保障。"三道保障线"所保障对象在一定条件下相互转化:"第一道防线"所保障对象因失业退休可转化为"第二道防线"的保障对象,"第二道防线"保障对象因各种原因可转化为"最后一道防线"的保障对象。

"三条保障线"也是衔接的:"第一道防线"建立得好,运作有序,流入"第二道防线"的人数就少;同样,"第二道防线"体系比较健全,进入"最后一道防线"的人就得到控制。反之,"最后一道防线"的压力就非常大。从数量上看,"三条保障线"应相互衔接,最低工资标准应大于失业保险金,失业保险金应大于最低生活保障标准。

第四节　社会救助的行为主体

西方发达国家都经历了国家无责任阶段的慈善救济模式、国家有限责任的补济救助模式、国家强责任阶段。目前,已形成了多元主体责任阶段,即参与社会救助的主要责任者,除了国家以外,还有非政府组织、企业和个人。在我国,自汉朝以来,佛教传入中国,与中国传统儒家思想中的仁义学说、道教的行善积德思想相融合,推动了我国封建社会政府救助的发展和民间慈善救助的兴盛。我国目前初步形成了一个多元主体的参与社会救助的制度框架。

一、社会救助的行为主体的内涵

社会救助行为主体主要包括政府、非政府组织、企业和公民个人。

(一)国家和政府组织:公共救助

在传统社会,政府的公共管理职能主要以政治统治职能为中心,经济、文化在内的社会事务管理职能相对薄弱。在自由放任的资本主义时期,政府充当"守夜人"的角色,相对传统国家自由主义政府已经意识到,公共部门应该向社会提供某些类型的"公共商品"。20世纪30年代的世界经济大危机彻底宣告了自由放任经济理论的破产,导致了国家对市场的干预成为政府治理经济的主要手段。国家干预主义时期政府权能体系迅猛扩张,"行政国家"取代"守夜人"成为各国政府职能体系发展的主流趋势,在经济与社会职能方面,各国普遍采取了积极干预的职能模式,与此相对应,政府公共救助理念也得到强化,对贫困成因的理论解释也从表面性社会现象转为从深层社会结构角度的制度性因素探讨。政府不仅有责任关心贫困者的生活,而且有责任从根源上消除贫困。同时,公民权利理论为全民福利制度发展(包括公共救助)提供了直接的政治道德依据。如罗斯福新政时期美国国会通过的《社会保障法》。这个法案的主要内容之一就是公共救助方案,它将妇女、儿童、老年退休、残疾与失业补偿纳入社会福利体系中,形成不同类别的救助体系。新古典自由主义时期,政府职能的对内统治职能尤其是暴力镇压职能相对弱化,而民主建设职能则进一步加强。经济社会管理职能在各国公共管理职能体系中所占地位日益重要,甚至成为政府核心职能。

与此相对应,自20世纪70年代以来,在英、美等国家掀起了一场以放松管制为核心的行政改革运动。其中的重要趋势之一就是,由政府包办一切社会事务转为把市场自身能够解决的问题让市场去办,市场无法发挥作用的领域应由政府来完成,加强对公共物品供给的管理,向社会提供公共服务,做好环境保护、城市规划、市容美化、社会福利、消防救灾等。但和社会保障领域的其他一些制度一样,公共救助并没有因"政府再造"运动而被削弱,而是在"服务型政府"的转向中,作为一项重要的公共产品与公共服务的一个重要内容得到进一步的强调。

在我国传统计划经济体制时期,在经济上实行高度中央集权的计划经济体制,以阶级斗争作为整个公共管理部门的工作重心,政府的社会、文化职能由政府统包统揽,服务职能薄弱。在社会事务管理方面,主要有各级政府民政部门面向城乡的"三无"人员和农村特困户进行临时的社会救济。改革开放以来,我国政府公共管理职能体系由"以阶级斗争为主"、以专政职能为中心转向以经济建设为中心。进入20世纪90年代,随着城市经济体制改革的深化,城市社会结构发生了重大变化,贫富悬殊矛盾加剧,出现新的城市贫困群体:破产企业职工、半停工企业职工、失业和退休人员。针对城市贫困问题,我国政府实施了一系列的政策,如"送温暖活动""下岗职工基本生活保障"和最低生活保制度等,在促进社会公平、维护社会稳定方面发挥了重要作用。随后,我国逐步健全了教育救助、医疗救助、住房救助等专项救助。2014 年,国务院颁布了《社会救助暂行办法》,为我国社会救助工作机制提供了基本的法规遵循,形成了"8+1"的社会救助体系框架。这些都表明我国政府已经成为社会救助行为的主要主体。

政府作为社会救助的第一责任主体其责任主要表现为三个方面:

第一,制度建设的职责,包括制度的设计、制定法律法规等。

第二,政府必须在社会救助所需经费的筹集上负主要责任。社会救助经费应主要来源于政府财政预算拨款,而政府也应该在收入预算中有稳定的专门的社会救济资金来源。

第三,政府必须在社会救助事务管理中负主要责任,包括社会救助的行政管理、业务管理和基金管理等。

由政府提供的公共救助具有以下特点:①它是政府主导的,政府管理社会、服务社会的一种持续、稳定的公共政策;②它具有纯粹的公共物品属性,其资金来源完全是公共财政支出;③机会均等性,尽管真正意义上的待遇享受者只是少数,但指向的目标对象却是全体社会成员,只要陷入贫困或急难中的,都可以享受到公共救助;④标准的统一性和相对性,同一时期一定区域中的救助对象都可以根据统一的保障标准领取差额救助金,但这种标准有地区的差异,而且也是随着经济与社会发展而不断调整的。

(二)社会团体和社会成员:社会互助

社会互助严格来说不属于社会保障内容,是一种非正式的社会支持网络。社会互助是指在政府鼓励和支持下,社会团体和社会成员自愿组织和参与的扶弱济困活动。它具有自愿和非营利的特征,其资金主要来源于社会捐赠和成员自愿交费,政府往往从税收等方面给予支持。社会互助主要形式包括:企业、工会、妇联等群众团体组织的群众性互助互济,民间公益事业团体组织的慈善救助,城乡居民自发组成的各种形式的互助组织等。

社会互助的一个重要内容就是慈善。慈善属于道德范畴,是一个历史概念。经典文化中的儒、佛、道思想深入民间,与乡土民众劝善去恶的意识构成民众意识的重要部分,从而在民间具有巨大的覆盖面。在西方,慈善救助的思想主要受宗教思想影响,但学者多用"慈善事业"统称慈善活动,以强调它是近现代才发展起来的非制度型的社会化公益事业。慈善可以是物质的(善款、善物等),也可以是精神的(义工服务、心理慰问等),它通过对社会资源的重新聚集和配置帮助社会弱势群体。

鉴于 20 世纪 70 年代后期西方福利制度出现的种种矛盾,20 世纪 80 年代以来许多国家又推行公共福利事业"私有化""市场化"改革,这也是"政府再造"运动的一个趋势。如美国把部分政府在福利和救助方面的支出转为由私人企业和社会团体承担。英国也把政府责任逐渐向社会转移,通过政府补贴、税收优惠等措施,促进第三部门在社会救助领域的成长。同时,一些成功的企业经常做出通过人道主义的捐助来回报社会的举措。尽管企业的目的是创造财富,其目标、标准和思维均与政府和公益性组织迥然不同,但这并不意味着企业不需要道德层面上的运作。世界上大多数的社会组织也是由成功的企业资助的,不少企业一直追求履行自己的社会责任并形成了"企业公民"的现代理念。企业慈善发展的动因不仅在于纯公益利他性动机,还取决于它对企业和社会是一种"双赢"的选择。对企业来说,参与慈善事业不仅可以直接回报其营业成绩,更可以降低赋税水平,提升社会形象和增强内部凝聚力,并最终与企业的营利性目的相一致。对社会来讲,企业参与慈善可以扩大慈善事业的发展资源,促进社区发展,并在全社会表达一种"关爱与和谐"的价值与信念。

　　社会互助在客观上又发挥了资源配置和社会稳定的作用。与国家在社会保障中充当第二次分配的角色相比,社会互助可谓是对各种社会资源(时间、金钱和社会资本等)的第三次分配,它能化解社会矛盾,安抚社会情绪,从而有助于社会稳定。此外,社会互助还有如下作用:①社会互助还具有一定的公共服务功能,能够填补政府救助的空白,弘扬优良的社会道德,能够在政府这个"大拇指"缺乏关注的社会领域发挥作用,分担社会责任,实现社会发展目标。②社会互助活动本身作为一种无私奉献行为,传达了人类社会最基本、最理想的道德规范,如责任心、同情心和博爱,引导着人们去克服困难,克服个人主义的弊端,使整个社会在物质财富日益充裕的同时也散发出旺盛的精神气质。③在开放的社会体系中,慈善组织、公益团体通过深入社会,能够了解社会最底层人们的需要,使分散的个体"声音"集合成强大的集体"声音";以合法的形式向国家表达弱势群体的愿望,推动社会立法,强化国家解决社会问题的能力;慈善救助在促进以信任和合作为基础的社会资本筹集,培养公民社会的诚信道德和责任等方面具有重要意义。

(三)国际社会组织:国际援助

　　国际援助一般是指无偿或以很低的价格向某个国家提供资金、货物、劳役或其他的服务,如给水灾发生国免费提供粮食、药品等,它分为政府间的援助和非政府间的援助两种形式。政府间的援助处于援助国与被援助国的国家关系网络之中,援助问题处于政治与经济的交汇点,涉及国家关系的政治、外交、法律、安全、经济、金融、技术、文化等多个双边领域。现代国际援助具有以下几个特点:国际援助是以主权民族国家为基本行为主体,主要由发达国家向发展中国家进行的大规模、制度化、恒常性的资源转移,是在价值规律和市场体系以外如非经济性因素作用下资金、技术、知识等生产要素在国家之间的配置、流动和转移,是以国家的政策行为对国际关系进行调整的产物。至于各国的外援政策基本都有三个目的:一是传递一种道义准则、一种形象;二是保证国家安全,因此对象选择很慎重;三是经济繁荣,外援其实是一种双向的经济动向,而非单向的。

　　另一类国际援助来自跨政府组织和非政府组织这两类援助提供机构。跨政府组织包括国际劳工组织、联合国粮农组织、联合国艾滋病规划署、联合国开发计划署、联合国教科文组织、联合国儿童基金会、联合国人口基金会、世界卫生组织等机构,这些组织用它们的资金、志愿者、发展的理念和眼光,为推进包括中国在内的一些发展中国家的经济与社会发展发挥了重要作用。非政府组织更为广泛,据不完全统计,20世纪80年代进入中国的国际非政府组织超过30个。一些知名的国际非政府组织纷纷在这个时期进入中国。1985年,国际小母牛组织开始在中国开展项目;1987年,乐施会在广东省实施了其在中国大陆的第一个扶贫项目;1988年,福特基金会进入中国开展扶贫工作。1990年,国际非政府组织大量涌入中国,先后成立正式的办事机构。1992年,乐施会在昆明设立项目办公室,开始了在中国西南地区的扶贫工作;1993年,世界宣明会正式成立中国办事处。随着我国国力的增强,国外非政府组织逐渐减少了对我国的援助资金规模,我国也逐渐由受援国角色转变为国际发展援助问题上更积极、活跃的合作与对话的角色,中国政府积极构筑国际减贫与交流平台,与广大发展中国家共享减贫经验,共同进步发展。

二、我国社会救助的行为主体的现状、问题与完善思路

目前,我国已基本形成了以政府为主导的,非政府组织、企业和个人为补充的多元主体参与社会救助的主体结构。

首先,在我国社会救助体系中,政府救助的确发挥了主导作用。各级政府的财政成为社会救助资金的主要来源,政府部门承担了绝大多数的社会救助责任,包括各级各地的政府部门,例如提供常规救助的民政部门、提供医疗救助的医保部门、提供教育救助的教育部门等。

其次,非政府组织、企业和个人积极参与社会救助,成为社会救助的一支重要的力量。慈善机构、扶贫机构、社会福利机构、社会救助团体等非政府组织已成为我国社会救助的又一重要主体,如中华慈善总会在筹集善款、扶贫济困、紧急救助、社会福利、社会公益、慈善援助等方面做了大量的工作。中国残疾人联合会作为从事残疾人事业的主要组织机构,在一定范围内积极从事面向残疾人的社会救助事业。中国青少年发展基金会,是具有独立法人地位的全国性非营利性社会团体,发起了在中国极具影响力和感召力的希望工程,以资助失学儿童继续小学教育和捐款援建希望小学为主要内容。中国儿童少年基金会实施的"春蕾计划"累计救助失学女童突破上百万人次,中国妇女发展基金会发起了"母亲水窖"。工会组织是职工自愿结合的工人阶级的群众组织,代表职工利益,依法维护职工合法权益是工会组织的根本使命所在。在我国,企业、公民的扶贫济困捐赠行动已经成为一件常事。

然而,我国尽管形成了以政府为主导的,非政府组织、企业和个人为补充的多元主体参与社会救助的主体结构,但我国的救助主体结构还存在一些问题:

第一,社会救助分散在各个部门,难以形成救助合力。社会救助的工作主要集中于民政部门,其主要负责城乡最低生活保障制度、特困救助、临时救助等,但其他专项救助分散在其他部门,如教育救助由教育部门负责、医疗救助由医疗保障部门负责、灾害救助由应急管理部门负责、住房救助由住房和城乡建设部门负责,各部门之间由于信息的阻隔以及部门利益冲突,造成社会救助多头救助,难以形成合力;同时在救助中还出现了将专项救助制度与低保资格简单捆绑的问题,导致重复救助。

第二,政府部门承担了绝大多数的社会救助责任,社会组织参与社会救助的程度不深,积极性不高。从实际情况来看,一些企业、非政府非营利组织以及公民个人等在部分社会救助中已经做出了显著的成绩,但是其参与程度不够,目前较为普遍的参与形式是政府向社会组织购买事务性服务,如低保对象的资格审查和家庭经济状况调查。但城乡最低生活保障群体的心理疏导、特困供养人员的生活照料与精神慰藉、弱势群体的就业服务、困难家庭儿童的教育救助等方面,社会力量参与社会救助的程度依然有待提高。由于税收等激励不足,社会组织参与救助的积极性不高。

我国社会救助主体存在问题的原因主要如下:

一是我国现有的政策与制度设计存在问题。尽管我国于2013年建立起了社会救助部际联席会议这一协调机制来强化社会救助部门协作配合,但由于各部门仍然分疆而治,导致社会救助仍难以发挥整体效应;从社会救助政策设计上来看,我国没有很好地处理低保与专项救助的关系,教育救助、医疗救助、住房补贴等专项救助由于对象识别成本过高,出现低保人群重复救助现象。

二是从历史的角度来看,在西方正式的社会保障制度建立之前,慈善救助承担了社会救助

的主要责任,只是在近代工业化过程中,社会问题丛生,慈善救助能力有限,国家才逐步成为社会救助的主体,但民间力量也未曾削弱。与西方社会不同的是,中国封建社会的大一统格局使得国家一开始就在社会救助中成为责任主体,而且是唯一主体;真正意义上的民间救助只是在国家集权削弱(如民国)、社会经济文化多元化(如宋、明、清)、外来思想冲击下(清末民初)以及民族危难当头(抗日战争前期)等背景下,才从国家权力控制的夹缝中萌芽。或者更准确地说,由于中国历史社会没有形成一个脱离于国家权力的公共空间,中国社会这种国家与社会的胶合状态,是与西方社会的国家与社会逐渐分离甚至二元对立模式迥异的。这种状况决定了中国民间救助只是政府救助的"替补者",没有充分发挥作用。新中国成立后,社会救助被纳入了高度集中的计划经济体制之下。我国以"高就业和低工资""统包统配"的计划经济形式为城市居民普遍提供了一道社会"安全网",在农村则以五保供养制度为主。而慈善组织由于种种原因被取缔,直到新中国成立40多年后才在市场经济体制改革中重新兴起。

三是社会组织参与社会救助的积极性不高的主要原因是政府的激励不足。从激励机制来看,政府除了利用税收优惠政策鼓励社会组织参与社会救助外,政府还可以通过公共财政拨款对社会组织给予经费扶持,通过购买社会救助服务的形式为社会组织提供补助等,但从目前来看,这些激励机制与制度仍显不足。

在我国,慈善组织及其取得的收入依法享受税收优惠。《中华人民共和国慈善法》明确规定:自然人、法人和其他组织捐赠财产用于慈善活动的,依法享受税收优惠。国家对开展扶贫济困的慈善活动,实行特殊的优惠政策。《中华人民共和国所得税法》和《中华人民共和国企业所得税法实施条例》规定,我国非营利组织的免税收入主要包括会费收入、捐赠收入、政府补助收入和不征税收入(不征税收入包括财政拨款、依法收取并纳入财政管理的行政事业性收费、政府性基金、国务院规定的其他不征税收入)或者免税收入的银行存款利息和符合规定的其他收入,但是我国税法把非营利组织与其宗旨相关的活动的投资收益以及相关的财产性收入排除在免税收入之外,这与很多国家当前实行的非营利组织税收政策并不相符合,不利于非营利组织的发展。企业和个人公益性捐赠税收优惠力度较小,对于企业来说,公益性捐赠在年度利润的12%以内的可以在计算企业所得税时在税前扣除,超过该比例当年不足扣除的部分可以在3年内结转扣除。对于个人来说,个人公益性捐赠在应纳税所得额的30%可以在个人所得税前扣除。我国对于企业和个人公益性捐赠所给予的税收优惠力度还较小。我国具备税前扣除资格的非营利组织数量少,根据2019年民政事业发展统计公告显示,截至2019年底,全国共有社会组织86.6万个,但是2019年符合公益性捐赠税前扣除资格的公益性社会团体仅有196个①。此外,遗产税的开征可以作为社会组织税收激励的措施之一。国际上,一些开征了遗产税的国家其公益性捐赠会显著增加,我国没有开征遗产税,造成上层的富人阶层没有任何代价地将财产留给下一代,导致富人阶层缺乏公益捐赠的激励。由于我国对社会组织参与社会救助服务的政策依据和需求不足,社会组织目前参与社会救助的程度不深。

针对上述问题,积极推进以政府为主导的,社会组织、企业和个人为补充的多元主体参与社会救助格局,还需要完善以下方面:

第一,进一步加强各部门之间的配合,完善专项救助制度。一是进一步落实社会救助部际联席会议这一协调机制来强化社会救助部门协作配合,在民政部门的牵头下,地方政府统一领

---

① http://www.mca.gov.cn/article/xw/tzgg/202006/20200600028236.shtml.

导下,将信息联网,减少对困难人群的重复核查,对于一些没有纳入低保人群的边缘贫困户,因病致贫、因教育致贫的贫困户,可转交给医疗保障部门、教育部门,各部门加强配合,紧密协作,建立起综合协调的社会救助管理体制。二是健全各项专项救助制度,不断完善各项专项救助制度实施的程序,建立起包含救助对象认定标准、目标瞄准方法、申请、审核审批程序、救助管理监督考核机制等在内的独立制度规范,真正发挥各项专项救助效果,使得那些真正处于低保线边缘的群体享有应有的医疗救助、教育救助等专项救助制度。

第二,完善非营利组织的税收激励制度和管理办法。一是建议将非营利组织从事的经营性活动区分为与其宗旨相关商业活动和无关宗旨商业活动,对于从事与其宗旨相关的商业活动所获得的收入,可以适当减免所得税;对于从事无关其宗旨相关的商业活动所获得的收入,对照营利性组织进行征税。二是提高企业和个人公益性捐赠税收优惠力度。对于企业来说,可将当前的扣除比例从 12％提高到 15％,将结转的期限从 3 年提高到 5 年,以降低企业的捐赠成本。三是增加具备企业公益性捐赠税前扣除资格的非营利组织数量,民政部对于一些资格和信誉较高、财务制度健全完备、经营妥善、未受过行政处罚并且登记 3 年以上的非营利组织,应该给予其企业公益性捐赠税前扣除的资格。同时进一步降低组织设立门槛,简化登记手续和程序,放松管制,进一步激励其参与社会救助的积极性。建议开征遗产税,促进我国社会组织的发展。

第三,拓展社会组织在社会救助领域的活动范围,逐渐形成多元化主体参与社会救助的模式。一方面政府要把原来不该属于政府的一部分职能逐渐转移给社会组织,社会组织应当成为承接政府部门社会职能的组织;另一方面社会组织在社会救助领域的活动范围需要进一步拓展,通过加强自身组织建设,提高其筹集经费能力、人员队伍素质,拓宽其救助范围,在精神慰藉、心理援助、教育救助、医疗救助等方面发挥自身的专业性和优势,大力发展和提倡社会组织进入社区,与社区达成良好合作关系,深入基层,了解困难群众多方面的需求,进而提供有针对性的、个性化的社会救助。

复习思考题

1. 现代社会救助与历史上的社会救济制度有何区别?

2. 改革开放以来,我国社会救助制度改革取得了哪些成就? 今后改革的方向是什么?

3. 社会救助在社会保障中的作用是什么? 它和其他的社会保障项目有何联系与区别?

4. 社会救助有哪些行为主体? 我国社会救助行为主体的现状和存在的问题是什么? 应如何完善?

第二章　社会救助的理论基础

　　社会救助的理论基础就是要回答社会救助产生的缘由以及什么样的社会救助制度是合理的,福利经济学理论与市场失灵和政府失灵理论,可以为社会救助制度的存在提供一定的理论支持和可操作的建议。负所得税理论是一个值得推敲和借鉴的理论,它为社会救助制度如何实施提供了一定的参考,而福利多元主义理论则是近年来西方国家兴起的一种理论思潮,它能够为社会救助主体的多元化趋势提供一定的理论解释。贫困与反贫困理论是社会救助制度存在的最直接的原因,本章对贫困的类型、衡量和原因进行了介绍,最后通过一个文献分析,对社会救助制度能否实现反贫困目标这一问题提供了一个研究范式。

第一节　福利经济学与社会救助

　　福利经济学是一门研究如何增进社会福利的西方经济学分支,主要研究如何进行资源配置以提高效率、如何进行收入分配以实现公平以及如何进行集体选择以增进社会福利。社会救助是指公民因各种原因导致难以维持最低生活水平时,由国家和社会按照法定的程序给予款物接济和服务,以使其生活得到基本保障的制度。社会救助制度的设计与实施,从福利经济学的角度来说,就是要在公平和效率的博弈中最大限度地改善穷人福利的问题。在福利经济学的演进中,我们要汲取思想营养,为社会救助制度的设计提供理论指导。

一、福利经济学演进中的主要思想

　　传统经济学对福利经济学的思想都追溯到边沁的功利主义上,而真正意义上将福利经济学作为一门独立的学科来看待,并首次建立了福利经济学理论体系的是庇古在 1920 年出版的《福利经济学》。二战结束后,一大批福利经济学家的出现和大量的福利经济学文献的出版,极大地拓宽了福利经济学的研究领域与内容。因此,经济学界一般将福利经济学的发展分为新旧两派。旧派以英国庇古为代表,新派导源于意大利著名经济学家帕累托,为英国的卡尔多、希克斯与美国的勒纳、萨缪尔森等所倡导。

(一)庇古的福利经济学思想

　　庇古以边沁的功利主义哲学及马歇尔的基数效用论和局部均衡论为理论基础,以完全竞争为前提,系统地论述了福利概念及其政策应用。庇古认为一个人的福利寓于他自己的满足之中,这种满足可因对财物的占有而产生,也可因知识、情感、欲望等而产生,全部福利则应该是这些满足的总和。庇古指出,如此广泛的福利问题是难以计量与研究的。因此,他将福利的研究范围限定为可以直接或间接用货币单位计量的那部分福利,即经济福利。个人的福利可以用他所享受的物的效用来表示,并通过愿意支付的货币单位数量来测度效用的大小,将个人消费商品所获得的边际效用与愿意支付的商品价格对等起来,进而推导出需求曲线,整个社会的福利应该是所有个人效用的简单加总。庇古认为:①货币收入的边际效用呈递减规律。即穷人1英镑的效用比富人1英镑的效用大,当1英镑从富人转移给穷人时,穷人的得利大于富人的损失,则社会福利就增加了。②每个人获得的效用总计构成全社会效用的总和,即全社会的经济福利。根据上述两个理论,庇古提出了"收入均等化"有利于提高社会整体福利水平的观点,即国民收入分配越平均,社会福利越大;由政府而非市场把富人的一部分货币转移给穷人,即收入均等化能增加社会福利。③庇古认为衡量社会福利的标准,除了国民收入均等化外,还包括国民收入极大化。庇古认为这两个标准是福利经济学研究的主题。凡能增加国民收入总量而不减少穷人的绝对份额,或增加穷人的绝对份额而不影响国民收入的总量,都意味着社会福利的增进。④庇古还将马歇尔的外部经济理论应用于社会福利问题研究。马歇尔的外部性,原意是指某微观经济主体(厂商和居民)的经济活动对其他微观经济主体(厂商和居民)所产生的非市场性影响。其中有利的影响称为外部经济,不利的影响称为外部不经济。庇古将外部经济理论与社会福利增进问题联系在一起,指出若私人部门的经济活动存在外部利益,则应通过激励性政策加速其发展;若私人部门的经济活动使公共利益或其他经济主体利益受损,则应通过征税提高其成本,限制其发展。基于外部经济考虑的政府干预,有助于提高社会福利水平。

(二)帕累托最优理论

新福利经济学采用序数效用论和无差异曲线作为分析工具,否认个人间效用的可比性,排除旧福利经济学的收入均等化理论,消费者追求的并非最大满足的总量或最大效用的总量,而是最高的满足水平,即最高的无差异曲线。对于资源配置的评价以帕累托最优为标准。帕累托最优指的是这样一种状态:在这种状态下,不可能通过资源的重新配置,在其他人的效用水平至少不下降的情况下,使任何个别人的效用水平有所提高。

(三)补偿原理

西方福利经济学家们认为帕累托标准过于苛刻,在现实生活中很难达到,应予以改进与修补。卡尔多首先提出虚拟补偿原理,认为在一项社会变革中,如果受益者在补偿受损者后仍有剩余则这种变革应该肯定,因为其提高了社会福利。希克斯对卡尔多的评判标准又进行了补充和发挥,提出了假定补偿原理,认为判断社会福利的标准应该从长期来观察,政府的一项经济政策从长期来看能够提高全社会的生产效率,所有人的境况都会由于社会生产率的提高而"自然而然"地获得补偿。西托夫斯基对上述两种补偿原理的标准均不满意,认为这两种标准只进行了顺向检验,不能做出社会福利是否改善的结论,而要同时进行逆向检验。也就是说,只有当某项变革能增加福利,而再回到变革前不能增加福利或较少增加福利时,此项变革才可取。

(四)社会福利函数理论与不可能性定理

由伯格森最初提出,萨缪尔森极力推动的社会福利函数理论,是新福利经济学的一次全新尝试。萨缪尔森等人认为补偿原理将效率与公平对立起来是错误的,他们对此进行了进一步的阐述,形成了社会福利函数理论。萨缪尔森等人认为应从个人的主观感受出发,应该把福利最大化放在最适度条件的选择上,应将所有分配方面及其他支配福利的因素一并列入,编制一种"社会福利函数",这个函数取最大值时,社会福利就达到了最大。他们认为在一定的收入分配条件下,社会福利的最大化在于个人对各种不同配给的选择,个人的自由选择是决定个人福利最大化的重要条件,而社会福利又总是随着个人福利的上升而上升。萨缪尔森等学者试图依据社会福利函数值对不同的社会经济状态进行投票和选择。

令人遗憾的是,阿罗于1951年提出的不可能性定理却最终证明,即便只存在三种具有争议的社会状态,企图通过个人偏好投票得出一致性社会选择结果的机制并不存在。这样,一个合理的公共产品决定只能来自一个可以胜任的公共权力机关,要想借助于投票过程来达到协调一致的集体选择结果,一般是不可能的。阿罗的不可能定理意味着,在通常情况下,当社会所有成员的偏好为已知时,不可能通过一定的方法从个人偏好次序得出社会偏好次序,不可能通过一定的程序准确地表达社会全体成员的个人偏好或者达到合意的公共决策。

(五)阿马蒂亚·森对福利经济学的新发展

阿马蒂亚·森认为传统福利经济学理论过分强调经济的一面,即认为财富的增长可以解决社会中出现的贫困、不公平等问题。而实际上经济增长之所以重要并不是因为增长本身,而是因为增长过程中所带来的相关利益。因此,经济学不应只研究总产出、总收入,而应关注人的权利和能力的提高。阿马蒂亚·森的能力福利理论试图把贫困与能力结合到福利经济学的框架中来,认为创造福利的不是商品本身,而是它所带来的那些机会和活动,而这些机会和活动建立在个人能力的基础上,要形成达到最低可接受的基本生活水平的能力,可能需要有不同的最低充足收入来适应。

从福利经济学的发展历史来看,新旧福利经济学的差异不在于结论而在于剖析工具的不同,旧福利经济学以基数功效论为剖析工具,而新福利经济学则以序数功效论作为剖析工具,两派都以追求福利的最大化为目的,围绕着公平和效率两大主题展开论争。福利经济学在长期发展过程中形成的一些根本精神,如社会中的贫穷者需求救助、公民的生存与发展应该有所保证、社会的潜在风险应该扫除、由于非自我缘由的损坏应该得到补偿等,不只为人们普遍认可,也为社会救助制度的存在及不断完善提供了理论支持和可操作的建议,并且在理论中对社会救助政策的施行提供了价值标准。

二、福利经济学思想与社会救助

(一)旧福利经济学思想与社会救助

以庇古等为代表的旧福利经济学,以边际效用价值论为基础,采用了边际效用分析法,提出了如下政策主张:

一是增加必要的货币补贴,改善劳动者的劳动条件,使劳动者的患病、残疾、失业和养老能得到适当的物质帮助和社会服务。

二是国家通过征收累进税的方法把富人的一部分收入用来向低收入者增加失业补助和社会救济,以缩小贫富差距、增大普遍的社会福利。

三是普及养老金制度或按最低收入进行普遍补贴制度,通过有效的收入转移支付实现社会公平。虽然在当时的制度下不可能实现"收入均等化",但庇古提出的转移性支付及改革社会福利的思想,几经演变并广为流传,成为各国实行社会救助的思想基础之一。

以庇古等为代表的旧福利经济学的思想和政策主张,对世界各国以社会公平为出发点,实行有利于穷人的社会救助政策具有相当大的影响。在现代社会中,特别是在经济、社会转型的变革时期,从总体上看,造成贫穷的原因中社会要素大于个人要素,所以,对于国家和社会来说,社会救助是其不容推卸的社会义务,社会救助制度通常被视为纯粹的政府行为,是一种完全由政府运作的最基本的再分配或转移支付制度。因而,社会救助是每个公民应该享有的受法律维护的根本权益,受助者不应该遭到任何歧视和惩罚。

此外,庇古还对穷人享用富人转移的福利提出了一些原则请求,他以为,不管是直接转移收入还是间接转移收入措施,都要避免懒惰和浪费,以便做到投资于福利事业的收益大于投资于机器的收益。庇古反对对穷人实行无条件的补贴,认为最好的补贴是那种"可以鼓励工作和储蓄"的补贴,在实行补贴时应有以下条件,即先肯定受补者本人挣得生活费用的才能,再给予补贴。否则,那就会使某些有工作才能的人完全依靠救济。这些原则也是各国在设计社会救助制度和对传统社会救济措施进行变革时所追求的目的,为了避免养懒汉,社会救助制度提供的仅仅是满足最低生活需求的资金和实物,采用"需经家庭经济调查"的资格审查手段,审核申请救助的公民及其家庭的经济收入能否低于贫穷线,使真正有需求的公民得到政府的救助,将有限的资源用到最需要的人身上而不被滥用。

(二)新福利经济学思想与社会救助

新福利经济学认为,最大福利的内容是经济效率,而不是收入均等化,即当通过市场竞争使资源达到最适度的配置时,才实现了帕累托最优,才能达到最大社会福利。而当市场失灵时,政府可以通过适当的收入分配政策进行有效矫正。其实质是,政府的某些措施或立法使一些人得益的同时另一些人受损,如果得利总额超过损失总额,则政府可使用适当政策向得利人征收特定税收,以补偿受损者,从而增进社会福利。新福利经济学的贡献主要在于:一是提出了社会福利函数理论;二是提出了社会选择理论;三是对市场失效和政府作用进行了研究。

虽然新福利经济学更多的是关于效率问题的研究,但它与强调公平分配的社会救助不仅不矛盾,而且能从更为宏观的角度为社会救助提供理论支撑。以效率为目的,从宏观经济稳定和经济增长的角度来研究社会救助问题,进一步揭示了社会救助政策的经济意义。由于价值规律的作用及资源的稀缺性,在市场经济进程中及社会转型变革时期产生了收入分配不公、贫富的两极分化、贫穷等社会现象,并且市场在资源配置上强调物质资源的配置,而无视人力资源的配置,社会救助作为一种补救模式与手段是对帕累托最优状态的一种改良,能够补偿市场分配的缺陷,提供安全稳定的保障机制,对穷人实施帮助的社会救助对提高经济效率可以发挥独特的作用。因而,社会救助制度不只有助于实现收入再分配中的公平问题,而且还有助于提高经济发展中的效率问题。

另外,新福利经济学同样支持社会救助制度的设立应避免养懒汉和国家应当承担社会救助义务的思想。依据序数效用论,救助对象是否愿意退出社会救助,取决于救助对象对退出社会救助前后所能得到福利的比较,假如救助对象参加就业后并不能增加其福利或只能增加很少的福利,就会大大挫伤他们参加工作的积极性。因而,社会救助制度的设计应能避免受助者形成长期福利依赖的思想,鼓舞受助者自立。补偿原理认为在市场机制的作用下,会呈现一方得利、一方受损的现象,因此国家应通过赋税政策来予以调节,从受益者那里取走一部分补偿受损者。社会福利函数理论也认为,要使社会福利最大化,政府应当保障"合理的"收入分配。

因而,补偿原理和社会福利函数理论均为国家通过经济干预措施来取得社会救助的资金提供了理论根据。

(三)阿马蒂亚·森的福利经济思想与社会救助

根据阿马蒂亚·森对新福利经济学的发展,我们不仅能够分析出传统社会救助的缺陷,而且能为社会救助制度的变革提出新的原则。森认为传统的贫穷指数仅仅反映了多数人生活状态的平均数,无视贫穷群体内部的不同贫穷水平和福利分配的状态,难以科学地反映许多人依然一无所有的事实。依据森的见解,传统的社会救助制度既没有实现资源的有效配置,也没有遵照福利最大化的分配原则。因为这种制度针对的是一切生活在贫穷线以下的穷人,但是最贫穷的穷人却无法从中收益。导致这种结果的主要原因是福利扩散了,而对最悲惨群体的救助却远远不足,因此,应该实行具有"选择性"和"瞄准性"的救助政策,对贫困实行更为直接的打击。由于消除贫困是社会救助的根本目的,而贫困的显著表现是收入的缺乏,因而以往消除贫困的社会救助政策也主要表现为各种方式的现金收入再分配,这种做法仅仅保证了救助对象的生存。现实中,贫困者的问题不仅仅是收入低下,他们还可能面临"许多其他的问题:一定水平上失去了决策自由,丧失了其他人能够享用的一些机会,包括经济和参与社会活动的机会;由于长期脱离工作形成技术生疏和自信心低下;体弱多病以至死亡;丧失积极性;人际关系及家庭生活损失;社会价值与责任感下降等"。而社会参与能力的下降实际构成了社会排挤,并有可能陷入长期的恶性循环。现金收入再分配只能维持现状,而不能打破贫穷的循环。因而十分有必要区别收入贫困与能力贫困的差别,将社会救助的目的从克服收入贫困上升到消除能力贫困,将救助与发展相结合,提升救助对象的社会参与才能,协助他们自立、自强,最终消除社会排挤,实现社会整合。

第二节   社会救助的一般理论

一、市场失灵和政府失灵理论

(一)市场失灵理论

自1776年亚当·斯密的《国富论》一书问世以来,经济自由主义便以其自然、协调的完美市场体系占据了经济学理论的最高统治地位。斯密在这部巨著中将利己主义作为研究经济世界的出发点,系统建立了一套社会经济哲学,对于个人谋求自身利益的行为如何导致整个社会丰裕的经济机制进行了详尽阐述。此后,市场这只"看不见的手"便成了经济学家心中最神圣的图腾。从斯密到马歇尔的近一个半世纪,市场机制被不断发展完善为一套最精妙的调节体系,在微观经济学的完美世界中,只要任由市场机制进行资源配置,经济自然能够实现帕累托最优。然而,市场的这种完美调节机制是以一些较为苛刻的条件为前提的,这些条件包括:信息完全和对称;充分竞争;规模报酬不变或递减;不存在经济外部效应;交易成本为零或可以忽略不计;经济当事人完全理性;等等。经济学家逐渐发现,在现实经济生活中,这些条件难以具备或时常遭到破坏。

市场失灵是指由于市场机制本身的某些缺陷和外部环境的某种限制,而使得单纯的市场机制不能或难以实现资源的有效配置,也称"市场缺陷"。市场失灵这一概念还有狭义和广义之分。狭义的市场失灵是指由于完全竞争的市场条件无法实现，导致市场机制不能充分地发挥作用，从而经济资源配置无法达到帕累托最优的情况。广义的市场失灵范围更广，它不仅包括狭义的市场失灵，还包括即便市场机制能够充分发挥作用，社会福利仍然不能达到最大化的情况。

按照狭义的市场失灵的含义，完全竞争的市场条件无法实现的情况主要有四种：存在外部效应的情况；公共产品的提供；存在垄断的情况；信息不对称的情况。广义的市场失灵包含的类型有：①收入分配上的不平等。一般来说，市场能促进经济效率的提高和生产力的发展，但不能自动带来社会分配结构的均衡和公正。市场经济按照个人提供的生产要素进行分配，致使收入过于悬殊，产生贫富两极分化。因为在现实社会中，要素和财富的初始分配恰恰是不公平的，人们进行竞争的条件、实力、能力不同，这往往受家庭出身、家庭结构、遗产继承、性别等许多个人的自然禀赋和社会条件等不能左右的因素影响。这造成了收入水平的差别，产生了事实上的不平等，而竞争规律往往具有贫者愈贫，富者愈富，财富越来越集中的"马太效应"，导致收入在贫富之间、发达与落后地区之间的差距越来越大。②宏观经济领域的失灵。市场调节实现的经济均衡是一种事后调节并通过分散决策而完成的均衡，它往往具有相当程度的自发性和盲目性，由此产生周期性的经济波动和经济总量的失衡。在粮食生产、牲畜养殖等生产周期较长的产业部门更会发生典型的"蛛网波动"。此外，市场经济中个人的理性选择在个别产业、个别市场中可以有效地调节供求关系，但个人理性选择的综合效果却可能导致集体性的非理性行为；再者，市场主体在激烈的竞争中，为了谋求最大的利润，往往把资金投向周期短、收效快、风险小的产业，导致产业结构不合理。另外，市场调节在对外贸易中存在缺陷。在经济越来越国际化、全球化的今天，各个国家必须努力保持国内经济的平衡及其与国际经济的平衡。在这方面，设置关税、限额、进出口许可证和其他一些壁垒，对发展对外贸易十分重要，而市场在这些方面是失灵的。

正是由于上述市场失灵，特别是市场机制无法保障收入分配的平等，这就需要通过经济政策和社会政策来纠正市场的缺陷，实现社会经济的良性发展，社会救助制度正是用以解决市场无法解决的社会公平问题的手段之一。

（二）政府失灵理论

由于经济自由主义无法彻底解决市场失灵问题，干预主义逐渐兴起。1929 年到 1933 年，资本主义世界的经济危机使经济自由主义陷入了前所未遇的大危机。1936 年出版的《就业、利息和货币通论》标志着凯恩斯主义的诞生。资本主义国家纷纷放弃亚当·斯密和马歇尔的经济自由主义，转而采用凯恩斯主张的国家干预做法，运用财政政策和货币政策，直接或间接地干预经济。这种做法暂时缓和了资本主义的基本矛盾，使经济在后来的 20 多年出现了所谓"黄金时代"的快速发展。然而，20 世纪 60 年代末，美国开始出现严重的通货膨胀，后来进一步波及其他主要资本主义国家。20 世纪 70 年代初的石油危机又导致资本主义世界出现了严重的经济停滞。新出现的"滞胀"现象，使凯恩斯主义遭到了严峻挑战。政府干预似乎不再是万灵药，于是，一个新的问题——"政府失灵"——逐渐成为经济学家所关注的热点问题。

政府失灵这一概念最早就是由公共选择学派提出的。根据布坎南等人的思想，所谓政府失灵，是指政府在力图弥补市场缺陷的过程中，又不可避免地产生另外一种缺陷——政府活动的非市场缺陷。也就是说，政府为克服市场功能缺陷所采取的立法、行政管理以及各种经济政策手段，在实施过程中往往会出现各种事与愿违的结果和问题，最终导致政府干预经济的效率低下和社会福利损失。政府失灵主要表现在:①公共行政管理失误。公共选择主要是政府决策,政府对经济干预的基本手段是制定和实施公共政策。实际上,与市场决策相比,公共决策是一个更复杂的过程,存在着种种困难、阻碍和制约因素,使政府难以制定并执行合理的公共政策,导致整个干预经济的活动失效。这是因为,一方面,政府干预是人为的,因而往往并非服务于更好地解决市场失灵的问题,而是服务于经济以外的政治目的。政治家、官员等政策制定者本身也是理性的追求个人利益的人,他们在政治市场上就如在经济市场上一样,追求着自己利益的最大化。②官僚机构的低效和浪费。公共选择学派通过对官僚机构的细致考察,总结出这种低效和浪费的三个主要原因:一是政府部门的行为不可能以营利为目的,因而失去了追逐利润这一动机的政府官员不会把他们所提供的公共服务的成本努力压缩到最低限度,结果使社会支付的服务费用超出了社会本应支付的限度;二是政府部门往往倾向于提供超额服务,超出公众所实际需要的程度来提供公共服务,导致公共服务的过剩生产;三是对政府官员行为的监督往往是无效的。此外,官员们为了扩大自己的权力,提高级别和个人待遇,增加俸禄享受,他们总是有不断扩大机构规模的动机,从而导致官僚机构臃肿。③寻租行为和腐败滋生。"租金是超过机会成本的收入。一切市场经济中的行政管制都会创造这样一种差价收入——租金,寻求租金无非是寻求利润的另一说法。"(布坎南)寻租是政府干预的必然产物,只要存在政府干预的地方,租金形式的经济利益以及为这种利益进行的游说活动就会产生。由于这种非市场性活动往往需要投入大量的生产资源,却不能为社会创造新的财富,使得社会财富只能停留在原有基础上,在特殊集团中进行权力的再分配和利益的再调整,结果只是满足了特殊集团及某些个人的利益。另外,政府干预容易造成权力集中,独断专行,甚至导致国家垄断的出现遏制竞争,从而使得其调节效率反而低于市场调节。

20世纪70年代以前,许多国家在建立和发展社会保障制度的过程中,往往片面强调政府的作用而忽视市场的作用,导致政府失灵。

在社会救助方面,政府失灵具体表现为政府对人们的生活领域干预过大、包揽过多,导致包括社会救助在内的整个社会保障的发展程度超越了经济发展水平,从而产生了对经济发展的消极影响。政府失灵理论在20世纪70年代以来的社会保障制度改革中越来越受到重视。基于此理论,许多国家在改革社会保障制度时,注重缩小政府在社会救助中的功能,同时重新强调市场在保障国民生活中的作用。具体政策措施表现为:第一,严格社会救助待遇的享受条件,取消部分不该享受社会救助待遇者的享受资格;第二,降低社会救助的享受待遇,将社会救助的功能局限于一部分的最低生活保障上;第三,重新强调市场或家庭的作用,在保障最低生活方面,让市场机制或家庭承担更多的责任。这种回归市场的趋向实际是更好地协调和平衡政府与市场之间关系的体现,说明在处理政府与市场在社会救助中的作用时更理性、成熟了。

二、社会保障三大理论流派

(一)国家干预主义

主张削弱私人经济活动的范围,由国家干预和参与社会经济活动,并在一定程度上承担多种生产、交换、分配、消费等经济职能的思想和政策。它强调自由市场机制的缺陷必须由国家干预来弥补。在社会政策方面,国家必须承担"文明和福利"的责任,政府在社会财富再分配中占有重要地位。国家干预主义的社会保障理论主要有德国新历史学派、费边社会主义、福利经济学、瑞典学派、凯恩斯主义、新剑桥学派等。

(二)经济自由主义

经济自由主义以亚当·斯密"看不见的手"的理论为基石,认为市场机制有完善的自我调节均衡能力。任何外力尤其是政府的各类调节不仅不能使情况变得更好,而会变得更坏。经济自由主义分为古典自由主义和新自由主义。前者主张自由竞争,强调国家不应干预经济。这种思想曾在 19 世纪引导西方国家政府的政策,一直持续到 20 世纪早期。后者是在 20 世纪中叶起,由现代货币学派和供给学派进一步倡导市场经济和自由竞争,反对国家对经济和社会的干预;反对社会公平和分配正义;反对强制性社会保险,提倡有选择的保障制度;主张削减社会福利,倡导社会保障领域的竞争;主张实行激活性劳动就业政策,进行福利政策改革。

(三)中间道路学派

中间道路学派是介于国家干预主义和经济自由主义之间的一种理论。作为一种思潮或学说,它产生于 20 世纪 20 年代。中间道路学派认为资本主义是经济高速增长的有效机制,但也存在自身难以克服的缺陷和问题,导致贫困、不平等、失业等现象,需要政策行为来弥补这些市场的不足。因此,自由市场和政府的联合能使效率和平等达到最大化。

基本观点包括:一是强调市场自由和国家干预之间以及经济政策和社会政策之间的平衡;二是从维护社会稳定出发支持再分配;三是倡导政策参与下的福利经济的多样化,并认为混合福利经济不会使公共责任遭到削弱,相反会使公共责任和个人责任都得到加强。

三大理论流派在西方国家的社会保障实践中,在不同的时代、不同的政府中都起到了重要的指导作用,其实质是资本主义国家为调节本国在特定阶段所面临的经济、社会发展的矛盾所采取的回应措施。主要特征为:三大理论及其实践形态的循环往复;政府与市场、公平与效率、权力与责任之间的关系,始终是三大理论流派争论的中心。

三、负所得税理论

对贫困家庭的救助方式,世界各国主要采取以凯恩斯主义经济学所主张的差额补贴制度为主。其操作方案非常简单:

差额补贴额＝最低收入指标－实际收入额

也就是说,对于人均收入在贫困线以下的家庭来说,可以享受低保,享受的数额以上式计算结果为准,但是如果家庭人均收入在贫困线以上,则不能享受低保。我国目前所实施的最低生活保障制度就是采用了这一制度。

凯恩斯主义的差额补贴制度主要强调公平,它实际上是拉平了处于贫困线以下的家庭收入水平,使低收入人群能够维持基本的生活水平。正如弗里德曼所言,这一制度安排"实际上包含着对获得援助者的其他收入课以 100％的税率,即相对于挣得的每一美元,他们的补助支付将减少一美元"。这一制度的缺陷就非常明显:对于收入在贫困线以下的人们来说,增加一元的收入就意味着补贴直接减少一元。"干与不干一个样",对于理性的经济人来说,如果不能获得高于贫困线较多的收入,就很可能会放弃工作,直接接受补助,就会出现"养懒汉"或者"福利陷阱"现象。

针对凯恩斯主义的差额补贴制度,1962 年,美国经济学家米尔顿·弗里德曼在其《资本主义与自由》一书中,首先提出了负所得税制度。这一制度通过政府向低收入者支付所得税金的方式,给予其基本生活的补助。所以称之为"负"所得税,它实际上是一种政府的补助支出,这种政府补助支出的一种重要形式就是社会救助支出。

　　负所得税制度主要有两种,一种采用单一税率,一种则采用累进税率。

　　以单一税率为例,其具体做法是:

$$负所得税额＝法定最低收入－(个人实际收入×负所得税税率)$$

$$个人可支配收入＝个人实际收入＋负所得税$$

　　假设法定最低收入为210元/月,负所得税税率为30%,个人所得税起征点为700元/月,则我们可以将两种补助制度下各种收入水平家庭所获得的补助金额进行比较,见表2-1。

表 2-1　两种补助制度下各种收入水平家庭所获得的补助金额比较　　　　单位:元

个人实际收入	负所得税制		差额补助制	
	负所得税额	该制度下的个人可支配收入	差额补助额	该制度下的个人可支配收入
0	210	210	210	210
50	195	245	160	210
100	180	280	110	210
150	165	315	60	210
200	150	350	10	210
210	147	357	0	210
250	135	385	0	250
700	0	700	0	700
	$\sum$ 1182		$\sum$ 550	

　　通过比较,我们可以看出,负所得税制度比较好地克服了差额补贴制度的缺点。在差额补贴制度下,个人实际收入越高,得到的差额补贴额越少,最后的个人可支配收入是一样的。但是在负所得税方案下,随着个人实际收入的提高,其所能得到的负所得税额虽然越来越少,但其最终个人可支配收入越来越多。这样,在负所得税制度下,人们就会有较大的动力去不断增加自己的实际收入,从而避免了"养懒汉"现象。实行负所得税制度以后,可以把所得税延伸到低收入者及贫困家庭,通过负所得税向低于法定起征点的人和家庭转移支付,帮助他们提高生活水平,政府与纳税人之间的关系更加趋于公平。同时,相对于差额补贴制度来说,负所得税制度提高了经济运行的效率,通过这一制度,将所得税制度与社会保障制度有机地结合起来。

　　但是我们也要看到,负所得税制度并不是一个成熟的实践方案,美国尼克松政府在1969年提出的"家庭援助计划"和卡特总统任期内提出的"改善就业机会和收入计划"都包含了反映负所得税理论对福利制度改革的一些措施,但是这两个提案都没有获得国会的通过。最早实践负所得税理论的实际上应该是英国。目前负所得税制度实施比较广的是加拿大,其在对低收入者在儿童抚养、配偶补助、失业保险费、教育费、医疗费等项目均实行了负所得税制度;负所得税制度对劳动供给的激励作用并不确定。从国际经验来看,负所得税对劳动供给的激励作用也没有得到很好的证明。

　　在我国,一部分学者认为我国不具备实施负所得税制度的条件,主要原因是负所得税制度对劳动供给的激励作用不确定,该制度在我国现阶段执行过程中还存在着很多现实阻碍和困难;还有一部分学者支持实施负所得税制,认为当前的低保差额补助法保障水平较低,不利于贫困人口脱贫,负所得税制的就业激励作用明显,在中央财政不进行补助的情况下,多数省份有能力承担增加的财政负担。

负所得税制度到底在我国能否实施,关键取决于四个条件:①国家的救助标准过高,产生了福利依赖现象;②该制度瞄准的群体应该是有劳动能力的低收入群体,并且这些群体能够从就业中获得收入;③必须有现代化的税收征管制度和技术来对个人实际收入进行合理的核定;④国家和地方的财政能力较强,因为负所得税制度要求的财政补贴额远远大于差额补贴制度。随着我国脱贫攻坚战的全面胜利,社会救助兜底作用的发挥将消除绝对贫困现象,救助标准必然提高,也可能产生福利依赖问题;相对贫困将成为我国反贫困的主要问题,贫困群体将发生重大的变化,建立解决相对贫困的长效机制将成为我国未来反贫困的必然选择,积极救助和发展型救助成为克服相对贫困现象的重要手段;大数据技术的运行,将使收入核查和税收征管的精准程度大大提高;国家和地方财力随着经济的发展而不断增强。因此,我国实施负所得税制度的条件基本具备,但还存在一定困难,因此,现阶段宜推行渐进式负所得税制度,可选取若干试点地区,渐进式地推进负所得税制度,并在制度运行的过程中,发现和解决问题,逐步优化负所得税制度。

四、福利多元理论

福利多元主义是继古典自由主义、凯恩斯-贝弗里奇范式之后为解决福利国家危机,于20世纪80年代新兴的理论范式。它主张社会福利来源的多元化,既不能完全依赖市场,也不能完全依赖国家,福利是全社会的产物。它成为20世纪80年代以来社会政策研究的一个新范式。

(一)福利多元主义产生的背景

福利多元主义是在福利国家经历了四分之一个世纪的扩张,于20世纪70年代中期显露出危机问题以后产生的。

福利国家的发端往往要追溯到1883年德国健康保险,当时西方国家普遍开始工业革命,农业日益衰弱;城市化、工业化蓬勃兴起,因经济衰退周期导致的贫困家庭数量日益增加,在认识到有越来越多的人可能因疾病、老龄、死亡、工伤等原因不能再工作而面临长年难以忍受的贫困生活,执政者在社会保险中寻找答案,试图要在事前规避工业秩序中的风险而不是事后处理。不久大多数西欧国家纷纷效仿德国,在二战前后建立了健康、工伤、养老、失业保险等计划;而美国的国家保险计划直到20世纪30年代经济大萧条时才出台。社会保险的出现表明政府要承担新的保护性责任,政府被推到国家福利的前沿,私人机构和地方社区的作用被削弱了。

20世纪中期,社会保险无论从覆盖人群还是保障水平都得到了很大发展,原先为解决特定人群的计划被放宽限制逐步扩展到全民,最初设定为接近最低生存标准线的援助水平也放宽到符合主流社会的合理标准水平。凯恩斯主义几乎在全球获得统治性地位,二战经济迅猛发展,强劲有力的经济发展为福利国家的成长提供了坚实后盾。这个过程产生的结果是将中产阶级纳入福利国家的框架中。社会福利覆盖面的全民化,使几乎所有的收入群体都逐渐变得越来越依赖政府的帮助,政府在福利提供中扮演着越来越重要的角色。

20世纪60年代到70年代中期,经济持续繁荣,人民生活水平稳步提高,社会观念自由开放,新政治选举提升了少数民族、妇女、残障人士和其他人的民权和社会权利,人们注意到了社会不公平问题的各个方面,经济的发展使人们也愿意支持福利计划以改善公民权利和就业机会。在这一时期,欧洲国家继续扩张福利计划,如通过职业培训、就业补贴以及放宽病假和工作法规等配套措施扩大了对失业或未充分就业人员的援助;美国尽管不愿采纳任何形式明确的社会福利理念,其福利扩张也是显而易见的,如美国的大社会计划(great society)包括职业培训、食品券、医疗保险和医疗救助、精神健康以及社会服务等,对少数民族、被社会排斥人群产生了积极影响。

从20世纪70年代中后期开始,石油危机的出现标志着战后经济发展的黄金时代已经终结,在经济出现滞胀的同时,对社会福利需求不断增加,主要是因为人口老龄化、失业问题严重。收入和财富分配不均状况不断扩大,阶级之间冲突扩大,税收和开支系统入不敷出。社会和经济上的失败给福利国家带来严重的政治后果,几乎所有福利国家都成了被批评的对象。以英美为代表的收缩派开始放弃了充分就业的承诺,尽管他们不敢公然放弃普及性社会服务承诺,但在行动上已明显开始缩小政府福利开支。福利国家在几十年的发展过程中,社会权利的理念已深入人心。政治压力等因素使收缩派不能将社会政策全面向右转。以瑞典和奥地利为代表的维持派尽管仍然维持战后福利国家的开支水平,实施充分就业的承诺,但在行动上福利开支也有所缩减。政府部门通过福利开支缩减的手段来减少福利国家的规模,将福利责任下放到地方或其他部门,从国家保障的单一主体发展成多元责任主体。福利多元主义就是在这样的背景下为解决福利国家危机问题而提出的一种新的理论范式。

(二)福利多元主义的内涵

在福利国家危机的背景下,在对福利国家的批评中,福利多元主义理论面世了。这种理论有时也称混合福利经济(the mixed economy of welfare),自20世纪70年代以来它在社会政策领域中扮演着越来越重要的角色。福利多元主义主要指福利的规则、筹资和提供由不同的部门共负责任,共同完成。

"福利多元主义"概念首先源于英国沃尔芬德的《志愿组织的未来报告》。该报告主张把志愿组织也纳入社会福利提供者行列,将福利多元主义运用于英国社会政策的实践。对福利多元主义有明确论述的应该是罗斯,他在《相同的目标、不同的角色——国家对福利多元组合的贡献》一文中详细剖析了福利多元主义的概念。

罗斯首先对福利国家概念予以澄清,认为福利国家是一个大家熟知但容易引起歧义的概念,特别是容易误认为福利完全是政府的行为。国家在提供福利上的确扮演着重要角色,但绝不是对福利的垄断。其次,他主张福利是全社会的产物,市场、雇员、家庭和国家都要提供福利,放弃市场和家庭,让国家承担完全责任是错误的。市场、国家和家庭在社会中提供的福利总和即社会总福利,用公式表示为:$TWS = H + M + S$。TWS是社会总福利,H是家庭提供的福利,M是市场提供的福利,S是国家提供的福利。国家是现今最主要的福利生产者,但并非唯一的来源。市场也是福利的来源之一,无论是个人还是家庭都要从市场中购买福利,工人通过雇佣劳动获得福利;从历史的角度看,家庭一直都是福利的基本提供者。再次,市场、国家和家庭作为单独的福利提供者都存在一定的缺陷,三个部门联合起来,相互补充,扬长避短。如国家提供社会福利是为了纠正"市场失灵",由于非市场的"政府失灵",国家垄断福利的提供会招致批评;而国家和市场提供社会福利是为了纠正"家庭失灵",家庭和志愿组织提供福利是为了补偿市场和国家的失灵。最后,混合福利社会就是当国家提供社会福利的增长并未完全排除由家庭和市场提供的社会福利时,三者共同提供福利服务时,这种混合社会(mixed society)就产生了。

在福利国家面临危机的年代,罗斯关于福利多元主义的理论因为强调国家以外的其他社会部门在福利方面的作用受到重视,后来不少学者使用福利多元主义理论来建构他们的分析框架。

(三)福利多元主义的三分法与四分法

从罗斯关于福利多元主义的解析来看,他其实采用了三分法的方式,即福利的提供者由国家、市场和家庭组成。这种分析框架为德国学者伊瓦斯(Evers)所发展,在罗斯的研究基础之上,伊瓦斯提出了福利三角的研究范式。他认为罗斯关于福利多元主义的定义过于简单,应把福利三角分析框架放在文化、经济和政治的背景中,并将三角中的三方具体化为对应的组织、价值和社会成员关系。(市场)经济对应的是正式的组织,体现的价值是选择;自主国家对应的是公共组织,体现的价值是平等和保障;家庭是非正式的或私人的组合,在微观层面上体现的是团结和共有的价值。福利三角展示了三方的互动关系。(市场)经济提供着就业福利;个人努力、家庭保障和社区互助是非正规福利的核心;国家透过正规的社会福利制度将社会资源再分配。过分强调国家的作用,就会产生福利国家危机状态。国家并非是人民获得全部福利的提供者,在福利三角中,它和市场、家庭一样是人民获得福利的部分提供者。

伊瓦斯在其后来的研究中也对福利三角的研究范式给予修正,他采用了四分法的分析方式,认为社会福利的来源有四个:市场、国家、社区和民间社会。约翰逊也主张采用四分法的方式,他在福利三角国家、市场和家庭的基础上加入了志愿组织,强调福利多元主义暗含的福利供给的非垄断性,志愿组织、家庭等非正式组织在福利的提供上发挥着重要作用。吉尔伯特福利多元主义的观点与约翰逊一致,他认为福利多元主义结构有两个层面的含义:一方面,它可被视为由政府、志愿组织、非正式组织和商业组织四部门组成,社会福利透过这四个部门传送到需要帮助的公民手中;另一方面,这四个部门嵌入福利国家市场的公共和私人领域,尽管它们可以单独存在,但仍然与资本主义的经济市场相互重叠。吉尔伯特区别了经济市场和社会市场,这两者的不同在于指导福利分配的原则和动机不同。福利国家的社会市场主要是根据人类需求、依赖性、利他情结、社会义务、慈善动机和对公共保障的渴望来分配商品和服务。与此相反,资本主义社会的商品和服务是通过经济市场来分配的,理念上是以个人进取心、生产效率、消费者选择、支付能力和利润追逐为基础的。

(四)对福利多元主义理论的评价及其借鉴意义

尽管福利多元主义已成为西方社会政策的理论主流,但是西方对福利多元主义理论也存在分歧。

一种观点是对福利多元主义的批评,以约翰逊为代表,他提出福利多元主义的社会政策发展具有潜在的危险和不平等。他从分析英国的福利政策出发,认为英国目前的福利政策正是一种多元模式,福利提供日益多元化。政府之所以对福利多元主义如此偏好隐含着政府期望摆脱自身的责任,将其本应承担的职责转给非正式的商业或志愿部门。由非正式部门提供的福利意味着家庭、亲属特别是家庭中的妇女对福利承担起责任。但目前人口老龄化的趋势渐渐明显,在未来将有更多的老年人需要照料,而照顾者人数减少,大量的妇女人群参与到雇佣劳动中,由家庭等非正式部门提供主要福利是不切实际的。福利多元主义有可能强化社会阶层结构,拉大两极分化,主要表现为社会福利提供的不均。如果社会福利的主要提供者是商业部门,其最主要的问题是可能形成地方垄断或行业的卡特尔。

第二种观点是对福利多元主义评论的中间路线,以平克为代表。他认为福利多元主义完全是自由主义和保守主义两种相互竞争的意识形态相互妥协做出的选择,自由主义者最终承认了国家干预的优点,并保有一定的社会福利支出水平,而保守主义者继续拥护集体计划,但也为市场留有一定自由发挥作用的空间。在这种情况下,福利多元主义被视为一种控制损失(damage control)的有效政策,各种不同的理论、意识形态相互吸引,取长补短。平克认为福利混合经济形式灵活,缺乏繁文缛节,各部门相互合作可以提供丰富的福利服务。

第三种观点是对福利多元主义的支持,以伊瓦斯和皮斯托弗为代表。伊瓦斯对福利多元主义的讨论及当代福利社会的发展做出了巨大贡献。他同意约翰逊关于福利多元主义发展暗示着国家在福利提供中的作用下降的观点,然而与约翰逊不同的是他认为这种转变是积极的。对伊瓦斯而言,通过分析福利三角和福利多元主义,最大的收获就是打破了长期以来在福利国家中存在的二元国家与市场对立的思想。皮斯托弗对福利多元主义的发展同样抱有乐观的态度。他的着重点是把福利多元主义与社会团结结合起来考虑,将社会团结划分为水平团结和垂直团结。垂直团结暗含着国家在资源转移过程中的积极卷入,将资源从一个社会群体转移到其他社会群体,中央政府通过做税收的收集人和社会项目的筹资者,加强了垂直团结。而水平团结暗含着更多的个人卷入,在福利服务的生产中有更积极的公民参与,政府介入的较少。

福利多元主义是社会政策的一个宏观分析范式,它关注福利的多元来源、供给、传输的结构。在福利国家陷入困境之时,福利多元主义给社会政策吹来了一股新鲜的风。它纠正了过分强调国家提供福利的错误认识;提出国家、家庭、市场、志愿组织等多元福利提供者的职责并重;建立多元福利提供者的结构;从福利的国家提供转型到福利的多元提供模式等重要的观点。

福利多元主义理论对我国的社会救助制度改革无疑也是具有借鉴意义的。

首先,在建构中国的社会救助体系时,可以考虑充分调动和利用中国社会的各种资源。家庭是中国重要的社会组织。传统社会中以儒家伦理为核心的传统文化和治理结构赋予了家庭十分重要的位置。即使是自近代以来中国社会历经诸多变迁,但家庭仍然承担着许多重要的社会功能,特别是在农村。家庭及其亲属关系在中国社会联系中的重要作用以及在中国人文化心理中的地位,使得家庭成为中国人获取社会福利、救助和社会服务的重要来源之一。但同时,也应看到之前的独生子女政策、夫妻双方就业、城市移民、婚姻变化、老龄化等因素使得家庭的福利救助功能受到不同程度的影响。对于福利多元主义所强调的公民社会部门,如社区组织、志愿组织,虽然在目前已经取得了很大的发展,社区组织、民间组织在社会治理和社会服务中已经承担起部分过去由政府所负担的功能,但总体来说,它们在社会福利和社会服务提供中的作用仍然十分有限。政府应制定相应的法规和政策,培育、支持、规范这些组织的发展,并出台相应的措施鼓励这些组织发挥更多的福利功能。

其次,应重新思考政府对公民所负有的福利责任。既要避免国家在福利提供中过分地保障而产生的福利依赖问题,又要避免政府推掉自身所应承担的责任的错误出现,防止福利多元主义所主张的"民营化"可能导致的推卸政府责任的倾向加剧这一趋势。

第三节　贫困和反贫困理论

　　长期以来,不管是发达国家还是发展中国家都存在着贫困问题。为了消除贫困,世界各国采取了各种各样的反贫困政策和措施,而其中社会政策尤其是社会救助政策被广泛地采用,并被视为反贫困最为有效的政策之一。贫困理论或者反贫困理论则是实施社会救助政策的重要理论基础之一。

一、贫困的含义和类型

　　各个国家在不同时期对贫困的认识和解释是不同的,具有不同文化背景和传统习惯的人们往往从不同的视角来认识和解释贫困,即使在同一个国家或者同一个民族,随着时间的推移,对贫困问题的认识和解释也是在变化的。贫困不仅是一个极为复杂的社会经济现象,同时还被认为是一个政治现象,因为政府的扶贫政策和一部分社会政策的目标受益群体定位为贫困人群,即穷人。因此科学地定义贫困就显得十分重要。

(一)贫困的含义

1.国外学者和国际社会的定义

　　从贫困的研究历史看,对贫困的定义首先从绝对贫困开始。贫困理论研究的先行者布思(Booth)在19世纪80年代对伦敦贫困的大规模调查,1889年朗特里(Rowntree)对约克郡进行的类似调查,均把贫困指向绝对的物质匮乏或不平等(inequality)。他们认为,贫困就是家庭总收入水平不足以支付仅仅维持身体正常功能所需的最低数量的生活必需品,包括食品、衣服、住房和其他生活物品。这是基于生计维持的概念来衡量绝对贫困的首创性学术努力。"生计维持"是英文词subsistence的文雅译法,其准确的中文翻译应是"勉强活命"。长期以来,人们一直把贫困等同于勉强活命,亦即一种最低的生存状态。这样一种状态又被称为"绝对贫困"。

　　生计维持这一思路不仅把贫困限定为无法维持生计的最低物质性条件,而且倾向于认为这种最低条件是固定的、放之四海而皆准的,也不会随时间的改变而有所变化。20世纪60年代以来,基于生计维持理念来定义贫困的思路一直受到国际学术界的猛烈批评。根据英国研究贫困问题的权威之一汤森的总结,核心的批评意见主要包括:①生计维持的思路把人的需要简化为物质需要,也就是衣食住,而不是社会需要。在批评者看来,人是需要扮演各种角色的社会存在。他们不单单是各种物品的消费者,而且也是生产者,并且参与到与物品生产相关的社会活动之中。②哪怕我们就把人的需要简化为物质需要,甚至是食品,要计算出人们维持生计的最低需要依然是困难的。人们究竟吃多少食品、吃什么样的食品、花多少钱来吃饭,在很大程度上取决于他们所扮演的社会角色、当地社群的饮食习惯以及有关食品的可获得性和价格。因此,在所有社会中,食品消费都具有社会性,要确定整齐划一、一成不变的基本食品需要是困难的。

　　自20世纪70年代起,在一些国际组织尤其是联合国的推动下,有关贫困的概念有了新的变化,其基础是所谓的"基本需要"。根据国际劳工组织的两份文件,基本需要至少包含两大要素:其一,包括一个家庭为了满足其私人性消费的某些最低的要求:足够的食品、住所和衣物,以及某些家具和生活物品。其二,包括由社区提供并且面向整个社区的基本服务,例如安全的饮用水、公共环境卫生、公共交通、健康服务设施、教育和文化设施。可以看出,基本需要的思路只不过是生计维持思路的扩展。首先,基本需要的思路承认收入不足是贫困的基本面,因此收入贫困乃是贫困的根本体现。收入的缺乏自然导致物质生活水平低下,即缺衣少食和缺少起码的居住条件。但是,这一思路的关注点开始从收入贫困扩展到人的生活的其他领域,尤其是社会需要,包括健康和教育。1980 年,国际发展问题独立委员会发表了著名的《勃兰特报告》,全面采纳了以"基本需要"为基础的贫困概念。然而,基本需要的思路与生计维持思路几乎面临同样的困境,即基本需要的最低水平很难加以客观确定。正如对物质生活条件的需要一样,人们对于健康、教育、公用设施等公共服务的基本需要,并不是整齐划一的,也不是一成不变的,而是取决于人们所扮演的社会角色、当地社群的消费习惯以及有关服务的可获得性和价格。总之,究竟何种需要是基本的,没有客观的标准。显然,生计维持思路和基本需要思路的共同点,是试图找到一个绝对的贫困标准,然而客观的绝对贫困标准究竟是否存在仍是一个有争议的问题。

　　第二次世界大战以后,随着福利国家的建立、充分就业及社会民主的发展,大多数人都非常乐观地认为在发达国家贫困已经被消除了,因为根据朗特里的最低营养标准,欧洲和北美已进入"丰裕社会",英国工党政府甚至宣布"不平等的分配已经终结"。但是,就在政治家宣布其反贫困成绩的时候,社会学家却发现贫困在 20 世纪五六十年代重返欧洲和美国。仅在欧共体国家中,70 年代中期的贫困人口就已达到 3000 万,到 80 年代末 90 年代初,这个数字超过5200 万,超过欧盟总人口的 15%,其贫困比例明显高于美国 1995 年 13.18% 的比例。导致贫困加深的原因是多方面的,其中一个重要的原因是 70 年代以后经济增长减缓和失业率增加,由这种原因导致的贫困被称为"新贫困"。然而另一个重要的原因则是对贫困的理解已发生了范式革命,从 20 世纪 50 年代开始,伦敦经济学院的学者如蒂特马斯(Titmuss)、斯密斯(Smith)和汤森(Townsend)对贫困的理解都进行了新的扩展。贫困不再是基于最低的生理需求,而是基于社会的比较,即相对贫困。

　　英国学者汤森 1979 年提出了"相对剥夺"的概念,使相对贫困的理念开始主导有关贫困的研究和公共政策制定。汤森认为,比较富裕的福利国家英国在 20 世纪后期仍然存在贫困问题,并不表明英国缓贫政策的失败,而是因为贫困是随着社会规范和习惯的改变而改变的,贫困是一种相对剥夺(relative deprivation)。汤森认为贫困不仅仅是基本生活必需品的缺乏,而是个人、家庭、社会组织缺乏获得饮食、住房、娱乐和参与社会活动等方面的资源,使其不足以达到按照社会习俗或所在社会鼓励提倡的平均生活水平,从而被排斥在正常的生活方式和社会活动之外的一种生存状态。根据相对贫困的理念,我们不能脱离一个社会在一个特定时段的具体情形来衡量贫困。所谓贫困者,意味着他们首先在物质和社会生活条件上处于一种相对于他人的匮乏状态,随之而来的是,他们无法履行一个社会中一般公民所履行的社会职能。换言之,他们处在一种相对受到剥夺的地位,使得他们无法像周围的普通人那样生活、工作。因此,相对贫困的概念并不是把全部注意力放在资源配置不合理的牺牲者上,而且关注所有无法成为社会正常成员的人们。贫困不仅仅意味着没有能力购买生活必需品以维持生计,而且意味着没有能力抓住改善生活进而享有富足的机会。贫困不再是一个静态的概念,而是随着时空的变化而变化的动态概念。汤森的解释,标志着对贫困的研究范式从经济学转向了社会学,缓贫政策也从单一的经济方式转向经济、社会和政治的多元方式。

　　汤森的理论受到英国著名经济学家阿马蒂亚·森的质疑。森认为,贫困不仅仅是相对地比别人穷,贫困的概念中含有一个不能去掉的"绝对核心",即缺乏获得某种基本物质生存机会的"可行能力"(capability)。森的贫困理论的核心思想是"可行能力"。他认为贫困可以用可行能力的被剥夺来合理识别,贫困是基本"可行能力"的绝对剥夺,提出了"能力贫困"的概念,他的这种绝对贫困思想不同于传统的对绝对贫困的理解。传统的绝对贫困概念核心往往是"收入低下"。森认为尽管低收入与"能力"之间有密切的联系,但贫困的实质不是收入的低下,而是可行能力的贫困。收入的不平等、性别歧视、医疗保健和公共教育设施的匮乏、高生育率、失业乃至家庭内部收入分配的不均、政府公共政策的取向等因素都会严重弱化甚至剥夺人的"能力",从而使人陷入贫困之中。

Suk Bum Yoon 则对森的"基本能力"和"素质"进行了更进一步的说明。他认为,这些"基本能力"和"素质"包括:①意识,即认识到摆脱贫穷主要靠自己,而不能依赖外援;②掌握实施发展项目的必要知识;③学会首先动员和利用自己的资源,如储蓄;④获得管理和技术技能,包括提高文化水平,掌握会计知识和有关生产技术等;⑤建立能保证穷人有充分参与机会的穷人的组织,而且以此为基础,通过发展横向和纵向联合,发展与其他组织的联系,形成组织网络;⑥学会使用政治手段,如争取实施法律赋予的权利,向政府争取新权利,与各种盘剥做斗争,形成压力集团,让社会能耐心倾听穷人的要求等。

除上述定义外,一些国际组织和机构对贫困也进行了界定,如世界银行在其发展报告中对贫困的界定最有代表性。1981 年时,世界银行认为,"当某些人、某些家庭或某些群体没有足够的资源去获取他们那个社会公认的,一般都能享受到的饮食、生活条件、舒适和参加某些活动的机会,就是处于穷困状态";1990 年,在其发展报告中,它更强调贫困是"缺乏达到最低生活水准的能力"这一特征。然而,进入 21 世纪以来,世界银行对贫困和贫困人口的定义进行了一些修正,它开始从更综合的角度来定义贫困和贫困人口。认为"贫困是多方面的,贫困不仅指物质的匮乏,而且包括低水平的教育和健康……贫困还包括风险和面临风险时的脆弱性,以及不能表达自身的需求和缺乏影响力"等。联合国发展计划署在 1997 年的《人类发展报告》中提出"人文贫困"概念。其不仅包括人均国民收入的因素,也包括人均寿命、卫生、教育和生活条件等因素,即 40 岁以前可能死亡的人口比例、文盲率、获得基础卫生保健服务、可饮用水和合适食物的状况等。随着人类对贫困问题认识的深化,国际社会开始更加关注从人文发展角度衡量一国的相对贫困程度。

2.国内的贫困定义

我国学者对贫困的理解也处于变化中。汪三贵认为:"贫困是缺乏生活资料,缺乏劳动力再生产的物质条件,或者因收入低而仅能够维持相当低的生活水平。"根据他的定义,贫困人口就是不能维持基本生存,达不到温饱水平的人口。康晓光也认为:"贫困是一种生存状态,在这种生存状态中,人由于长期不能合法地获得基本的物质生活条件和参与基本的社会活动的机会,以至于不能维持一种个人生理和社会文化可以接受的生活水准。"(贫困中的"物质生活条件"不仅包括食品、衣着、住房,还包括教育、医疗卫生、基础设施、生态环境。"社会活动"不仅包括一般的人际交往,还包括宗教活动和政治参与。)

国家统计局农村调查总队(《中国农村贫困标准研究报告》)认为:"贫困一般是指物质生活困难,即一个人或一个家庭的生活水平达不到一种社会可接受的最低标准。他们缺乏某些必要的生活资料和服务,生活处于困难境地。"林闽纲认为:"贫困是经济、社会、文化落后的总称,是由低收入造成的基本物质、基本服务相对缺乏或绝对缺乏以及缺乏发展机会和手段的一种状况。"关信平认为:"贫困是在特定的社会背景下,部分社会成员由于缺乏必要的资源而在一定程度上被剥夺了正常获得生活资料和参与经济和社会活动的权利,并使他们的生活持续性地低于该社会的常规生活标准。"这一概念进一步明确了获得经济、政治权利对穷人发展的重要性。唐钧提出了贫困的三个不同层面,即"贫困是一种社会上客观存在的生活状况;贫困是一种社会上普遍公认的社会评价;贫困是一种由社会脉络造成的社会后果"。

综上,我们认为贫困是指与"缺乏""低收入""剥夺"等相联系的部分人群的生存状态,在这种生存状态下,个人不能合法地享有社会所公认的生活水准。贫困不仅包括经济意义上的狭义贫困,还包括社会、文化、政治意义上的广义贫困。贫困既是一个绝对概念,又是一个相对概念。

(二)贫困的类型

根据不同的划分标准,贫困可以划分为不同的类型。根据收入能不能维持人的基本生存需要,贫困可分为绝对贫困和相对贫困;根据贫困的内涵,贫困可分为狭义贫困和广义贫困;根据贫困持续的时间长短,贫困可分为长期贫困和暂时贫困;根据贫困的成因,贫困可分为普遍性贫困、制度性贫困、区域性贫困和阶层性贫困;根据贫困的空间分布,贫困可分为区域贫困和个体贫困等。

1.绝对贫困和相对贫困

绝对贫困,又叫生存贫困,是指在某一个时期,个人或家庭依靠劳动收入或其他合法收入不能维持其基本生存需要的生活状态。绝对贫困是从人维持生命的角度出发,以维持人的最低生理需要为标准加以确定的。其特征是:在生产方面,贫困人口或贫困户缺乏扩大再生产的物质基础,甚至难以维持简单再生产;在消费方面,贫困人口或贫困户未能满足衣食住行等人类基本生存需要,生活达不到温饱水平,劳动力自身再生产难以维持。随着社会经济的发展,对绝对贫困的认识也在不断变化。目前世界银行确定的绝对贫困线标准是每人每天的食品提供为 2150 千卡热量,食品支出占总支出的比例农村为 63%,城市为 61%。我国政府确定的农村绝对贫困线标准是每天的食品提供为 2100 千卡热量,食品支出占总支出的比例为 60%。

相对贫困是基于这样的现实考量,即"不管社会多富有,总有一部分人是社会中的低收入者"。如果绝对贫困是指家庭收入低于某个临界值的情况,那么相对贫困则是相对于社会平均水平而言的贫困,它指的是家庭或个体所拥有的收入和资源虽然可以满足基本生活需要,但不足以达到社会的平均水平。

关于相对贫困的识别,许多国家将相对贫困线确定为社会平均工资的一定比例。世界银行将低于平均收入三分之一的社会成员视为相对贫困人口,欧盟将中位收入 60% 以下的人口归入相对贫困人口,英国也将全国家庭收入中位数在 60% 以下的人口划入相对贫困人口,新加坡将相对贫困人口确定为收入最低的 20% 的家庭,日本和智利将相对贫困线的标准确定为收入达不到中等收入家庭 50% 的家庭。我们国家的相对贫困线目前还没有确定,部分学者建议相对贫困线应该设置为某一均值的 40%~50%,这一均值可以是收入均值,也可以是收入中位数。

2.狭义贫困和广义贫困

狭义贫困是指某一些人或家庭的生活在物质(或经济)方面的一种困难状况。仅从经济意义出发,这种困难状态有时是相对的,且不包括精神文化生活方面。

广义贫困指某一些人或家庭不仅在物质生活方面而且在精神文化生活方面也贫困的一种生活状态。在经济意义之外,还涉及社会、文化等方面的综合因素,强调的是衡量生活状况时包括了哪些方面;而相对贫困强调的是相对另一些人或家庭的生活水平。

3.长期贫困和暂时贫困

长期贫困是指某一些人或家庭长时间处于贫困的一种状态或经过长期努力仍不能摆脱贫困状态。

暂时贫困是指由于自然灾害、疾病或其他突发事件造成的不是长期的贫困状态。

4.普遍性贫困、制度性贫困、区域性贫困和阶层性贫困

(1)普遍性贫困:由于经济和社会的发展水平低下而形成的贫困。

(2)制度性贫困:由于社会经济、政治、文化制度所决定的生活资源在不同社区、区域、社会群体和个人之间的不平等分配所造成的某些社区、区域、社会群体、个人处于贫困状态。

(3)区域性贫困:由于自然条件的恶劣和社会发展水平低下所出现的、按某种贫困标准特定区域被认定处于贫困状态贫困现象。中国农村贫困人口的分布就具有明显的区域性,集中分布在若干自然条件相对恶劣的地区。

(4)阶层性贫困:指某些个人、家庭或社会群体由于身体素质比较差、文化程度比较低、家庭劳动力少、缺乏生产资料和社会关系等原因而导致的贫困。阶层性贫困不一定伴随区域贫困,但区域贫困一定包含个体贫困。两者往往是联系在一起的。

另外,贫困还可分为农村贫困、城镇贫困等。

二、贫困程度的衡量标准及贫困线的确定方法

(一)贫困的衡量指标

衡量贫困的指标分为经济指标和非经济指标两种。度量贫困最常用的经济性指标是收入。然而,一般来说,在家庭调查中,有关收入的信息常常不大准确。出于种种考虑,被调查者或许会有意无意地多报或者少报其收入。相对来说,有关消费的信息更加详细。因此,很多人主张,消费水平与收入水平相比是一个更好地度量贫困的经济性指标。通过收入来度量贫困被认为是一种间接度量,而通过消费(或生活水平)来度量贫困则是一种直接度量。这两种度量方法各有优劣。出于不同的研究目的或政策关注点,还有一些非经济性指标常被用来度量贫困,如健康与营养贫困,常用的健康指标包括婴儿死亡率、预期寿命、某些疾病的发病率,常用的营养指标包括身高、体重等。具体来说,贫困的衡量指标包括:

1.贫困线

一般来说,衡量贫困常用贫困线来衡量。贫困线又称贫困标准或最低生活保障线,是衡量个人、家庭或某一地区贫困与否的标志。低于此线的人口被称为贫困人口。贫困线采用的是收入标准来衡量贫困的。

2.恩格尔系数

在国际上除了贫困线以外,有时也用恩格尔系数来衡量。恩格尔系数指标是建立在恩格尔定律的基础上,它是食品消费支出除以全部消费支出之比。联合国粮农组织在1970年提出根据恩格尔系数确定划分贫富的标准,即恩格尔系数在60%以上为绝对贫困和绝对贫困人口。用恩格尔系数测定贫困实际上是从消费的角度测定的绝对贫困。

3.综合的、发展的指标

从收入和消费的角度衡量贫困和贫困人口无法反映贫困内涵的多面性,也无法反映贫困人口在能力和社会政治和精神层面的缺乏状态,一些国际组织如联合国开发计划署、世界银行

主张用综合的、发展的指标多方面地测度贫困。联合国开发计划署在 1990 年的《人类发展报告》中提出用人类发展指数(PDI)来衡量贫困。人类发展指数是对期望寿命、婴儿死亡率和识字率三个指标的加权平均,由于这一指标能近似地反映穷人在社会权利方面的状况,它成为国际组织在实践层面测量贫困的基本指标和方法。

基于对贫困多方面内涵的认识,世界银行 2000—2001 年的报告中建议除用收入或消费指标测量贫困外,还应用婴儿死亡率、人们的预期寿命、适龄儿童的入学率、识字率、受教育年限、拥有的物质资产、人力资本以及社会资本、社会保障、穷人的政治参与程度等相关指标全面衡量贫困,它是一个包括健康、教育、风险以及社会权利方面在内的综合的指标体系。

4. 阿马蒂亚·森指数

由于传统的用贫困线来衡量贫困人口往往忽视了贫穷群体内部的不同贫困程度,难以准确反映贫困人口贫困的程度和贫困的变化。因此,诺贝尔经济学奖获得者阿马蒂亚·森构建了自己的贫穷指数即森指数。其公式为

$$P = H[I + (1 - I)G]$$

式中:I 代表穷人的平均收入与贫困线差距的百分比,被称为"收入缺口比率",其数值介于 0 和 1 之间;H 代表贫困率,即贫困人口总数与社会总人口的比率;G 代表基尼系数。由于阿马蒂亚·森指数将衡量收入分配不平等程度的基尼系数引入贫困的衡量,因而使贫困的衡量具有了相对广义的特征。但森指数的计算和操作复杂,在各国的统计指标中很少涉及。

5. 相对贫困的"共识型度量"

英国学者乔安娜·迈克和斯图亚特·兰斯利(Joanna Mack & Stewart Lansley)做出了开创性的贡献。他们在 1983 年对 1174 户英国家庭进行的社会调查中,要求被调查者开列他们所认为的生活必需品,然后再根据这些生活必需品的缺乏情况来定义贫困。后来,这一做法被称为相对贫困、匮乏或剥夺的"共识型或民主型度量"。1990 年,一批学者进一步把这一方法精致化,对 1831 户英国家庭进行了题为"英国面包线"的调查。后来,类似的调查在丹麦、瑞典、爱尔兰、比利时、荷兰、芬兰、德国以及跨欧盟范围展开。相对贫困的共识型度量基本上可以分为以下三个步骤:①根据常识开列一组维持物质和社会生活所必需的物品和服务的清单,通过随机抽样进行家庭调查,要求被调查家庭回答清单中的项目是否为必需品。②把多数家庭(一般选定为 50% 以上)认定为必需品的项目挑选出来。③根据当地的价格,计算以平均水平消费这些必需品所需要的开支,以此作为贫困线。毫无疑问,这种测量相对贫困的方式避免了绝对贫困度量时高度依赖专家(尤其是营养学家)的"精英主义"倾向,从而具有相当大的客观性。共识型相对贫困的度量基于一个假设,即对于何为生活必需品,处于不同社会地位和群体的民众会有大体相同的看法。事实上,英国在 1983 年和 1990 年进行的两次"面包线调查"证实了这一假设。这些被认为是必需品的项目,在不同收入家庭,获得了 50% 以上的认可度。根据上述方法测定的贫困线,可以说结合了前述基于消费和收入的贫困度量方法。

(二)贫困程度的衡量指标

政府扶贫政策和一些研究不仅需要知道何为贫困,还需要知道贫困的程度如何。对于贫困程度的衡量指标主要有:

1. 贫困发生率

贫困发生率是指低于贫困线的人口的总数,在贫困线确定的情况下,它是衡量一国贫困程

度的总体指标。贫困发生率,也称贫困人口比重指数(用 P_1 表示),是指一国或一地区处于某个贫困线以下的人口占总人口的比例。

$$P_1 = F(X^*) = \frac{n}{N}$$

式中:P_1 为贫困发生率;F 表示 P_1 为 P^* 的函数;X^* 为贫困线;n 为贫困人口;N 为总人口。确定了贫困线,就可以比较简单地确定一个国家或地区的贫困相对范围大小和贫困人口的总数,掌握贫困人口的规模,但该衡量指标也存在以下不足:既不能说明贫困线以下的贫困人口遭受的贫困程度,也不能反映贫困线以下的贫困人口的分布状况,即它不反映贫困人口之间的收入差异。仅用贫困发生率指标测度贫困程度,在扶贫资源一定的情况下,只要将有限的资源分配给收入水平接近贫困线的贫困人口和家庭,贫困状况就会有显著的改善,显然这与国家的扶贫战略目标和扶贫政策不相符。并且用贫困发生率的高低分配扶贫资源或评价扶贫工作的好坏也是不合理的。

2. 贫困深度指数

贫困深度指数(用 P_2 表示),又称贫困差距指数。它是基于贫困人口收入水平(或消费水平)相对于贫困线的累加贫困差距,是建立在贫困人口收入水平相对于贫困线的距离基础上的。计算公式为

$$P_2 = \frac{\sum_{i=1}^{n}(1 - \frac{\mu_i}{X^*})}{N}$$

式中:μ_i 表示第 i 个贫困人口的收入水平;X^* 为贫困线;n 为贫困人口;N 为总人口。

在贫困发生率一定的情况下,P_2 值越大,说明贫困人口的收入水平偏离贫困线越远,也就是贫困程度越大。从扶贫的宗旨来说,更应关注那些贫困深度指数较大的贫困地区或贫困家庭,这可以缩小扶贫的范围,实现扶贫重点的转移,即由平均分配扶贫资源给各个地区或贫困家庭转到集中力量解决贫困深度指数大的贫困地区或贫困家庭。贫困深度指数在一定程度上反映了贫困人口分布的变化,但是贫困深度指数仍不能完全地反映贫困人口分布的实际情况。这是因为,在贫困人口之间的收入转移不能改变整个贫困人口的平均收入的条件下,即使发生更穷的人的收入转移到相对不很穷的人的手中的情况,贫困深度指数也是不变的,而实际上这时更穷的人的贫困程度加深程度甚于相对不很穷的人的贫困减轻程度,这意味着极端贫困的穷人的生活更加艰难了,也就是说整体来看,贫困的程度更加严重了。为此需要构造新的指标来反映这种贫困的严重程度。

3. 贫困强度指数

贫困强度指数(用 P_3 表示)是建立在贫困人口的收入水平(或消费水平)相对于贫困线的基础上的贫困程度衡量指标。用公式表示为

$$P_3 = \frac{\sum_{i=1}^{n}(1 - \frac{\mu_i}{X^*})^2}{N}$$

式中:μ_i 表示第 i 个贫困人口的收入水平;X^* 为贫困线;n 为贫困人口;N 为总人口。

在 P_1、P_2 一定的情况下,P_3 越大,说明贫困人口群体内部收入水平差距越大,扶贫的难度也越大。

4.贫困相对程度指数

以上三个指数可以分别从广度、深度和强度方面反映贫困的程度,能比较全面地反映贫困的分布状况,但不能为政府提供这些人口究竟需要多大的财力就可以使他们脱贫的依据,也不能说明这种贫困相对于全社会的程度。

$$P_4 = F(X^*)\frac{X^* - \mu^*}{\mu}$$

式中:$F(X^*)$表示贫困发生率;X^*为贫困线;μ^*表示贫困人口的平均收入水平;μ表示总人口平均收入水平;P_4可解释为:为了能使每一个贫困线以下的贫困人口的收入提高到贫困线规定的收入(脱贫),需要从非贫困人口转移到贫困人口的收入占总收入的比重。据此我们可以计算出要使所有的贫困人口脱贫所需要的财力,衡量该地区对扶贫资金的承受能力,为民政等有关社会保障部门确定扶贫资金的总规模提供依据。

(三)贫困线的确定方法

1.预算标准法(budget standard methods)

预算标准法,即"市场菜篮子法"(market basket method),它是所有测定最低生活保障标准的方法中最古老、最易于被人接受的一种,最早是由英国人朗特里在1901年提出的,就是首先列出一份为社会所公认的、维持最起码生活水平的、生活必需品的清单,包括必需品的种类和数量。然后根据市场价格来计算购买这些必需品需要多少钱,这个所需金额就是贫困线。低于这一基准的人群就是贫困人口。在我国,这种方法使用最多,但作为依据的生活必需品清单不是主要由专家根据营养学标准开列,而是通过对贫困户的实际调查获得,专家的意见只作为参考。确定城市居民最低生活保障标准的具体方法,各地大都根据当地维持最低生活水平所需的物品和服务列出一张清单,然后根据市场价格计算出拥有这些物品和服务需要多少现金,由此确定的现金金额即为居民最低生活保障线。

2.恩格尔系数法

恩格尔认为,用于食品的收入比例能够很好地体现贫困程度。他在对英、法、德、比等工人家庭收支(预算)研究的基础上得出一个定律:随着家庭和个人收入增加,收入中用于食品方面的支出比例会越来越小;反之,收入越少,用于食品方面支出的比例就会越来越大。恩格尔系数法建立在恩格尔定律的基础上。恩格尔系数法是以一个家庭用于食品消费上的绝对支出除以已知的恩格尔系数,求出所需的消费支出。国际社会普遍认为,恩格尔系数在59%以上的属于生活贫困,用这个数据求出的消费支出即为贫困线,即最低生活保障线。

各国大都用食品支出比例的高低作为衡量家庭贫富和实行社会救助的依据。在这里,首先可确定食物基本项目及必需消费量,然后,根据当时当地的价格计算出最低食物费用。最后,用该费用去除以恩格尔系数0.59,则可得出最低生活水平的标准。美国也是依据该方法确定最低生活保障标准即"贫困线"的,不过,美国把食物支出占到家庭支出1/3和1/3以上的家庭,一律作为贫困户对待,给予社会救助。

3.国际贫困标准

国际贫困标准实际上是一种收入比例法,此方法原来是世界经济合作组织在调查其会员国的社会救济标准时偶然发现的。据此,他们认为,大多数国家的社会救济标准大约相当于社会中位收入的2/3,于是,提出以此为最低生活保障标准。收入比例法最初主要用于国际比较,后来欧共体为了统一其成员国的社会救济标准,便决定将社会中位收入的50%~60%确定为各国的社会救助标准,因此,德国、法国、英国等国家使用的都是这一测算方法。在我国,这一方法作为参照在 1997 年以后使用比较普遍,主要是由于它的简便易行。1995 年,广州市就以社会平均收入的 1/3 作为最低生活保障标准,据此计算的保障标准为 200 元。

4.生活形态法

生活形态法(life style method)又称为"指标剥夺法"或"行为方法"。这一方法的创始人是英国人汤森(Townsend)。生活形态法首先从人们的生活方式、消费行为等生活形态入手,提出一系列有关贫困家庭生活形态的问题,让被调查者回答,然后选择出若干剥夺指标,再根据这些剥夺指标和被调查者的实际生活状况计算出贫困门槛,从而确定哪些人属于贫困者,然后再来分析他们(被剥夺)的需求以及消费和收入来求出贫困线。生活形态法的优点是:生活形态法沟通和融合了主观和客观的评价,从社会大众的主观评价中得出客观存在的贫困家庭的生活形态(包括生活方式、消费类型等),使贫困的定义和度量不再被静态地看成是特定人群的特有现象;生活形态法使贫困的定义和度量不再局限于生活必需品这样一个狭小的范围,而是扩大到与此相关的不同领域,不但涵盖了物质方面,也包括了社会方面的需求;使定义和度量贫困的考虑趋于多元,避免了以偏概全。通过生活形态的调查还可以扩大整个社会对贫困认识的视角,从而为解决包含相对静态的绝对贫困问题在内的、动态的相对贫困问题开辟一条新的思路。但生活形态法的客观性受到质疑,在具体的调查中,因为生活方式比较抽象,虽然每一个人都能体验到,但要被调查者清楚地、具体地表达出来却并不容易。虽然生活方式可以反映一个家庭的收入或拥有资源的多少,但生活方式与收入或资源有没有直接的联系是不能一概而论的,有一些人的生活习惯并不会随收入的增减而发生变化。

5.马丁法

马丁法由世界银行专家马丁·瑞沃林(Martin Ravallion)等人提出。这一方法要求在确定基本食品支出的基础上,通过有关统计资料建立总支出与食品支出之间关系的数学模型,进而计算出贫困线。马丁提出计算两条贫困线:一条是低的贫困线,即食品贫困线加上最基本的非食品必需品支出;一条是高的贫困线,是那些达到食物线的一般住户的支出。食物线往往以人体最低热量支出为基础,将热量转化为食品,再根据这些食品的价格计算贫困线。如中国在计算农村贫困线时,按每人每天摄入热量 2100 大卡计算,将这一热量转换为粮食、蔬菜、油、肉、奶、蛋类等食品,并确定消费数量,再根据当时的价格计算得到贫困线。由此可见,食物线的计算是绝对贫困线计算方法。

非食物线的计算存在很大争议,因为很难确定一个公认的贫困标准。马丁法虽然已经涵盖了绝对与相对两条贫困线,但在实际操作中,人们对于哪一条算低贫困线,哪一条算高贫困线很难达成一致看法,而且如何来确定这部分刚达到所谓食物线的人是比较困难的。

6.1 天 1 美元法

1990 年,为了比较各国的贫困状况,世界银行对 36 个有贫困标准的发展中国家和转型经济国家的贫困标准进行了研究,发现 12 个最贫困国家的贫困标准集中在 275～370 美元之间,因而它在 1990 年采用了 370 美元作为衡量各国贫困状况的国际通用标准。按 1985 年购买力平价计算的每年 370 美元的高贫困线很快被简化成 1 天 1 美元的贫困标准。1994 年,世界银行对贫困标准重新进行了研究,按 1993 年的购买力平价测算,10 个最贫困国家的平均贫困线约为每天 1.08 美元。世界银行当年按此标准重新测算了各国的贫困状况。2008 年 8 月 26 日,世界银行将国际贫困标准提高到 1 天 1.25 美元,以 2005 年的物价指数为标准,世界银行采用1天1美元标准测量某个国家的贫困状况时,必须使用适当的汇率换算机制将美元换算成本地货币。由于直接使用市场或官方汇率难以反映消费品的真实价格,世界银行采用的方法是按1993年购买力平价将1天1美元的标准换算成各国1993年以本国货币表示的贫困标准,在其他年度使用各国生活消费价格指标以更新贫困标准。

1天1美元标准是一条非常典型的绝对贫困线,主要用于各国的贫困比较。其优点是:贫困标准易于理解和记忆,便于比较不同国家的贫困现状,广泛应用于不发达国家的贫困研究。其不足是:由于购买力完全不同,1天1美元的标准很难真实地反映不同国家的贫困现状,即使经过PPP(购买力平价)处理的贫困线,也会因为各个国家的消费习惯不同而产生扭曲。事实上,国际贫困线主要用于贫困比较(统计功能),而较少用作社会救助标准。

除了以上述测定最低生活保障标准的方法之外,还有基数法、社会认同法等,但不经常使用。在我国城市建立最低生活保障制度的过程中,使用最多的还是第一种方法,其他方法或是作为对第一种方法的验证,或是只在学者的研究中使用较多,但也有同时使用几种方法的情况。

三、贫困原因的理论解释

对贫困原因的研究始终是国内外学者和政府关注的热点和难点问题。国外学者对于贫困原因的认识不同,主要包括以下几种观点和看法。

(一)个人因素论

个人因素论认为贫困是个人因素导致的。18世纪英国的经济学家马尔萨斯在其《人口论》中就认为"贫困者没有权利得到一点食物,在自然界的宴席上,没有他们的席位,自然命令他们离开"。针对英国《济贫法》的实施,马尔萨斯指出:济贫院的救济会使过剩的贫困人口继续存在、继续繁殖,济贫院给贫民提供工作会增加在业工人的失业。

美国自由主义经济学家米尔顿·弗里德曼在《资本主义与自由》一书中提出了经济人假设。贫困是个人经济上的失败所致,个人应对自己的行动及后果完全负责。他认为,既然自由市场机制已经给人们提供了各种机会,那么不能够获取这种机会的责任就只能在于个人。这种理论认为贫困的成因是个人的懒惰、不节俭、不努力和智商低下等因素。

除此之外,西方学者还提出了遗传人和问题人假设,遗传人假设是指贫困与个人遗传因素相关,这种遗传因素主要是指人的智力水平,该理论认为遗传决定了人的智力水平,进而决定了个人的教育水平、就业、收入和社会地位。问题人假设则是指出生于道德约束松弛、家境环境恶劣、缺乏理财能力的"问题家庭"的人不容易融入主流社会,难以获取较高的稳定收入。这种假设将贫困的原因归结为家庭环境所导致的个人道德品质问题。

(二)贫困文化论

1966年,人类社会学家刘易斯提出了贫困文化理论,将贫困的原因归结为个人的动机、信仰、生活态度、行为特征和心理等文化因素。他认为贫困不仅是一种经济状况,同时还是一种自我维持的文化体系,穷人长期生活在贫困之中,形成了一套特定的生活方式、行为规范和价值观念体系等,这种贫困文化对周围人和后代都会发生影响,使贫困得以维持和繁衍。社会学家哈瑞顿在《另类美国》这本书中,进一步发展了这一理论。他认为,另类美国人的穷人是一种文化、一种制度和一种生活方式;穷人的家庭结构不同于社会的其他群体,没有父亲、较少的婚姻关系、早孕且有混乱的性关系等。穷人生活在贫困文化中。社会学家布迪厄在他的《世界的贫困》中认为,贫困是因为穷人在市场竞争中缺乏必要的文化资本,这里的文化资本不仅指由人们长期内化的裹性和才能构成的生存心态,也指由合法化的制度所确认的各种学衔、学位,还指那些已经物化的文化财产等。他认为,文化资本的缺乏使穷人缺乏进入主流社会的才能,从而导致他们贫困。这些文化因素论又重新将贫困的原因归结为穷人个人的原因,但与早期的这一看法不同的是,持这一观点的学者已认识到贫困文化的持久性以及改变它的必要性。以此为理论依据的扶贫观念认为,扶贫的关键在于改造贫困文化,只有使穷人抛弃了贫困文化的束缚,才能真正参与主流社会,分享主流社会发展的利益。我国农村扶贫工作中一度流行的素质贫困论就是贫困文化的很好体现。这种扶贫观认为,中国农村贫困的本质不是资源的匮乏,也不是产值的高低,而是人的素质低下所致。贫困的特征被描述为,"创业冲动微弱,易于满足;风险承受能力较低,不能抵御较大困难或挫折,不愿冒险;生产与生活中的独立性、主动性较差,有较重的依赖思想和听天由命的观念;难以打破传统和习惯,接受新的生产、生活方式以及大多数新事物、新现象;追求新经历、新体验的精神较差,安于现状,乐于守成"。

在我国农村扶贫领域,社会学家辛秋水提出"文化扶贫"理论并在安徽进行了实验和推广,取得了积极的效果。根据这种理论视角的逻辑,仅依靠社会福利、社会救济是无法完成扶贫目标的,重要的是除掉导致贫困的根源,把"扶贫扶人,扶志扶文"放在战略地位进行规划和实施。

(三)人力资本理论

美国经济学家西奥多·W.舒尔茨在《教育经济价值》(1962)和《改造传统农业》(1964)中提出,"不是资本,不是收入,也不是物质资源,而是人力资源构成了各国物质财富的最终基础",他认为,贫穷国家经济之所以落后其根本原因不在于物质资本的短缺,而在于人力资本的匮乏和人们对人力资本投资的过分轻视。传统农业技术进步缓慢,农业劳动生产率水平很低,产出仅够维持生存,这是传统农业中农民贫困的原因之一,他还认为传统社会的农民不仅是理性的,而且是有效率的,但尽管如此,传统农业的增长是缓慢的,其原因是传统农业没有引入任何新的农业要素。他进而指出,摆脱贫困的关键是改进传统农业,并向农民投资,即通过教育、培训和医疗保健来实现人力资本的积累。这种扶贫思路在我国农村扶贫工作中也得到了广泛的认同和运用。

(四)马克思的贫困理论

19世纪,马克思针对资产阶级经济学家认为工人阶级生活贫困是因为工人阶级懒惰、无知、肮脏等个人原因的观点进行了驳斥,马克思认为贫困的根本原因在于资本主义生产资料的所有制。资本积累规律包含着二重性后果:一方面是资本财富的积累,一方面是劳动贫困的积累。与此相适应,资本再生产出规模扩大的劳资关系:一极是更大的资本家,另一极是更多的雇佣工人。这种贫困趋势表现为两种形式:一种是绝对贫困化,一种是相对贫困化。劳动者的贫困化绝非天上掉下来的,它肇始于资本原始积累。原始积累是资本生产方式的起点,它不过是用暴力手段对农业劳动者进行剥夺的历史过程,在资本原始积累过程中充满了暴力、杀戮、掠夺和征服;在这种"剥夺"与"分离"中,一无所有的农民被迫转化为雇佣工人。马克思在《资本论》中多处论述了资本主义雇佣劳动制度和失业是导致工人阶级贫困的原因,其中主要体现在对资本积累对无产阶级命运的影响的论述中。马克思关于工人阶级贫困的原因的结论实际上有力地驳斥了马尔萨斯等资产阶级经济学家认为贫困是个人原因造成的理论,将工人阶级贫困从而生活水平低下的原因归结为社会制度等外部原因,这是对贫困人口原因研究的一大进步。

(五)阿玛蒂亚·森的能力贫困论

阿玛蒂亚·森在其代表作《贫困与饥荒》和《以自由看待发展》两书中深刻分析了隐藏在贫困背后的生产方式的作用以及贫困的实质。他认为,要理解普遍存在的贫困,频繁出现的饥饿或饥荒,我们不仅要关注所有权模式和交换权利,还要关注隐藏在它们背后的因素。这就要求我们认真思考生产方式、经济等级结构以及它们之间的相互关系。

森对"贫困"的概念重新定义,他认为贫困可以用可行能力的被剥夺来合理识别,贫困是基本"可行能力"的绝对剥夺,提出了"能力贫困"的概念,他的这种绝对贫困思想不同于传统的对绝对贫困的理解。传统的绝对贫困概念核心往往是"收入低下"。森认为尽管低收入与"能力"之间有密切的联系,但贫困的实质不是收入的低下,而是可行能力的贫困。收入的不平等、性别歧视、医疗保健和公共教育设施的匮乏、高生育率、失业乃至家庭内部收入分配的不均、政府公共政策的取向等因素都会严重弱化甚至剥夺人的"能力",从而使人陷入贫困之中。森的这一思想已经产生了重大影响,成为国际社会制定反贫困战略和政策的一个重要理论依据。

森认为贫困的实质是能力的缺乏。一个人避免饥饿的能力依赖于他的所有权,以及他所面临的交换权利,而饥饿的直接原因是个人交换权利的下降。一个人所具有的交换权利就其本质而言取决于他在社会经济等级结构中的地位,以及经济中的生产方式,但同时也依赖于市场交换以及国家所提供的社会保障。他主张,应该改变传统的以个人收入或资源的占有量为参照来衡量贫富,而应该引入关于能力的参数来测度人们的生活质量。其核心意义是必须考察个人在实现自我价值功能方面的实际能力,因为能力不足才是导致贫困的根源。同时,森提出,只有能力才能保证机会的平等;没有能力,机会的平等是一句空话,也就是说"真正的机会平等必须通过能力的平等"才能实现。

森的能力贫困理论的一大贡献是强调解决贫困和失业的根本之道在于提高个人的能力,而不是单纯发放失业救济金。但是森的能力贫困理论只强调主观的能力,却忽略了客观的机会。而且,如果说个人能力的增强主要依靠个人的主观努力的话,那么机会和权利的提供、增加和保障,则主要是政府和社会的责任。由此,有学者在此基础上提出了"权利贫困论",认为森的能力贫困论忽视了从权利角度去观察社会排斥。贫困者不一定是由于个人能力不足而受到社会排斥,更多的情况是由于权利不足和机会缺失而陷入贫困陷阱不能自拔。

(六)生命周期和贫困的代际传递理论

生命周期和贫困代际传递理论(intergenerational transmission of poverty)是近年来在西方贫困理论研究和反贫困实践中兴起的一个具有较大影响的重要理论流派。该理论认为一个人从出生到死亡的全部生命历程中所经历的具有明显不同的经济和社会特征阶段,在现代社会中人的生命的不同阶段是相互联系的,前一阶段的经历会对其后面阶段的经历产生影响:在贫困家庭中长大的儿童较一般家庭的儿童相比其随后的受教育机会、学业表现甚至营养状况等都会受到负面的影响,以至于这部分儿童在成年后更易于面临就业困难、失业或者出现健康问题,从而使其在工作年限经常处于贫困或低收入状态。

贫困代际传递有三种相关性解释,即与文化行为、政策、经济结构等因素相关。第一种解释强调文化行为因素,如刘易斯在提出贫困文化概念后认为,贫困代际传递以具有各种相互作用的经济的和心理的特征为表征。例如,缺乏适当的学校教育,穷困的经济境遇,猜疑和缺少社会活动的参与;或者缺乏除了家庭以外的其他任何社会资源,构成贫困文化的一个基本特征——代际传递。一个坚固的核心家庭其家庭成员之间可产生强烈的相互依赖和信任关系。这样可以使年轻一代从年老的一代那里继承其价值观、态度和习俗,从而确保贫困文化代际传递。第二种是与社会政策相关的解释,强调了福利依赖的代际传递性。如米德(Mead)认为,依赖福利的家庭陷入贫困陷阱是因为长期接受福利救济已经使这些家庭的父母和孩子改变了价值观。第三种解释强调了经济结构因素对贫困代际传递的影响,其中人力资本具有关键性的作用。如贝克尔与托马斯(Becker & Tomes)的研究强调了贫困与劳动力市场的关联,缺乏经济资源阻碍了儿童人力资本的发展,也由于人力资本低,孩子们缺少找到好工作的能力。也有研究发现,贫困代际传递和城市下层阶级形成的一个重要因素就是由于大批制造业迁出城市中心区,使他们失去了城市中心制造业的工作,这使他们减少了摆脱贫困的机会。家庭结构也是造成贫困本身及其代际传递的一个基本因素,如家庭中兄弟姊妹多,或父母离异等都可能导致孩子贫困、缺乏营养和监管,甚至缺乏行为榜样等,这些因素都有可能导致儿童成人后的贫困。儿童贫困意味着儿童在成长过程中缺乏接近资源的机会,而这些资源对他们的成长和摆脱贫困来说恰恰是至关重要的。儿童贫困也不仅仅是因家庭经济困窘而不能享有适当的物质生活,同时还包括人力资本发展机会的匮乏、家庭社会网络资源的贫乏、表达自己要求和希望的权利缺乏,以及参与权利的缺失等。儿童贫困既是贫困代际传递产生的重要原因,也是贫困代际传递的结果。

(七)贫困环境论

贫困环境论的主要观点是,自然和社会环境中的残缺和落后是导致贫困现象产生和存在的关键,这种观点在具体解释时又分为两大类型:发展要素残缺论和贫困处境论。

发展要素主要包括资本、自然资源以及科技水平等方面,在解释区域性贫困时经常用不同区域发展要素的比较来阐释导致某些区域贫困的原因。例如,姜德华等著的《中国的贫困地区类型及开发》中从自然资源角度概括贫困的分布和特征,把我国664个贫困县归纳为6个集中连片区域类型,为当时因地制宜地制定扶贫规划提供了基础数据;并在1994年用同样的方法完成了对中国区域性贫困的分类和描述。

贫困处境论认为,被视为贫困文化的行为和态度都是贫困者对社会处境的直接反应,环境的改善会导致这种观念的变化。以这种理论为指导的扶贫观认为,扶贫应该从改造贫困者的社会处境入手。

(八)社会剥夺、社会排斥、社会资本、社会风险论

从20世纪90年代中期以来,社会政策研究领域还提出了社会剥夺、社会排斥、社会资本等概念来解释贫困。社会剥夺具有双重含义,一方面是指客观的被剥夺状态,另一方面是指被剥夺者的一种主观心理状态,即人们需求得不到满足的一种状态。对于前者,社会学主要使用"绝对剥夺"(absolute deprivation)的概念。对于后者,社会学主要使用"相对剥夺"(relative deprivation)的概念。社会剥夺是指因政治、经济等原因而使部分群体或个人缺乏平等的生存和发展条件,主要包括他们对食物、居住、安全、就业、受教育、获得公共服务等基本需要得不到满足的状态。墨顿(Merton)认为:个人往往将自己的处境与参照群体相比较,如果发现自己位于不利的地位时,就会觉得自己受到了剥夺。这个参照群体可以是其他人或其他群体,也可

以是自己的过去。有的时候,即使他们的处境有了好转,但是与其他人相比,好转的程度低于其他人的话,这种剥夺感也会出现,这是一种相对剥夺感。相对剥夺感会对群体或个人的行为及态度等产生很大的影响,包括很多消极情绪的产生,如自卑、压抑等。另一方面,这种影响还包括促进社会运动的发展,进而引起群体的暴力行为,甚至于革命。在国际社会政策研究领域,使用频率更高的一个词是"社会排斥"。所谓"社会排斥"原先是针对大民族完全或部分排斥少数民族的种族歧视和种族偏见,这种偏见和歧视建立在一个社会有意达成的政策基础上。现在社会学、社会工作、社会政策以及其他一些相关领域中这个词的含义已经被泛化,意指主导群体在社会意识和政策法规等不同层面上对边缘化的贫弱群体的社会排斥。社会排斥理论认为,贫困和贫困人口是社会排斥导致的。社会资本论者认为,穷人贫困的原因是缺少社会资本,"社会资本是如需要时指望得上的关系网和应尽义务,以及对资源的政治影响力"。由于穷人在国家和社会机构中没有发言权,没有力量,因而,《(2000/2001)世界发展报告》认为,穷人的生活水平很低,具体表现为:缺少获得基本必需品——衣、食、住以及可接受的健康和教育水平——所必需的收入和资产,这里的资产包括人力资产,如基本的劳动能力、技能和良好的健康状况;自然资产,如土地;物质资产,如基础设施的可获得性;金融资产,如储蓄以及获得贷款的途径;社会资产,如需要时指望得上的关系网和应尽义务,以及对资源的政治影响力等。社会风险理论认为,由于贫困人口应对风险的工具非常有限,这就使他们没有能力或者不愿意选择高风险、高回报的经济活动;不敢参与高收益的经济活动反过来使其收益更少,结果是他们不仅难以脱贫,其贫困程度甚至会进一步加深。

四、社会救助制度在反贫困中的作用

(一)社会救助制度在反贫困中的积极作用

1.社会救助在反贫困中起兜底保障的作用

在现代汉语中,"兜"作动词有承担的意思,"底"指最下面的部分。学界对社会救助"兜底"的理解主要可归纳为四个方面,一是对象脱贫能力上的"底",即目标对象完全或部分丧失劳动能力,无法通过其他生产性方式脱贫;二是干预序列上的"底",即经过个体自主脱贫—集体帮扶脱贫—政府支持引导脱贫的扶贫序列后仍无力摆脱贫困,只能由政府单向"输血"兜底脱贫。三是帮扶手段上的"底",即通过"造血式"扶贫无法助其脱困后进行"输血式"兜底。四是帮扶周期上的"底",正所谓"帮人帮到底",对于年老、残疾、重病等困难群体,要做好长期甚至永久性的资金和服务救助。社会救助制度对无法通过产业扶持、劳务输出等"造血式"脱贫的贫困群体的帮扶,实现脱贫序列和脱贫手段的兜底作用;社会救助兜底保障与扶贫开发的主要区别是社会救助制度是社会保障制度体系的最后一道防线,是反贫困的长期手段。对于那些扶不起的人,或受先天条件所限,完全或部分丧失劳动能力的扶贫对象,依靠自身努力很难如期脱贫的贫困人口,通过社会救助制度,实现长期帮扶,使这部分群体实现可持续生计。

2.提高贫困人口的基本生活水平和生活质量

2014年2月,国务院颁布了《社会救助暂行办法》,以行政法规的形式规定最低生活保障、特困人员供养、受灾人员救助、医疗救助、教育救助、住房救助、就业救助、临时救助等八项社会救助制度,建立起"8+1"的体系架构,使得社会救助的项目更加完善,充分考虑困难群体的各方面需求,做到应保尽保,保障贫困人口的基本生活水平。在保障贫困人口基本生活的同时,最低生活保障水平随着国家经济发展水平而逐渐提高。截至2018年,全国农村低保平均保障标准为 4833.4 元/人·年,比上年增长 12.4％,比 2010 年全国农村低保平均保障水平 1404 元/人·年[1],增长 244.26％,贫困人口的基本生活水平不断提高。对困难群体在教育、医疗和住房等方面都提出了专项救助制度,通过各种社会救助政策的实施提高了贫困人口的生活质量。

3. 提高贫困人口的市场竞争力,增加就业机会

贫困主要是由机会的丧失和可行能力的缺乏造成的,只有解决好就业问题,才能真正实现脱贫致富,真正消除贫困。从 20 世纪 90 年代中期开始,由国际劳工组织和世界银行等国际组织倡导的为了应对发展中国家持久性贫困的新型救助模式——发展型社会救助开始取代传统的被动型、生存型社会救助模式。这种新型救助模式强调人力资本与劳动力市场相结合,强调政府应通过社会投资提升个人竞争力进而提升国家竞争力,积极地预防贫困,而不是被动地应对贫困。通过加大对贫困人口进行康复训练、劳动技能培训、就业指导等投入,鼓励其积极地参与市场劳动,减少依赖,主动脱贫。我们国家通过各种就业福利政策,增加贫困人口受教育的机会,强化其职业技能,加大贫困人口的职业技能培训力度,同时根据不同地区和不同群体的实际情况,实行分类培训,以提高其在劳动力市场上的竞争力,增加就业机会;今后,随着相对贫困人口成为我国反贫困的主要对象,建立解决相对贫困的长效机制,必然借鉴国际社会的普遍做法,实施发展型的积极救助,通过人力资本投资等,加强相对贫困人口的能力建设,使其通过就业摆脱贫困,就是一种持续脱贫的长效机制,应成为我国社会救助政策的发展重点。

(二)社会救助制度在反贫困中的消极作用

随着我国全面脱贫目标的实现,社会救助将会发挥其兜底保障的功能。"兜底"作用的发挥包括两个方面:一是要解决救助标准过低的问题,使得建档立卡中的贫困人口补差后的收入达到贫困线;二是将更多的社会困难群体纳入保障范围,实现"应保尽保",尤其是那些具有特定需求的特殊困难群体。社会生活的"底线"不是静止不变的,随着经济社会的发展和社会成员生活水平的普遍提高,这个"底线"也会不断上升,这就要求我们要以动态的眼光来看待和思考兜底保障。具体来说,就是要健全完善城乡低保标准动态调整机制,坚持推动城乡低保标准统筹发展,适当缩小城乡低保标准的差距,这就可能提高救助标准。但是较高的基本生活保障水平可能会助长贫困者的"福利依赖"心理,极其容易导致受助者不愿出去工作,尤其当社会救助津贴替代水平较高时更是如此,这无助于贫困者摆脱贫困。此外,由于社会救助水平逐年提高,有可能导致社会救助方面的支出给国家财政带来了很大的压力。

复习思考题

1. 福利经济学和社会救助的关系如何?

2. 差额补贴制度和负所得税制度各有什么优缺点? 在我国现阶段应如何看待负所得税制度?

3. 什么是福利多元主义? 福利多元主义理论对我国社会救助制度改革有何借鉴意义?

4. 国际上对贫困的认识经历了哪些变化? 贫困如何衡量?

5. 如果让你回答社会救助制度能实现反贫困目标,你将从哪些视角入手回答?

---

[1]　http://www.mca.gov.cn/article/sj/tjgb/.

第三章　生活社会救助制度

生活社会救助是社会救助制度中最重要的内容,其目的是维持贫困人员最起码的生活条件,达到保障公民基本生存权利的目标。生活社会救助主要采取现金救助、实物救助和服务救助等形式。本章介绍了城乡居民最低生活保障制度发展历程和主要内容,城乡居民最低生活保障制度的运行程序,城乡居民最低生活保障制度存在的问题和完善思路;阐述了我国特困人员救助和临时救助制度的基本内容。

第一节　生活社会救助概述

一、生活社会救助的内涵与形式

(一)生活社会救助的内涵

生活社会救助是社会救助中最重要的内容,它是指国家对生活在国家法定或当地法定最低生活保障标准之下的贫困人员进行现金和实物等救助的一项社会救助项目。生活社会救助的目的是维持贫困人员最起码的生活条件,达到保障公民基本生存权利的目标。世界各国都有这方面的救助制度,但在不同的国家其具体内容有所不同,而总的目标都是要对陷入生活困境的个人和家庭提供满足其最低生活需要的现金和实物资助,以帮助他们维持最基本的物质生活。生活社会救助的实施一方面可以稳定社会秩序,另一方面也是公民应有的权利和国家应尽的义务。

(二)生活社会救助的形式

生活社会救助主要采取现金救助、实物救助和服务救助等形式。

(1)现金救助是指国家直接给受助者发放现金,帮助社会成员解决生活困难的一种救助形式,发放的现金由被救助者根据自己的实际需要安排使用。在我国,生活社会救助的资金主要由政府财政承担,并且纳入救助专项资金支出项目,专项管理,专款专用。现金救助比较适合于满足救助人员的一些特殊需要,如房租、教育费用(义务教育阶段)和医疗费用等,它可以使受助者有较大的自我选择空间。

(2)实物救助是指国家以发放实物的形式,帮助社会成员摆脱生存困境的一种救助手段。它不直接给被救助者发放现金,而是根据其实际生活状况和需要,无偿发放一些必需的生活资料和部分生产资料,比较适合满足困难群体的基本需要。实物救助是比较早的一种救助形式,如古代开仓赈济,通过向贫民发放粮食来解决其生活困难。实物救助是一种比较直接、便捷的应急救助形式。

（3）服务救助是对救助对象的特殊需要提供的生活照顾和护理等服务，主要指对高龄老人的护理服务、对失去依靠儿童的关爱和照顾等。服务救助主要针对社会上需要特殊照顾的弱势群体，它更多体现出的是一种人性关怀，是在满足了被救助对象最低生存需要之后，在其精神层次给予的平等性的一种认可，能满足被救助对象的心理需求，提高其生活质量。

这三种救助形式是相辅相成的，一般以现金救助为主，以实物救助为辅，服务救助主要针对特殊群体提供。

二、生活社会救助的功能与作用

生活社会救助是社会救助制度中最基础和核心的部分，它保障居民的最基本的生活需要。生活社会救助在保障贫困人员满足基本的物质生活、克服贫困、稳定社会等方面都发挥着重要的作用。

（一）保障公民的最低生活需要

生活社会救助制度面向并覆盖全体公民，只要家庭人均收入低于生活救助线的即可纳入生活救助网，从而为其生活和生存筑起最后一道防线。生活社会救助有效地弥补了其他社会救助形式与社会保障制度没有解决的贫困问题，并与养老、失业等社会保险相互衔接、相互联系，共同构成完善的社会保障体系，有效地保障了公民的最低生活需要，保障了公民的基本的生存权和发展权。

（二）维护社会治安，缓和社会矛盾，促进社会和谐

生活社会救助侧重于解决困难群体的基本生活困难，保障公民的基本生存权利。生活困难是多种因素造成的，个人的思想认知能力、综合素质和价值观念的不同是造成贫困的一个重要因素，但并非是全部因素。人与人相处的自然环境和社会环境也存在着不公平和非正义性，现在随着市场经济的快速发展正常合理的贫富悬殊也成了社会经济健康发展的客观需要，个人因素只是造成贫困的一部分因素，所以，社会不应该完全让个人为其贫困买单；困难群体依靠自身力量很难摆脱生活困境，社会为其提供生活帮助，满足最基本的生活需要，使其不会为了生计而去冒险超越道德和法律的底线，可以减少犯罪率，维护社会治安。同时，生活社会救助为困难群体提供满足其最低生活需要的资金和实物，注重收入的再分配，减少贫困人员因贫富差距而造成的心理不平衡，可以有效地缓和社会矛盾，促进社会的和谐稳定发展。

（三）促进社会经济的发展

生活社会救助保障公民的基本生活，使有劳动能力的困难群体得以摆脱生活困境的束缚，投身到生产劳动中，为自身和社会创造财富。同时，也有助于提高劳动力质量，促进劳动力的长远发展。

生活社会救助作为社会救助体系中的一部分，也在公平和效率之间寻求适度，通过对收入分配和再分配的调节，有助于缓解贫富差距的矛盾，促进共同富裕，提高公民的生产积极性，从而促进社会经济的持续健康发展。而且从长期来看，社会保障费用中用于生活社会救助的部分将逐步下降，也有利于社会保障制度自身的可持续发展。

（四）是社会救助体系的重要组成部分，是建立、健全社会保障体系的需要

生活社会救助制度是整个社会救助制度中最主要、最基本的救助项目，最直接有效地解决了贫困者的生存问题。生活社会救助普遍适用于困难群体，帮扶困难群体在生活无助时渡过

困境,保障贫困人员最基本的物质生活需要,保障其最基本的生存权。

尽管近年来各国政府在社会保险制度方面下了很大功夫,逐步建立和完善了养老、医疗、失业等保险项目,但是因为社会保险制度强调权利与义务的对等,并且有些社会保险制度又有一定的享受时间限制,因此仍有一部分居民存在生活困难。生活社会救助与养老、失业等社会保障形式相辅相成,有效地弥补了它们的不足之处,生活社会救助制度使那些不能享受社会保险或者享受后仍然处于贫困状态的居民及其家庭得到了最起码的保障,使他们不至于陷入生活无着的困境。它在各国的整个社会保障体系中起着"保底"的作用,具有不可替代的地位。社会保障体系必须有这种保底措施,它是广大群众的"民心工程",是建立、健全各国社会保障体系的首要前提。

三、生活社会救助的救助对象与责任主体

(一)生活社会救助的救助对象

生活社会救助的救助对象涉及全体公民,只要家庭人均收入低于生活保障标准即可纳入生活救助范围之内。目前,国际上通用的社会救助对象的确认方法有两种:一种是看家庭人均年收入是否低于生活救助线的定量方法,即制定一条或几条最低生活标准,凡收入低于这一标准的人便有权向政府申请救助;另一种是根据社会上现实存在的各类贫困群体分门别类地确定救助对象的定性方法。在我国,由于特殊的二元社会经济结构,生活社会救助的对象主要分为两种:城市救助对象和农村救助对象。

(二)生活社会救助的责任主体

生活社会救助作为各国社会救助乃至整个社会保障体系必不可少的一部分,是一种政府行为,因而责任主体主要是国家。国家对贫困居民的最低生活保障负有不可推卸的责任,一般政府通过专门的法律法规来建立和规范生活社会救助制度。在我国社会救助的主体结构中,政府固然是第一责任主体,但受政府财力所限,政府救助存在许多盲点,有相当一部分社会成员游离在政府救助的保障网之外。从当前我国的国情来看,确立以政府为主导、以非政府力量为补充的社会救助多元主体结构,营造非政府社会救助良性发展的社会环境,是完善我国社会救助体系的必然选择。

在我国,生活社会救助事务的主管部门是民政部,各级民政部门均设立了相应的管理生活社会救助事务的职能机构,各职能机构依法行使职能,确保相关法律、法规、政策的贯彻实施。在民政部门主管生活社会救助工作的时候,应充分发挥物价、统计、财政等部门的协助管理作用,以及村(居)民委员会对整个救助事务的基层管理、监督作用。因为村(居)民委员会是管理的第一层次,其在基层的日常监督管理是生活社会救助最重要的环节,可以确保救济金的公平、及时发放。

第二节　最低生活保障制度

一、城市最低生活保障制度的建立背景

我国城市生活社会救助以20世纪90年代初城市居民最低生活保障制度的建立为转折点,经历了从传统救济到现代救助两个不同的阶段,制度上也经历了从传统救助制度到现行救

助制度的转变。体现了城市社会救助工作从政府恩惠到政府责任、从单一济贫到综合救助、从无法可依到有章可循的巨大转变。

（一）我国传统的城市生活社会救助

我国传统的城市生活社会救助制度,形成于 20 世纪五六十年代的计划经济体制之下。新中国成立初期,社会上有大量的难民、灾民、游民、乞丐和失业者,城市贫困问题极其突出。社会救济成了当时常规性制度,但当时国家财力有限,很多城市贫困者等其他弱势群体被排除在社会救济的范围之外,只有那些无依无靠、无家可归、无生活来源的"三无"孤寡老人、孤残儿童、残疾人和精神病人才能成为社会救济的对象,政府进行的大规模的紧急救助工作主要包括:发放工贷、农贷粮食;收容游民;对失业工人和知识分子给予临时救济;通过改造后的帝国主义慈善团体安置孤老残幼,给予经常性救济等。据不完全统计,在新中国成立后一年多时间内,武汉、广州、长沙等 14 个城市紧急救助了 100 多万人。当时,有的城市享受社会救助的人口达 20%～40%。但这一时期这些特殊人群的社会救济完全由国家包办,受资金局限,当时的服务机构数量少、规模小,服务质量亦较差,总体呈现低水平运行的状态。随着"社会主义改造"的完成,从 1953 年开始,社会救济工作开始走上经常化、规范化的轨道,中国与计划经济相配套的传统社会救济制度框架基本确立。在城市,以就业为基础的单位保障制度的建立,使得干部、职工连同他们家属的生、老、病、死都有了依靠,救济对象趋于稳定,并相对固定为孤老残幼等"三无"人员和困难户。此时,每一个有劳动能力的城市居民都可以依靠所在单位,在这种以就业为基础的单位保障制度下,各种企事业单位主要承担了职工家庭生活困难的救助工作。

从 20 世纪 50 年代到改革开放之前,社会救济制度没有发生实质性的变化,但受到"三年自然灾害"和十年"文化大革命"的影响,出现了很多新的救助对象。主要包括:被精简回乡参加农业生产的城市职工,由于缺乏农业生产经验和积蓄,生活困难而变成的救济对象;"上山下乡"返回城市,因伤或因病导致生活困难的知识青年;"文革"中受冤人员;"右派"摘帽人员等。国家通过制定相关政策,对这些由于历史原因造成的特殊弱势群体给予了社会救济,并采取补发工资、发放生活困难补助费、返还查抄没收的财产、安排工作等方式对其损失进行了赔偿和补偿。这一时期,城市生活困难,需要救助的对象不断增加,政府的救助范围也不断扩大。1978 年以后,城市生活救助的救济对象主要为民政部确定的"无依无靠、无生活来源的孤老残幼和无固定职业、无固定收入、生活有困难的居民"。

（二）城市最低生活保障制度建立的背景

城市居民城市最低生活保障制度建立的背景主要包括两个方面:一方面,传统城市生活社会救助存在很多弊端;另一方面,城市出现了新贫困问题。

1. 传统城市生活社会救助存在的弊端

（1）救助范围极其有限。在实施最低生活保障制度之前的 1992 年,我国得到国家定期定量救济的城镇困难户人数只有 19 万人,占城镇人口的比重为 0.06%。不合理的"三无"(无劳动能力、无工作单位、无法定赡养人)限制条件使许多有实际困难的城镇居民成为"政府、单位、家庭三不管"对象。

（2）救济标准过低,1992 年,城镇困难户人均月救济金额为 38 元,仅为当年城镇居民人均生活费收入的 25%,还不到当年城镇居民人均食品支出的 1/3。可见,原先的生活社会救助,除了孤寡病残救助可勉强维持温饱需求外,其他对象的救助标准明显偏低,仅仅是象征性的道义上的支持。

（3）救济经费严重不足。1978年，我国社会救助费用总额为10.2亿元，约占国民收入的0.28％；1991年，社会救助费用的绝对值虽然有所增加，但在国民收入中所占的比重却降到0.12％；1992年，全国城镇社会救济费用（包括临时救济）总共只有1.2亿元，仅占当年国内生产总值的0.005％，不到国家财政收入的0.03％，使城市救助工作陷入了困境。

（4）救助工作随意性大。计划经济体制下的社会救助工作没有形成一个规范性的工作流程，社会救助的对象到底有多少，谁能得到社会救助，救助多少，应该通过什么渠道和程序进行救助等，都比较模糊和随意，许多地方出现钱多多救济、钱少少救济的情况。

2.城市新贫困问题

1992年，邓小平同志视察南方重要讲话和党的十四大召开之后，经济体制从传统的计划经济体制向市场经济的转变，社会生活也随之发生着巨大变迁，经济变革和社会变迁也带来了一些负面影响。社会主义市场经济体制逐步建立，国有企业的结构性、转轨性失业问题凸显，以下岗、失业人员为主体的城市新生贫困问题出现并日渐严峻，从根本上冲击了单位体制的保障模式，对基本民生保障提出了新要求，民政部门的职能定位随之发生变化。

（1）下岗失业职工增加。体制转型对社会生活带来重大影响：一是大量下岗失业人员生活无着，城市贫困人口迅速增加。1986年我国登记失业人数264万人，1990年达到383万人，1996年上升到553万人。另据劳动保障部等部门对国有企业下岗职工情况进行的专项调查统计，1998年第一季度国有企业下岗职工数量达到655.7万人。下岗失业人员剧增，从根本上改变了我国传统城市贫困群体的构成。

（2）隐性失业显性化。在市场经济条件下，政府不再要求企业安排职工就业，因而计划经济体制下的充分就业产生的大批企业冗员，现在被精简后无情地推向了社会、推向了市场。这些人员或由于年龄偏大或缺乏生产技能，很难重新就业，使得一些潜在的失业群体，真正陷入失业困境，生活困难。

（3）社会保障走向社会化，企业对职工的保障功能弱化。过去几十年来，企业对困难职工除给予正常工资福利外，还有特殊困难补助。实行市场经济体制后，虽然并不排除企业对生活困难职工的关心和帮助，但企业对职工的保障功能明显弱化了。许多企业经营困难，出现亏损，职工的基本工资都难以保证，就很难再拿出福利基金给困难职工补助。

（4）通货膨胀。20世纪90年代初，我国开始对计划经济条件下形成的物价体系进行市场化改革，引发了1993年至1996年连续4年的高通货膨胀。连续多年的物价上涨加剧了部分城镇居民的贫困程度。

（5）贫富差距拉大。20世纪90年代以来，我国的贫富差距呈不断扩大趋势。1978年我国城镇居民个人收入的基尼系数为0.15，1986年城镇居民收入的基尼系数是0.19，1994年城镇居民收入的基尼系数已达0.37。基尼系数如此高，说明存在大量的贫困者在为温饱而努力。据《1996年社会蓝皮书》提供的数据，非国有制企业职工收入比国有制企业职工高1/3。中国社会科学院社会形势课题组1998年对50个城市的抽样调查显示，居民贫富之间收入差距为9.6倍，较8年前扩大了5倍。相对贫困问题因收入差距的拉大日益突出，严重影响了低收入家庭的生活质量。在此背景之下，社会亟须新的城市生活社会救助制度。

（6）补缺型社会救济方式不能满足困难群众日益增长的救助需求。据专家估算，20世纪90年代中期全国城市贫困人口的规模在1500万～3100万人，占城镇人口总数的比重为

4%～8%。而1995年全国社会福利及救济费用总共才19.7亿元,仅占当年国内生产总值的0.03%,不到国家财政支出的0.29%;得到国家定期定量救济的城镇困难户人数只有55.2万人,仅占当年城镇人口的0.16%。

二、城市居民最低生活保障制度的建立与发展

为了建立中国特色的民生保障安全网,城市最低生活保障制度应运而生。1993年6月1日,上海市率先在全国建立了城市居民最低生活保障制度,并以此取代了实施数十年的传统救济办法,确立了一条最低生活保障线,拉开了我国社会救助制度改革与创新的序幕。

我国社会救助制度的建立和发展大致可以分为五个阶段:试点阶段、推广阶段、普及阶段、落实和提高阶段和城乡一体化发展阶段。

(一)试点阶段(1993年6月—1995年5月)

1993年5月7日,上海市民政局、财政局、劳动局、人事局、社会保险局、市总工会联合发布《关于本市城镇居民最低生活保障线的通知》(沪民救〔93〕第17号),宣布自1993年6月1日起在全市范围内实施最低生活保障制度,标准为月人均120元。随后,民政部肯定了上海的经验,并部署在东部沿海地区进行试点。到1995年上半年,已有上海、厦门、青岛、大连、福州、广州等6个大中城市相继建立了城市居民最低生活保障制度,并陆续向全国推广。在这一阶段,这项制度的创建和实施基本上是各个地方政府的自发行为。

(二)推广阶段(1995年5月—1997年8月)

1995年5月民政部在厦门、青岛分别召开了全国城市居民最低生活保障工作座谈会,号召将这项制度推向全国。到1995年底,建立这项制度的城市发展到12个。1996年初召开的民政厅局长会议决定:进一步加大推行最低生活保障制度的力度。此后,形势发展很快,到1997年5月底,全国已有206个城市建立了这项制度,约占当时全国城市总数的1/3。在这一阶段,制度的创建和推行已经成为中央政府的一个职能部门——民政部门的有组织行为。可以说,在1997年8月之前,全国城市居民最低生活保障制度的建设工作已经取得了历史性的进展。

(三)普及阶段(1997年8月—1999年10月)

1997年9月2日,国务院印发《关于在全国建立城市居民最低生活保障制度的通知》(国发〔1997〕29号)(以下简称《通知》),提出了在全国建立城市居民最低生活保障制度的时间表,对城市居民最低生活保障工作提出了具体要求,极大地推动了城市低保制度在全国的推进速度,这是我国城市低保制度从探索阶段进入全面推广实施阶段的重要标志。《通知》下发次日同时召开全国电视电话会议作出工作部署,要求到1999年底,全国所有的城市和县政府所在的镇都要建立这项制度。自此,这项制度的创立和推行成为中共中央、国务院的一项重要决策,推进的速度明显加快。党中央国务院和民政部都连续下发了十几个相关文件,对城市低保制度的建立、推进予以指导,其中包括:《中共中央国务院关于切实做好国有企业下岗职工基本生活保障和再就业工作的通知》(中发〔1998〕10号)、《中共中央国务院关于转发〈国家发展计划委员会关于当前经济形势和对策建议〉的通知》(中发〔1999〕12号)、《国务院办公厅转发劳动保障部等部门关于做好提高三条社会保障线水平等有关工作意见的通知》(国办发〔1999〕69号)、《民政部关于加快建立与完善城市居民最低生活保障制度的通知》(民教发〔1999〕4号)、

《劳动和社会保障部、民政部、财政部关于做好国有企业下岗职工基本生活保障失业保险和城市居民最低生活保障制度衔接工作的通知》（劳社部发〔1999〕13号）、《财政部、劳动和社会保障部、民政部关于加强国有企业下岗职工基本生活保障、城镇居民最低生活保障资金和企业离退休人员基本养老金使用管理问题的通知》（财社字〔1999〕131号）等。

截至1999年9月底，全国668个城市和1638个县政府所在地的建制镇已经全部建立起最低生活保障制度。1999年的救助对象和保障资金，比建立这项制度前的1992年增加了10多倍。

（四）落实与提高阶段（1999年10月—2012年9月）

1999年9月28日，国务院颁布《城市居民最低生活保障条例》（国务院令第271号，以下简称《条例》），自1999年10月1日起施行。《条例》对城市居民最低生活保障制度的保障原则、保障对象、管理部门及其职责、资金来源及管理、保障标准的确定及调整、审批程序、低保金的发放及其监督、违纪违法行为的处罚等相关内容作出规定，其颁布施行标志着我国城市居民最低生活保障工作步入了法制化轨道。2000年1月14日，民政部印发《关于深入贯彻〈城市居民最低生活保障条例〉进一步规范完善城市居民最低生活保障制度的通知》（民发〔2000〕1号），提出将"解决部分群众应保未保问题"纳入重点民政工作。2001年1月22日，民政部印发《关于进一步做好2001年城市居民最低生活保障工作的通知》（民发〔2001〕16号），要求加快健全和完善城市居民最低生活保障制度，努力扩大最低生活保障覆盖面，尽快使符合条件的城市居民都能得到保障。同年11月12日国务院办公厅印发《关于进一步加强城市居民最低生活保障工作的通知》（国办发〔2001〕87号），要求依照属地原则，将中央、省属企业，尤其是远离城镇的军工、矿山等企业符合条件的贫困职工纳入最低生活保障范围。

（五）一体化发展阶段（2012年6月至今）

2012年9月《国务院关于进一步加强和改进最低生活保障工作的意见》，提出最低生活保障"统筹兼顾"的原则。包括四个方面的统筹：一是统筹城乡；二是区域统筹；三是与经济社会发展水平相适应；四是最低生活保障制度与其他社会保障制度相衔接。要求逐步缩小城乡差距、区域差距，做到应保尽保，公平施保，动态管理，有效保障困难群众基本生活。

2014年2月27日，国务院颁布《社会救助暂行办法》（国务院令第649号），以行政法规形式将农村低保和城市低保统一规定为最低生活保障制度，并在低保资格条件、低保标准制定、低保申请审核审批程序、社会救助家庭经济状况核对等方面提出明确要求，为新时期低保制度的健全完善和有效实施提供了基本的法规遵循。我国最低生活保障制度的发展经历了由城乡二元分割制度向城乡一体化的发展变化过程。

三、农村居民最低生活保障制度的建立与发展

（一）农村居民最低生活保障制度建立的背景

农村居民最低生活保障制度建立的背景主要是，一方面，传统的以村集体经济为背景建立的救助方式无法继续运行。20世纪80年代初期农村实行承包责任制后，结束了集体核算的平均主义分配体制，把土地按人口平均分配。同时，随着人民公社体制和集体经济的瓦解，村级公益金的提取面临根本性的困难。此后，集体虽然仍承担着对孤老残幼基本生活保障的责任，但集体保障能力严重不足，贫困人口享受到的救助待遇是很低的，有的地方每人年均不到10元，由集体救济的粮食年人均只有20公斤。另一方面，农村出现了新的贫困问题，在家庭

联产承包责任制实施过程中,一些家庭由于劳动力缺乏,劳动技能低,生产资金短缺,重大疾病等影响出现了日益严重的生活困难,农村的贫困户大量产生,加上市场竞争机制的作用,农村贫富分化差距也越来越大,面对这些新的问题,农村贫困户很难依靠自身力量解决,因此需要建立有效的社会救助制度,来保障农村困难户的基本生活需求。

(二)农村居民最低生活保障制度建立和发展过程

农村居民最低生活保障制度从 20 世纪 90 年代开始在部分地区试点,直到 2007 年国务院印发《关于在全国建立农村最低生活保障制度的通知》(国发〔2007〕19 号),全国农村居民最低生活保障制度得以确立。

1.初创阶段(1994—1995 年)

农村居民最低生活保障制度的试点起源于 1994 年山西省阳泉市。1994 年,山西省在阳泉市开展了建立农村社会保障制度的试点,于当年 6 月颁布实施了《阳泉市农村社会保障试行办法》。其中规定,县、乡、村根据各自经济发展的不同状况,确定基本保障线,对生活在基本保障县以下的贫困户实行救济,使其生活水平达到基本保障线。此后,上海市政府办公厅也在 1994 年转发了市农委、财政局、民政局《关于做好本市农村工作的意见》,批准进行农村居民最低生活保障制度试点。同年,第十次全国民政工作会议上,民政部决定进一步扩大农村居民最低生活保障制度试点范围,试点区域确定为山西、山东、浙江、河北、广东和河南等。1995 年 12 月,广西武鸣县(现南宁市武鸣区)颁布了我国第一个县级农村居民最低生活保障制度文件《武鸣县农村最低生活保障线救济暂行办法》。

2.推广阶段(1996—2001 年)

1996 年,民政部印发了《关于加快农村社会保障体系建设的意见》并制定了《农村社会保障体系建设指导方案》,要求各地把建立农村居民最低生活保障制度作为农村社会保障体系建设的重点来抓。将农村最低生活保障的试点范围扩大到全国 256 个市县。1996 年 1 月 4 日,上海市人民政府颁布了《上海市生活救助办法》。1996 年 12 月 6 日,青岛市人民政府颁布了《建立农村居民最低生活保障制度指导方案》。

1997 年 1 月 14 日,广西壮族自治区出台了《广西壮族自治区农村社会保障制度暂行办法》。1999 年 7 月广东省发布了《广东省城乡居民(村民)最低生活保障制度实施办法》,提出了最低生活保障公平、平等与民主的原则。直到 2001 年底,全国共有 2037 个县建立了农村居民最低生活保障制度,占所有县、市总数的 81%,对 34 万农村困难居民实施了最低生活保障,占农业总人口的 4%,年支出保障资金 91 亿元。

3.全面推进和逐步完善阶段(2002—2012 年)

2002 年,北京市颁布了《北京市农村居民最低生活保障制度实施细则》;2004 年,辽宁省实施了《辽宁省农村居民最低生活保障暂行办法》。2002 年底,全国只有 1871 个县(市、区)建立了农村居民最低生活保障制度,占所有县(市区)总数的 72.1%,这一比重相比 2001 年不升反降的原因是农村税费改革后,降低农业税税率对县乡财政收入造成了不利的影响,许多财政困难县市不得不放弃了农村居民最低生活保障制度。与此相反,2002 农村低保受保障的人数达440 万人,占农业总人口的 0.5%,年支出保障资金 13.6 亿元。2003 年底,由于中央政策的调整,只有 1206 个县继续开展农村居民最低生活保障制度,仅占所有县(市、区)总数的 42%,人口 373 万,比上年减少 15%,人均标准每月 85.9 元,月人均补差 35.4 元。2004 年 2 月,国务院颁布了《关于促进农民增加收入若干政策意见)(中发〔2004〕1 号)文件提出,"有条件的地方要探索建立农民最低生活保障制度",此后福建、北京、上海、天津、浙江、广东、江苏等7个省(直辖市)相继建立了农村居民最低生活保障制度。2006年12月召开的中央农村工作会议和2007年中央一号文件再次明确提出:"在全国范围建立农村居民最低生活保障制度,鼓励已建立农村低保制度的地区完善制度,支持未建立制度的地区建立制度。"这标志着农村最低生活保障进入全面推进的新阶段。2007年7月11日,国务院印发《关于在全国建立农村最低生活保障制度的通知》(国发〔2007〕19号),对农村低保标准、保障对象、规范管理,资金落实等内容作出明确规定,标志着农村低保制度完成试点探索过程,进入全面推进的新阶段。2007年7月,国务院发出《关于在全国建立农村最低生活保障制度的通知》,这表明,农村居民最低生活保障作为一项制度,将成为与城市居民最低生活保障制度并列的一道社会安全网,中国社会已经进入"全民低保"阶段。农村居民最低生活保障制度已经进入了全面推进和逐步完善阶段。随着我国和谐社会的构建和新农村建设进程的加快,农村公共品供给逐步扩大,在所有有农业人口的县(市、区)全面建立最低生活保障制度的同时,农村居民最低生活保障人数和保障资金也逐年增长。可以肯定地说,农村居民最低生活保障在制度建设上已经取得了显著的成绩,但其中存在的问题仍不容忽视。

4.城乡一体化发展阶段(2012年至今)

2012年9月《国务院关于进一步加强和改进最低生活保障工作的意见》,提出最低生活保障"统筹兼顾"的原则。2014年2月21日,国务院颁布《社会救助暂行办法》(国务院令第649号),以行政法规形式将农村低保和城市低保统一规定为最低生活保障制度,并在低保资格条件、低保标准制定、低保申请审核审批程序、社会救助家庭经济状况核对等方面提出明确要求,为新时期低保制度的健全完善和有效实施提供了基本的法规遵循。实施精准扶贫战略以来,中央将农村低保政策与精准扶贫政策有效衔接,使得农村最低保障制度成为精准扶贫的有力兜底保障。2014年《关于创新机制扎实推进农村扶贫开发工作的意见》中指出,"建立精准扶贫工作机制,坚持扶贫开发和农村最低生活保障制度有效衔接"。《中共中央国务院关于打赢脱贫攻坚战的决定》(中发〔2015〕34号)中强调通过农村最低生活保障制度实现兜底脱贫。2016年9月,国务院办公厅转发民政部等部门《关于做好农村最低生活保障制度与扶贫开发政策有效衔接指导意见的通知》(国办发〔2016〕70号)。要求通过农村低保制度与扶贫开发政策的有效衔接,形成政策合力,对符合低保标准的农村贫困人口实行政策性保障兜底。要坚持"应扶尽扶,应保尽保,动态管理,资源统筹"的原则。统筹各类救助、扶贫资源,将政府兜底保障与扶贫开发政策相结合,形成脱贫攻坚合力,实现对农村贫困人口的全面扶持。2017年9月,民政部和国务院扶贫办发布《关于进一步加强农村最低生活保障制度与扶贫开发政策有效衔接的通知》,规定在确定建档立卡贫困人员和农村低保对象时严格按照各自识别标准和程序,各地方因地制宜参考国家扶贫标准制定农村低保标准,要把符合条件的对象分别纳入各自范围,妥善处理好贫困发生率和低保覆盖率的关系,实现双向衔接,对贫困人员既要兜底又要扶持。2018年4月,民政部发布《关于印发〈全国农村低保专项治理方案〉的通知》,规定在全国农村范围内开展治理低保腐败和作风问题,由民政部和驻部纪检组部署专项治理行动,成立调研督查组,集中时间排查低保对象、已申请未批及已退出的家庭,摸清低保覆盖兜底人数,通过各种查访手段查找"人情保""关系保""错保""漏保"等问题,督促地方民政部门立查立纠、立行立改,持续抓好深化整改工作,建立长效机制。2018年7月,民政部、财政部、国务院扶贫发布《关于在脱贫攻坚三年行动中切实做好社会救助兜底保障工作的实施意见》,强调农村低保制度和扶贫开发政策有效衔接,对于丧失劳动能力和部分丧失劳动能力的贫困人口将其单人纳入农村低保范围,发挥低保兜底功能。2019年4月,民政部办公厅发布《关于进一步规范完善最低生活保障行政文书使用工作的通知》,要求规范完善最低生活保障行政文书使用工作,使低保管理工作更规范化,杜绝监管不力、责任不清等问题,积极推进最低生活保障网络申请服务,加强信息共享,确保电子行政文书合法和规范,方便人民群众。2019年9月,民政部发布《关于做好当前困难群众基本生活保障工作的通知》,要求强化社会救助兜底保障,各地要全面落实和进一步完善最低生活保障制度,切实做到"分类施保"和"应保尽保"。

四、最低生活保障制度的主要内容

(一)保障对象

《社会救助暂行办法》(以下简称《暂行办法》)中规定:"对共同生活的家庭成员人均收入低于当地最低生活保障标准,且符合当地最低生活保障家庭财产状况规定的家庭,给予最低生活保障。"最低生活保障家庭收入状况、财产状况的认定办法,由省、自治区、直辖市或者设区的市级人民政府按照国家有关规定制定。1999年颁布的《城市居民最低生活保障条例》(以下简称《条例》)中规定:"持有非农业户口的城市居民,凡共同生活的家庭成员人均收入低于当地城市居民最低生活保障标准的,均有从当地人民政府获得基本生活物质帮助的权利"。根据《婚姻法》中有关家庭关系的规定,家庭成员指具有法定的赡养、扶养、抚养关系共同生活的人员。

《条例》中所称的"收入",是指共同生活的家庭成员的全部货币收入和实物收入,包括法定赡养人、抚养人或者扶养人应当给付的赡养费、抚养费或者扶养费,但不包括优抚对象按照国家规定享受的抚恤金和补助金。应当计入收入的项目一般包括各类工资、奖金、津贴、补贴及其他劳动收入,储蓄存款及利息,股票等有价证券及红利,基本生活费、离退休金、失业保险费,出租房屋的租金,亲属的赡养费、扶养费、抚养费及继承的遗产、遗赠等。不宜计入家庭收入的项目有优抚对象的抚恤金、补助金、护理费、保健金等,军队干部、志愿兵转业费和退伍军人退伍费,义务兵津贴,独生子女费,异地安家的安家费,政府一次性奖金如科技成果奖、见义勇为奖等,工伤或因公死亡人员及其供养的亲属享受的津贴、护理费、一次性抚恤金、补助金、丧葬费等,因公致残返城知青的护理费,特殊岗位补贴,商业保险赔偿费,在职人员按规定缴纳的住房公积金,社会保险费,其他不列入个人收入所得税范围的各种奖励金等。

在城市,确定保障对象,一般有三种方法:一是定量方法,即依法确定一条最低生活保障标准,凡是低于这个标准的人员,均属于保障对象;二是定性方法,即依据现实社会中已经存在的不同性质、不同致贫原因的贫困群体,分门别类地确定保障对象的范围;三是在定量与定性相结合的基础上,由国家根据政策需要划定保障范围。我国各个城市在确定最低生活保障对象的范围时一般使用定性方法,如一般认定如下类别的人员为低保对象:一是无生活来源、无劳动能力和无法定赡养、抚养、扶养义务人的居民,或者有法定赡养、扶养、抚养义务人但法定赡养、扶养、抚养义务人无赡养、扶养、抚养能力的居民;二是领取失业救济金期间或失业救济期满仍未能重新就业,家庭人均收入低于最低生活保障标准的居民;三是在职人员在领取最低工资、下岗人员领取基本生活费、离退休人员领取退休金后,其家庭人均收入仍低于最低生活保障标准的居民;四是原民政部门管理的特殊救济对象如五六十年代精简退职职工,国民党起义、投诚、宽释人员,归侨,因公致残人员中的特困人员等;五是从外地离退休后返回本市定居而其收入低于本市城市居民最低生活保障标准的人员;六是夫妻双方一方为本市非农业户口,另一方及子女为其他户口,具备特定条件且家庭人均收入低于当地最低生活保障线的居民以及在农村定居但家庭人均收入低于当地最低生活保障线的具有城镇户口的家庭成员。

2007年7月,国务院发出《关于在全国建立农村最低生活保障制度的通知》(以下简称《通知》)中规定:我国农村居民最低生活保障对象是家庭年人均纯收入低于当地最低生活保障标准的农村居民,主要是因病残、年老体弱、丧失劳动能力以及生存条件恶劣等原因造成生活常年困难的农村居民,申请对象需要进行家计调查,以此来核定其是否符合低保资格。

《通知》中所说的农村居民家庭收入包括:①共同生活家庭成员的种植收入、养殖收入、劳务收入等各种劳动收入;②赡养费、抚养费、继承或接受赠予所得的财产;③租金收入;④利息、股息等孳息收入;⑤其他个人收入。实物收入按照市场价折款计入家庭收入,家庭人均收入,应当按照共同生活的家庭成员数平均计算,但违法收养和违反计划生育超生的人口不计算在内。下列收入不计入家庭收入:①抚恤金、补助金、优待金、奖学金;②转业费、复员费;③县级以上政府及其部门给予的一次性奖金、慰问款物;④医疗救助费、丧葬费;⑤民政部门认定的其他收入。

2012年民政部《最低生活保障审核审批办法》规定,农村低保对象认定主要包括户籍状况、家庭收入以及家庭财产三个基本要件,即持有当地常住户口、共同生活的家庭成员人均收入低于当地低保标准、家庭财产状况符合当地政府有关规定条件。在地方性实践过程中,出于农村农业经济的特殊性考量,作为农村低保对象最为核心的认定标准——家庭人均纯收入,往往因货币化困难而被悬置,户籍、房屋、机动车辆、土地、劳动能力、健康状况等易于观察和测量的多维识别指标逐渐成为农村低保对象认定的主要标准。在有些地方有下列情形之一的家庭或个人不得享受低保待遇:使用移动电话、摩托车(或非经营性机动车辆)、计算机等非基本生活必需品;两年内购买商品房或高标准装修现有住房的、自建档次较好住宅房;拥有多套住宅用房;家庭成员为"企业法人"且正在从事或雇佣他人从事经营性活动;有监狱内服刑人员;特困供养救助对象;经常出入餐饮、娱乐等场所消费;安排子女择校就读或进入收费较高学校就读;因赌博、吸毒、嫖娼行为致贫且尚未改正;在法定劳动年龄段内且有劳动能力,无正当理由拒绝就业或从事劳动生产;人为闲置承包土地、山林、渔场等。

农村最低生活保障对象的识别方法主要有家计调查法和身份类别法。具体而言,家计调查法是通过评估申请人的收入和财产状况来进行受益对象资格认定的,即只要测量后收入和财产低于既定的贫困标准就能获得救助机会。身份类别法则是以申请人特定类别的身份特征作为受益对象认定条件,主要包括年龄、健康、教育、婚姻、劳动能力等类别标准。作为目标定位的最为基本的两种识别方法,两者并非完全相互对立,如何选择合适的目标定位策略,取决于不同国家的治理理念和制度传统。就我国农村低保制度而言,既有政策文本已明确指出,家庭经济状况调查是农村低保对象认定的基本前提,通过家计调查法将有限的救助资源精准分配给最需要帮扶的绝对贫困人群,以有效发挥制度的扶危济困功能。但从政策执行层面来看,出于执行成本的考量,以家计调查为核心的目标识别方法遭遇了严峻的执行困境,身份类别法已成为地方政府政策实践所普遍选择的目标定位策略。

(二)保障标准

《社会救助暂行办法》规定最低生活保障标准,由省、自治区、直辖市或者设区的市级人民政府按照当地居民生活必需的费用确定、公布,并根据当地经济社会发展水平和物价变动情况适时调整。

1999年颁布的《城市居民最低生活保障条例》的第八条规定了享受低保待遇的两种具体方式,即"全额享受"和"差额享受"。低保对象属于"三无"性质(即无劳动能力、无工作单位、无法定赡养人)的,进行直接全额发放,低保对象属于有一定收入的,按照家庭人均收入与低保标准之间的差额进行补差发放。具体发放的差额是这样计算的:家庭月保障金额＝当地月保障标准×家庭人口数－月家庭成员各类收入总额(抚恤补助金除外)。在保障标准不变的情况下,家庭成员各类月收入越少,家庭月保障金越多,反之,家庭月保障金越少。例如,某地最低生活保障标准为230元,申请家庭共3口人,如果家庭月总收入为480元,月人均收入则为160元(480/3＝160),那么该家庭享受的月人均低保补助额为70元(230－160＝70),每月全家能够领取的低保金总额为210元[(230－160)×3＝210]。

目前,中央和各地出台的相关制度文件中,对最低生活保障标准的确定基本上采取的是市场菜篮子法,同时参考物价等其他指标因素。市场菜篮子法,又称标准预算法,它首先要求确定一张生活必需品的清单,内容包括维持社会认定的最起码的生活水准的种类和数量,然后根据市场价格来计算拥有这些生活必需品需要多少现金,以此确定的现金额为最低生活保障线。

2007年7月1日,国务院颁布的《关于在全国建立农村最低生活保障制度的通知》国发〔2007〕19号提出,农村最低生活保障标准由县级以上地方人民政府按照能够维持当地农村居民全年基本生活所必需的吃饭、穿衣、用水、用电等费用确定,并报上一级地方人民政府备案后公布执行。农村最低生活保障标准要随着当地生活必需品价格变化和人民生活水平提高适时进行调整。补助数额计算公式为:(低保标准－家庭的人均收入)×家庭人口数＝低保家庭应该享受的低保金(见表3－1)。

表3－1 2010—2018年我国农村居民最低生活保障人数及标准

指标	2010	2011	2012	2013	2014	2015	2016	2017	2018
保障人数/万人	5214.0	5305.7	5344.5	5388.0	5207.2	4903.6	4586.5	4045.2	3519.1
保障标准/(元/年·人)	1404	1718.4	2067.8	2434	2777	3177.6	3744.0	4300.7	4833.4

资料来源:2010—2018年社会服务发展统计公报。

在实际运行中各地在确定城乡低保对象的补助标准时灵活运用了"分类救助"和"分档救助"的方法,由于各地方政府采用的分类、分档救助标准不同,在此进行举例说明"分类救助"和"分档救助"的含义。

西安市的分类救助主要应用于城乡低保对象中的特困人员,根据《西安市民政局西安市财政局关于对城乡低保对象中的特困人员实施分类施保有关问题的通知》(市民发〔2014〕28号),"分类救助"是指对最低生活保障家庭中的以下特困人员实行分类施保,包括城市"三无"人员、70周岁以上(含70周岁)、老年人儿童、重度残疾人、重病患者、单亲未成年人、哺乳期妇女和非义务教育阶段学生。对于这八类人员在享受低保救助的基础上,再按当地低保标准20％～70％的不同比例增发低保金,实施分类施保。

"分档救助"是指将按照困难程度,低保标准细划为三或五个档次。如广西壮族自治区贺州市的农村低保进行分档救助,A类对象每月350元;B类对象每月270元;C类对象每月200元。

(三)待遇申领程序

1.城市

(1)申请。《城市居民最低生活保障条例》的第七条规定了低保申请者的申请手续,户主向户籍所在地的街道办事处或者市人民政府提出书面申请,出具有关证明材料。

(2)居委会初审。社区居委会受当地民政部门和街道或镇人民政府委托,对申请人提出的申请进行直接受理,包括指导填写申请表格,初步审核其所提交的材料是否规范,进行实际入户调查和邻里访问、信函索证等间接询访的方式,以核实申请材料与申请人本身实际情况是否吻合,经核实后,组织评审小组进行评议,将符合条件的在社区居委会内张榜公布,然后提出初步意见报送街道办事处或镇人民政府。不符合条件的及时退回申请,并加以说明解释。

(3)街道、镇审核。街道、镇在居委会初审基础上,进行具体审核,签署审核意见,其期限是20天之内。经过审核认为符合要求的要及时上报区、县民政局,不符合要求的,退回申请,并说明理由。

(4)县(市、区)民政局审批。县级民政部门对上报的申请表和相关材料再进行审批,认为符合条件的,办理审批手续,并经街道办事处或镇人民政府通知社区居委会张榜公布。自申请人提出申请之日起30天内办理审批手续。对不符合条件的申请人员,在30日内书面通知申请人,同时说明理由。审批后,县(市、区)民政局要按时将汇总的保障对象名单报上一级民政部门备案。

(5)保障金的发放。《条例》的第八条规定了享受低保待遇的两种具体方式,即"全额享受"和"差额享受"。低保对象属于"三无"性质的,进行直接全额发放,低保对象属于有一定收入的,按照家庭人均收入与低保标准之间的差额进行补差发放。

(6)后续动态管理。申请人取得最低生活保障资格后,因经济情况上的变化而导致其不符合先前接受救助的法定条件,应当主动向行政机关提出申请要求撤销或者部分撤销或者增加其享受的最低生活保障待遇。对申请人提出的申请,行政机关应当进行审查,符合法定条件的,应当依法办理变更手续。但是由于最低生活保障是一种受益行政行为,对于行政机关无偿给予的物质利益,公民有可能即使家庭状况出现好转也不愿意向行政机关提出撤销给付的申请,所以一般情况下,行政机关应主动行使职权对接受救助人的家庭情况进行动态管理,定期进行调查,以确定其是否继续符合接受救助的法定条件。如果行政机关怠于行使后续管理的职责,也应该承担相应的行政不作为的法律责任。

(7)行政复议和行政诉讼。《条例》对最低生活保障待遇管理中的救济措施也进行了相应的规定。第十五条规定:"城市居民对县级人民政府民政部门作出的不批准享受城市居民最低生活保障待遇或者减发、停发城市居民最低生活保障款物的决定或者给予的行政处罚不服的,可以依法申请行政复议;对复议决定仍不服的,可以依法提起行政诉讼"。该规定是对保障对象合法权益的救济性保护,也是对执法部门的监督和制约。

2. 农村

(1)个人申请。按照属地管理原则,以家庭为单位,由户主本人向户籍所在地的乡(镇)人民政府提出申请,村民委员会受乡(镇)人民政府委托,也可受理申请,并根据家庭成员不同情况如实提供相应材料。个人申请要写明家庭住址、人口结构及致贫主要原因等基本情况。家庭成员均无民事行为能力的,由村民小组提名并代写申请,报村民委员会初审。

(2)村民委员会审核。村民委员会受乡(镇)人民政府委托,在村党组织的领导下,对申请开展家庭经济情况调查、并根据申请人提供的情况,按照规定条件和救助规模,召开村民代表会议进行评议。出席村民代表会议人员必须达到成员总数的2/3以上。申请救助人员须经半数以上成员评议通过。被评议通过人员,须填写《农村特困户救助呈报审批表》,由村委会统一签署意见,连同申请材料上报乡镇人民政府审核。

　　(3)乡镇人民政府审核。乡镇人民政府对各村上报的相关材料及时进行审核,查验评议记录,入户调查,据实填写农村特困救助申请家庭审查意见后报送到县级民政部门审批。

　　(4)县级民政部门审批。县级民政部门接到各乡镇人民政府上报的材料后,按不低于各乡镇上报救助人数 20％的比例进行抽查。乡镇人民政府和县级民政部门要核查申请人的家庭收入,了解其家庭财产、劳动能力状况和实际生活水平,并结合村民民主评议,提出审核、审批意见。

　　(5)两榜公示。乡镇人民政府将审查同意的救助对象名单,通知所在村委会在公示栏公示不少于 7 天,公示无异议的上报县级民政部门。县级民政部门将审批结果在乡镇和村民委员会同时公示不少于 7 天,公示无异议的,由县级民政部门填发《农村特困户救助证》,从批准的下一个季度起发给其救助金;公示有异议并经调查核实确认不符合救助条件的,书面通知乡镇或村委会。公示内容重点包括:最低生活保障对象道德申请情况和对最低生活保障对象的民主评议意见,审核、审批意见,实际补助水平等情况。

　　(6)资金发放。最低生活保障金原则上按照申请人家庭年人均纯收入与保障标准的差额发放,也可以在核查申请人家庭收入的基础上,按照其家庭的困难程度和类别,分档发放。东部经济发达地区,城市化水平较高,工作基础好,已经实现了城乡低保一体化运行,可以较准确地核定低保申请人家庭收入,一般按申请人家庭人均纯收入与保障标准的差额发放低保金;中西部地区和部分东部地区,基于农村居民收入渠道较多,生产经营活动形式多样,家庭收入难以准确核算,采取按照低保对象家庭的困难程度和类别,分档发放低保金。要加快推行国库集中支付方式,通过代理金融机构直接、及时地将最低生活保障金支付到最低生活保障对象账户。

　　(7)动态管理。乡(镇人民政府)和县级人民政府民政部门要采取多种形式,定期或不定期调查了解农村困难群众的生活状况,及时将符合条件的困难群众纳入保障范围;并根据家庭经济状况的变化,及时按程序办理停发、减发或增发最低生活保障金的手续,并将保障对象和补助水平变动情况及时向社会公示。真正做到应保尽保,实现低保资源的最大化利用。图 3-1 为陕西省农村居民申请低保程序示意图。

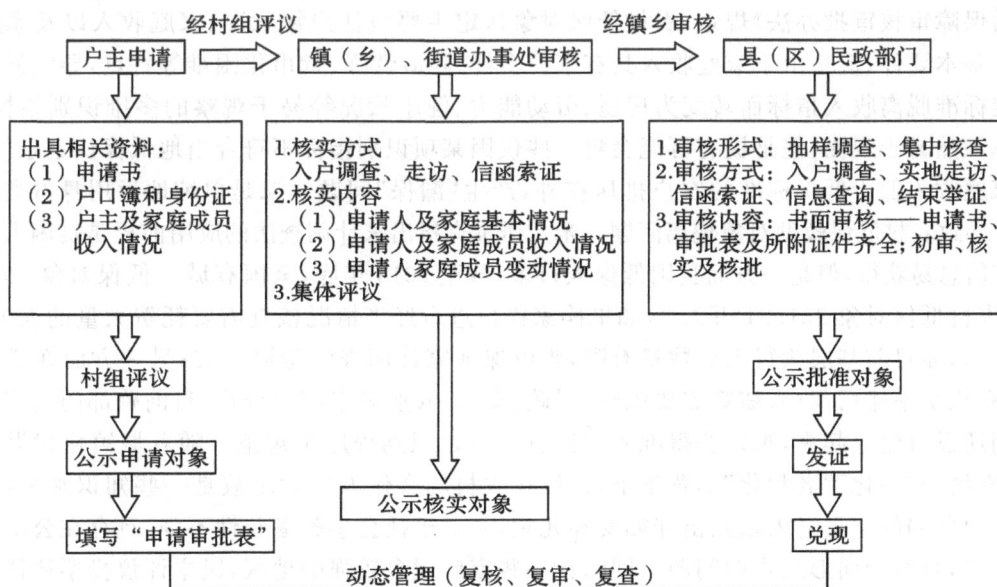

图 3-1　陕西省农村居民申请低保程序

（四）资金来源

城市低保制度的资金来源国务院在 1999 年颁布的《城市居民最低生活保障条例》中有明确规定："城市居民最低生活保障所需资金，由地方人民政府列入财政预算，纳入社会救济专项资金支出项目，专项管理，专款专用。"同时，《条例》还规定："国家鼓励社会组织和个人为城市居民最低生活保障提供捐赠、资助；所提供的捐赠资助，全部纳入当地城市居民最低生活保障资金。"以上规定，明确了财政和社会捐赠资助是城市居民最低生活保障制度资金来源的两个渠道，明确了地方政府是城市居民最低生活保障资金的主要责任者。

在 2007 年国务院颁布的《国务院关于在全国建立农村最低生活保障制度的通知》中有明确规定："农村最低生活保障资金的筹集以地方为主，地方各级人民政府要将农村最低生活保障资金列入财政预算，省级人民政府要加大投入。地方各级人民政府民政部门要根据保障对象人数等提出资金需求，经同级财政部门审核后列入预算。中央财政对财政困难地区给予适当补助。地方各级人民政府及相关部门要统筹考虑农村各项社会救助制度，合理安排农村最低生活保障资金，提高资金使用效益。同时，鼓励和引导社会力量为农村最低生活保障提供捐赠和资助。农村最低生活保障资金实行专项管理，专账核算，专款专用，严禁挤占挪用。"

可以看出城市和农村的低保资金主要来源于各级地方财政，同时中央财政对财政困难地区实施农村低保制度给予转移支付和奖金补助，同时，国家还提倡企业、社会团体和个人为农村最低生活保障提供捐赠和资助。

五、我国最低生活保障制度存在的问题与完善思路

（一）最低生活保障制度存在的问题

1. 城乡低保对象识别存在一定的困难

存在的具体问题有，一是收入测量指标在识别工作中未被广泛应用。2012 年民政部《最低生活保障审核审批办法》规定，农村低保对象认定主要包括户籍状况、家庭收入以及家庭财产三个基本要件，但是由于家庭收入具有来源多样、隐匿性强、货币化困难等特点，导致低保对象认定标准脱离收入指标而转变为房屋、劳动能力、健康状况等易于观察的多维识别指标，这些指标虽然易于观测，但是极有可能会将一些仅因某项识别指标不符合当地低保认定条件，但实际家庭收入低于低保标准的农户排斥在外，产生"漏保"问题。二是单纯地运用身份类别法可能会导致农村低保救助对象偏离问题。米兰诺维克指出家计调查法的应用前提是贫困人口总量少和信息易获得，但是一方面我国低保人口多，截至 2018 年底，全国有城市低保对象 1007.0万人，农村低保对象 3519.1 万人[1]，如果挨家挨户进行经济情况核查需要耗费大量的人力、物力和精力，而目前基层执行人员数量有限，难以保证家计调查法得以落实；另一方面在我国农村，信息化水平滞后，收入核算需要民政、财政、交通、农业等多部门合作，目前跨部门的信息共享机制还没有建立起来，难以获得准确的信息。三是识别程序不规范。随着城镇化建设的推进，在农村"空心化""老龄化"的背景下，遗留在农村的常住人口大多数是一些知识水平偏低、议事能力薄弱的空巢老人以及留守妇女和儿童，其对于社会事务参与性不强，且存在公示制度缺少监督，日渐走向形式化的问题。同时在一些家族观念较强的地区，民主评议投票往往按照

---

[1]　参见 2018 年民政事业发展公报。

人情关系和自身利益进行投票,往往容易忽视被评议者的实际生活状况。总的来说,识别指标缺少、识别方法不当以及识别程序不规范等原因共同导致低保对象识别过程中出现了漏保、错保、人情保的问题。

2. 救助标准偏低

1997 年国务院颁布的《城市居民最低生活保障条例》中规定,城市居民最低生活保障标准需要提高时,按照当地维持城市居民基本生活所必需的衣、食、住费用,并适当考虑水、电、燃煤(燃气)费用以及未成年人的义务教育费用等来确定。2014 年国务院发布的《社会救助暂行办法》规定最低生活保障制度保障城乡居民基本生活的具体标准"按照当地居民生活必需的费用确定"。十九届四中全会提出坚决打赢脱贫攻坚战,巩固脱贫攻坚成果,建立解决相对贫困的长效机制。《社会救助暂行办法》中这一表述方式为低保制度从过去反"生存型贫困"向反"生活型贫困"的目标提升提供了政策空间,十九届四中全会更是提出了相对贫困的概念,相对贫困是相对于社会平均水平而言的贫困,它指的是家庭或个体所拥有的收入和资源虽然可以满足基本生活需要,但不足以达到社会的平均水平。可见,随着我国社会经济的发展和精准扶贫战略的实施,我国对贫困的内涵认识也发生了改变,相对贫困将成为我国贫困治理的重点,基于此,城乡最低生活保障制度作为贫困治理的工具之一,其标准也将发生变化,特别是社会救助制度要实现兜底线的目标,也要求适度提高城乡最低生活保障标准。

我国城乡最低生活保障标准也在随着经济发展和居民收入水平的提升而不断提升,农村总体水平已经达到居民人均消费支出比例的 30%,但是城市低保标准还未达到居民人均消费支出比例的 30%,主要是因为城市居民人均消费支出增长较快。尽管近年来城乡最低生活保障标准有所增长,但是与新时代实现兜底线、建立解决相对贫困的长效机制的目标还存在一些差距(见表 3 - 2)。

表 3 - 2　我国 2014—2018 年度城乡低保标准及其占居民人均消费支出比例

年度	低保标准/(元/人年)		居民人均消费支出/(元/人年)		低保标准/居民人均消费支出/%	
	农村	城市	农村	城市	农村	城市
2014 年	2777.0	4932.0	8382.6	19968.1	33.12	24.69
2015 年	3177.6	5413.2	9222.6	21392.4	34.45	25.30
2016 年	3744.0	5935.2	10129.8	23078.9	36.96	25.72
2017 年	4300.7	6487.2	10954.5	24445.0	39.25	26.54
2018 年	4833.4	6956.4	12124.3	26112.3	39.86	26.64

资料来源:2014—2018 年社会服务发展统计公报。

3. 救助对象范围较窄,不能解决支出型贫困家庭的救助问题

我国目前低保制度的救助对象范围只聚焦于低保线内的群体,对于高于低保线标准之外一些群体,如低保边缘群体、支出型贫困群体等这些群体不被纳入低保范围。所谓低保边缘群体就是指高于低保线标准之上,但生活依旧处于贫困状态的家庭;所谓"支出型贫困"是指由于家庭出现重大疾病、子女上学、赡养老人、突发灾祸等特殊原因,虽然可支配收入在贫困标准以上,但由于生活成本过高,刚性支出过大而造成的生活水平低于"低保"的家庭。一些脱贫户因病、因残、因学、因突发事件等导致医疗支出过大、子女教育负担过重、无法实现充分就业,返贫的风险有所增加。"边缘性贫困"群体、"支出型贫困"群体由于可支配收入在贫困标准以上就被排除在低保之外,真正的贫困群体没有享受到低保制度,制度没有发挥出其本来的作用,因此亟须矫正现行低保制度关于收入核算具体的操作办法,让制度真正落实有效。

4.社会救助城乡差距较大

城乡低保制度在认定条件、低保标准、管理体制、资金投入等方面存在很大差异。第一,城乡低保对象认定条件差异较大。《城市居民最低生活保障条例》规定,城市低保对象是共同生活的家庭成员人均收入低于当地城市居民最低生活保障标准的持有非农业户口的城市居民,《国务院关于在全国建立农村最低生活保障制度的通知》中,虽然把农村低保对象定位为"农村最低生活保障对象是家庭年人均纯收入低于当地最低生活保障标准的农村居民",但"主要是因病残、年老体弱、丧失劳动能力以及生存条件恶劣等原因造成生活常年困难的农村居民"。由文件规定可以看出,城乡低保对象认定差异明显:一是申请城乡低保以非农业户口和农业户口为依据,二是城市低保对象仅需满足家庭成员人均收入低于当地城市居民最低生活保障标准这一条件,而认定农村低保对象的要求显然更为严格。第二,城乡低保规范化管理水平不一,农村低保管理水平亟待加强。虽然城乡低保工作管理体制采取基本一致的框架,但在实践中,由于农村较之城市更重视宗族等血缘关系,而基于血缘和地缘关系结成的熟人社会在管理上容易受人为因素干扰,加之农村居民收入核算困难,农村低保的基层工作力量严重不足,导致低保管理工作不够严格规范,透明度不高,随意性大。第三,资金投入差距较大。以陕西省为例,2017年省级城市低保财政补助14950万元,城市低保人口为30.6万人,人均补助为488.6元,全省农村低保财政补助7150万元,农村低保人口为87.6万人,人均补助81.6元,前者是后者的5.9倍;2014年至2019年,陕西省城乡低保平均标准均有较大幅度的增长。城市低保标准由每人每月389元增长到2019年的578元,增幅达48.59%,农村低保标准由每人每月187.5元增长到356.3元,增幅达90%。城乡低保标准之比也呈下降趋势,但是由于城市低保标准基数较大,城乡低保标准之差的绝对值却在不断扩大,由2014年的201.5元增至2019年的221.7元。

5.退出机制不健全,产生福利依赖现象

我国城市低保于1997年正式建立,农村低保于2007年建立,经过多年的发展,已经初步达到了"应保尽保"的目标,但随着政策覆盖面的扩大,低保政策在实际运行中出现了"退保难"现象。主要原因是:首先,城市居民最低生活保障制度的关于低保退出的规定过于笼统,缺乏可操作性。我国《城市居民最低生活保障条例》中规定"享受城市居民最低生活保障待遇的城市居民家庭人均收入情况发生变化的,应当及时通过居民委员会告知管理审批机关,办理停发、减发或者增发城市居民最低生活保障待遇的手续"。根据经济学中经济人假设,人都是寻求自身利益最大化的,规定中要求低保家庭主动上报不符合经济人假设,可操作性不强;其次,由于最低生活保障制度缺乏与就业政策的联动,制度激励效应不足,导致低保对象长期处于低保制度的庇护中,失去了就业积极性,陷入"贫困陷阱";最后是最低生活保障制度具有"福利叠加"的效应,低保资格与其他项救助制度进行简单的捆绑,低保对象不仅享有低保所带来的实际效益,同时也享有教育救助、医疗救助和住房救助等相关福利救助,"福利叠加"的效应使得低保成为享有其他专项救助政策的前提条件,人为提高了低保救助的含金量,产生福利依赖现象。

(二)完善最低生活保障制度的建议

1.不断完善城乡低保对象识别机制

一是进一步完善家庭经济状况调查制度。建议民政部门从政策层面进一步完善相关法规政策,制定和出台城乡最低生活保障申请家庭经济状况核查规范性文件,在文件中应建立低保申请家庭收入认定测算指标体系,明确家庭财产核查的范围。运用各地建立的居民家庭经济状况核对机制和核对平台,全面了解和分析申请者家庭中的经济状况,量化测算核查结果,健全以收入指标为主的测量指标体系。二是加快信息化支持系统建设。应当加快社会救助信息化平台建设,对外尽快实现与相关职能部门、银行、金融等部门的信息资源联网,打通与相关部门信息比对接口;在民政系统内部,要利用数据管理软件,建立申请对象从登记、审核、复核、年审、救助到注销各环节的一整套信息档案。三是充实基层政府工作人员数量、组织技能培训、增配执行经费等措施来提高基层服务人员业务能力和水平。四是探索开展第三方评估。由第三方执行,一方面可以减轻基层政府的负担,使基层民政部门专司政策落实、经费安排和对象审核职责;另一方面,由第三方机构承担收入核查工作,可以避免行政复议问题的产生,从而使经济状况核查保持独立性。以招标方式委托社会组织承担家庭收入核查工作。通过对社会组织的执业评价和年检审核,规范评估核定工作,实现家庭收入评估核定工作的社会化。目前江苏通州区通过劳务中介组织聘请相对专业的人员,通过任前培训、目标考核,末位淘汰等管理办法,提高了家庭收入评估核查工作效率,实际运作效果较好。五是建立责任追究机制。要明确和细化违反家庭经济状况申报制度的相关责任。对于拒报、瞒报家庭经济状况的救助申请者,在提出申请时发现的,应当规定在一定时限内不予受理申请,在得到救助后发现的,应当取消救助待遇,追回发放的救助金,并酌情给予处罚。通过扩大违规成本,阻止潜在的骗保者;企事业单位、社会团体、村(居)委员会以及其他社会组织,拒不提供或不如实提供申请家庭及家庭成员的有关情况,或出具虚假证明的,也应依照有关法律法规和有关规定处理,从制度上防治欺诈行为;对于救助机构或相关责任人因没有按照委托人的要求和技术标准而导致经济状况核查不实者,要给予有效地处理。政府通过购买服务方式,确定代理机构承担经济状况核查工作,就应当有权力追究其故意或过失行为。六是不断完善和优化低保运行程序。在农村,鼓励有需要的外出人员自主申请低保,真正做到应保尽保。鼓励居民参与民主评议投票,使得民主评议效果得以充分发挥。同时扩充公示信息内容、拓展公示渠道载体等措施逐步完善民主公示制度,利用公报栏、微信公众平台等媒介,增强民主公示的规范性和透明性,促进民主监督功能得以有效发挥。

2.适度提高城乡最低生活保障标准

现行的城乡最低生活保障标准还仅仅是一个满足基本生存的最低标准,随着我国经济发展水平的提高,城乡居民最低生活保障目标应逐步从保障基本生存需要的层次逐步过渡到保障基本生活层次,并向保障有尊严的生活的目标逐步靠近。在制定城乡最低生活保障标准时,要考虑相对贫困的治理需要,根据本地区居民的收入状况、物价水平、消费结构及地方财政水平,并考虑最低生活保障对象也能分享本地区的经济发展成果,来制定本地区的最低生活保障指导性标准;用兜底线的理念指导最低生活保障标准的制定,让有需要的贫困家庭能够享受低保待遇。

3.解决支出型贫困家庭和低保边缘群体的生活保障问题

我国对低保对象的核算是以收入是否低于最低生活保障标准为原则,若家庭收入高于最低生活保障标准,则不被纳入低保标准,因此"支出型贫困"群体、"边缘性贫困"群体由于可支配收入在贫困标准以上就被排除在低保制度之外。对于"支出型"贫困群体,陕西省宝鸡市探索出了一条新的思路,其在核定家庭收入时,将共同生活家庭成员个人所得税、养老保险及其他因病、因残、因学、因突发事件等产生的家庭刚性支出予以扣减,剩余部分作为可支配收入核算为家庭实际收入,用于低保办理的准入条件之一,从而降低了低保的门槛线。今后为有效解决支出型贫困问题,可借鉴宝鸡市在低保对象资格认定中以收入核算为核心,将共同生活的家庭成员刚性支出予以扣减的做法。在统筹刚性支出的同时,建立有效的社会监督评价体制,建设社会救助公示栏,方便群众监督评价低保对象。对于低保边缘群体,需要摸清低保边缘户的规模,根据各地的实际情况对低保边缘户实施梯度救助措施。西安市实践了困难家庭四级救助信息圈的做法,科学合理确定救助对象。所谓四级救助信息圈是指对于辖区内困难家庭困难程度分为四圈即四个层次,其中:第一级救助信息圈为低保家庭;第二级为低收入认定家庭;第三级为家庭人均收入高于低收入标准,低于低收入标准1.5倍的困难家庭;第四级为家庭人均收入高于低收入标准1.5倍,低于低收入标准2倍的家庭。对于第一圈的低保家庭,通过修订医疗救助、临时救助、教育资助等政策,解决他们的基本生活问题和因病因故困难问题;对于第二圈的家庭,出台了低收入家庭分类救助政策措施,同时,参照低保对象救助办法,给予医疗救助、教育资助、住房保障、就业援助等8个方面救助,改变了以往各项救助过于集中于低保家庭的现象;对于第三、四级圈的家庭,先后推出了春节专项救助、美居行动、福彩资助大学新生救助措施。因此可借鉴西安市的做法,全面清晰地掌握低收入标准两倍以内收入水平的家庭,从而对边缘人群展开专项救助,使这部分困难群体享受到生活、医疗、教育、住房、取暖、司法等方面的专项救助,通过建立这种长效的救助机制,解决这部分群体的生活困难问题。

4. 推动城乡低保制度统筹发展

我国在统筹城乡低保制度建设方面仍需大胆创新,在破除城乡二元分治理念的基础上,改革现有的城乡二元化的社会救助行政管理制度,打破城乡户籍的界限,统一城乡低保对象的认定、救助标准确定办法,统一社会救助金的计发办法和城乡社会救助工作的管理制度。为适应国务院关于户籍制度改革的要求,应进一步打破社会救助管理制度中的城乡户籍界限,以农业转移人口为重点,探索城乡常住人口的属地管理办法,允许长期居住在城镇的农业转移人口按照当地户籍居民同等条件申请低保;建立城乡统筹的最低生活保障资金投入机制,基于城乡融合的理念,统筹考虑城乡低保的资金投入。通过城乡融合发展,将城乡各类困难群体全部纳入保障救助范围,让党和政府关爱的阳光温暖到每个人。

5. 完善退出机制

首先,规定低保对象在一定年限以后需重新申请低保资格:低保对象的低保资格不是一劳永逸的,可以在两年或三年一定年限之后,自动作废。想要继续享受低保待遇的低保对象需要重新申请,低保部门重新对其进行资格复核。其次,通过实施就业收入豁免制度和渐退帮扶政策提高对象的就业积极性。对于通过就业使其收入超过低保标准的家庭,尝试收入豁免制度,即在确定低保户救助额度时,对其新增就业收入给予一定比例的豁免;采取低保渐退帮扶政策,即允许该类家庭在一定期限内仍然能够继续享受低保待遇,同时对低保对象进行积极有效的职业培训,转变其就业理念,大力提高低保对象在劳动力市场上的竞争力。最后,将各项专项救助制度与低保制度剥离,不断完善各项专项救助制度实施办法,建立起包含救助对象认定标准、目标瞄准方法、申请、审核审批程序、救助管理监督考核机制等在内的独立制度规范,破除"福利叠加"效应,避免出现低保人群重复救助,从而使得那些真正处于低保线边缘的群体享有应有的医疗救助、教育救助等专项救助制度。

第三节　特困人员供养制度和临时救助制度

生活社会救助主要采取现金救助、实物救助和服务救助等形式。特困救助和临时救助制度也主要采用了现金救助、实物救助和服务救助,因此,本文将特困救助制度和临时救助制度放在本章进行阐述。

一、传统的五保供养制度与城市"三无"人员救助制度

(一)农村五保供养

农村五保供养是中国农村生活社会救助工作中的一个主要内容,于1956年建立,并在1994年由国家以政府法规的形式予以确定。在中国农村生活社会救助制度中,五保供养被认为是唯一具有相对连续性救助项目。

新中国成立初期,对农村的贫苦农民,政府主要给予临时的生活救济和医疗救济。1956年,第一届全国人大第三次会议通过的《高级农业生产合作社示范章程》规定:农业生产合作社,对于缺乏劳动能力或者完全丧失劳动力,生活没有依靠的老、弱、孤、寡以及残疾社员,在生产上和生活上给予适当的安排和照顾,保证他们的吃、穿和柴火供应,保证年幼的受到教育和年老的死后安葬,使他们生养死葬都有依靠。1957年,随着社会主义三大改造任务基本完成,五保供养制度初步建立。《1956年到1967年全国农业发展纲要》规定:"农业合作社对于社内缺乏劳动力、生活无依靠的鳏寡孤独农户和残废军人,应当在生产上和生活上给以适当的安排,做到保吃、保穿、保烧(燃料)、保教(儿童和少年)、保葬,这五项保障政策简称'五保',将享受'五保'的家庭称为'五保户'。"这两个文件是最早提出关于农村五保供养工作的法规性文件,构建了我国农村五保供养制度的雏形。这一时期的五保供养工作是农村高度集体化的产物,五保供养的款物主要是来源于集体分配或公益金补助。

1978年,党的十一届三中全会以后,随着人民公社体制和集体经济的瓦解,村级公益金的提取面临根本性的困难,严重威胁了五保供养的物质基础,使农村五保供养工作面临着巨大的挑战。农村实行家庭联产承包责任制,对五保户分散供养从形式到供给都发生了变化。其供给形式主要有:一是由社、队确定供养标准,分摊到户,统一提取,按月或按季供给;二是划拨口粮田,由生产队代耕,生活费用由生产队负担;三是分给包产田,自愿结合,订立合同,实行"三包"(包种、包口粮、包费用),多产多收部分,归承包的五保户;四是按全队人口,规定每户赡养天数,轮流管饭,不再另提口粮。五保户生活的具体形式,大体有四种:一是自起炉灶,自做自吃;二是钱、粮由队供给,亲友代养;三是生活基本不能自理的,按户轮流派人护理、做饭;四是按户或按人轮流管饭。

1992年改革开放进一步深化,在经济体制、分配政策、户籍制度等多重政策的有力推动下,这一时期我国的工业化和城市化的发展开始提速,农村社会面临历史性变迁。在这样的时代背景下,国务院于1994年颁布了第一版的《农村五保供养工作条例》(以下简称《条例》),意图通过法律的形式强化村集体组织的五保供养责任,避免城市化发展给五保制度实施带来的冲击。根据条例,五保供养的对象(以下简称五保对象)是指村民中无法定扶养义务人,或者虽有法定扶养义务人,但是扶养义务人无扶养能力的;无劳动能力的;无生活来源的老年人、残疾人和未成年人。五保供养的内容是:供给粮油和燃料;供给服装、被褥等用品和零用钱;提供符

合基本条件的住房；及时治疗疾病，对生活不能自理者有人照料；妥善办理丧葬事宜；保对象是未成年人的，还应当保障他们依法接受义务教育。五保供养所需经费和实物，应当从村提留或者乡统筹费中列支，不得重复列支；在有集体经营项目的地方，可以从集体经营的收入、集体企业上交的利润中列支。农村五保供养根据当地经济条件，实行集中供养或者分散供养。这是我国第一部关于"五保"工作的法规，对完善五保供养制度具有重要的意义，《条例》的颁发实施，标志着五保供养立法工作进入了一个新的阶段。为了促进敬老院事业的健康发展，1997年民政部又依据《条例》制定了《农村敬老院管理暂行办法》，对集中供养服务设施建设管理作出规定，明确敬老院所需经费实行乡镇统筹，并通过发展院办经济和社会捐赠逐步改善供养人员的生活条件。

2004年，我国开始实行减征或免征农业税的惠农政策，为了确保农村税费改革后五保供养的资金来源，2004年8月，民政部、财政部、国家发展和改革委员会发出《关于进一步做好农村五保供养工作的通知》，要求加强资金管理，确保五保供养资金落实，并针对农村税费改革后五保供养资金发生的变化提出了过渡性的办法："除保留原由集体经营收入开支的以外，从农业税附加收入中列支；村级开支确有困难的，乡镇财政给予适当补助。免征、减征农业税及其附加后，原从农业税附加中列支的五保供养资金，列入县乡财政预算。地方在安排使用农村税费改革转移支付资金时，应当确保五保供养资金的落实，不得截留、挪用。"从这里可以看到，不再强调五保供养的"集体福利事业"性质，而强调了县乡财政转移支付的责任，这对于改进五保供养工作有一定意义。

2006年1月，国务院颁布修订后的《农村五保供养条例》（国务院令第456号）。《条例》规定老年、残疾或者未满16周岁的村民，无劳动能力、无生活来源又无法定赡养、抚养、扶养义务人，或者其法定赡养、抚养、扶养义务人无赡养、抚养、扶养能力的，享受农村五保供养待遇。农村五保供养是指依照本条例规定，在吃、穿、住、医、葬（教）方面给予村民的生活照顾和物质帮助。农村五保供养资金，在地方人民政府财政预算中安排。有农村集体经营等收入的地方，可以从农村集体经营等收入中安排资金，用于补助和改善农村五保供养对象的生活。农村五保供养对象将承包土地交由他人代耕的，其收益归该农村五保供养对象所有。中央财政对财政困难地区的农村五保供养，在资金上给予适当补助。修订后的条例将农村五保供养经费纳入公共财政保障范畴，确立了与社会主义市场经济体制相适应的新型农村五保供养制度。2009年5月，中共中央办公厅、国务院办公厅印发《关于完善村级组织运转经费保障机制促进村级组织建设的意见》（中发〔2009〕21号），明确要求将农村五保供养经费纳入县乡财政预算专项保障，不再列为村级组织运转经费保障范围。农村五保供养制度实现了从集体供养向财政供养的历史性转变。

（二）城市"三无"人员基本生活救助

城市"三无"人员基本生活救助，主要是通过纳入城市居民最低生活保障制度，加强以居家为基础、社区为依托、机构为补充、医疗卫生和养老服务相结合的社会养老服务体系建设，对城市"三无"人员给予供养服务和生活保障。

《城市居民最低生活保障条例》第八条规定："对无生活来源、无劳动能力又无法定赡养人、扶养人或者抚养人的城市居民，批准其按照当地城市居民最低生活保障标准全额享受。"根据这一规定，各地及时将城市"三无"人员纳入低保范围，全额给予低保金。考虑到"三无"人员比一般的贫困人群在医疗、保健、照顾等方面存在着特殊需求，民政部门对低保家庭中的老年人、残疾人等特殊困难人员采取"分类施保"政策,通过增发低保金等办法给予重点照顾。针对城市"三无"人员中需要照料护理的,各地民政部门着力办好公办保障性养老机构,同时为低收入老人、经济困难的失能半失能老人提供无偿或低收费的供养、护理服务。

2013 年 7 月 1 日,新修订的《中华人民共和国老年人权益保障法》正式施行。该法从家庭赡养与扶养、社会保障、社会服务和社会优待等方面,明确了老年人特别是"三无"人员中的老年人享有的各项权益。其中第三条规定:"国家保障老年人依法享有的权益。老年人有从国家和社会获得物质帮助的权利,有享受社会服务和社会优待的权利,有参与社会发展和共享发展成果的权利。禁止歧视、侮辱、虐待或者遗弃老年人。"第三十一条规定:"国家对经济困难的老年人给予基本生活、医疗、居住或者其他救助。老年人无劳动能力、无生活来源、无赡养人和扶养人,或者其赡养人和扶养人确无赡养能力或者扶养能力的,由地方各级人民政府依照有关规定给予供养或者救助。对流浪乞讨、遭受遗弃等生活无着的老年人,由地方各级人民政府依照有关规定给予救助。"第三十三条规定:"国家建立和完善老年人福利制度,根据经济社会发展水平和老年人的实际需要,增加老年人的社会福利。"第四十一条规定:"政府投资兴办的养老机构,应当优先保障经济困难的孤寡、失能、高龄等老年人的服务需求。"2013 年 9 月,国务院印发《关于加快发展养老服务业的若干意见》(国发 2135 号),明确指出政府应坚持保障基本,强调"各地公办养老机构要充分发挥托底作用,重点为三无老人、低收入老人,经济困难的失能半失能老人提供无偿或低收费的快养、护理服务。政府举办的养老机构要实用适用,避免铺张豪华"。这些法规政策是保障好"三无"人员中老年人基本权益的基本遵循,进一步明确了政府的兜底责任,为做好城乡"三无"老人基本生活救助指明了方向。

二、特困人员供养制度

2014 年颁布的《社会救助暂行办法》(以下简称《暂行办法》)将农村五保供养和城市"三无"人员生活救助制度统一为特困人员供养制度,纳入社会救助制度体系。

随着社会救助制度体系逐步健全,农村五保供养的需求也在发生变化。"三无"人员"住"的问题主要通过住房救助予以解决,"医"的问题主要通过医疗救助予以解决,同时照料服务问题越来越突出。2016 年 2 月,国务院印发《关于进一步健全特困人员救助供养制度的意见》(国发〔2016〕14 号),明确了特困人员救助供养"保基本、托底线"的救助制度属性,规定了特困人员救助供养的总体要求、基本原则、制度内容和保障措施,全面健全完善了城乡统筹的特困人员救助供养制度。《意见》指出要以解决城乡特困人员突出困难、满足城乡特困人员基本需求为目标,坚持政府主导,发挥社会力量作用,在全国建立起城乡统筹、政策衔接、运行规范、与经济社会发展水平相适应的特困人员救助供养制度,将符合条件的特困人员全部纳入救助供养范围,切实维护他们的基本生活权益。

特困人员供养制度是一项传统的社会救助制度,是指对无劳动能力、无生活来源且无法定赡养抚养扶养义务人或者其法定义务人无履行义务能力的老年人、残疾人和未满 16 周岁的未成年人,提供基本生活条件、照料服务、疾病治疗以及办理丧葬事宜。特困人员是我国现阶段最困难、最脆弱的人群,为他们提供救助供养是社会主义制度优越性的根本要求,是以人民为中心发展思想的具体体现。

(一)对象范围

城乡老年人、残疾人以及未满 16 周岁的未成年人,同时具备以下条件的,应当依法纳入特困人员救助供养范围:无劳动能力、无生活来源、无法定赡养抚养扶养义务人或者其法定义务人无履行义务能力。具体认定办法由民政部负责制定。

(二)办理程序

(1)申请程序。申请特困人员救助供养,由本人向户籍所在地的乡镇人民政府(街道办事处)提出书面申请,按规定提交相关材料,书面说明劳动能力、生活来源以及赡养、抚养、扶养情况。本人申请有困难的,可以委托村(居)民委员会或者他人代为提出申请。

乡镇人民政府(街道办事处)以及村(居)民委员会应当及时了解掌握辖区内居民的生活情况,发现符合特困人员救助供养条件的人员,应当告知其救助供养政策,对无民事行为能力等无法自主申请的,应当主动帮助其申请。

(2)审核程序。乡镇人民政府(街道办事处)应当通过入户调查、邻里访问、信函索证、群众评议、信息核查等方式,对申请人的收入状况、财产状况以及其他证明材料等进行调查核实,于20个工作日内提出初审意见,在申请人所在村(社区)公示后,报县级人民政府民政部门审批。申请人及有关单位、组织或者个人应当配合调查,如实提供有关情况。

(3)审批程序。县级人民政府民政部门应当全面审查乡镇人民政府(街道办事处)上报的调查材料和审核意见,并随机抽查核实,于20个工作日内作出审批决定。对符合条件的申请予以批准,并在申请人所在村(社区)公布;对不符合条件的申请不予批准,并书面向申请人说明理由。

(4)终止程序。特困人员不再符合救助供养条件的,村(居)民委员会或者供养服务机构应当及时告知乡镇人民政府(街道办事处),由乡镇人民政府(街道办事处)审核并报县级人民政府民政部门核准后,终止救助供养并予以公示。

县级人民政府民政部门、乡镇人民政府(街道办事处)在工作中发现特困人员不再符合救助供养条件的,应当及时办理终止救助供养手续。特困人员中的未成年人,满16周岁后仍在接受义务教育或在普通高中、中等职业学校就读的,可继续享有救助供养待遇。

(三)救助供养内容

特困人员救助供养主要包括以下内容:

(1)提供基本生活条件。其包括供给粮油、副食品、生活用燃料、服装、被褥等日常生活用品和零用钱。可以通过实物或者现金的方式予以保障。

(2)对生活不能自理的给予照料。其包括日常生活、住院期间的必要照料等基本服务。

(3)提供疾病治疗。全额资助参加城乡居民基本医疗保险的个人缴费部分。医疗费用按照基本医疗保险、大病保险和医疗救助等医疗保障制度规定支付后仍有不足的,由救助供养经费予以支持。

(4)办理丧葬事宜。特困人员死亡后的丧葬事宜,集中供养的由供养服务机构办理,分散供养的由乡镇人民政府(街道办事处)委托村(居)民委员会或者其亲属办理。丧葬费用从救助供养经费中支出。

(5)对符合规定标准的住房困难的分散供养特困人员,通过配租公共租赁住房、发放住房租赁补贴、农村危房改造等方式给予住房救助。对在义务教育阶段就学的特困人员,给予教育救助;对在高中教育(含中等职业教育)、普通高等教育阶段就学的特困人员,根据实际情况给予适当教育救助。

(四)救助供养标准

特困人员救助供养标准由省、自治区、直辖市或者设区的市级人民政府综合考虑地区、城乡差异等因素确定、公布,并根据当地经济社会发展水平和物价变化情况适时调整。民政部、财政部要加强对特困人员救助供养标准制定工作的指导。

特困人员救助供养标准包括基本生活标准和照料护理标准。基本生活标准应当满足特困人员基本生活所需。照料护理标准应当根据特困人员生活自理能力和服务需求分类制定,体现差异性。

(五)救助供养形式

特困人员救助供养形式分为在家分散供养和在当地的供养服务机构集中供养。具备生活自理能力的,鼓励其在家分散供养;完全或者部分丧失生活自理能力的,优先为其提供集中供养服务。

(1)分散供养。对分散供养的特困人员,经本人同意,乡镇人民政府(街道办事处)可委托其亲友或村(居)民委员会、供养服务机构、社会组织、社会工作服务机构等提供日常看护、生活照料、住院陪护等服务。有条件的地方,可为分散供养的特困人员提供社区日间照料服务。

(2)集中供养。对需要集中供养的特困人员,由县级人民政府民政部门按照便于管理的原则,就近安排到相应的供养服务机构;未满16周岁的,安置到儿童福利机构。

供养服务机构应当依法办理法人登记,建立健全内部管理、安全管理和服务管理等制度,为特困人员提供日常生活照料、送医治疗等基本救助供养服务。有条件的经卫健部门批准可设立医务室或者护理站。供养服务机构应当根据服务对象人数和照料护理需求,按照一定比例配备工作人员,加强社会工作岗位开发设置,合理配备使用社会工作者。

截至2017年底,全国共有农村特困人员466.9万人,比上年减少6.0%。全年各级财政共支出农村特困人员救助供养资金269.4亿元,比上年增长17.7%。全国共有城市特困人员25.4万人。全年各级财政共支出城市特困人员救助供养资金21.2亿元。

(六)资金来源

县级以上地方人民政府要将政府设立的供养服务机构运转费用、特困人员救助供养所需资金列入财政预算。省级人民政府要优化财政支出结构,统筹安排特困人员救助供养资金。中央财政给予适当补助,并重点向特困人员救助供养任务重、财政困难、工作成效突出的地区倾斜。有农村集体经营等收入的地方,可从中安排资金用于特困人员救助供养工作。各地要完善救助供养资金发放机制,确保资金及时足额发放到位。

三、临时救助制度

2014年《社会救助暂行办法》规定国家对因火灾、交通事故等意外事件,家庭成员突发重大疾病等原因,导致基本生活暂时出现严重困难的家庭,或者因生活必需支出突然增加超出家庭承受能力,导致基本生活暂时出现严重困难的最低生活保障家庭,以及遭遇其他特殊困难的家庭,给予临时救助。临时救助是社会救助体系的最后一道防线。临时救助涉及面广、个案多样、政策性强、社会关注度高,具有托底线、救急难的突出制度功能和特点。

(一)临时救助制度发展历程

临时救助制度的发展历程主要分为临时救济、探索建制、全面建制三个阶段。

1.临时救济阶段

中华人民共和国建立初期,新成立的中央政府对困难群众救济工作十分重视。1950 年 4 月,中央人民政府组织召开中国人民救济代表会议,会后成立中国人民救济总会,在自力更生原则下,动员与组织人民实行劳动互助。1953 年 7 月,内务部设立救济司,各级政府也相应设立了专门的职能机构,社会救济工作在全国范围内广泛展开。1957 年以后,随着三大改造任务的基本完成,社会救济模式也由紧急性救济转为经常性救济,并开始呈现城乡二元结构特征,在城市分为定期定量救济和临时救济两种,其中,临时救济主要针对遭遇临时性、突发性变故致使生活出现暂时困难的居民家庭,是一种不定期或不定量的生活救济方式。城乡低保制度全面建立后,传统的定期定量救济逐渐被低保制度所取代,仅有少部分地区保留了临时救济形式。

2.探索建制阶段

在低保及医疗、住房、教育等各专项救助制度日益完善的情况下,还有一部分困难人群因家庭人均收入超过当地低保标准,或者事情比较急迫难以等待申请程序等,不能及时得到救助,生活容易陷入困境。为了弥补制度空白,使社会救助安全网更为密实牢靠,建立实施临时救助制度被提上议事日程。早在 2006 年 11 月,国务院副总理回良玉在第十二次全国民政会议上就要求"完善临时救助制度,帮助低保边缘群体、低收入群体解决特殊困难"。2007 年 6 月,民政部印发《关于进一步建立健全临时救助制度的通知》(民发〔2007〕92 号),鼓励地方探索建立临时救助制度,解决困难家庭遇到的特殊情况,维持其基本生活。各地民政部门积极探索、大胆实践,临时救助制度建设取得长足的进展,短短数年间,绝大多数省份初步建立了临时救助制度。

3.建立完善阶段

《社会救助暂行办法》对临时救助的制度框架进行规定,明确将临时救助定位为填补现有社会救助制度体系空白的一项重要制度。2014 年 10 月,民政部、财政部在深入调研、总结各地实践经验的基础上,报请国务院印发《关于全面建立临时救助制度的通知》(国发〔2014〕47 号,以下简称《通知》),部署在全国范围内全面建立和实施临时救助制度,标志着临时救助制度正式建立。《通知》对临时救助的功能定位、制度目标、对象范围、申请审批程序、救助方式等作出了明确规定,突出了临时救助制度在整个社会救助体系中的"托底保障"功能。临时救助的对象范围"不论户籍、不分城乡",真正做到托底线、救急难,确保社会救助安全网网底不破,同时也对地方建立实施临时救助制度提出了更高、更明确的要求。《通知》印发后,各地深入贯彻落实这一要求,不断健全完善临时救助政策规定,及时将遭遇突发性、紧迫性、临时性基本生活困难的城乡群众纳入救助范围,较好地发挥了应急性、过渡性救助作用。到 2017 年 2 月,全国 31 个省(自治区、直辖市)和新疆生产建设兵团均出台了配套政策文件。

(二)建立临时救助制度的目标和任务

临时救助制度要以解决城乡群众突发性、紧迫性、临时性基本生活困难问题为目标,通过完善政策措施,健全工作机制,强化责任落实,鼓励社会参与,增强救助时效,补"短板"、扫"盲区",编实织密困难群众基本生活安全网,切实保障困难群众基本生活权益。

(三)临时救助制度的主要内容

1.对象范围

(1)家庭对象。因火灾、交通事故等意外事件,家庭成员突发重大疾病等原因,导致基本生活暂时出现严重困难的家庭;因生活必需支出突然增加超出家庭承受能力,导致基本生活暂时出现严重困难的最低生活保障家庭;遭遇其他特殊困难的家庭。

(2)个人对象。因遭遇火灾、交通事故、突发重大疾病或其他特殊困难,暂时无法得到家庭支持,导致基本生活陷入困境的个人。其中,符合生活无着的流浪、乞讨人员救助条件的,由县级人民政府按有关规定提供临时食宿、急病救治、协助返回等救助。

因自然灾害、事故灾难、公共卫生、社会安全等突发公共事件,需要开展紧急转移安置和基本生活救助,以及属于疾病应急救助范围的,按照有关规定执行。

县级以上地方人民政府应当根据当地实际,制定具体的临时救助对象认定办法,规定意外事件、突发重大疾病、生活必需支出突然增加以及其他特殊困难的类型和范围。

2.申请受理。

(1)依规申请受理。凡认为符合救助条件的城乡居民家庭或个人均可以向所在地乡镇人民政府(街道办事处)提出临时救助申请;受申请人委托,村(居)民委员会或其他单位、个人可以代为提出临时救助申请。对于具有本地户籍、持有当地居住证的,由当地乡镇人民政府(街道办事处)受理;对于上述情形以外的,当地乡镇人民政府(街道办事处)应当协助其向县级人民政府设立的救助管理机构(即救助管理站、未成年人救助保护中心等)申请救助;当地县级人民政府没有设立救助管理机构的,乡镇人民政府(街道办事处)应当协助其向县级人民政府民政部门申请救助。申请临时救助,应按规定提交相关证明材料,无正当理由,乡镇人民政府(街道办事处)不得拒绝受理;因情况紧急无法在申请时提供相关证明材料的,乡镇人民政府(街道办事处)可先行受理。

(2)主动发现受理。乡镇人民政府(街道办事处)、村(居)民委员会要及时核实辖区居民遭遇突发事件、意外事故、罹患重病等特殊情况,帮助有困难的家庭或个人提出救助申请。公安、城管等部门在执法中发现身处困境的未成年人、精神病人等无民事行为能力人或限制民事行为能力人,以及失去主动求助能力的危重病人等,应主动采取必要措施,帮助其脱离困境。乡镇人民政府(街道办事处)或县级人民政府民政部门、救助管理机构在发现或接到有关部门、社会组织、公民个人报告救助线索后,应主动核查情况,对于其中符合临时救助条件的,应协助其申请救助并受理。

3.审核审批。

(1)一般程序。乡镇人民政府(街道办事处)应当在村(居)民委员会协助下,对临时救助申请人的家庭经济状况、人口状况、遭遇困难类型等逐一调查,视情组织民主评议,提出审核意见,并在申请人所居住的村(居)民委员会张榜公示后,报县级人民政府民政部门审批。对申请临时救助的非本地户籍居民,户籍所在地县级人民政府民政部门应配合做好有关审核工作。县级人民政府民政部门根据乡镇人民政府(街道办事处)提交的审核意见作出审批决定。救助金额较小的,县级人民政府民政部门可以委托乡镇人民政府(街道办事处)审批,但应报县级人民政府民政部门备案。对符合条件的,应及时予以批准;不符合条件不予批准,并书面向申请人说明理由。申请人以同一事由重复申请临时救助,无正当理由的,不予救助。对于不持有当地居住证的非本地户籍人员,县级人民政府民政部门、救助管理机构可以按生活无着人员救助管理有关规定审核审批,提供救助。

(2)紧急程序。对于情况紧急、需立即采取措施以防止造成无法挽回的损失或无法改变的严重后果的,乡镇人民政府(街道办事处)、县级人民政府民政部门应先行救助。紧急情况解除之后,应按规定补齐审核审批手续。

4.救助方式

对符合条件的救助对象,可采取以下救助方式:

(1)发放临时救助金。各地要全面推行临时救助金社会化发放,按照财政国库管理制度将临时救助金直接支付到救助对象个人账户,确保救助金足额、及时发放到位。必要时,可直接发放现金。

(2)发放实物。根据临时救助标准和救助对象基本生活需要,可采取发放衣物、食品、饮用水,提供临时住所等方式予以救助。对于采取实物发放形式的,除紧急情况外,要严格按照政府采购制度的有关规定执行。

(3)提供转介服务。对给予临时救助金、实物救助后,仍不能解决临时救助对象困难的,可分情况提供转介服务。对符合最低生活保障或医疗、教育、住房、就业等专项救助条件的,要协助其申请;对需要公益慈善组织、社会工作服务机构等通过慈善项目、发动社会募捐、提供专业服务、志愿服务等形式给予帮扶的,要及时转介。

5.救助标准

临时救助标准要与当地经济社会发展水平相适应。县级以上地方人民政府要根据救助对象困难类型、困难程度,统筹考虑其他社会救助制度保障水平,合理确定临时救助标准,并适时调整。临时救助标准应向社会公布。省级人民政府要加强对本行政区域内临时救助标准制定的统筹,推动形成相对统一的区域临时救助标准。

(四)临时救助制度的主要功能

1.解决困难群体临时性生活困难

解决困难群众生活中所发生的临时性困难,是临时救助制度的一项最主要的功能。在生产条件随着经济社会技术的快速发展,我国正进入一个社会风险高发时期,人们在生产和生活中面临的各种突发情况不断增多,各种类发事件往往会导致个人和家庭突然出现生活困难,进而陷入生活的困境。另一方面,受社会关系、家庭结构、思想观念等变化的影响,如今我国传统的亲友、邻里、单位等救助机制在大幅度弱化,已无法对个人和家庭所发生的临时性困难进行及时、有效的保障。这就需要政府发挥更大的作用,通过制定临时救助制度,将那些遭遇临时性生活困难的个人与家庭纳入制度保障的范围之内,使其尽快摆脱困境,恢复生产生活。

2.弥补社会救助体系的不足

通过多年的发展,我国已初步构建了最低生活保障、特困人员救助等生活类救助为核心,以医疗救助、住房救助、教育救助等专项类救助为辅助的社会救助体系,但同时救助体系仍存在缺陷:一方面,低保制度以家庭收入和财产状况为依据,这就造成那些收入超出低保标准,但因突发性的疾病、教育、残疾、灾害、事故等刚性支出较大而导致生活困难的家庭,无法申请或获得各项社会救助的支持。另一方面,由于现行的社会救助制度都是强调在户籍地进行依法申请,这就把一些临时遇到生活困难的人户分离的流动人口挡在了各项救助制度的门外。为了克服和弥补现有社会救助体系的不足与空白,需要建立和健全临时救助制度,使困难群众都能得到及时救助。

3.增进社会救助的公平性和可持续性

从目前社会救助的实施情况看,低保制度及相关专项救助政策覆盖的主要是低保对象,专项分类救助覆盖到所有低收入家庭尚需时日。低保对象能够享受到多项救助待遇,而家庭收入略高于低保标准的低保边缘家庭则可能享受不到任何救助,从而加剧了社会救助的"悬崖"效应,也增加了低保制度的压力,使动态管理增加困难,进而会导致低保乃至整个社会救助负担沉重、难以持续。临时救助制度的建设,可以为遇到临时性、突发性困难的低保边缘家庭和其他困难低收入群体提供一次性救助待遇,在解决低收入家庭暂时生活困难的同时,缩小困难家庭在获得救助方面的差距,增进社会救助的公平性和可持续性。

(五)临时救助制度的发展方向

1.加强临时救助的法制化建设

实现临时救助工作的法制化,是临时救助制度有效开展的内在要求,也是维护临时性困难群众对社会救助权利的根本保证。针对我国临时救助缺少法律保障的局面,一是提高临时救助的法制层次,以行政法规的形式对临时救助的对象范围、申请受理、审核审批、救助方式、救助标准等各项工作加以规范,树立其权威性,确保临时救助的各项工作有法可依;二是在《社会救助暂行办法》的基础上加快推进《社会救助法》的立法工作,为包括临时救助在内的各项社会救助制度和各项社会救助工作提供基本的法律依据,促进我国社会救助统一和规范管理。

2.实现临时救助方式的多样化

受救助对象贫困致因和救助需求多样的影响,我国临时救助的给付必须采取多样化的发展趋向,积极拓展救助方式和救助内容,实现从以现金救助为主的给付方式转向现金救助、实物救助和服务救助并重的多样化给付方式。具体而言,一方面,要在强化现金救助的基础上,不断增加实物救助和服务救助的给付力度,如增加临时住房、紧急治疗、临时就业、应急照顾、心理安抚、危机干预等救助内容,并做好这些救助内容与各类专项救助的转接以及社会组织救助的转接;另一方面,要在救助的给付过程中加强与救助需求的针对性与匹配性,通过采取"现金＋实物＋服务"组合化的救助方式,有效满足救助对象的各类需求,从而实现临时救助效用的最大化。

3.优化临时救助的管理与办理方式

一方面,在管理体系上,建立并落实"民政牵头统筹,其他部门参与"的大救助管理格局。要充分利用已有的各类资源,加快统一的社会救助管理信息平台建设,实现民政与卫计、教育、住建、人社、金融等部门的信息共享,提高临时救助精确、快速的甄别与审核水平。另一方面,在基层办理机制上,要全面建立社会救助"一门受理、协同办理"工作机制。要依托基层政府设立统一的社会救助受理窗口,实现社会救助事务"整合化"和基层工作人员的"专业化",以解决基层救助管理人员人手不足和专业化水平较低的问题。要明确临时救助受理、办理、反馈的时限,建立标准化的工作要求,优化和减少临时救助的审批程序,缩短临时救助的办理时间,为临时救助申请者提供便利,使困难者能够及时获得相应的救助。

4.完善社会力量参与机制

社会救助究其内涵而言,实际包含政府与社会两个方面的救助。特别是伴随着社会的发展,社会力量在社会救助中所起的作用日益重要。因此,面对我国临时救助工作中社会力量参与率较低的问题,在强化政府救助的主体责任之外,要大力引导群众团体、社会组织、社会工作服务机构、志愿者队伍等社会力量参与到临时救助之中,充分发挥社会力量的积极作用。具体而言,一是要建立和落实好社会力量参与社会救助的相关激励和支持政策,使社会力量在参与临时救助工作时能够切实享受到政府所提供的补贴、税收、用地、奖励等政策,为社会力量的发展营造良好的政策环境；二是要创新政府与社会力量的合作方式，探索通过委托、承包、采购等方式向社会力量购买临时救助服务，把适合社会提供的临时救助服务交由社会力量承担；三是要鼓励、动员和引导有影响力的社会组织、大中型企业等设立临时救助公益基金，在民政部门统筹协调下有序开展临时救助活动。

复习思考题

1. 我国最低生活保障制度在实施过程中存在哪些问题？应如何完善？

2. 农村居民最低生活保障对象确定为什么难？如何规范地确定农村居民最低生活保障对象？

3. 国家对城市居民最低生活保障标准的调整作了哪些规定？

4. 谈谈如何建立最低生活保障制度的退出机制。

5. 国家对特困人员供养制度的供养内容做出了哪些规定？

第四章　灾害社会救助

灾害救助具有不同于其他救助项目的特征和功能。本章介绍了灾害救助的对象、主要内容,灾害救助的实施步骤;对灾害救助的主体和运行程序进行了分析,并对实际运行层面的救灾资金的来源、使用与管理以及救灾物资的储备与管理做了探讨;对我国的灾害救助制度做了历史回顾,结合实际对我国灾害救助制度存在的问题和完善思路做了深入的分析。

第一节　灾害社会救助概述

一、灾害社会救助的内涵与特征

(一)灾害社会救助的内涵

灾害古已有之,人类在与灾害做斗争的过程中不断文明进步。时至今日人们并未完全认识自然和掌握自然变化规律,自然灾害时常发生,给人们的生存安全带来了极大威胁,造成了重大财产损失,甚至破坏民众赖以生存的自然和社会条件。正确认识灾害的成因及种类,是我们进行灾害预防和救助的前提,需要针对不同种类的灾害采取不同的预防和救助措施。

总结历史经验,我们可以把灾害分为自然灾害和人为灾害。自然灾害是指由于自然界发生的不以人的主观意志为转移的自然现象引起的灾害,主要包括地质灾害(如地震、火山爆发、地陷等)、地貌灾害(如泥石流、滑坡、雪崩、水土流失等)、气象灾害(如水灾、旱灾、风灾、冷害、雹灾、雷击等)、水文灾害(如海啸、海侵、风暴潮、泥沙淤积等)、生物灾害(如病虫害、草害、鼠疫、物种灭绝等)、天文灾害(如陨石冲击、小行星撞击、电磁易爆、太阳辐射异常等)。人为灾害是指主要由人为因素造成自然环境恶化而引发的灾害,主要包括环境灾害(如水污染、大气污染、酸雨、赤潮等)、科技灾害(如核事故、卫星发射失败等)。这些基本是人们在开发利用自然资源的过程中而产生的副作用。另外还有森林火灾等,因其发生的原因不同,既可以归为自然灾害,也可以归为人为灾害。正确区分灾害种类,有助于我们做好灾害预防。对于不同原因引起的灾害,我们所实施的救助方案都是一样的,但对灾害预防采取的方式应该是不同的。

灾害社会救助,是指国家或社会依法为因遭遇各种灾害而陷入生活困难的社会成员提供现金或实物或服务的援助,以保证其维持最低生活水平,度过特殊困难时期,帮助其确立自行生存能力,尽快恢复正常的生产生活的社会救助项目。虽然一般意义上的灾害是指自然灾害,但对灾害救助的认识不应仅仅局限在自然灾害领域,而是对各种自然、人为灾害等一系列灾害的预防、救助与灾害重建领域;从灾害救助的性质上来说,它是一种极为复杂的、社会的、半军事化的紧急行动,包括从营救到医疗、从生活到公安、从技术到工程、从组织到指挥的救灾系统。

自古以来,灾害就是相对于人的生存而提出的命题,是在人的生存与发展的意义上对水、旱、地震等自然现象做出的一种价值判断。在长期与灾害做斗争的过程中,人们逐步认识到灾害救助中包含着社会性的内容,是一种社会性事件。因此灾害救助的目的就具有双重性,一是保障受灾地区灾民的生存状态不会由于自然灾害的发生而受到严重威胁,保障生产和工作顺利进行;二是维护社会安定,维持正常社会生活秩序。

现代意义上的灾害救助,不仅包括灾时的应急反应、营救、灾后救助等方面,还应着眼于风险管理、减灾和防灾,重视从防灾到救灾的整体规划、系统管理、过程控制、资源整合和组织协调。

(二)灾害社会救助的特征

1.灾害救助的应急性

大多数灾害的发生都具有突发性的特点,会在短时间内造成严重的财产损失和人员伤亡,给受灾地区人们的生产生活造成不可估量的影响。如若不能及时对受灾群众施救,很有可能会由于生存条件恶化和卫生条件不能保障,发生大的流行病疫情,不仅会危及灾区群众,而且还会造成更大范围的损失和社会混乱。这就要求灾害救助的实施必须迅速及时,这样才能把灾害的危害降到最低,最大限度地保护人民群众的生命财产安全。

2.灾害救助对象的复杂性

虽然我们可以简单地把灾害社会救助的对象看作是灾区的灾民和社会,但必须看到灾民的复杂性以及灾区社会关系的复杂性。因为在灾害的冲击下,灾民正常的追求、乐趣、目标、心理、行为等都被打破或中断,因此无论是心态,还是行为,都表现出异常复杂的特点。而社会是关系的产物,在灾害情景下正常的关系受到冲击和影响,社会机体整体受阻,可能出现紊乱状态、社会控制能力降低等复杂的社会现象。因此对灾民和社会的救助都是比较复杂和困难的。

3.灾害救助的不确定性

由于灾害发生的形式、时间、地点及影响范围、损失程度都具有不确定性,在灾害发生前无法形成确定的执行方案。灾害救助所需的人员、财力、物力及救助形式都需要根据灾害事故的类型与损失情况及当地的具体条件而定。因此,灾害救助具有较强的灵活性和不确定性,在实践中需要根据每一次灾害事故的实际损失程度和损失对象采取有针对性的救助方式、救助形式和救助内容。

4.灾害救助的多样性

灾害救助的多样性包括救助内容的多样性、救助手段的多样性和救助主体的多样性。灾害救助不仅是灾害中及灾害后满足灾民对基本生活资料的需求,还有为了避免疫情暴发所进行的医疗服务方面的救助和减轻灾害给当地人民所造成的心理阴影的心理上的治疗。灾害救助内容的多样性决定了救助手段的多样性,概括起来主要是物质手段、精神手段和组织手段三种;既包括根据灾害损失的实际情况为受灾地区和民众提供相应的现金、实物支持,也包括医疗甚至是技术等方面的救助,在特定条件下还可以采取以工代赈的方式进行救助。随着社会经济的发展,民间团体和慈善组织逐渐成为灾害救助中不可缺少的力量,灾害救助的主体不仅仅包括国家和政府,而且有大批的民间组织、非营利组织、企业和个人参与其中,救助的主体不断扩大。

二、灾害社会救助的功能和目标

作为社会救助的重要组成部分,灾害社会救助是当人们因灾而造成生活困难时由国家和社会所依法给予的救助。灾害社会救助的本质在于坚持以人为本,通过在特殊的社会状态下(灾害发生和影响的情景下)维护和保障灾民的基本生活需要,以解决灾害社会问题,努力减少人员伤亡,最大限度地减轻灾民财产损失;尽快恢复基础设施,保障灾民基本生活,促进灾民恢复生产,提高抗灾能力;维持社会稳定,推动社会发展。

(一)灾害社会救助的功能

1.帮助受灾者迅速摆脱灾害困扰

灾害社会救助的功能首先是帮助受灾者恢复和重建被灾害破坏了的生存所必需的物质条件。灾害特别是重大灾害过后,给人们的生命和财产带来了毁灭性的损害,甚至破坏赖以生存的自然环境。此时受灾者的生存问题,如就医、吃饭、住宿等尤为突出,急需给予他们基本而可靠的生活保障,这些保障一般都是通过政府和社会提供的救助来完成。因此,及时有效的救灾能够帮助受灾者迅速摆脱灾害困扰,恢复正常的生产生活秩序。

2.恢复社会秩序,维护社会稳定

自然灾害不仅威胁人类的生存,破坏生产力,影响经济的发展,而且给人们的精神和心理带来深重的创伤和巨大的压力,导致人心不稳,影响社会的安定,甚至引起社会的动乱。对灾区及时地实行社区社会救助可以迅速建立健全社会管理组织,恢复社会管理组织功能。社会救助通过必要的物质救助帮助灾民生活得到保障,安抚受灾群众情绪,并通过相应的社会组织协调和化解社会矛盾,维护救灾正常社会秩序,从而达到维持社会稳定的目的。

(二)灾害社会救助的目标

灾害救助的基本目标是要使灾区和灾民尽快且有效地恢复和重建被灾害破坏了的人类生存与发展所必需的物质与精神的生存条件,即所谓的"脱灾"。灾害尤其是突发性重大自然灾害就是以破坏甚至摧毁人类生存条件为特征的。这些生存条件包括:①自然条件,如土地、农田、堤坝、房屋、道路、桥梁等原生环境与人工环境所提供的各种物质;②社会条件,即社会环境,是人们在相互交往中所结成的各种社会关系及其表现形式;③人的自身条件,主要指人生存的生理条件与心理条件。及时和合理的灾害救助有助于对身处急难之中的灾民提供维持和延续人的生命所必需的物质条件和精神条件。

灾害救助的最终目标是帮助受灾者由"脱灾"向"脱贫"转变。由于"灾"和"贫"的特定关系,脱灾只是解决了受灾者的基本生存问题,还没有或者可能没有解决生产条件和生存环境的恢复问题,如果这个问题不解决,或者解决不及时,就很可能造成受灾者陷入贫困,成为新增的贫困人口。因此,灾害救助要求在保障灾民基本生活的前提下,帮助灾民摆脱贫困的困扰,实现"脱贫"。促进灾民的生产自救,扶持灾民发展生产,改善生活环境,即将救灾和扶贫有效结合。这一目标的实现不仅可以提高灾区恢复重建生存条件的能力,还能够促进经济的发展,实现社会稳定。

三、灾害救助的主要内容

从救灾过程看,救灾也有广义和狭义之分。广义的救灾包括防灾、抗灾、救灾和灾后恢复

等内容。狭义上的救灾仅指对灾民的生活与生产中的困难给予救助,如基本口粮救助、衣被救助、房屋救助、现金救助、药品救助、部分生产资料救助等。我们在这里主要分析狭义上的救灾。自然灾害发生给受灾地区人们造成的损害和影响是多方面的、综合性的,既造成生产破坏,又带来生活困难;既造成财物损失,又造成思想及精神损害;既给个人和家庭造成损害,又破坏了正常的社会秩序;既有直接损失,又有间接损失。因此,救灾的内容涉及灾害损失的方方面面,概括起来可以归纳为两个方面,对灾民的救助和灾后社区重建。

(一)对灾民的救助

灾害首先给灾区居民带来财产及生命损害,救灾要以保障灾民生命安全和减少财产损失为核心,救灾的内容以灾害造成的损害结果为前提,采取适合的手段和方式实施救助,包括如下内容。

(1)紧急救援。紧急救援主要是在灾害初始发生后,对灾民生命和财产的救援。这是灾害发生后第一时间要做好的工作,一般在灾害应急预案中有明确规定,政府要依据灾情做出启动相应级别应急预案的决定,迅速开始救援工作。由于突发性的灾害,尤其是重大自然灾害常常会造成人员死伤以及财产的损失,所以灾害救助始终强调要以保障人民群众的生命及财产安全为首要任务,树立"生命至上"的理念。尽最大可能减少灾害对灾民造成的各种伤亡和财产损失,在"物"与"人"的关系上,把抢救生命放在第一位。

(2)拨付救灾资金与物资,转移安置受灾群众。根据灾害损失程度和救灾的需要,通过拨付救灾资金与物资为灾民提供衣、食、住、医等最基本的生活保障,如食物的发放、饮水供给、帐篷搭建或临时住所安置以及学生就学等,解决灾民的基本生存问题。货币资金与实物救助需要搭配使用,由于灾害很可能造成灾区的商品供给能力被大大削弱甚至消亡,因此救灾商品市场不同程度地存在着供给者缺失的问题。在生活必需品市场尚不具备的前提下,发放货币对于灾民而言缺少实际意义,相反,实物救助与灾民的基本需求相吻合。

转移安置是灾害过后,由于原有生活设施破坏,不能在原住地继续生活,因而需要转移安置,确保灾民生命安全和身体健康。有的转移安置是临时性的,有的则是永久性的,依据灾害破坏程度,能否适宜人的继续生存为标准确定。

(3)恢复工农业生产和公共设施,重建因灾害损毁的工商企事业单位、道路、电路、学校、医院及农田水利工程等。帮助灾民恢复重建,使其生产、生活能迅速恢复到灾前水平,甚至有所提高。

(4)安抚灾民情绪,对受灾群众进行心理疏导工作,实施精神救灾。灾后心理援助就是心理专业人员通过沟通疏导、抚慰等方式,帮助心灵遭遇短期失衡的患者进行调整,短时期尽快恢复正常心理状态。因为灾害不仅给人们带来巨大的经济损失和严重的人员伤亡,而且会给人们造成严重的心理伤害和精神伤害。所以,做好灾后灾民心理疏导和精神救援是十分必要的,对灾民保持心理健康、正确面对灾难、恢复正常的生活状态起到非常重要的作用。这包括灾难初期所采取的心理急救以及之后长期的心理重建。

(5)帮助灾民提升自力更生的能力。灾民自力更生的能力指灾民在大规模救灾活动停止后,依靠自己的力量,进行正常的物质和精神生活的能力。救灾重要,灾民自救更为重要,要通过救灾帮助灾民自救,提升自我生活的能力。因此,恢复和帮助灾民确立自力更生的能力既是灾害社会救助的重要内容,也是灾害社会救助的根本目的。

(二)灾后社区重建

灾后社区重建也称为灾区社会救助。对灾区社会的救助是灾害救助顺利进行的保障和前提。没有对灾区社会的救助不可能实现全面实施灾害救助的目标。对社会进行救助的途径是借助一切手段,整合社会组织、恢复社会功能,实现社区生活正常化。灾区社会救助的主要内容还包括以下几点:

(1)灾区社会秩序的维持与建设。与灾害相伴随的经常是严重的社会混乱,经历了人心的恐慌和财产上的损失之后,灾民情绪难以控制,一些不法分子"浑水摸鱼"的现象经常发生,社会治安状况严重破坏。特别是一些重大灾难,灾民临时集中居住,如何在救助灾民生活的同时保证良好的社会秩序,这也是灾害救助中的一个重要任务。

(2)政权组织及政党、团体等社会组织的恢复及功能发挥。在组织灾区生命救助、生活和生产救助,以及救灾物资发放等过程中,已有的基层政权组织和其他社会组织可以发挥巨大的作用。但这些组织也经常在灾害发生及灾后的混乱中受到巨大冲击。因此,在灾害救助中,应尽快恢复已有的政权与社会组织,建立一些临时性社区救灾指挥机构,组织救灾志愿者,通过他们的组织与发动,让灾后的群众尽快投入到生产自救工作之中。

(3)建立灾区自助互助组织。救灾过程中群众团结互爱,互相帮助,也有助于增进社会团结,特别是灾民,他们能感受到来自政府和社会的温暖,能得到邻里和一些组织的爱心救助,这对于灾区社会风气和精神文明的建设有着极大的促进作用。在救灾过程中,发动灾区群众互助互爱,发动社会捐款捐物,这些行动不仅能有效地应对灾害的后果,也对社会发展有着重要意义。

四、灾害救助的形式

由于灾害的复杂性及造成损失的不确定性,救助的形式必须是多种多样的,采取综合的救灾形式,基本可以归纳为以下几种形式。

1. 国家灾害救助

这是灾害救助的主要形式,因为灾害发生的不确定性、灾害后果的严重性等,决定了只有国家才能整合大量的社会资源进行及时救助。中央政府在灾害救助方面一直设有专项救灾款目。

随着经济体制的转变,我国的国家救灾体制也发生了相应变化:①财政分级负责。这一制度要求地方政府在财政预算中必须设立专项救灾拨款科目。②救灾分级管理。救灾分级管理的前提是准确划分灾害等级,用以明确中央政府和地方各级政府应当承担的救灾责任。灾害一般划分为特大灾、大灾、重灾和小灾等。③救灾经费包干。这是针对甘肃、宁夏、贵州、青海、西藏、新疆等六省区的救灾经费而言的,在经过科学合理测算之后,中央给其划拨一定量的救灾款,一般不再追加拨款。④中央经费无偿救助与有偿使用并存。这样做的目的是救灾与扶贫相结合。无偿救助的资金用来紧急抢救灾民,保证其最低生活;有偿使用的资金主要用于灾民灾后恢复生产等。

2. 救灾保险制度

救灾保险制度是指由政府负责组织,以各级财政和社会化集资作为物质基础,保障灾民基本生活和恢复其简单再生产的一种灾害保障形式。从1987年开始,中国民政部门先后在全国102个县进行了救灾保险改革试点,对农作物、养殖业生产、农房、农村劳动力等实行救灾保险。具体方法是：由中央救灾经费、地方财政补贴、农民自己缴纳的保险费形成救灾保险基金，当灾害发生、灾民需要时，给予相应的生活、生产等方面的保障与补偿。

3.互助互济

这是对传统救灾体制的财力机制进行改革的重要内容，即由以前中央财政单一供款模式发展到了资金来源社会化的模式，其主要形式是救灾互助储金会、储粮会。这是在农村居民之间自发组织的主动应对灾害的一种形式，以民办、民管、民用为主要特征，鼓励灾民之间及相关民众互帮互助。

4.生产自救

生产自救历来是我国救灾工作的重要内容。新中国成立初期，救灾工作的方针是"生产自救，节约度荒，群众互助，以工代赈并辅之以必要的救济"；农村公社化以后，由于存在农村集体经济体制，救灾工作方针是"依靠群众，依靠集体，生产自救，辅之以国家必要的救济"。改革开放使我国进入新的历史时期，1983年，全国民政会议提出了"依靠群众，依靠集体，生产自救，互助互济，辅之以国家必要的救济和扶持"的救灾工作方针。可见，我国救灾工作的指导思想是首先强调生产自救，同时加以群众互助和国家救助，这是由我国人口众多、灾害频发等具体国情所决定的。

我国的救灾及灾后恢复重建工作实行"政府统一领导、部门分工负责、地方分级管理"的方式。1978年，五届全国人大一次会议决定设立民政部，内设的农村社会救济司主管农村的社会救济工作。直到2018年，民政部作为国务院主导自然灾害救助的行政机构，从总体上负责灾害救助协调领导工作，具体负责核灾、受灾人员的生活救助、救灾物资与捐赠等的管理工作。2018年3月13日，第十三届全国人民代表大会第一次会议审议国务院机构改革方案，将国家安全生产监督管理总局、国务院办公厅的应急管理、公安部的消防管理职责、民政部的救灾职责、国土资源部的地质灾害防治、水利部的水旱灾害防治、农业部的草原防火等的职责进行整合，组建应急管理部，至此，原民政部主管的灾害救助就由国家应急管理部负责。

第二节　灾害社会救助制度

世界各国都会遇到各种各样的自然灾害，在各自的救灾过程中都建立了相应的灾害预防和救助制度，直至在灾害预防和救助中进行国际协作，形成一定的国际救援机制。各国由于自然灾害成因及损害结果的差异，以及国家政治经济制度的不同，形成了各具特色的灾害救助制度，但基本都包含了救助责任主体、救助对象、救助资金筹措、管理与使用、救助物资储备以及国际援助等内容。另外，对救灾工作程序也有明确的规定。

我国在总结救灾经验的基础上，逐步完善救灾法律法规，从2008年起我国先后颁布了一系列灾害救助的政策文件：《关于进一步加强救灾应急物资储备工作的通知》（2008年）、《关于加强自然灾害救助应急预案体系建设的指导意见》（2008年）、《中华人民共和国防震减灾法》（2009年）、《自然灾害救助条例》（2010年）、《国家自然灾害救助应急预案》（2011年）、《自然灾害生活救助资金管理暂行办法》（2011年）、《自然灾害情况统计制度》（2013年）、《国务院办公厅关于切实做好汛期灾害防范应对工作的紧急通知》、《社会救助暂行办法》（2014年）、《国务院办公厅关于印发国家自然灾害救助应急预案的通知》（2016年）、《中共中央 国务院关于推进防灾减灾救灾体制机制改革的意见》（2016年）、《国务院办公厅关于印发国家综合防灾减灾规划(2016—2020年)的通知》(2016年)、《国务院办公厅关于同意建立自然灾害防治工作部际联席会议制度的函》(2019年)等规章制度,对我国的灾害救助工作进行了全面的规范,从此我国救灾工作有法可依,有章可循。

一、灾害社会救助的责任主体

自然灾害虽在短时间内迅速发生,却能对人们的生产生活造成巨大损失,涉及范围广、破坏性大,显然只依靠某一方面的力量进行灾害救助是不够的,只有在政府的领导下,组织动员社会各方面力量进行灾害救助,才是灾害救助的必然选择。救灾主体应当包括政府、社会组织、企业、个人和必要的外援(国际力量)。它们在救灾过程中利用各自优势,发挥着各自独有的作用,形成抗灾救灾的合力。

(1)灾害救助政府起着主导作用,占据核心地位。参与灾害救助的政府部门,主要是政府的行政职能部门,目前我国代表政府进行灾害救助的主导部门是应急管理部,另外,财政、教育、卫生、司法、劳动、法院等部门按照各自的职能都承担了相应的救助责任。政府在救灾中有两个层面的作用:一是作为救灾主体发挥政府各职能部门的救灾作用,给予财政资金、物资、技术等方面的支持;二是对救灾工作进行协调组织作用,成立救灾组织,动员社会救灾力量,接受管理社会捐赠资金,组织志愿者,接受国际援助等。

我国《自然灾害救助条例》规定,我国自然灾害救助工作实行各级人民政府行政领导负责制。国家减灾委员会负责组织、领导全国的自然灾害救助工作,协调开展重大自然灾害救助活动。应急管理部负责全国的自然灾害救助工作,承担国家救灾减灾的具体工作。国务院有关部门按照各自职责做好全国的自然灾害救助相关工作。县级以上地方人民政府或者人民政府的自然灾害救助应急综合协调机构,组织、协调本行政区域的自然灾害救助工作。县级以上地方人民政府应急管理部门负责本行政区域的自然灾害救助工作。县级以上地方人民政府有关部门按照各自职责做好本行政区域的自然灾害救助相关工作。县级以上人民政府应当将自然灾害救助工作纳入国民经济和社会发展规划,建立健全与自然灾害救助需求相适应的资金、物资保障机制,将人民政府安排的自然灾害救助资金和自然灾害救助工作经费纳入财政预算。

从国家一级来讲,目前我国灾害救助的主体主要是国家应急管理部,主要负责组织编制国家应急总体预案和规划,指导各地区各部门应对突发事件工作,推动应急预案体系建设和预案演练;建立灾情报告系统并统一发布灾情,统筹应急力量建设和物资储备并在救灾时统一调度,组织灾害救助体系建设,指导安全生产类、自然灾害类应急救援,承担国家应对特别重大灾害指挥部工作;指导火灾、水旱灾害、地质灾害等防治;负责安全生产综合监督管理和工矿商贸行业安全生产监督管理等。公安消防部队、武警森林部队转制后,与安全生产等应急救援队伍一并作为综合性常备应急骨干力量,由应急管理部管理。

(2)社会组织和社会基层自治组织在灾害救助中也发挥重要作用。我国《自然灾害救助条例》规定,村民委员会、居民委员会以及红十字会、慈善会和公募基金会等社会组织,依法协助人民政府开展自然灾害救助工作。这些救灾主体不同于政府,他们是在力所能及的范围进行救灾,发挥自己组织特有优势为救灾贡献力量,政府需要对其进行组织引导,充分发挥其优势。

在社会主义市场经济体制下,出现了利益主体多元化,我国各种社会团体不断涌现,壮大了社会组织的力量,为社会组织在各种领域发挥重要作用奠定了重要的基础。清华大学NGO研究所的一次大规模问卷调查表明,社会组织的活动领域中11.27%是防灾、救灾工作。

（3）企业、个人也是灾害救助不可缺少的力量。我国《自然灾害救助条例》规定，国家鼓励和引导单位和个人参与自然灾害救助捐赠、志愿服务等活动，对在自然灾害救助中做出突出贡献的单位和个人，按照国家有关规定给予表彰和奖励。企业或个人对遭受自然灾害或人为灾害的居民提供各种形式的灾害保障援助，是一种单方面的援助，不具有稳定性和可靠性，目前只能作为一种补充性灾害保障方式。他们虽然是救灾不可缺少的重要力量，但是他们均是在自愿的基础参与灾害救助，出钱、出力均来自他们高度的社会责任感和对遇难同胞的深厚友情。尽管是出于社会责任救灾，但还必须遵守国家灾害救助相关法律政策的规定，防止出于良好动机带来反面结果，防止利用救灾谋取不正当利益。

（4）灾区基层社区组织和灾民也是救灾主体。他们是自然灾害救助中的特殊主体，既是受害者，又是救灾者，在灾害救助中发挥着自救互救的作用。他们的作用发挥好了，对于减少灾害损失有非常直接的作用。因此，在灾害救助中要鼓励灾区和灾民自助互助，尽早摆脱灾害困扰，恢复重建家园，恢复正常生产生活秩序。

（5）国际人道主义援助。国际援助的主体有国家及其所属机构、国际有关组织、社会团体。国际援助的形式有资金、技术、物品、人力，也包括智力和信息等多种要素进行救灾援助。但接受外援需要一定条件，我国规定自然灾害一级预案启动，才可以呼吁国际救灾援助。外交部协助做好救灾的涉外工作。中国红十字会依法开展救灾募捐活动，参与救灾和伤员救治工作。积极开展国际间的救灾交流，借鉴发达国家救灾工作的经验，进一步做好我国自然灾害防范与处置工作。

二、灾害社会救助的对象

自然灾害的社会救助的对象是遭受自然灾害侵袭，并导致损害结果出现的灾区及其灾民。

灾区，即受灾区域的简称。根据遭受各种自然灾害袭击并造成财产损失和人身伤亡的程度，灾区可以划为轻灾区、重灾区、特重灾区和插花灾区。其中轻灾区是指遭受自然灾害袭击且财产损失或工农业生产减产减收在 3～5 成之间的地区；重灾区指遭受严重的自然灾害袭击且财产损失或工农业生产减产减收在 5～8 成之间，以及人畜伤亡较大的地区；特重灾区指遭受毁灭性的自然灾害袭击，财产损失或工农业生产减产减收在 8 成以上，并且造成重大人员伤亡的地区；插花灾区指遭受自然灾害袭击但因地形、气温等因素影响使损失后果极不均衡的地区。特重灾区的受灾人口和其他类型灾区中的重灾户是自然灾害社会救助的基本对象。

灾民，是指灾区中生活、生产困难的自然人。灾民包括：①因灾造成的伤病员；②因灾造成的无住房、无衣被、无口粮、无耕地、无生产工具或生产资料的人员；③因灾导致减产、减收 3 成及 3 成以上，以及发生饥荒和因饥荒引起各种疾病的人员。按照遭受损害程度划分，灾民又可以分为轻灾民、重灾民和特重灾民。

三、救灾任务与措施

自然灾害救助的总任务是保障受灾人员基本生活。这一总任务具体分为三个环节，即防灾、抗灾、救灾和恢复重建。

防灾是指容易发生灾害的地区，在灾害发生前，采取各种预防措施，尽可能杜绝灾害的发生。

抗灾是指为了抵御、控制和消除灾害的影响，在灾情出现时，采取一切措施和手段，防止灾害的泛滥,尽可能把灾害的损失降到最低限度。

救灾是指灾害已经形成,在灾害发生的过程及在其后,有关政府部门迅速组织力量抢救灾民的生命、财产,安排灾民的生产和生活,包括灾后恢复、重建。

完成这三个环节的任务要做好以下工作:

(1)做好灾害预防工作。制定相应的自然灾害救助应急预案,为可能发生的灾害做好充分的救援准备。设立自然灾害救助应急组织指挥体系,成立救助应急队伍,储备救助应急资金、物资、设备。自然灾害多发、易发地区设立自然灾害救助物资储备库。

(2)灾害发生后,做好应急救助工作。自然灾害发生并达到自然灾害救助应急预案启动条件的,应当及时启动自然灾害救助应急响应,采取多项措施实施救援:紧急转移安置受灾人员;紧急调拨、运输自然灾害救助应急资金和物资,保障受灾人员基本生活;抚慰受灾人员,处理遇难人员善后事宜;组织受灾人员开展自救互救;组织自然灾害救助捐赠活动。

(3)灾情稳定后,做好灾后恢复重建工作。灾情稳定后,自然灾害危险虽消除了,但灾害造成的破坏并没有恢复,要求灾害救助工作进入常态化阶段。及时拨付过渡性生活救助资金,并做好过渡性救助资金发放等工作。应当统筹研究制定居民住房恢复重建规划和优惠政策,组织重建或者修缮因灾损毁的居民住房,对恢复重建确有困难的家庭予以重点帮扶。采取就地安置与异地安置、政府安置与自行安置相结合的方式,对受灾人员进行过渡性安置。

四、救灾资金的筹集、管理与使用

(一)救灾资金筹集、管理、使用的原则

为了能够筹集到充足的灾害救助资金,并科学管理和分配使用救助资金,应遵循以下原则:

(1)分级筹集,分级管理。从中央到地方政府都制定专门的救灾资金筹集和管理办法,政府各级财政部门在年初编制预算时,要根据上一年灾情和救灾资金需求编制相应的自然灾害救济事业费预算。以地方为主,建立和完善中央和地方救灾资金分担机制。

(2)专款专用,重点使用。专款专用是指救灾资金和社会救济资金,必须用于救灾及与救灾直接相关的支出项目上;重点使用原则是指要把救灾资金和社会救济资金重点解决特重、特困灾民和特困户的生活困难,不能平均分配。

(3)公平公正,公开透明。受灾地区人民政府和有关社会组织应当通过报刊、广播、电视、互联网,主动向社会公开所接受的自然灾害救助款物和捐赠款物的来源、数量及其使用情况。受灾地区村民委员会、居民委员会应当公布救助对象及其接受救助款物数额和使用情况。

(4)强化监督,注重实效。各级人民政府应当建立健全监督检查制度,及时受理投诉和举报,县级以上人民政府监察机关、审计机关应当依法对自然灾害救助款物和捐赠款物的管理使用情况进行监督检查,保证救灾资金合理使用,提高救灾资金的使用效率。

(二)救灾资金的筹集与管理

我国灾害救助资金来源于两个方面:政府财政拨款和社会捐赠。

1.中央救灾资金由应急管理部和财政部共同管理

每年年初财政部制定中央救灾款预算。灾害发生后,应急管理部根据灾情和地方政府请款报告制订初步的救灾资金方案报财政部,两部协商一致后,以两部名义下拨。一般情况下,

救灾应急资金在灾害发生后 3 天内下拨,恢复重建资金在收到报告后 10~15 天下拨,春荒冬令救助资金在收到地方报告后 20 天内下拨。

各地财政部门在年初编制预算时,要根据上一年灾情和救灾资金需求编制相应的自然灾害救济事业费预算,地方各级政府应根据本地区经济发展水平和财力可能,确定对受灾群众的救助项目和补助标准,保障受灾群众的基本生活。

2.社会捐赠由企业、社会组织及个人捐赠构成

一般是发生较严重的灾害后,由政府部门或社会团体有组织地向海内外各界募捐资金,并负责管理和分配使用。捐赠物包括现金、物资和技术服务等。国内捐赠包括:企业事业单位等法人组织、社会团体、自然人等的自愿捐赠。海外捐赠者可以分为以下几类:①别国政府或国际组织提供的捐款;②国外企业、民间组织和个人的捐赠;③港、澳、台同胞的捐赠;④旅居海外的华侨的捐赠;⑤国内机关、企事业单位、军队、学校等组织提供的捐赠;⑥个人被组织动员或自发的捐赠。

(三)救灾资金的使用

做好救灾资金的使用关系到灾区人民群众切身利益,救灾资金使用是救灾的中心环节,直接关系到救灾成效大小及救灾目的的实现程度。救灾资金必须严格遵循专款专用、重点使用的原则,合理安排使用。我国《自然灾害救助条例》《自然灾害生活救助资金管理暂行办法》等法规制度明确规定了救灾资金使用的范围,具体如下:

(1)解决灾民无力克服的衣、食、住、医等生活困难;紧急抢救、转移和安置灾民。

(2)遇难人员家属抚慰,用于向因灾死亡人员家属发放抚慰金。

(3)过渡性生活救助,用于帮助"因灾房屋倒塌或严重损坏无房可住、无生活来源、无自救能力"的受灾群众,解决灾后过渡期间的基本生活困难。

(4)用于解决灾民紧急转移安置过程中发生的费用。特别是地震、洪水、山体滑坡、沙尘暴等破坏力极大的自然灾害,容易造成群众房屋倒塌、损坏,甚至是居民生命危险。居民被困、一些尚处于危险之中的居住区需要搬迁等现象时有发生。这种紧急抢救和转移安置急需使用的资金,是救灾资金必须支出的部分。

(5)用于加工、储运救灾物资的必要费用。灾害救助中所急需的大量物资,包括食物、药品、帐篷、衣物等,在加工、储存及调运的过程中发生的费用。

(6)部分的灾后恢复重建资金。重点是对灾民倒房恢复重建和危房修缮给予补助。

(7)冬春临时生活困难救助,用于帮助受灾群众解决冬令(12月至下年2月底)、春荒(3月至5月,一季作物区为3月至7月)期间的口粮、衣被、取暖等基本生活困难。

(8)必要的管理费用,用于救灾机构建设、救灾人员配备等方面的费用。

救灾资金分配使用应重点倾向于重灾区和重灾户,特别要保障自救能力较差灾民的基本生活。灾款使用不得平均分配,不得截留、挪用,不得擅自扩大使用范围。

五、救灾物资的储备与管理

救灾物资是减轻灾害损失、进行紧急救援、安排群众生产生活的重要救灾资源。救灾物资是指解决灾民基本生活保障和抗灾救灾所用的物质资料,既包括灾害发生后用于挽救受灾群众生命的仪器设备,也包括灾害发生后维持灾民基本生活的各种物资。救灾物资按照轻重缓急程度分为三类:一是应急救生性物资,包括生命探测仪、千斤顶、破拆工具、救生衣、车船、飞

机、灭火工具等;二是医疗器械和药品,包括对灾害伤者的救助和灾区的消毒与防疫;三是灾后生活物资,包括起居、帐篷、快速食品和净水设备等基本生活物品。

(一)救灾物资的购置与储备

救灾主管部门根据储备规划和储备物资的使用情况,会同财政部门按照政府采购政策规定,购置中央级救灾储备物资,代储单位对救灾储备物资实行封闭式管理,专库存储,专人负责。

建立健全各项救灾储备管理制度,包括物资台账和管理经费会计账等。救灾储备物资入库、保管、出库等要有完备的凭证手续。代储单位的救灾物资储备仓库设施和管理参照国家有关库房标准执行。

代储单位应按照应急管理部要求,对新购置的入库物资进行数量和质量验收,应根据应急管理部要求调拨的物资种类、数量、批号、调运地点及时办理出库手续,储存的每批物资要有标签,标明品名、规格、产地、编号、数量、质量、生产日期、入库时间等。储备物资要分类存放,码放整齐,留有通道,严禁接触酸、碱、油脂、氧化剂和有机溶剂等,应做到实物、标签、账目相符,定期盘库。

管理经费是指专项用于代储单位管理储存中央级救灾储备物资所发生的包括接收入库、保管维护、组织发送等方面的人工雇佣、设备购置、租用仓库和短途搬运等费用支出。每年年初应急管理部汇总各代储单位情况后,按照上年实际储备物资金额的一定比例核定上年度的管理经费,报财政部审核后,由两部门联合下达给各省级财政部门和代储单位。

(二)救灾物资的调拨使用

按照《中央级救灾物资储备管理办法》,当灾情发生时,受灾省份应先动用本省储备物资,在本省储备物资全部使用仍然不足的情况下,可申请使用中央级救灾储备物资。申请使用中央级救灾储备物资应由省级人民政府财政部门和省级应急管理厅向应急管理部提出书面申请。书面申请的内容包括:自然灾害发生时间、地点、种类,转移安置人数、无家可归人口数量;需要的救灾物资种类、数量;本省救灾储备物资总量,已动用本省救灾储备物资数量;申请中央救灾储备物资数量等。根据受灾省的书面申请,结合特大自然灾害救济补助费的安排情况,应急管理部统筹确定调拨方案,向使用救灾物资的受灾省应急管理厅、代储单位发出调拨通知,并抄送财政部和有关省级财政部门。紧急情况下,经报应急管理部批准,可在受灾省申请的同时,使用中央级救灾储备物资。代储单位接到应急管理部调拨通知后,应在 48 小时内完成储备物资发运工作,代垫长途运输费用。使用储备物资的受灾省要按照应急管理部调拨通知要求,对代储单位发来的救灾物资进行清点和验收,及时向代储单位反馈,若发生数量或质量等问题,要及时协调处理并将有关情况向应急管理部报告。

调拨使用的救灾物资所有权归省级应急管理厅,省级救灾储备物资由省级应急管理厅会同财政部门管理,省级财政部门承担相应的管理经费。发放使用救灾物资时,应做到账目清楚、手续完备,并以适当方式向社会公布。县级以上应急管理局(厅)应当会同财政、监察、审计等部门及时对救灾物资的发放使用情况进行监督检查。

(三)救灾物资的回收

为了提高救灾物资的使用效率,防止救灾物资的浪费,救灾物资使用结束后,对可回收重复使用的救灾储备物资由地方应急管理部门负责回收、清洗、消毒和整理。可回收重复利用的救灾物资主要分为以下几类：①生活类物资，包括帐篷、活动板房、移动厕所、净水设备、照明设备等。②救援类物资，包括挖掘机、运输车、装载机、吊车、拖车、推土机等大型机械设备和运输工具，以及铁锹、镐、撬棍、千斤顶等小型救援工具等。③医疗类物资，包括常用医疗器械、高值医疗器械、监测器械、消毒器械，以及救护车和药品等。④通信类物资，包括应急通信设备和卫星电话等。⑤供电类物资，包括大型发电车和发电机等。⑥其他物资，回收工作完成后，省级应急管理部门应会同财政部门及时将救灾储备物资的使用、回收、损坏、报废情况以及储存地点和受益人（次）数报应急管理部和财政部，应急管理部和财政部继续予以跟踪考核。

六、灾害救助的应急响应程序

2016年，国务院印发《国务院办公厅关于印发国家自然灾害救助应急预案的通知》，分别对国家一级救灾应急响应、国家二级救灾应急响应、国家三级救灾应急响应、国家四级救灾应急响应和预警响应的启动条件、应急值守、响应措施及响应终止做了相关流程及职责规定。

根据自然灾害的危害程度等因素，国家自然灾害救助应急响应分为Ⅰ、Ⅱ、Ⅲ、Ⅳ四级。

某一省（区、市）行政区域内发生特别重大自然灾害，一次灾害过程出现下列情况之一的，启动Ⅰ级响应：①死亡200人以上（含本数，下同）；②紧急转移安置或需紧急生活救助200万人以上；③倒塌和严重损坏房屋30万间或10万户以上；④干旱灾害造成缺粮或缺水等生活困难，需政府救助人数占该省（区、市）农牧业人口30％以上或400万人以上。

某一省（区、市）行政区域内发生重大自然灾害，一次灾害过程出现下列情况之一的，启动Ⅱ级响应：①死亡100人以上、200人以下（不含本数，下同）；②紧急转移安置或需紧急生活救助100万人以上、200万人以下；③倒塌和严重损坏房屋20万间或7万户以上、30万间或10万户以下；④干旱灾害造成缺粮或缺水等生活困难，需政府救助人数占该省（区、市）农牧业人口25％以上、30％以下，或300万人以上、400万人以下。

某一省（区、市）行政区域内发生重大自然灾害，一次灾害过程出现下列情况之一的，启动Ⅲ级响应：①死亡50人以上、100人以下；②紧急转移安置或需紧急生活救助50万人以上、100万人以下；③倒塌和严重损坏房屋10万间或3万户以上、20万间或7万户以下；④干旱灾害造成缺粮或缺水等生活困难，需政府救助人数占该省（区、市）农牧业人口20％以上、25％以下，或200万人以上、300万人以下。

某一省（区、市）行政区域内发生重大自然灾害，一次灾害过程出现下列情况之一的，启动Ⅳ级响应：①死亡20人以上、50人以下；②紧急转移安置或需紧急生活救助10万人以上、50万人以下；③倒塌和严重损坏房屋1万间或3000户以上、10万间或3万户以下；④干旱灾害造成缺粮或缺水等生活困难，需政府救助人数占该省（区、市）农牧业人口15％以上、20％以下，或100万人以上、200万人以下。

响应终止：救灾应急工作结束后，由国家减灾委办公室提出建议，启动响应的单位决定终止响应。

七、查灾、报灾和救灾总结

灾情发生后，政府相关部门要组织进行查灾工作，及时掌握情况并及时向上级政府报告，对灾害损失及灾民生活困难情况进行专家评估，为灾区恢复重建和灾民生活救助提供决策依据。

查灾就是要如实核定灾情。核定灾情可视情况采用如下不同方式：①全面核定。灾害发生后，组织人力对灾害造成的各方面损失情况进行全面的核定。②抽样核定。在受灾的总体中随机选取部分进行核查，根据核查结果推断全面灾情。③典型核定。在受灾的总体中选取有代表性的部分或重灾地区进行核查，根据核查结果推断全面灾情。④专项核定。对某项损失情况进行专题调查，以核定全面灾情。灾情统计、核定、报告必须实事求是、及时准确。

报灾就是要向上级政府部门及时统计报告受灾情况。统计报告内容主要包括综合情况、农牧业损失情况、工作数据等项；统计指标主要包括灾害种类及发生时间、地点、台风编号、地震震中经纬度、受淹县城、受灾人口、成灾人口、被困人口、转移安置人口、无家可归人口、饮水困难人口、因灾死亡人口、因灾伤病人口、倒塌房屋、损坏房屋、损失粮食等；因灾造成的直接经济损失等。

国家对重大自然灾害灾情报告的时间、内容做出明确的规定。要求各地在重大自然灾害发生后的第一时间上报灾情，在灾情稳定前执行"零报告制度"①。

在每次救灾工作结束后，都要对救灾工作做出认真总结，总结灾害发生的原因、损失情况、救灾措施等，积累经验，寻找差距，为预防灾害和灾害救助工作提供新思路、新办法。

发生事故灾难、公共卫生事件、社会安全事件等突发事件，需要由县级以上应急管理部门开展生活救助的，也按照自然灾害救助程序进行救助。

第三节 我国灾害救助制度的发展与改革

我国是一个自然灾害频发的国家，历代统治者都把救灾作为治国理政的一项重要职能，施行一系列政策和措施进行救灾，形成一些独具中国特色的备荒与救灾制度，维护封建统治的稳定。从殷商西周的天命主义、禳弭思想到春秋开始出现的赈济、调粟、养恤思想，直至宋明盛行的安辑、蠲缓、放贷、仓储思想，政府在灾害管理和救助体系方面不断完善。新中国的成立，面对无情肆虐的自然灾害，各级人民政府给予救灾工作极大的重视，采取一系列救灾措施，形成越来越完备的救灾制度。

一、新中国成立初期防灾救灾制度的建立(1949—1956年)

1949年新中国成立，面对无情肆虐的自然灾害，中央和地方各级人民政府给予救灾工作极大的重视。国务院(政务院)统一领导救灾，内务部具体组织实施。

1949年12月19日，中央人民政府政务院颁布了《关于生产救灾的指示》，指出：救灾是严重的政治任务，必须引起各级人民政府及人民团体更高度的注意，决不可对这个问题采取漠不关心的官僚主义态度；提出的救灾方针是"节约防灾，生产自救，群众互助，以工代赈"，并对全国的救灾工作做出部署。1950年2月，正式成立了中央救灾委员会，决定由内务部办理日常工作。对救灾工作方针进行了补充，改为"生产自救，节约度荒，群众互助，以工代赈，辅之以必要的救济"。1953年第二次全国民政会议上又将上述方针修改为"生产自救，节约度荒，群众互助，以工代赈，辅之以政府必要的救济"。在中央救灾委员会的领导下，全国人民开展了轰轰

---

① 零报告制度，就是从初次上报报表到本次上报报表之间的时段内，即使没有出现新情况，也要将报表填上"0"上报的制度。上报报表的时间和时间间隔是上级规定的，目的是为了掌握某时段内的最新情况。

烈烈的抗灾救灾运动,主要内容包括:

(1)大力发展副业生产。在发展副业生产上,中央政府提出了"靠山吃山,靠水吃水"的口号,并提倡群众互助,自由借贷,变死钱为活钱等办法,以解决资金缺乏的困难。对生产者采用先行贷粮,后收成品;对贩运者采用先行贷货,后收货款。各地贸易公司、供销合作社与各方订立合同,推销土产品。副业生产的开展,增加了灾民的收入,提高了灾民自救的能力。

(2)以工代赈。以工代赈具有救灾和建设的双重性质,可以实现政府和灾民的双赢。新中国成立初期,由于经济条件十分困难,中央政府在组织生产自救的同时,大力推行以工代赈的办法。1949年,苏北制订出兴修水利三年计划,第一年拨出粮食即达2.3亿斤。这一治水工程不但能解决救灾问题,而且是苏北的重大建设。

(3)实行节约互助。各地政府工作人员与人民解放军自行开展节约一两米运动,有的机关甚至每人每日节约四五两粮,有的干部拿出全部津贴救济灾民。通过在各大城市进行的救灾劝募,以及在乡村进行的一碗米救灾运动,救灾物资短缺的现象得到及时有效的缓解。与此同时,中央及各大行政区也拨出大批粮食,支持灾区生产和进行救济。

这一时期,对于救灾,中央拿出很高比例的财政资金。据统计,新中国成立之初的8年,整个救灾支出占财政支出的年平均比例为0.76%以上,并注重紧急救援,保证灾民的物资供应和医疗救助,组织安排恢复重建,节约度荒。救灾工作所包含的各项内容包括荒情救助、恢复重建以及口粮、衣服和就医保证等都是在这一时期形成的。

除了积极做好救治工作外,中央政府还十分重视对于自然灾害的根治,从源头上抑制自然灾害的发生。如1950年7月至9月毛泽东连续四次作出指示,要求根治淮河,可见国家对于根治水灾的重视和决心。新中国十分重视农田水利的建设,发布了一系列的防灾备荒指示,如《政务院关于大力开展群众性的防旱、抗旱运动的决定》《政务院关于发挥群众继续开展防旱、抗旱运动并大力推行水土保持工作的指示》等,多次发动群众性的农田水利建设运动,并针对大江大河的水患问题,进行了有效的治理。

新中国成立8年来,在抗灾救灾过程中确立了以中央政府为唯一责任主体的救灾模式,这种救灾模式基本适应了当时的历史条件,并在相当长的一段时期内保障了救灾减灾工作的有效开展。

二、计划经济时期灾害救助制度的发展(1957—1977年)

1956年,我国完成了生产资料的社会主义改造,开始实行国民经济发展"五年计划",标志着社会主义计划经济正式开始,与此相适应灾害救助制度也进行了相应调整。撤销中央救灾委员会,进而撤销内务部,弱化救灾工作的行政职能。计划经济时期的自然灾害救助工作是以农村为主要对象展开的,城市灾害救助可以忽略不计。

中央人民政府调整了救灾工作方针,即依靠群众,依靠集体,生产自救为主,辅之以国家必要的救济。由于实现了农业集体化,集体组织具备了一定的救灾能力,所以救灾工作方针中相应地增添了"依靠集体"的内容。除去这一方面的变化,整个救灾方针的精神较之新中国成立初期的救灾方针并没有实质性变化,也是基本符合当时农村形势的。凡遇到大灾,实行了党中央、国务院直接领导救灾的方式。如1960年,鉴于救灾形势的严峻性,内务部确定了"国家扶助集体,集体保证个人"的救灾款使用原则,明确救灾款的发放必须落实到户,必须专款专用,专物专用;1964年,救灾款财政支出达11亿以上,占国家财政支出接近3%,尤其是1976年的唐山大地震,都是党中央、国务院直接决策,调动全社会的力量来从事救灾工作。

计划经济时期的灾害救助工作概括起来主要有以下几点:

第一,在救灾减灾过程中确立了中央政府为主导的传统救灾减灾体制。救灾工作的基本方针政策,例如:以生产救灾为主的救灾方针;每遇到重大自然灾害,中共中央、政务院都派出慰问团和工作组,深入灾区,视察灾情,指导地方开展抗灾救灾工作;充分发挥社会制度的优越性,进行全国动员,举国救灾的体制;充分发挥军队在救灾中中流砥柱的作用;发扬"一方有难,八方支援"的精神。

第二,基本保障了灾民的生活和生产。中共中央和政务院极为重视灾民的生活安排,对救灾工作提出了"不饿死人,不冻死人,不发生大的疫情,不出现灾民大批外流"的基本要求,每年都拿出巨大的财力用于解决灾民的吃饭、穿衣、住房和治病等问题,在条件十分困难的情况下,基本保障了灾民的生活和生产。

第三,农田水利设施得到改善。为了做好防灾救灾工作,新中国十分重视农田水利的建设,发布了一系列的防灾备荒指示,多次发动群众性的农田水利建设运动,并针对大江大河的水患问题,进行了有效的治理。农田水利设施的改善,不仅起到防灾救灾的效果,也促进了农业生产的发展。

三、探索建立与社会主义市场经济相适应的灾害救助制度(1978—2012 年)

1978 年十一届三中全会后,政治、经济和社会政策都发生了变化,计划经济时期形成的传统救灾体制也需要进行改革,以适应新形势的要求。我们分以下三个时期对这一改革过程进行简要回顾。

(一)20 世纪 80 年代灾害救助制度改革

1978 年开始重新组建民政部恢复救灾救济司的建制,民政部负责全国救灾工作,这标志着新时期救灾制度改革的开始。20 世纪 80 年代的灾害救助制度改革包括了以下内容。

1. 实行救灾经费包干

20 世纪 80 年代初期国家财政管理试行"分级包干"办法,改变了中央统收统支的体制,使地方政府有了部分财权。从 1983 年到 1986 年间,民政部会同财政部,对部分省、区试行了自然灾害救灾款包干办法。具体做法是:把特大自然灾害救济费包给省(区),由省(区)统一掌握安排,不再向下包干。轻、重灾年调剂使用,在试行经费包干期间,中央不再拨款。

2. 引进保险机制,实行救灾与保险相结合

救灾合作保险是社会保障工作的一部分,利用保险的方式实行灾害损失补偿。简单地说就是"以传统救灾项目(农作物、农房、耕畜、劳动力意外伤亡四大类)为险种,以保障灾民的基本生活和恢复生产为目的,以取之于民、用之于民、不营利为原则,变国家拿钱救灾的单一渠道为国家、集体和个人共同集资的多渠道,调动各方面积极性,增强救灾的经济实力,使救灾体制成为维护灾区社会秩序、稳定农业生产的有效机制"。

建立救灾保险机制,实质上是利用国民收入再分配的手段,调节丰收地区、歉收地区以及遭灾地区的收入差距,调节同一地区丰年和灾年的经济收入,以丰补歉,以富补穷,国家和农民共同承担自然灾害风险,使救灾工作更加行之有效。

3. 改进救灾资金的使用方法,建立周转金制度

改进救灾资金的使用方法即改革救灾款的发放形式,实行无偿发放与有偿发放相结合的

办法。在保障灾民基本生活的条件下，可以适当地用于扶持灾民发展农副业生产。救灾扶贫周转金是为扶持灾民和贫困户开展生产自救、发展经济而建立的有借有还、周转使用的救灾扶贫专项社会资金。周转金的建立与投放，改变了过去救灾款全部无偿发放的传统做法，引导灾民、贫困户克服依赖思想，增强了群众防灾、抗灾、救灾能力；扩宽了救灾渠道，提高了资金使用效益，减轻了国家救灾救助经费不足的压力。

4.确立了专款专用的原则

救灾款主要是用于解决灾民自身不能克服的吃饭、穿衣、住房等困难问题。对于因灾引起的疾病（流行性传染疾病除外）治疗的医药费困难，也应酌情给予适当救济。在发生自然灾害的时候，救灾款可以用于灾民抢救、转移和安置。救灾款是灾民的救命款，一定要坚持专款专用、重点使用的原则，健全财务管理和民主管理制度。

5.救灾与扶贫相结合

1985年3月18日，民政部等九部委联合向国务院递交了《关于扶持农村贫困户发展生产治穷致富的请示》，提出："要把扶贫和救灾结合起来。救灾款在保障灾民基本生活的前提下，可用于灾民生产自救，扶持贫困户发展生产。救灾款有偿收回的部分用于建立扶贫救灾基金，有灾救灾，无灾扶贫"。该文件明确了救灾和扶贫相结合的基本方针，开辟了防灾、抗灾和救灾的新途径。

6.建立农村基层扶贫互助储金会、储粮会等互助合作组织

政府不仅直接拨款对灾民、贫困户进行救济，还大力倡导、组织开展群众间的互助互济活动，推动建立互助储金会和储粮会。互助储金会、储粮会是村民将分散的钱、粮集中起来，用来解决自己问题的具有互助性质的基层社会保障组织。其宗旨是救灾备荒、扶贫和应急解难，即在发生自然灾害时，帮助受灾的会员解决买口粮、购置衣被、修缮房屋、治疗疾病等方面的困难；无灾时，扶持贫困会员发展生产，以及帮助其他会员解决燃眉之急。1982年在江西省鄱阳县率先兴起救灾扶贫互助储金会，并得到民政部的肯定，有力推动了互助储金会的推广和发展。储金会一般以乡（镇）、行政村为单位建立，经县级民政部门审批，实行会员制。

7.接受国际援助，加强国际合作

1980年10月4日民政部联合外经部和外交部向国务院递交了《外经部、民政部、外交部关于接受联合国救灾署援助的请示》，指出："鉴于发展中国家遭受严重自然灾害时要求救灾署组织救济较为普遍，属于各国人民相互支援的性质，我国已开始接受联合国援助，对救灾署的援助也可适当地争取。"从此我们国家在自然灾害领域逐步开始接受国际援助，并加强救援的国际合作。1987年接受国际救灾援助的方针调整后，中国接受救灾外援的工作有很大进展。

另外，针对有些国际民间组织不习惯与政府部门直接交往，而是希望中国能建立与之相对应的民间机构，三部拟联合有关部门，邀请有关专家成立民间性质的"中国抗灾救灾协会"，负责接受国际民间组织的救灾援助（与红十字会、妇联有关的国外民间组织提供的救灾捐赠，仍由红十字会、妇联分别接收和分配），加强同他们的友好往来，从事一些政府部门不宜出面的有益活动，对内则从事一些抗灾救灾方面的研究工作。

综上所述，20世纪80年代中国救灾减灾工作的调整取得了一些突破性进展，不仅保证了灾民的基本生活，并且提高了救灾款的使用效率，更为重要的是为救灾工作的进一步改革积累了经验，提高了灾民的自我保障意识，调动了地方政府救灾的积极性。

（二）20 世纪 90 年代救灾制度的发展

1."中国国际减灾十年委员会"的成立

1989 年 4 月,响应第 42 届联合国大会第 169 号决议的倡议,"中国国际减灾十年委员会"成立。其宗旨是:响应联合国倡议,积极开展减灾活动,增强全民、全社会减灾意识,提高中国防灾、抗灾、救灾能力和工作水平,减轻自然灾害造成的生命财产损失。其目标是:贯彻以预防为主,防抗救相结合的方针,防患于未然;增加灾前的经费投入,建立并完善预警系统和抗灾设施,提高灾害预测、预报、预防和灾害评估水平;完善全国灾害信息网络及辅助决策系统,增强对自然灾害的快速反应能力及决策能力;强化各级政府的减灾功能,并设置相应的灾害分级管理系统,加强地区之间的灾害联防、联抗、联救工作,提高灾后快速恢复、重建水平;建立健全减灾法规,做到依法减灾;推动减灾科研,发展减灾技术,逐步完善救灾工作体系,建立救灾器械研制机构,发展生产企业;开展减灾科普宣传活动,提高全民族、全社会减灾意识,建立健全减灾组织。

2000 年 10 月,"中国国际减灾十年委员会"更名为"中国国际减灾委员会"。2005 年 4 月 2 日,国务院办公厅下发通知,决定将"中国国际减灾委员会"更名为"国家减灾委员会",负责研究制定国家减灾工作的方针、政策和规划,协调开展重大减灾活动,指导地方开展减灾工作,推进减灾国际交流与合作。根据人员变动情况和工作需要,国务院还决定对国家减灾委员会的组成单位和人员进行相应调整,调整后的国家减灾委员会由国务院副总理回良玉担任主任,民政部部长李学举担任副主任。

2.实行救灾工作分级管理、救灾款分级承担

面对救灾工作中出现的矛盾和问题,1993 年 11 月,民政部在福建省南平市召开了全国救灾救济工作座谈会,提出了深化救灾工作改革,实行救灾工作分级管理、救灾款分级承担的新思路。1994 年召开的第十次全国民政会议充分肯定了这一思路,确立分级负责的救灾体制,建立救灾工作分级、救灾款分级承担的救灾管理体制。分级管理制度的核心内容是对历年灾情进行分析测算,以灾害造成损失大小或救灾款支付数额多少作为衡量灾害大小的标准。实行救灾工作分级管理最理想的模式是:按客观标准把灾情分为特大灾、大灾、中灾和小灾,并据此明确各级政府承担的责任。小灾主要通过地县两级财政、基层组织和群众的互助互济解决;中灾由省级帮助解决;大灾和特大灾以省以下各级解决为主,中央予以补助。同时,考虑到地区经济差异、财政承受能力和救灾工作基础等因素,确定不同的经费分级负担标准。会后,各级民政部门认真贯彻落实第十次全国民政会议的精神,结合本地实际,积极推行救灾工作分级管理的新政策,取得了显著的成绩。

1996 年 1 月,国家民政部在广西南宁市召开了全国民政厅(局)长会议,专门讨论研究救灾工作的分级管理问题。会议在对救灾工作实行分级管理这一做法充分肯定的基础上,指出救灾工作实行分级管理以来存在的困难和不足,决定加大力度,进一步推行救灾分级管理工作。会议制定了深化改革的目标:争取县以上各级财政都列支救灾款预算,实现中央与地方救灾款预算同步增长,地方各级财政预算达到中央预算的一半以上;推行行之有效的社会互助机制;建立起科学的自然灾害评估体系,划定自然灾害分级标准,按灾害等级界定各级政府的救灾责任,使救灾分级管理工作规范化、法制化。

1996 年全国民政厅(局)长会议后,地方各级政府加快了实行分级管理的步伐。1997 年底,全国绝大多数县以上的各级地方财政均安排了"217"科目。救灾款分级负担已在全国各省

区开始落实。1998 年,自治区县以上的各级地方财政均已安排了"217"科目,已消除了空白点。

1999 年民政部、财政部下发的《关于进一步加强救灾款使用管理工作的通知》对救灾体制又一次进行了调整,主要内容包括:重新明确救灾款的使用范围;从 1999 年起改革救灾保险试点工作,民政部、财政部不再承担救灾保险赔付责任;建立中央级救灾物资储备制度。

3. 深入推进救灾工作的社会化改革

(1)开展经常性社会捐助活动。民间的扶危济困、互助互济一直是中华民族的传统美德。天灾人祸发生时,邻里、乡亲之间以及宗族内部会互相接济,共渡难关。为了使捐赠工作经常化,吸引广大群众参加,便于募集和运输,民政部建议将每年的 4 月和 10 月定为"扶贫济困送温暖募捐月",集中时间和人力组织募集,使临时性救灾募捐向经常性社会捐助活动过渡。

(2)整顿、规范救灾扶贫互助储金会等群众互助组织。1998 年 10 月 21 日,民政部下发的《关于清理整顿"农村救灾扶贫互助储金会"的紧急通知》指出,储金会在运作过程中,违背了"储金会一律不得办理或变相办理存贷款业务"的规定,要求对储金会进行清查和整顿。主要任务是立即停止储金会办理或者变相办理存贷款业务;撤销乡及乡以上设立的储金会;成立相应的负责清收贷款、投资和支付存款等工作的清偿小组;清理有关储金会工作的文件、规章、制度和办法。

(3)整顿救灾保险工作。为了解决救灾保险试点过程中暴露的问题,1990 年 1 月 6 日,民政部、财政部联合下发《关于妥善处理农村救灾保险超付资金问题的通知》,决定逐步建立起分散超付风险的调节机制。1990 年 8 月 6 日,中国人民银行下发了《关于农村救灾保险试点工作几个问题的补充通知》,明确要求:"农村救灾保险试点区域,目前仍要维持在全国 102 个县内,各地不得任意扩大"。救灾保险的深入开展主要体现在努力扩大保面和克服遇到的困难上,主要是在原有基础上进行调整和整顿。1994 年后,农村救灾保险陷入低谷。

4. 中国对待国际援助态度的新变化

1991 年 7 月 11 日,国际减灾十年委员会代表中国政府向国际社会发出紧急呼吁,要求为遭受严重洪涝灾害的江苏、安徽两省提供援助,并请求联合国协调国际社会的援助。这是中国有史以来第一次正式地、直截了当地向国际社会发出呼吁,收到了很好的效果。到 8 月 23 日,国际社会已认捐 1000 多万美元。民政部已收到 779 万美元,折人民币 4179 万元。收到的捐赠物资折合人民币 1.4436 亿元。此后,中国不再通过联合国救灾署向国际社会求援,而是主动地直接向国际社会发出呼吁,确立了此后遇灾主动寻求国际救灾援助的态度,但在灾情的公布方面还有所保留。

为了更好地争取外援,规范对外灾情信息管理工作,1994 年 6 月国务院新闻办批准了民政部办公厅《关于对外宣传报道我国灾情问题的请示》,规定:"今后对于全国性的灾情信息由民政部负责掌握、整理、编制和发布,其他渠道提供的全国性灾情信息一般不予采纳和发布。国内新闻媒介对于全国性的灾情均要根据民政部提供的消息予以报道。"1995 年 9 月 14 日,民政部又下发了《民政部关于做好国际救灾援助工作有关问题的通知》,对争取和接受国际救灾援助工作中的有关问题做出了规定,要求各级民政部门要积极向社会各界宣传、解释国际救灾援助工作的方针、政策,严格按规定办事。对违反本通知精神的行为,要坚决予以纠正,及时消除不良影响。

改革开放后的 20 年的救灾减灾改革是为了从根本上革新传统的救灾体制,建立符合社会主义市场经济的现代救灾体制。经过这 20 年的努力,新的救灾体制框架初具雏形,各项救灾工作逐步走上规范化、科学化和制度化的道路。

(三)进入新世纪灾害救助制度的进一步完善

从 20 世纪 90 年代末开始,中国的救灾减灾制度改革跃上一个更高的层次。即以"体系建设"和"能力建设"为中心,进行了一系列的改革完善工作:充分发挥科学技术在救灾减灾中的作用;建立救灾物资储备制度;制定和完善灾害应急预案;建立现代化的灾害信息管理制度;明确政府在救灾减灾工作中的责任;充分发挥民间组织的作用等;显著提高了救灾减灾过程中的综合统筹协调能力、应急救助能力,以及救灾减灾工作的社会化水平。

1997 年 12 月 18 日,中国国际减灾十年委员会颁布了《中华人民共和国减灾规划(1998—2010 年)》,在总结中国 40 多年减灾工作经验教训的基础上,对未来十几年的减灾工作做出了具体规划,进一步确立减灾在保障国民经济和社会可持续发展中的基础地位,指出了科学技术在减灾工作中的重要作用,强调法制建设在减灾工作中的重要性,并提出"社会减灾"的概念。该规划的颁布,为下一步的救灾减灾工作改革指明了方向。2000 年以后灾害救助改革主要表现在以下几个方面:

(1)构建与市场经济相适应的救灾管理体制。从 1998 年开始,中国开始了大规模的政府机构改革。随着行政管理体制改革的不断深入,救灾工作也迫切需要建立一套与社会主义市场经济体制相适应的管理体制,主要是在救灾资金分级负担的基础上,尽快实行救灾责任合理划分,实行分级管理,有序运行。在救灾物资的筹集、加工、仓储、运输、发放等工作环节上,探索建立与市场运行接轨的方式。研究社会团体、中介组织在救灾救济工作中的地位和调动利用其作用的方式。

2003 年,民政部国家减灾中心正式组建,规范了救灾工作的具体程序;2005 年 4 月,"中国国际减灾委员会"更名为"国家减灾委员会",开始赋予其国家综合协调救灾减灾的职能;同时,全国抗灾救灾综合协调办公室的职能也开始逐渐强化,建立了月度灾情会商机制,以及众多灾情会商机制。

2011 年,新修订的《国家自然灾害救助应急预案》进一步明确了国家减灾委员会是国家自然灾害救助应急综合协调机构,负责组织、领导全国的自然灾害救助工作,协调开展特别重大和重大自然灾害救助活动。这样,全国抗灾救灾综合协调办公室和国家减灾委员会成为当代中国自然灾害救助的综合协调机构。

(2)建立救灾物资储备制度。1998 年 7 月 31 日,民政部、财政部联合下发了《民政部、财政部关于建立中央级救灾物资储备制度的通知》,要求中央和地方以及经常发生自然灾害的地区都要储备一定的救灾物资,并对中央级救灾储备物资及经费使用管理等事项作了具体解释。在对储备物资的使用和管理方面做出具体规定和说明的基础上,根据中国区域灾害特征和救灾工作的需要,民政部决定在全国设立 8 个代储点,代储点所在的省级民政厅(局)作为代储单位。

(3)建立制定灾害应急预案制度。制定自然灾害应急预案,是提高自然灾害应急反应能力的一项重要改革。在防灾、抗灾和救灾过程中,预案起着至关重要的作用。第一,救灾预案可以使各项救灾工作逐步规范化、制度化、科学化、最大限度地减少自然灾害带来的不利影响和损失。第二,在自然灾害发生之前,救灾预案不仅使救灾活动的决策者、组织者和执行者对相关的灾情信息有所了解，而且使各种救灾措施和政策能够按照预案有步骤、有秩序、有针对性地进行。第三，预案为参与救灾活动的各级决策者、组织者及执行者提供了具有法规效应的操作规程和依据，从而有效及时地实施救灾。

2005年5月14日国务院颁布了《国家灾害救助应急预案》，民政部于2006年4月5日印发了《民政部应对突发性自然灾害工作规程》修订稿，将应对突发性自然灾害工作设定为四个响应等级，明确了各个响应等级的工作规程。

(4)建立灾情信息管理制度。灾情统计是救灾的决策部门掌握灾害情况，并据此做出各种救灾决策的重要手段。1990年6月20日，民政部下发了《民政部关于加强灾情信息工作的通知》建立灾情信息传递制度。2004年2月17日，民政部下发了《关于印发〈自然灾害情况统计制度〉的通知》，突出强调了灾情上报的时效，要求县级民政部门对于本行政区域内发生的危害严重的洪涝、风雹(包括龙卷风、飓风、沙尘暴等)、台风(包括热带风暴)、地震、雪灾、滑坡、泥石流等自然灾害，凡造成人员伤亡和较大财产损失的，应在第一时间了解和掌握灾情，并在灾害发生后3小时内填写报表，向地(市)级民政部门报告。

2005年5月，国务院颁发了《国家自然灾害救助应急预案》对灾害信息管理工作做了详细的规定。该预案把灾害信息上报时间具体分为灾情初报、灾情续报和灾情核报三个环节。在灾情初报环节，要求县级民政部门对于本行政区域内突发的自然灾害，凡造成人员伤亡和较大财产损失的，应在第一时间了解掌握灾情，及时向地(市)级民政部门报告初步情况，最迟不得晚于灾害发生后2小时。近年来频发的自然灾害让各级政府特别是中央政府更加重视灾情报送能力建设，经过10年的持续投入，我国建立了纵向贯通的灾情报送体系，在国家层面实行24小时应急值班，由专人值守全国报灾热线工作，及时接收地方重大灾害事件的电话报告。同时，依托国家自然灾害灾情管理系统，建立了贯通"中央—省—市—县—乡"五级的灾情报送信息网络，全国各级皆可通过国家自然灾害灾情管理系统网络平台报送灾情信息，同时国家为基层灾害信息员提供灾情报送手机App和手持灾情报送终端，其中手持终端具备北斗短报文通信功能，即使在断网的情况下仍能报送灾情信息，为全国73.4万的灾害信息员及时上报灾情提供了便利。近年来，卫星遥感、无人机等也应用在灾情信息采集一线，通过采取灾区影像为救灾工作开展提供信息支撑。

从2007年开始，根据《国家综合减灾"十一五"规划》的要求，民政部推行灾害信息员制度，着力打造城乡基层灾害信息员队伍，推动灾害信息员职业化进程。如今，灾害信息员已成为一个灾害管理领域内新的国家认证的职业，这标志着我国灾情信息管理步入了规范化和职业化轨道。

(5)建立健全救灾综合协调机制。《国家自然灾害救助应急预案》明确规定：国家减灾委员会为国家自然灾害救助应急综合协调机构，国家减灾委员会办公室和全国抗灾救灾综合协调办公室设在民政部，承担全国抗灾救灾综合协调、灾害应急救助和国家减灾委日常工作。该预案要求，各地要参照预案，建立统一指挥、职责明确、反应灵敏、运转高效的应急指挥机构。协调机构要积极向党委政府汇报工作，争取支持，充实力量，加强领导，明确相关部门的职责，确保各项应急工作顺利进行。

(6)充分发挥科学技术在救灾减灾中的作用。尽管自然灾害是大自然物质运动的一种复杂表现过程，但仍有一定的规律可循，可以逐步被人们所认识、所掌握。在这个认识过程中，需要科学技术的支撑。而减灾工作首先是对自然灾害的预防，更需要以先进的科学技术手段对自然灾害进行监测、预报。此外,自然灾害救助系统中的灾情统计、信息的传输等环节,也都离不开科学技术的支持。减灾的特性决定了必须把依靠科学技术作为防灾、救灾的重要手段。

以国家减灾委专家委员会和卫星减灾中心为依托,中国加强了减灾与救灾的科学技术研究与开发,初步形成了一定的基本构架。2004年11月份,减灾卫星地面系统建设的立项工作已经接近完成。从2006年开始,民政部国家减灾中心还与国家环保总局(现环境保护部)共同牵头,与中国科学院、中国航天集团密切合作,逐步提出中国环境与减灾监测和预报小卫星星座地面应用系统建设项目可行性报告,并按政府投资固定资产项目程序报批。

(7)加强救灾减灾的法制化建设。2000年以后,我国在救灾减灾领域先后出台了一系列的行政法规、部门规章,为规范救灾减灾工作提供了一个较好的制度环境。2000年5月20日,以民政部部长令的形式发布的《救灾捐赠管理暂行办法》,对救灾款物的接收、管理、发放和使用做出了明确规定;2003年1月1日起开始实行的《中央级救灾储备物资管理办法》,规范了中央级救灾储备物资的种类、数量及其经费管理,对救灾物资储备制度的建设具有重要意义;2004年6月23日印发的《民政部应对自然灾害工作规程(修订稿)》,对自然灾害等级进行了分类,并分别提出了应急程序和办法,使救灾工作更加有序化;2004年11月19日发布的《自然灾害情况统计制度》,适应自然灾害管理科学化和标准化的要求,对如何全面、客观、及时地评估灾害损失作了制度化的规定;2008年4月28日以部长令形式颁布了《救灾捐赠管理办法》,在《救灾捐赠管理暂行办法》的基础上进行了修订,使救灾捐赠的管理工作更加规范。

在总结多年来灾害救助改革实践的基础上,国务院于2010年7月颁布了《自然灾害救助条例》对我国的自然灾害救助做了综合性规范,随后颁布了一系列配套的实施办法,如2011年1月颁布了《自然灾害生活救助资金管理暂行办法》等。各地民政及有关政府部门结合本地救灾实际制定了相应的工作规程和实施办法,如《灾区民房恢复重建管理工作规程》和《春荒冬令灾民生活救助工作规程》等。

为规范防灾减灾工作,国家分阶段颁布了《国家综合防灾减灾规划(2011—2015年)》(以下简称《减灾规划》)和《国家防灾减灾人才发展中长期规划(2011—2020年)》(以下简称《中长期规划》)等,逐步规范了自然灾害救助协调能力。《减灾规划》立足于国民经济和社会发展全局,着眼于综合解决防灾减灾问题,强调综合减少灾害风险。规划提出了"预防为主,综合减灾;政府主导,社会参与;以人为本,依靠科学;统筹规划,突出重点"四项规划实施的基本原则。《中长期规划》提出的各项主要任务,以综合防灾减灾能力建设为重点内容,总揽国家防灾减灾全局,立足解决防灾减灾综合问题,注重跨部门、跨灾种、跨区域的防灾减灾能力建设。

(8)救灾主体多元化。政府的职能亦开始转变,把主要工作定位在宏观管理、政策出台、法律法规的制定与规范服务上,同时充分调动各种社会团体、群众组织及志愿者为救灾服务的积极性,将事务性工作转交于非政府组织和其他社会团体,从而提高救助水平,使救灾工作进一步走向社会化。非政府组织作为救灾主体的组成部分,在救灾减灾过程中也发挥出了重要作用,他们拥有自己的联系网络和通信渠道,能够为灾区提供重要的自救信息,红十字会等非政府组织向社会招募富有救援经验和野外生存经验的志愿者,能够帮助救助队伍进行清理现场、寻找幸存者、搬运伤员等一系列救助工作,进而成为政府专业搜救队伍中不可或缺的补充和助手。另一方面,非政府组织向社会募捐资金和物资,能够及时用于抗震救灾和灾后重建,极大地减轻了政府的财政压力。

四、新时代(2012年以后)灾害救助制度的改革与完善

(一)成立应急管理部

2018年3月,第十三届全国人大一次会议上关于国务院机构改革方案的说明中提出,为防范化解重特大安全风险,健全公共安全体系,整合优化应急力量和资源,推动形成统一指挥、专常兼备①、反应灵敏、上下联动、平战结合②的中国特色应急管理体制,提高防灾减灾救灾能力,确保人民群众生命财产安全和社会稳定,将国家安全生产监督管理总局的职责,国务院办公厅的应急管理职责,公安部的消防管理职责,民政部的救灾职责,国土资源部的地质灾害防治、水利部的水旱灾害防治、农业部的草原防火、国家林业局的森林防火相关职责,中国地震局的震灾应急救援职责以及国家防汛抗旱总指挥部、国家减灾委员会、国务院抗震救灾指挥部、国家森林防火指挥部的职责整合,组建应急管理部,作为国务院组成部门。

应急管理部的主要职责是:组织编制国家应急总体预案和规划,指导各地区各部门应对突发事件工作,推动应急预案体系建设和预案演练;建立灾情报告系统并统一发布灾情,统筹应急力量建设和物资储备并在救灾时统一调度,组织灾害救助体系建设,指导安全生产类、自然灾害类应急救援,承担国家应对特别重大灾害指挥部工作;指导火灾、水旱灾害、地质灾害等防治;负责安全生产综合监督管理和工矿商贸行业安全生产监督管理等。考虑到中国地震局、国家煤矿安全监察局与防灾救灾联系紧密,划由应急管理部管理,不再保留国家安全生产监督管理总局。

(二)进一步完善救灾物资储备制度

2012年民政部、财政部关于印发《中央救灾物资储备管理办法》的通知,后为提高救灾应急能力,保障受灾人员基本生活,进一步规范中央救灾物资储备、调拨及经费管理,提升中央救灾物资储备管理工作水平,依据《中华人民共和国预算法》《自然灾害救助条例》等有关法律法规,2014年民政部、财政部对该办法进行了修订,制定了《民政部、财政部关于印发中央救灾物资储备管理办法的通知》民发〔2014〕221号。

截至2018年3月,中央救灾物资已增加到包括救灾帐篷、救灾被服和救灾装具在内的三大类共17种物资,中央储备的规模也翻了番,中央库存救灾物资总的数量为216万件(顶、件、床、套、张、个),储备物资价值近9亿元,其中主要的物资包括帐篷34.61万顶、棉大衣42.9万件和棉被83.41万床。作为补充,国家还建立涵盖民政、财政等部门的中央救灾物资应急采购机制。根据中央和地方分级储备的原则,在全国救灾物资储备体系的引导和中央财政的支持下,地方各级也开展了救灾物资储备工作,结合各地救灾工作需求,地方储备的物资除救灾帐篷、棉衣、棉被等生活类救灾物资外,还包括毛毯、睡袋、棉鞋、折叠床、救生衣、发电车、取暖设备和食品等救灾物资。地方政府有关部门还采用代储、预购、协议供货等形式,与本地骨干企业、大型超市等建立救灾物资协议储备制度,救灾物资供给和保障能力显著增强。

(三)修改完善灾害应急预案制度

民政部分别于2011年、2016年牵头对《国家自然灾害救助应急预案》进行了两次修订。

---

① 既需要应对日常灾难的常备力量,也需要能够处理多耦合因素灾害的专业力量。

② 本来用于防空建设,指人民防空建设各个方面的软、硬件设施,在不影响战时防空能力的前提下,和平时期用于社会。用在这里是指要建立的中国特色应急管理体制,不仅要在灾害发生时发挥作用,平时也要服务社会,服务人民。

根据灾害救助工作的开展,2016年版的预案进一步调整了应急响应启动条件,规范了应急响应启动程序,对灾情报告、灾情发布、灾害损失评估、信息共享、社会动员等内容进行了充实和完善,横向上使得各参与部门之间的职责更清晰、协调更顺畅、保障也更加有力,纵向上国家级预案与省级预案的衔接更加有力,国家可根据地方灾情发展提前做好各项应急响应准备工作,从而使得应急响应工作更从容有条理。在地方上,省、市、县各级政府都建立了自然灾害救助应急预案,94.3%的乡镇、58.6%的行政村(社区)制定了基层应急预案,形成纵向到底、横向到边的应急预案体系。

(四)进一步加强救灾减灾的法制化建设

国务院于2014年2月21日颁布的《社会救助暂行办法》系统规定了受灾人员救助的原则、工作机制、救助主体、救助对象、救助内容、救助义务等,该办法将自然灾害救助纳入社会救助的体系中。2014年制定下发《国家减灾委员会救灾工作组工作规范》和《民政部救灾应急工作组工作规程》,修订完善了《民政部救灾应急工作规程》,进一步规范了救灾工作各项环节;制定出台了《特别重大自然灾害损失统计制度》,并在云南鲁甸6.5级地震评估工作中首次运用;制定了《特别重大自然灾害损失综合评估工作规程》,该规程已上报国家减灾委领导签批。改革开放40年来,中国灾害救助制度建设和救助工作体制,通过不断的探索、调整和改革取得了巨大的成就,有效地保障了灾民的基本生活,维护了社会的和谐稳定,保卫了改革开放和社会主义现代化建设的成果。

五、我国灾害救助取得的经验

(一)中央政府强有力的领导和集中力量办大事的制度优势

新中国成立后,我国在重大战略实施、重大科技攻关、重大工程建设、重大灾害防治的过程中,逐步形成了集中力量办大事的制度优势,可以在短时间内整合社会资源,将灾区人民的人身和财产损失降到最低。目前,在国务院统一领导下,应急管理部协同财政部、国家发展改革委员会等机构共同负责和管理灾害防治工作,与此同时各省市下设有省市级防汛抗旱等指挥部门,中央负责指导监督下级工作,保证了灾害管理的科学性,也提高了防治自然灾害工作的效率。资源总是有限的,有限资源首要要满足关键领域,在汶川地震救援和灾后重建的过程中,集中了各方面的资源,优先满足灾区人民和前线救灾人员的需求。

(二)中华民族和衷共济、团结奋斗的民族精神

2008年汶川地震发生后,中国社会空前凝聚,全国人民心系灾区,形成了齐心协力抗击灾害的磅礴力量。医疗人员、新闻记者、地震、气象、交通、电力、通信、广电、水利、供水、供气以及其他战线的广大科技工作者、工程建设者密切协作,在救灾过程中通过自己的职业贡献了自身的价值;中华慈善总会、中国红十字会、中国扶贫基金会、中国青少年发展基金会等慈善机构为灾区的灾后重建提供了资金支持,大大减轻了国家的财政负担,保证灾区财政需求;全国各地的志愿者纷纷赶往汶川,国内外志愿者队伍达300万人以上,在防灾减灾过程中宣传提高群众防灾意识、负责协助管理救灾物资和灾区人民的心理疏导方面做出了巨大贡献。中国人民在抗震救灾中,党、军队、人民万众一心、众志成城,充分展现了中华民族和衷共济、团结奋斗的民族品格。众人同心其利断金,风雨同舟所向披靡,在特大灾害面前,举国上下患难与共,前方后方同心协力,海内海外和衷共济,凝结成坚如磐石、牢不可破的生命共同体。

（三）发挥科学技术的作用是防治自然灾害工作的技术保证

科学技术是做好防灾减灾抗灾工作的有效手段，是贯穿防灾救灾及灾后重建各环节的保证，自然灾害防治工作顺利完成离不开先进的科学技术。

随着我国技术水平的提高，越来越多的新技术用于防治自然灾害过程中，比如防洪高科技手段的代表是"3S"技术（遥感技术、全球定位系统和地理信息系统）和网络系统，通过网络对"3S"技术所得数据进行分析，建立自然灾害预警预报系统；随着各种高新技术在灾害预报及系统分析等领域的应用，对洪涝、干旱、台风等气象灾害的预报准确率有大幅提高；再比如，针对 2010 年的旱情，有关地区政府部门决定采取人工降雨，降低了抗旱以及防火等工作的难度；在地质灾害方面也运用了大量的高科技手段，比如地面台网监测、地下钻孔深部监测、水面和水下监测卫星与航空遥感监测等，这些技术应用于灾害的监测、预报、救灾、灾后重建等各环节。利用地震灾害监测系统网，将监测到的数据直接进行分析或者传给防灾减灾指挥中心作为决策指挥的依据，再通过各种新技术对资料进行分析，将地震可能造成的破坏性上报国务院，启动相应的应急预案。因此，只有充分学习各种新型理论和利用各种高新技术，比如系统论、灾变论、空间技术等科学理论以及计算机、视频监控系统、遥感监测等高新技术，才能分析了解灾害的爆发伴随着自然环境的变化所表现的新特点，这样才能对灾害的预防、救助等环节有更加直观的认识，这对提高防治自然灾害工作的效率有极为重要的作用。

（四）人民军队是救灾工作的重要力量

在一线救灾过程中，人民军队、公安民警以及武警部队坚决响应号召，奋战在救灾的第一线，更起到支柱性作用。1993—2003 年，解放军共出动 1300 万人次、参与救灾抢险 6 万余次、救出遇险群众 1000 多万人；2008 年汶川地震后，军警部队第一时间出动 24.3 万人次，截至 7月 21 日，累计解救转移群众 1480601 人。可以说，人民军队是人民群众的守护神。若缺少人民军队，救灾工作便无从下手。

六、我国灾害社会救助存在的主要问题

改革开放以来，中国的救灾减灾制度改革取得了显著成绩，适应了灾害救助工作的需要，有效提高了救灾减灾能力，赢得了广大民众、社会各界和国际社会的普遍认同，但改革中仍然存在以下三个方面的问题，有待进一步改革完善。

（一）救灾主体与救灾力量组织方面的问题

1. 政府各部门灾害救助协调与信息沟通需要进一步加强

应对自然灾害需要政府各职能部门齐心协力共同应对，之前我国的灾害救助工作涉及国务院办公厅、公安部、民政部、水利部、国土安全部、中国地震局等多个部门的职能，灾害发生时要有效协调各方力量非常困难。直到 2018 年我国成立了应急管理部，将这些部门的有关职责整合起来，成为灾害救助的主要部门，减少了协调工作，但还需要其下的各部门加强信息沟通，提高灾害救助的效率。此外，在救灾实施过程中，除了政府部门外还会有许多社会救灾力量加入其中，如果缺乏必要的协调，会造成救灾秩序的混乱，带来不必要的物力人力浪费。比如，在四川雅安芦山地震救灾中就出现了各路救灾队伍纷纷拥向震区，造成道路堵塞，影响救灾正常进行的问题。

2.乡镇一级组织救灾能力需要加强

乡镇一级的政府组织作为中国行政链条中的最基层,由于处在自然灾害破坏的最前沿,其在自然灾害的应急救助方面有着难以代替的作用。在现有的救灾制度中,对乡镇的职责没有明确规定,基层组织的救灾功能被大大的弱化,甚至被忽视,在一般的乡镇基层组织并没有专门的救灾职能部门,没有单独负责救灾工作的人员,缺乏必要的救灾设施和储备。自然灾害来临之时,往往是根据上级政府的指示,临时搭建领导班子,指定具体的救灾责任者,并等待上级政府提供的救灾援助,变成单纯上级指示的执行者和救灾款物的发放者。

3.社会力量参与救灾机制需要完善

从20世纪90年代中后期开始,随着社会主义市场经济体制改革的不断深入,社会中各种慈善组织和其他形式的民间组织有了较大发展,并在灾害救助等方面发挥了重要作用。但从政府方面来说,对于民间组织力量参与救灾的管理协调机制还不够完善。一般号召多,实际组织少,在救灾中出现了无序救援的局面,从而影响了民间组织参与救灾的积极性,限制了其发挥作用的空间。另外,由于缺乏组织管理,甚至出现有些社会组织或者个人打着救灾的旗号谋取个人利益。在很大程度上使民间组织失去社会的信任,增加了参与救灾减灾的难度。

志愿服务工作中,由于信息不对称,志愿者对受灾情况、救助需求等缺乏基本了解,应急志愿服务具有盲目性;而且,对志愿者的组织力度不够,志愿服务活动"各自为政",容易造成志愿资源的浪费、引起救援秩序的混乱、阻碍救援进程、破坏整体救援布局;志愿服务的内容同灾区需求在结构和数量上都存在差异性,有时志愿者提供的救援服务并不是灾区所需要的或者提供的服务数量少于或多于所需。

4.救灾应急队伍和专业救援队伍的数量和素质亟待提升

国家和相关地区对于专门的灾害救助培训的缺失使得现阶段救援队伍的素质与实际需求存在差距。从汶川地震救助工作可以看出我国专业紧急救援人员数量有待增加,素质有待提高。汶川地震抗震救灾的主要力量为中国人民解放军、武装警察部队和民兵预备役人员。其应急机动能力、顽强的意志、良好的体力、严密的组织是无可置疑的,但他们大都缺乏专业医疗救援技能和专业救援器械,解救方式盲目。由于救援人员缺乏专业医学知识和经验,在救灾过程中造成被救者二次受伤或者解救后死亡的事例。我国目前的专业救援队伍还不充足,大型的专业救援设备的配备也不够充分,更缺乏科学的搜索和救援技术。我国目前在这几个方面的专业研究和投资都不够充分和完善,这成为我国灾害救助工作顺利进行的一个阻碍。

5.政府及民众防灾意识不强,防灾减灾教育欠缺

四川汶川地区属于地震多发带,但当地的房屋建筑设计并没有达到相应的标准;同时民众对地震相关的知识缺乏系统的认识,2008年汶川地震发生后,相关部门才组织编写地震救灾手册,可以看出当地政府的防灾救灾意识比较薄弱。

(二)救灾资金筹集及物资储备方面的问题

1.灾害救助资金筹集困难,救助资金不足

现行救灾体系中关于救灾资金安排的基本方针是"分级承担,以地方为主"。但一些地方财政本身紧张,防灾备灾救灾各环节资金都严重不足,一旦遇到重大自然灾害的时候,只能依赖中央财政拨付。2012年财政部、民政部下拨中央救灾资金112.7亿元,而全年则因各类自

然灾害共造成直接经济损失 4185.5 亿元①。救灾资金来源主要是各级政府的财政投入,而社会捐助尚未建立起规范的制度体系,在社会救助中所占比重较少。2008 年汶川地震引起了国际和社会各界的关注,国家不断增加投入和人员与设施开展救援工作,但是汶川地区经济不发达,群众财富积累不多,特别是受灾户大多是生活和居住条件较差的困难户,灾民自救能力极差。然而民间公益慈善组织发展滞后,开展社会募捐活动也有较大困难,救灾资金不足制约了救灾工作的顺利开展。

2. 救灾物资存在被挤占挪用的现象

目前,我国对于自然灾害社会救助资金的使用缺乏制度层面的约束,这就使得自然灾害社会救助资金的使用存在不合理的地方。由于缺少对公开自然灾害社会救助资金使用情况的相关制度规定,当前我国自然灾害社会救助资金的使用还未做到真正的公开透明,很多情况下都没有向社会公开资金使用的情况。而且,缺乏对灾害救助资金使用情况的监督,导致救灾资金被挪用占用的现象频发。2008 年汶川地震发生后,中央和地方各级财政已安排抗震救灾资金 637.08 亿元,各地各部门共接受捐赠款物 586.33 亿元,中央组织部共接受“特殊党费”81.93 亿元②。然而在对汶川地震救灾和重建资金的审计中,发现抗震救灾款物的管理使用存在捐赠物品未纳入统计、重复乃至高价采购救灾药品及物资、擅自将善款改为办公经费、救灾物资被挪用占用的现象严重,涉案人员 162 人,最后在各部门的努力下,上缴不及时、挤占挪用的资金物资已全部追回,21 名责任人受到党纪政纪处分。

(三)救灾内容和救灾法律制度方面的问题

1. 从救助内容上看,只注重物质形态救灾,而缺少心理救助

长期以来,对于救灾的理解一般停留在物质层面上,无论是开展生产自救、以工代赈,还是国家划拨救灾款,其本质都是物质救灾,忽视了对于灾民的心理辅导。在巨大灾难发生后,不但给人们带来巨大的物质损失,同时也带来了严重的精神伤害,几乎每个人都会出现诸如抑郁、焦虑、自责、内疚、愤怒等心理反应,会出现入睡困难、噩梦不断等睡眠问题,其中部分人可能会在一段时间内自愈,但也有的人甚至终生与痛苦相伴,严重影响其生活质量和社会功能。我国当前的灾害心理干预大多是出现问题后的被动参与,缺乏主动的心理干预。我国心理干预方面的专业人才也比较缺乏,自然灾害发生后,往往仅依靠几个专家和志愿者来做些心理辅导的工作,远远不能适应较大自然灾害的需求。

2008 年汶川地震中,地震亲历的幸存者、地震死难者家属以及参与救援的医护人员、解放军武警官兵,在面对地震所造成的巨大惨状时,都难免会产生一些心理问题。严重时,一些未成年的小孩可能会形成心理阴影。在这种情况下,亟需一批有专业素养的心理工作人员进行相关干预工作,尽快使他们恢复过来。但事实上,我国的灾后心理工作难以满足要求,这主要表现在:我国对于灾难、危机的心理学研究与发达国家相比存在较大差距,而且对于心理干预工作还没有形成体系。在当前自然灾害频发的情况下,做好心理干预工作显得尤为重要。

2. 灾害救助法律体系不完备

我国虽然也十分重视救灾减灾的法制建设,并形成了具有自身特色的救灾减灾法制体系,保障了救灾减灾工作的快速有效进行,但与发达国家相比,仍然存在较大的差距。目前,灾害

---

①　http://cws.mca.gov.cn/article/tjbg/201306/20130600474746.shtml.

②　中华人民共和国审计署。

救助法制建设方面存在的主要问题是：现行自然灾害相关的法律法规体系不完善，一些灾害领域存在立法空白，且立法层次低，约束力不强；立法分散，缺少系统性。国务院于 2010 年 7 月颁布了《自然灾害救助条例》对我国的自然灾害救助做了综合性规范，立法层次有所提高，但还没有上升到国家立法层次，无论在范围上还是在效力级别上都远远不能适应综合救灾减灾的需要。救灾工作法制建设的滞后，严重制约了救灾工作的顺利进行，导致了许多不规范和混乱的现象。当前救灾中的无序和混乱，部门之间互相推诿、各级政府间相互博弈等问题，根源在于对很多责、权、利都没有明确的法律界定。

目前，我国针对自然灾害制定的法律法规包括《突发事件应对法》《防震减灾法》《防沙治沙法》《破坏性地震应急条例》《地质灾害防治条例》等几十部。这些法规条例大都只是原则性的规定，缺少对具体实施细则可操作性的规定。由于法律法规的不完善，针对汶川地震救援的政策在震后不得不大量出台，以规范相关主体的行为，譬如《防震减灾法》的修订和《汶川地震灾后恢复重建条例》的出台。这一方面说明了政府反应迅速，为规范防震减灾、应急救援、灾后重建等行为提供了有力保障；另一方面更说明我国现有的灾害法律制度建设上的准备不足和缺陷。

3.灾害保险制度需要进一步推进

我国巨灾保险的作用还没有充分发挥。长期以来，我国政府是巨灾损失的第一承担者，但实际上在巨灾风险中，政府应该是风险的最后承担者，其前面应该有若干道防火墙。据悉，国际上比较完善的巨灾风险补偿机制通常包括 7 个主体：区域灾民、地方政府、商业保险公司、再保险企业、证券市场、国际再保险市场、中央财政救助。而在我国，保险公司在巨灾后的赔付往往是杯水车薪。在中国的救灾减灾工作中，保险业曾经发挥了重要的作用，但保险业发展到今天，农业和农村自然灾害中的保险业已经停止，在此说的灾害保险一般是针对企业的。因此，在自然灾害领域的保险业已经呈现出一种单条腿走路的不平衡趋势。

七、完善我国灾害救助的思路与对策

完善我国灾害救助要以习近平新时代中国特色社会主义思想为指导，坚持以人民为中心，坚持人与自然和谐共生，紧紧围绕我国经济社会发展和国家安全的大局，系统谋划自然灾害防治问题的基本方针、重大任务、重大工程、重大政策，从源头上、根本上增强全社会应对自然灾害的能力，为我国高质量发展提供有力支撑，为实现中华民族永续发展和构建人类命运共同体提供有力保障。

牢固树立灾害风险管理和综合减灾理念，坚持以防为主、防抗救相结合，坚持常态减灾和非常态救灾相统一，努力实现从注重灾后救助向注重灾前预防转变，从应对单一灾种向综合减灾转变，从减少灾害损失向减轻灾害风险转变，通过完善我国防灾减灾救灾体制机制，提高国家防灾减灾救灾能力，有效减少各类灾害损失。

（一）救灾主体方面

1.构建救助主体多元化的灾害救灾体系

实现灾害救助主体多元化，政府、企业和非营利性事业单位、居民个人都是灾害救助主体。政府始终是重大突发事件的重要救助主体，公共财政有兜底责任，此外，非政府组织、企事业单位、个人都积极参加到灾害救助中，在灾民生活救助、灾区恢复重建中发挥作用。同时，我国应加快灾害救助管理体制的改革，建立一种以政府管理为主，以灾害社会援助和自我保障为辅的救助管理方式,实现多元化救灾保障新体系。引入市场机制,组建民间的救援队伍,要注意发挥社区、群众的自救互救作用。改善灾害救助志愿者服务机制,应在志愿者招募时明确告知灾害救助活动的紧急性和危险性,使志愿者做好思想和工作准备。加强志愿者培训,提高救援工作的效率,缩短不必要的时间和资源浪费,提高救助水平。志愿者之间应加强沟通交流,避免资源的浪费和志愿者空间集聚,真正发挥志愿者救灾作用。同时,不同救灾主体之间要加强沟通协调,提高救灾效率,避免不必要的资源浪费。

2.探索建立专业化的各种灾害救助专业应急队伍

在现代救灾科学技术不断发展与应用的前提下,需要建立掌握一定救灾技术的专业化救灾应急队伍,形成政府领导、统一指挥、反应快速、处置高效的应急救援格局,以满足应急管理工作的需要。这支队伍的专业技术人员应当包括灾害预防、灾害救援、灾后重建环节的专业人员。灾害紧急救援队伍应坚持一专多用、反应迅速、突击力强的特点,在各项减灾救灾活动中,既自成体系,又互有联系,统一指挥调度,加强组织协调和专业保障,提高队伍快速反应和协调救援能力,形成专业救援和群众自救相结合的庞大救护援助体系。

3.政府加大对防灾减灾的宣传教育,提高民众的防灾意识

面对种种自然灾害的发生,各级政府应该通过各种渠道和手段增强全体公民应对各种自然灾害的认识能力和防范意识,在社会的各个层面、各个环节都要宣传紧急应对自然灾害以及基本的救助知识。平时要加紧自然灾害应急演练和培训,使人们充分了解在灾害发生时应该如何自救以及如何救助其他人。政府职能部门要增强忧患意识,居安思危,未雨绸缪,强化"减灾备灾"工作。

4.加强减灾救灾信息管理和服务

进一步规范减灾救灾信息采集、报送、核实、更新、公开等工作要求,加大救灾信息公开力度,对于公众和社会组织的减灾救灾信息咨询,在不涉及国家秘密的情况下,及时给予力所能及的答复。与媒体建立开展全面的合作,提供多样的减灾救灾信息产品。

(二)救灾资金筹集及物资储备方面

1.完善救灾资金多元化筹措方法,广泛发动和依靠社会力量筹措救灾资金

在社会主义市场经济条件下,社会利益主体和社会力量不断多元化,多元化的社会利益主体使救灾工作有了更多的选择。建立企业、非政府组织、普通民众、国际社会和灾民自己的社会化救灾资金投入体系。同时可以通过灾害保险等方式分担灾害造成的损失。现阶段,我国应从利用保险手段分担巨灾风险出发,将其作为一种主要的灾害保障机制,充分利用保险行业来分担灾害救助职能,从而补充灾后重建的巨大资金需求,以弥补政府救济与社会捐赠的不足。只有建立起一个完善的灾害保险制度,才能够确保灾害救助的长期效用。在完善现有的社会捐助、救灾基金、商业保险和国际援助的基础上,还应该探索更多的资金筹集方式。

2.加大政府自然灾害救助资金的投入,增加救灾物资储备库的数量,丰富救灾物资储备的品种

各级政府应认真贯彻落实救灾专项资金配套,从而确保在自然灾害来临时,能够有固定资金用以调配。中央政府在灾害救助资金上要适当向贫困地区倾斜。贫困地区局限于其财力,即使设立专项救灾资金也不会宽裕,中央政府要加大对这些地区的救灾资金投入,缓解因自然灾害而导致地区差距进一步扩大。

加强救灾物资储备库建设,从灾害的分布状况、受灾地区经济状况、拟建储备库的交通状

况等多方面综合考虑,确定救灾储备库的选址,增加救灾储备库的数量。同时,中央应该在资金方面向西部贫困地区倾斜,支持贫困地区储备库的建设;要严格执行救灾储备库建设标准。各级地方政府应当加强防灾备灾意识,把建设达标的储备库当成政府一项重要工作,而不能心存侥幸,把储备库建成可有可无的仓库;根据不同地区某类自然灾害反复出现的特点,增加特定的防灾救灾储备物资。

3. 明确中央与地方政府救助的财政保障责任

要根据自然灾害程度、范围的不同,结合中央与地方政府不同的财权和事权,区别规定中央和地方政府在灾害救助方面的财政保障责任;对于破坏程度大、破坏面广、导致重大损失的自然灾害,可以明确由中央政府承担主要的财政支持与保障责任,对于破坏程度小、破坏面窄、损失不严重的自然灾害,可以明确由地方政府承担主要的财政支持与保障责任。总之,要通过制度明确中央和地方政府在灾害救助方面应承担的具体的财政保障责任,不能因此导致救助真空或救助不力的不良局面。

4. 完善自然灾害行政救助财政预算制度

对自然灾害的行政救助,具有突发性、应急性,而且所需财政支出数额较大,为有效应对财力不足等问题,我国应据此调整和完善相应的预算制度。同时,对于突发性的重大自然灾害,各级人大及其常委会要根据实际情况批准政府增加救助预算的支出。

5. 建立自然灾害行政救助专项资金制度

各级政府要统筹安排行政救助资金来源,不局限于国家拨款和政府预备资金,要扩大筹资渠道,建立来源多元化、使用一体化的自然灾害行政救助专项资金制度。对灾区基础设施等建设,政府可以利用金融政策、社会资本解决救助资金不足的问题。专项资金要由政府统一管理,专款专用,不得挪作他用,要确保自然灾害发生时,政府有足额资金进行应急支配和予以救助。

6. 强化自然灾害行政救助资金使用监管制度

为了使救助资金真正用到实处,发挥雪中送炭的作用,国家需要建立完善的救助资金使用监管制度。具体来说:一要明确救助资金使用的审批权限,将权限与责任紧密结合起来,实行审批人终身追责机制;二要实行救助资金使用的全过程审计和监督,加强资金使用的事前、事中、事后审计监督,不留监管漏洞与死角;三要建立救助资金使用公开机制,政府对每一笔救助资金的使用支出都要向社会公众公开,让广大民众有知情权和监督权。

(三)救灾内容和救灾法律制度方面

1. 探索开展灾害心理救助工作

缓解灾民的心理创伤,是灾害救助工作的重要内容。在一些西方国家,灾后心理危机干预是灾后救助的必备环节。我国在灾害救助中不仅要重视物质性援助,更要认识到精神心理的救助是帮助灾民走出困境的重要环节。首先,要培养专业心理咨询人员,开展灾难危机心理专业教育。其次,建立心理咨询组织和组建专业心理干预工作队伍。最后,组织开展专业咨询工作。在救灾减灾工作中贯彻"以人为本"的理念,无论是抢救生命,哀悼亡灵,还是抚慰生者,重建家园,整个过程都要开展心理辅导。在灾难面前关心人,尊重人,彰显人的尊严,增强灾民的身份认同感。

2. 完善灾害救助法律制度,实现有法可依、有法必依

我国在灾害救助方面尚缺乏完善的法律体系,因此,我国应在《自然灾害救助法》的基础上

制定自然灾害社会救助综合性基本法，完善自然灾害社会救助专项法律，针对不同类型灾害和灾害的不同阶段，制定更加详细的灾害预防、应急和灾后重建的法律法规；规范各部门之间的责任关系，增加危机管理的有序性与有效性；同时加强对灾害的预警分析，改变被动的反应模式。

在立法过程中要注意形成完整的灾害救助法制体系，防止法律规定的冲突；在条件成熟的时候，要及时提高灾害救助立法层次，这也是完善社会主义法制体系的内在要求。

复习思考题

1. 汶川地震暴露出我国自然灾害救助存在哪些问题？应如何完善？
2. 新时代我国灾害救助的体制机制有哪些变化？
3. 试总结新中国成立以来在自然灾害救助方面的成功经验。

第五章　生产社会救助

生产社会救助是社会救助的方式之一，与其他社会救助项目相比，生产社会救助是一种更为积极的救助形式。生产社会救助的主要内容包括：政策扶持、资金扶持、科技扶持、信息扶持和能力培训等。我国农村的生产社会救助主要是通过扶贫开发来体现，虽然取得了举世瞩目的成绩，但也存在一些缺陷，需要在新时期的扶贫开发中不断完善。我国城市的生产社会救助主要针对失业群体和不能顺利就业的青年群体，通过政策扶持、再就业培训和就业服务的手段实现生产社会救助。

第一节　生产社会救助概述

一、生产社会救助的内涵和特征

生产社会救助是指对有一定生产经营能力的贫困户，从政策、资金、技术、信息、就业等方面给予扶持，使其通过生产经营活动摆脱贫困的一种社会救助项目。

生产社会救助作为社会救助的方式之一，与其他的救助方式相比，生产社会救助的主要特征体现在以下几个方面。

1. 救助对象具有一定的生产能力

生产社会救助的对象一般是有一定生产能力的贫困者，不包括那些没有劳动能力的群体。因为有一定生产能力的贫困者可以通过外界的帮助而自食其力，但对于那些没有劳动能力的老人、儿童、残疾人等社会弱势群体，就无法向他们提供生产社会救助，而只能采取直接发放现金或实物的生活救助形式，解决这部分人的生活困难。

2. 救助资金的偿还性

生产社会救助的资金可以采取"贴息有偿""低息有偿"的方式，因而具有一定的偿还性。其他救助方式的救助资金一般都是由财政拨款，贫困户无偿使用，且无须偿还。而生产社会救助的对象许多是由于缺少进行生产经营的资金，因而可以采取"有偿有还"的方式进行救助，一方面可以把有限的救助资金从死钱变成活钱，建立救助周转基金，保证资金的保值增值，循环使用；另一方面可以发扬受助者自力更生、艰苦创业的精神。

3. 救助资金来源多渠道

由于生产社会救助的资金可以采取"有偿有还"的方式，因而可以鼓励各种社会经济组织一起参与扶贫开发工作，丰富救助资金的来源渠道，使救助工作拥有更庞大的资金支持，减轻国家的财政负担。

4. 救助手段多样化

对贫困户的生产社会救助,可以采取提供资金、提供物资或提供科技、信息的方式,也可以采取政策优惠的方式,只要能达到帮助贫困户发展生产的最终目的。而生活社会救助、医疗社会救助等一般是采取现金救助、实物救助或服务救助等救助手段,给予基本的生活保障,保障方式相对单一。

5. 救助方式更为积极

生产社会救助是一种更为积极的救助方式,能够帮助贫困户从根本上解决贫困问题。生活社会救助等救助方式带有一定的被动消极性,而生产社会救助则是救助工作由被动辅助到主动开发,产生了由"输血"到"造血"的实质性改变,因而是社会救助制度改革和完善的一项成果。生产社会救助更侧重于"助",即帮助贫困者获得生产条件和生产技能,为其脱贫致富创造环境,相对于其他救助而言,生产社会救助更具有长远的、可持续的反贫困效果,能从根本上帮助受助者摆脱贫困。

二、实施原则

国家在实施生产社会救助的过程中必须遵循一定的原则,才能发挥生产社会救助应有的效应。

1. 坚持"治本"的原则

治贫不仅要治标,更要治本。生产社会救助就是要通过对贫困户在生产经营方面的各项政策扶持,帮助他们逐步形成自我积累和自我发展的能力,通过他们自己的劳动解决温饱问题,逐步从根本上脱贫致富。

2. 坚持扶持对象到户的原则

解决贫困人口的温饱问题必须落实到户,生产社会救助更强调要面向贫困人口,使更多的贫困户能真正受益,直接解决他们的温饱问题。这就要求每个贫困地区都要逐村逐户进行调查,了解贫困现状,实行县建簿、乡造册、户立卡,做到工作到户、项目到户、服务到户、效益到户。只有采取具体、有针对性的措施,集中力量一户一户地帮扶,才能使没有解决温饱问题的贫困户更快、更多地受益。

3. 坚持救助方式多样化的原则

要想在生产经营方面帮助贫困户,就不仅需要资金的扶持,而且需要在技术、物资、信息、优惠政策等多方面给予扶持。贫困地区的贫困人口一般科学文化素质较低、观念落后,更缺乏一定的生产技能,因而需要向他们推广先进实用技术、传递市场信息等,在投放救助资金的同时,提高贫困户的生产能力,只有多方面结合起来,才能真正地发挥救助作用。

4. 坚持动员社会各界力量参与的原则

生产社会救助涉及的面较广,除了动员政府进行救助外,社会各界力量的参与也是生产社会救助工作顺利开展的保证。在我国,社会各界对贫困户援助的热情也越来越高,"光彩事业""幸福工程""贫困农户自立工程"等救助活动给予政府的生产社会救助工作以强大的支持和帮助,解决了许多贫困人口的温饱问题。

5. 坚持自力更生、艰苦奋斗的原则

国家的救助是外因,贫困人口的自身努力是内因,外因要通过内因起作用。贫困户要想解决温饱,改变面貌,走上脱贫致富的道路,就需要其在政府和社会的扶持帮助下自强不息、苦干实干、提高自身的素质和技能,防止滋生依赖思想,靠自己的努力真正地战胜贫困。

6.坚持生活社会救助与生产社会救助相结合的原则

生活社会救助只是从生活方面进行现金和实物的补助接济,使贫困人口能维持最基本生活,而生产社会救助是以消除贫困为宗旨,从根本上帮助贫困人口提高生产经营力,通过生产自救获得收入来源,摆脱贫困状态,因而生产社会救助有利于调动贫困者的生产积极性。但是,生产社会救助并不排斥生活社会救助在社会的广泛推行。因为生产社会救助主要针对的是有一定生产能力的贫困者,并不能解决那些老、弱、病、残等社会弱势群体的困难,更不能解决因为意外事故或自然灾害而造成贫困的受难者的困难。因此,应该坚持将生活社会救助和生产社会救助相结合的原则,这样才能切实地保障好因各种客观原因造成生活困难的贫困者的基本生活。

三、生产社会救助的功能和意义

由于生产社会救助是一种积极的救助方式,更强调国家对贫困人口脱贫致富的"扶""帮"的作用,因此它对于促进贫困人口的生产能动性,对于实现社会的共同富裕更有积极的意义。生产社会救助的功能和意义主要表现在以下几个方面。

(一)主要功能

1.扶助功能

积极扶持其发展商品生产,最终实现自救的目的,因而,生产社会救助具有扶助的功能,而不是单一地给予生活资料的救助。

2.稳定功能

有些贫困者是由于制度因素、历史因素或环境因素而陷入贫困,他们并不是没有勤劳苦干的精神,只是一个遭遇不幸的弱势群体,他们应该得到国家和社会的尽力扶持,否则会影响到整个社会的安定与团结,影响到政府的执政威信。因此,对贫困者进行生产社会救助是国家和社会的一种责任和义务,应该给予他们平等的生存权,生产社会救助制度有利于稳定社会秩序。

3.激励功能

广大贫困人员有着改变贫穷落后面貌的强烈愿望,在他们中间蕴涵着极大的脱贫致富的积极性,这是生产社会救助工作的内在动力。政府希望通过一系列的政策取向和必要的扶持与投入,唤起人们积极参与生产自救、谋求自我发展的积极性,激励贫困者主要依靠自身努力和恶劣的生存环境做斗争,从而改变自己的命运。因此,生产社会救助相对于其他救助方式而言,对受助者有强大的精神上的激励功能。

(二)实施意义

1.有助于克服受助者的依赖性和懒惰性

单纯的生活救助会诱发受助者对国家的依赖心理,造成年年救济年年穷,吃完了用完了,始终无法摆脱贫困状态。生活救助往往在解一时之困时,使贫困者养成了"等、靠、要"的思想,滋长了依赖性、懒惰性,丢掉了宝贵的勤劳作风和自力更生、艰苦奋斗的优良传统,这样的结果不利于真正解决贫困问题。而生产社会救助可以唤起人们积极参与生产自救、谋求自我发展的积极性,激励贫困者依靠自身努力和恶劣的生存环境做斗争,从而改变自己的命运。

2.有利于缩小贫富差距,实现共同富裕

生活社会救助的保障标准是维持贫困者基本生活水平,是最低的生活需要。因此,只能使贫困者解决温饱,勉强度日,长期生活在社会的底层。而生产社会救助可以使贫困者通过自己的勤劳双手脱贫致富,使其走出社会底层。如果大家都能通过生产自救来脱贫致富,那么社会的贫富差距就可以缩小,国家可以实现共同富裕,并且在经济上获得更大的发展,从而提高整个国家的综合国力和社会福利。

3.有利于发扬团结互助的精神

生产社会救助可以使贫困户之间联合起来,组成各种经济实体,凝聚集体的力量、携手发展。一个人的力量是有限的,尤其是贫困地区的贫困户,在生产技术、经营管理、市场意识方面还是十分欠缺的,他们需要相互之间团结起来,集大家的智慧于一体,出谋划策,共同分担经营风险,使成功更有保障。

4.有利于建立贫困者的自信心和乐观心态

生产社会救助可以使贫困者享受到靠自己努力实现成功的喜悦,从而克服对生活的悲观情绪,重建其对美好生活的憧憬;也有助于对自身能力的肯定,维护其自尊心和自信心,而不再觉得自己生活得没有尊严或不体面。

四、生产社会救助的主要内容

(一)生产社会救助的主要内容

1.政策扶持

政策扶持是指国家通过放宽政策、实行优惠等,支持贫困户和贫困人员的生产发展。主要体现在税收优惠、贷款优惠、价格补贴或支持、进行有利于贫困户发展生产的制度改革等。①在税收优惠方面,各国普遍实行减免农业税、耕地占用税、企业所得税等措施,间接帮助贫困人口提高生产经营收入。②在贷款优惠方面,一般适当延长贷款的使用期限、降低贷款利率或者放宽抵押和担保条件,这样可以降低贫困人口的贷款成本,使其能有更充裕的资金投入到生产之中。③在价格补贴或支持方面,政府会根据市场情况,提高农副产品的收购价格,降低农业生产资料的销售价格,从而增加农民收入。④在制度改革方面,保障农民拥有土地使用权是各国政府普遍采取的措施。因为在农村,土地是农民进行农业生产的基础,是最基本的生产资料,没有土地,农民谈不上通过发展农业达到生产自救。像中国这样的农业大国,进行过彻底的土地改革,从根本上消除了农村贫困人口没有土地的现象,保障其能拥有最基本的生产资料。同时,政府也会积极地开展大规模的农村基础设施建设,改善农村灌溉设施和交通条件,为农民的生产创造条件。

2.资金扶持

资金扶持是指中央和地方各级政府通过低成本或无偿的资金投入,解决贫困户生产资金短缺的问题,改善其生产条件。资金是生产社会救助工作中最基本的投入要素,各国政府都在不断地加大投入量,同时加强资金的管理,以提高资金使用效率。各国政府的资金投入主要包括财政资金和信贷资金两个方面。同时,社会各界以及国外的贷款或赠款也加大了资金扶持的力度。①财政资金一般是指国家为了某些特定的扶贫工程的实施,或为了改善某些特定地区的生产条件等设立的专项资金。这部分资金一般是国家无偿投入的,而且作为专项资金不能被挪作他用。各国普遍设立的财政资金有以工代赈资金、发展资金等,这些专项资金的投入在改善贫困地区的基础设施条件、为贫困户创造良好的物质基础和生产条件方面具有不可替代的作用。②信贷资金又可细分为贴息贷款和小额贷款资金。为了解决一般市场经济体制下贫困人口进入正规信贷市场难的问题,许多国家会实施贴息贷款计划,即由财政对生产社会救助贷款与正常贷款的利差进行补贴,以低于正常贷款的利率贷款给贫困户,解决其资金短缺的难题。贴息贷款的扶持方式从某种程度上抓住了贫困恶性循环的主要根源,通过向贫困户注入脱贫的"瓶颈"资金,来帮助贫困户发展生产。但这种贷款方式存在资金使用低效率、财政补贴难以持续等缺陷,因此小额信贷模式作为一种制度的创新已在各国迅速发展了起来,也由此产生了小额信贷资金。小额信贷已经成为一种主要的生产社会救助手段。

3. 科技扶持

科技扶持是指发挥科技在生产社会救助中的作用,多途径地给贫困户送技术、送管理知识,以提高贫困户的素质及生产经营能力,增强贫困者自我发展的能力,达到脱贫致富的目的。研究发现,缺少科技知识是造成许多贫困户治穷无门、致富无路的一个重要因素。因此,科技的投入是生产社会救助的关键因素之一,它能够有效地促进生产社会救助获得更大的效果。生产社会救助离不开各国政府对科技的投入,只有依靠科学技术,才能更有效、更快捷地发挥救助功能。

科技扶持一般包括以下内容:①向贫困户推广和普及适合当地自然条件的先进的农业科学技术成果,改善农产品的质量,稳定提高粮食产量。②组织政府有关部门、院校的干部到贫困地区挂职任教,组织科研机构的科技人员到贫困乡、村宣传普及农业技术。选择合适的方式和方法,在不同层次上开展对贫困户的教育和培训,改变他们落后的传统观念,提高其科技致富意识、科学生产水平及市场竞争能力。③大力推广和应用节能、节水、降低消耗的技术,减少因为生产发展可能给当地自然环境带来的破坏,缓解地区经济发展和生态环境恶化的矛盾,推动生产经营可持续发展。④根据当地资源优势,帮助贫困户科学地选择出有竞争优势的经营项目,增强市场竞争力。

4. 信息扶持

信息既是一种特殊商品,也是一种生产要素,具有价值和使用价值。信息扶持是指通过电视、电话、广播以及现代信息网络,及时向贫困户传播生产技术、提供市场信息,以指导其生产、销售。信息扶持是现代生产社会救助工作中的一个重要内容。从各国的实践来看,信息扶持的建立和完善使贫困人口的信息意识、利用信息能力以及劳动技能和科技素质均得到普遍提高,可以从整体上逐步改变贫困人口、特别是贫困农民的生存状态。信息扶持的主要方式有:①建立乡村信息服务站。边远地区、贫困山区信息比较闭塞,农户所需要的信息,如农副产品的市场价格、产品销售等,难以获得有效传播,所以由地方政府组织建立乡村信息服务站是一条有效的途径。②利用计算机技术,建立信息网站。贫困人口常常会因为信息的不确切、不实用或滞后而失去脱贫致富的机会。随着计算机技术和网络的迅猛发展,政府越来越注重利用互联网,向贫困地区或贫困户广泛发布报纸、广播等媒体上的各种致富信息,并且通过网络建立远程沟通的平台,建立产品供求和推介服务系统、产品价格信息系统、市场监管信息系统等。③建立高素质的信息服务队伍。

5. 增能和就业救助

增能指的是对有一定生产经营能力的贫困户,进行某些方面的扶持使其潜力得到激发,能力得到挖掘,有能力获得自己所需要的东西,进而有能力摆脱真正的贫困。而就业救助便是生产社会救助中增能的重要实现方式。

就业救助是 2014 年国务院颁布《社会救助暂行办法》中的八项社会救助之一,指国家对有劳动能力的最低生活保障家庭成员采取贷款贴息、社会保险补贴、岗位补贴、培训补贴、公益性岗位安置等办法给予就业救助。①贷款贴息，是实施优惠贷款的一种方式。为鼓励贫困人口积极创业，为其贷款补贴一定的利息支出，减轻经济负担，同时为特定救助者提供工作岗位的劳动密集型小企业在申请贷款时也可享受贷款利息的补贴。②社会保险补贴。用人单位雇佣贫困人口，为贫困人口提供就业岗位，国家针对所雇佣的贫困群体给予社会保险补贴，这不仅减轻了用人单位的经济成本，还鼓励用人单位积极为贫困群体设置合适岗位，进而为贫困群体提供更多的就业机会。③岗位补贴。对已就业的特定岗位的贫困群体，除获得与劳动岗位相对应的薪资外，还给予一定的补贴，以调动工作的积极性。④培训补贴。受助者往往缺乏教育背景，缺少工作的经历和技能，为提高获得工作岗位的概率，需要参加相应的工作培训，提高工作技能，为此针对受助者参与的工作培训给予一定的补贴。⑤公益性岗位安置。公益性岗位是指由各级政府及其职能部门投资开发的非营利性公共管理和公益性服务岗位，如公共卫生保洁、公共环境绿化、停车场管理等，政府为贫困群体提供合适的公益性岗位，并支付相应的工作报酬。这些公益性岗位往往优先录用符合条件的就业救助对象。公益性岗位的设置可有效减缓就业救助对象因缺乏求职信息和工作机会而造成求职率低的现象。

（二）生产社会救助与扶贫的关系

生产社会救助和扶贫是既相联系又相区别的一对概念。共同点表现为生产社会救助和扶贫的目的都是为了帮助贫困人群摆脱贫困。

生产社会救助与扶贫的区别表现如下：

第一，产生的背景和目的不同。我国最早推行国家扶贫开发政策是在 1984 年，直接原因是经济体制改革后农村经济在得到发展的同时产生了发展不平衡的问题，需要对贫困人口集中的地区实施特殊的扶持政策，此时扶贫开发的目的是为了解决农村贫困人口的温饱问题。精准扶贫是新时代我国扶贫工作的新要求和指导方针。在这一时期，我国扶贫工作的重点由特定区域扶贫转变为特定群体扶贫。精准扶贫的本质是指扶贫政策和措施所指向的是真正贫困的人群和家庭，通过有针对性的帮扶，最终消除导致贫困的障碍，达到脱贫的目标。精准扶贫意味着在识别扶贫对象、使用扶贫项目和资金、评估扶贫效果等扶贫环节重点突出"精准"二字。其中"精"强调的是扶贫效益的最大化、扶贫措施的有效性，而"准"强调的是扶贫对象的最优化、扶贫措施的针对性和准确性。

第二，从救助对象的范围来讲，扶贫的对象通常多于生产救助的对象。生产社会救助的对象一般是扶贫对象的一部分。

第三，救助手段不同。扶贫工作不仅包括对农村贫困户的生产社会救助，还包括通过劳务输出、移民开发、劳动力培训和教育扶持等手段促使贫困人群摆脱贫困；而生产社会救助仅指对有一定生产经营能力的贫困户，从政策、资金、技术、信息等方面给予扶持，使其通过生产经营活动摆脱贫困，将原有的"济"转变为"扶"，帮助有生产经营能力的贫困户实现自我"造血"。

第二节　　我国农村生产社会救助

我国的农村生产社会救助主要体现在农村扶贫工作中。扶贫是扶持贫困户脱贫致富，即根据贫困户的家庭状况以及脱贫能力，国家和集体有计划地在物资、资金方面给予政策上的照顾，使他们在国家、集体和社会的扶持下，通过自力更生发展生产、增加收入、摆脱贫困。同时，帮助贫困户掌握科学种田、科学管理，从事多种经营和副业生产的技术技能。

一、我国农村生产救助的制度沿革

从1978年至今,我国农村的生产救助与扶贫开发大致经历了四个阶段。

(一)体制改革推动阶段(1978—1985年)

1978年,按政府确定的贫困标准统计,我国贫困人口为2.5亿人,占农村总人口的30.7%,导致这一时期大面积贫困的主要原因是农业经营体制落后,因此,体制变革就成为缓解贫困的主要途径。首先是土地经营制度的变革,即以家庭承包经营制度取代人民公社的集体经营制度。该项变革激发了农民的劳动热情,解放了生产力,提高了土地产出率。与此同时,在农村进行的农产品价格逐步放开、大力发展乡镇企业等多项改革,也使得贫困农民得以脱贫致富,农村贫困现象大幅度缓解。从1978年到1985年,农村人均粮食产量增长14%,农民人均纯收入增长2.6倍,贫困人口从2.5亿人减少到1.25亿人,占农村人口的比例下降到14.8%。

(二)开发式扶贫阶段(1986—2000年)

开发式扶贫是指在政府的支持下,鼓励和支持贫困地区群众自力更生、艰苦奋斗,提高自我积累、自我发展的能力,改变贫穷落后面貌。自1986年起,我国成立了专门的扶贫工作机构,安排专项资金,确定国家重点扶持贫困县、制定专门的优惠政策,对传统的救济式扶贫进行彻底改革,确定了"开发式扶贫"方针。20世纪80年代中期以后,特别是从"七五"开始,我国政府在总结以往扶贫的经验的基础上,开始实施以开发式扶贫为主的反贫困战略。全国范围内有计划、有组织的大规模开发式扶贫开始进行。我国开发式扶贫战略的主要途径有:①区域开发、流域治理。区域开发主要是针对我国贫困人口区域集中分布的特征,通过区域经济增长来缓解区域性贫困,而流域治理则选择一些生态条件恶化、生产生活条件缺乏的地区,通过区域开发和区域生态治理相结合,以防止自然生态的恶化,解决贫困人口的生存问题。实行区域开发其实质是以当地自然资源利用为依托,以增加基础设施、改善生产条件为手段,以产业开发为中心,并由外部输入短缺的生产要素如资金、物质,通过发展当地经济来摆脱贫困。它在本质上是一种以物力资源开发为中心的发展援助形式。②信贷扶贫。信贷扶贫的资金来源是各种优惠扶贫贷款,扶贫目标是扩大贫困地区的直接生产能力,特别是帮助贫困地区发展商品生产。具体来说,一是支持贫困地区兴办经济实体和扶贫企业,由企业直接安排贫困户的劳动力就业,并带动周围大批贫困户发展商品生产以脱贫致富。二是由农户直接承贷,用于发展有经济效益的项目。一般来说,大多数工业项目是由县、乡政府直接或代理兴办的,农户则以发展种植和养殖业项目为主。1986年6月,国务院贫困地区经济开发领导小组确定了扶贫信贷资金实施"项目管理方案",即以开发项目确定贷款,贷款跟着项目走。信贷扶贫的实施办法是,扶贫系统负责项目的立项与申报,而由银行决定是否提供贷款。③以工代赈。以工代赈的扶贫资源是通过财政渠道无偿援助的扶贫物资,以公共投资的方式实施,以区别于信贷扶贫优惠贷款形式的资助。以工代赈的目标是改善贫困地区的基础设施和社会服务,以修筑道路、农田基本建设、水利工程和人畜饮水工程为主要内容。扶贫机构希望通过这些项目的实施,有效地改善贫困人口的生存环境,为当地的经济增长提供必要条件,并使贫困者在计划执行期间获得短期就业机会和非农收入。④科技扶贫。科技扶贫的目的是把扶贫转到依靠科学技术和提高农民素质的轨道上来。科技扶贫的几项重大举措包括：第一，实施推动中国农村和农业发展的三大计划，即星火计划、丰收计划和燎原计划。第二，实施"温饱工程"。第三，实行科技副职制度以及发达地区与贫困地区的干部交流制度，以帮助贫困地区更新观念，加快经济发展步伐。⑤异地开发。异地开发主要是针对那些人类生存的自然物质要素严重恶化的贫困地区而实施的，采取在条件较好或资源丰富的地区设立扶贫开发基地，通过在异地进行经济开发，帮助贫困地区或直接帮助贫困人口减轻贫困的扶贫方式。⑥组织劳务输出。劳务输出就是到异地（城市或发达的农村地区）的农业或其他产业就业。开发式扶贫战略与单纯的社会救济相比，它更强调贫困人口的广泛参与，调动贫困地区干部群众发展经济的积极性，强化贫困地区和贫困人口的自我发展能力，有利于克服贫困群体的"等、靠、要"思想。

1994 年，根据邓小平"两个大局"思想，中国实施了西部大开发战略和新"三步走"战略。党和国家制定了《国家八七扶贫攻坚计划》，该计划明确提出，集中人力、物力、财力，动员社会各界力量，力争用 7 年左右时间基本解决农村贫困人口的温饱问题。具体目标是：①到 20 世纪末，使绝大多数贫困户年人均纯收入按 1990 年不变价格计算达到 500 元以上，并形成稳定解决温饱、减少返贫的基础条件。②加强基础设施，基本解决人畜饮水困难，使绝大多数贫困乡和有农贸市场、商品基地的地方通路、通电。③改变文化、教育、卫生的落后状况，普及初等教育，基本扫除青壮年文盲，开展成人职业技术教育，防治和减少地方病，把人口自然增长率控制在国家规定的范围内。该计划还进一步提出了实现目标的基本方针："鼓励贫困地区广大干部、群众发扬自力更生、艰苦奋斗的精神，在国家的扶持下，以市场需求为导向，开发利用当地资源，发展商品生产，解决温饱进而脱贫致富"。经过多方的艰苦努力，到 2000 年底，国家"八七"扶贫攻坚目标基本实现，农村尚未解决温饱问题的贫困人口减少到 3000 万人，农村贫困发生率降至 3％左右。"八七"计划执行期间，国家重点扶持贫困县地方财政收入年均增长 12.9％，农民人均年收入年均增长 12.8％。

(三)扶贫攻坚阶段(2001—2012 年)

2001 年 5 月 24 至 25 日，中央召开全国扶贫开发工作会议，总结了 20 多年来扶贫开发的成就和经验，部署了之后 10 年的扶贫开发工作。根据会议的精神，国务院于 2001 年 6 月 13 日颁布了《中国农村扶贫开发纲要(2001—2010 年)》。自此，扶贫工作已由解决温饱为主转入解决温饱和巩固温饱并重的阶段。

在党的十六大全面建设小康社会的目标得以提出，这一时期，为实现这一目标，更好地开展扶贫工作，扶贫工作遵循着以人为本和全面协调可持续发展。第一，扶贫更加注重以人为本。针对群体性贫困人口呈现出健康、教育和社会福利等多元贫困的状况，党中央在继续深入推进开发式扶贫战略的基础上，围绕教育、医疗和养老等方面在广大贫困农村建立健全了以最低生活保障制度、新型农村合作医疗制度、农村新型养老保险制度、农村"五保"供养制度为主要内容的农村社会保障制度体系。第二，注重全面协调可持续发展。此阶段，中国共产党坚持统筹兼顾，努力缩小城乡和区域发展差距，2011 年，中共中央、国务院印发了《中国农村扶贫开发纲要(2011—2020 年)》，成为今后一段时期我国扶贫开发工作的纲领性文件。该文件提出要在开发式扶贫基础上以经济建设为中心，以市场为导向发展生产力，瞄准贫困县、贫困村和贫困人口，坚持生态扶贫理念，从"四位一体"总布局出发注重实现生态建设与经济发展有机结合，牢牢把握"开发扶贫、生态建设"这个主题。

（四）精准扶贫阶段（2012—2020 年）

党的十八大以来，党中央把贫困治理放在重要位置，2013 年，习近平总书记到湖南湘西考察时首次做出了"实事求是、因地制宜、分类指导、精准扶贫"的重要指示。精准扶贫和精准脱贫坚持以"精准"为核心要义，围绕解决扶贫过程中"扶持谁""谁来扶""怎么扶"的问题，注重以人为本，使人民过上幸福的生活。2015 年，习近平总书记在贵州考察时，进一步就扶贫开发工作提出"六个精准"的基本要求，即扶持对象精准、项目安排精准、资金使用精准、措施到户精准、因村派人精准、脱贫成效精准。"六个精准"的提出，为精准扶贫指明了前进的道路，从外部政策上实现了对精准扶贫的外力保障。2017 年 10 月，习近平总书记在党的十九大报告中提出："要动员全党全国全社会力量，坚持精准扶贫、精准脱贫，坚持中央统筹省负总责市县抓落实的工作机制，强化党政一把手负总责的责任制，坚持大扶贫格局，注重扶贫同扶志、扶智相结合，深入实施东西部扶贫协作，重点攻克深度贫困地区脱贫任务，确保到二〇二〇年我国现行标准下农村贫困人口实现脱贫，贫困县全部摘帽，解决区域性整体贫困，做到脱真贫、真脱贫。"在精准扶贫的过程中坚持以人民为中心、坚持人民群众的主体地位、走群众路线，积极做好脱贫工作，切实做出成效，帮助困难群众科学有效脱贫。

二、中国农村生产社会救助的形式和内容

贫困问题是历史、经济、地理、自然等诸多因素综合影响的结果。中国政府从贫困地区的实际情况出发，坚持综合治理原则，积极开展各种形式的农村生产社会救助工作。

（一）扶贫开发

1. 整村推进计划

为促进贫困地区经济社会全面发展，2001 年国家在全国确定了 14.8 万个贫困村，逐村制定包括基本农田、贫困农户收入等内容的扶贫规划，整合各类支农惠农资金和扶贫专项资金，统筹安排，分年度组织实施，力求实现贫困群众增收、基础设施提升、群众生产生活条件改善等目标。截至 2010 年底，已在 12.6 万个贫困村实施整村推进，其中，国家扶贫开发工作重点县中的革命老区、人口较少的民族聚居区和边境一线地区贫困村的整村推进已基本完成。

2. 增能与就业救助

多年来，国家大力发展教育，使大批农村家庭经济困难学生通过接受职业教育掌握了就业技能后在城镇稳定就业，从而帮助家庭摆脱或缓解了贫困现象。国家不断健全义务教育、高中阶段教育和高等学校家庭经济困难学生资助体系，从而减轻困难学生家庭经济负担。从 2010 年开始，国家以促进就业为导向，开展了对贫困家庭的初高中毕业生参加职业教育给予直接补助的工作试点。人力资源开发是提高发展能力的有效手段。2004 年以来，中央政府实施以劳动力转移为主要内容的"雨露计划"，对贫困家庭劳动力开展务工技能和农业实用技术培训。截至 2010 年，培训贫困家庭劳动力超过 400 万人次，其中 80% 以上实现转移就业。劳动力培训帮助贫困地区的劳动者实现了就业，增加了收入，学到了新技术，接触到新观念，开阔了视野，增强了信心。

自从中央决定实施健康扶贫工程以来，各相关部门积极部署落实精准扶贫、精准脱贫的决策，发布了一系列与其相关的文件。2016 年，国家 15 个部委联合颁布的文件阐述了新阶段健康扶贫的具体工作安排，架构起了健康扶贫攻坚战的顶层设计。2017 年，国家 6 部委联合印

发的文件要求组织实施针对患大病、重病以及慢性病贫困患者的集中救治、兜底保障以及签约服务管理。国务院扶贫开发领导小组办公室公布的数据显示,截至 2017 年底,在我国建档立卡的因病致贫、因病返贫的 981 万户贫困户、2856 万人中,已有 571 万户、1730 万人实现脱贫,脱贫率达 58.2%;截至 2019 年上半年,脱贫规模达 670 万户,脱贫率上升至 68.30%。另据国家医疗保障局数据显示,农村因病致贫人口已由 2014 年的 2850 万人减少到 2018 年末的 516 万人,健康扶贫工程取得显著成果。

就业救助贯穿于整个就业环节,从就业前的技能培训到最终的工作安排,主要是通过贷款贴息、社会保险补贴、岗位补贴、培训补贴、公益性岗位安置等途径来实现,就业救助涉及的对象越来越广泛,包含残疾人、下岗失业人员、零就业家庭、失地农民工这些生活贫困、有劳动能力但就业困难的失业人员。国家统计局数据显示,2012 年至 2017 年,国家财政社会保障和就业支出分别为 12585.52 亿元、14490.54 亿元、15968.90 亿元、19018.69 亿元、21591.50 亿元、24611.68 亿元[①]。可见国家用于就业救助的资金在逐年递增,这有效解决了困难就业人员再就业问题。

3. 产业扶持

国家通过建设产业化基地,扶持设施农业,发展农村合作经济,推动贫困地区产业开发规模化、集约化和专业化。十多年来,为贫困地区重点培育了马铃薯、经济林果、草地畜牧业、棉花等主导产业。产业扶持有效带动贫困农户实现了脱贫致富。

4. 以工代赈

以工代赈是从 20 世纪 80 年代开始实施的一项农村扶贫政策,重点用于与贫困地区经济发展和农民脱贫致富相关的农村小型基础设施建设,主要包括县乡村公路、农田水利、人畜饮水、基本农田、草场建设、小流域治理等。2001 年至 2010 年,中央政府累计投入以工代赈资金 550 多亿元人民币,有效改善了贫困地区的生产生活条件。

5. 易地扶贫搬迁

在坚持群众自愿的前提下,对居住在生存条件恶劣、自然资源贫乏地区的贫困人口实行易地扶贫搬迁,是改善他们生存环境和发展条件的重要途径。截至 2010 年,中国政府对 770 余万贫困人口实行了扶贫搬迁,有效改善了这些群众的居住、交通、用电等生活条件。在推进工业化、城镇化的进程中,一些贫困地区把扶贫搬迁与县城、中心镇、工业园区建设和退耕还林还草、生态移民、撤乡并镇、防灾避灾等项目相结合,在促进贫困农民转移就业的同时,改善了这些群众获得公共服务的条件。

6. 金融扶持

资金短缺一直是制约贫困人口生存和发展的重要因素。从 2006 年开始,国家在全国 1.36 万个贫困村开展了贫困村互助资金试点,每个试点村安排财政扶贫资金 15 万元人民币,按照"民有、民用、民管、民享、周转使用、滚动发展"的方式支持村民发展生产,建立起财政扶贫资金使用长效机制。开展扶贫贷款财政贴息改革,引导和撬动金融机构扩大贴息贷款投放规模,从 2001 年至 2010 年,中央财政累计安排扶贫贷款财政贴息资金 54.15 亿元人民币、发放扶贫贷款近 2000 亿元人民币。特别是 2008 年国家对扶贫贷款管理体制进行全面改革,通过引入市场竞争机制、扩大扶贫贷款机构经营权限、下放贴息资金管理权限等,进一步调动了地方和金

---

① 国家统计局网站:http://data.stats.gov.cn/easyquery.htm? cn=C01.

融机构开展扶贫开发的积极性,有效改善了贫困群众贷款难的问题。

7.科技扶持

组织大专院校、科研院所作为依托单位,派遣有实践经验的专家和中青年知识分子组成科技开发团,并向扶贫开发工作重点县派驻科技副县长,帮助研究和制定科技扶贫规划,筛选科技开发项目、引进先进实用技术、组织技术培训,解决产业发展中的关键技术问题,提高贫困地区产业开发的技术水平。推广农业技术。围绕贫困地区特色优势产业,采用科技承包、技物结合、典型示范等方式,推广各类先进实用技术,提高种养业生产效率。在贫困地区推进科技特派员农村科技创业行动,鼓励科技人员与农民结成利益共同体,开展创业和服务,引导科技、信息、资本、管理等现代生产要素向贫困地区集聚,促进当地经济社会发展和农民增收致富。以农村青壮年劳动力为重点对象,大规模培养种植养殖能手、致富带头人、农牧民技术员、手工艺制作人才和农业产业化急需的企业经营管理人员、农民合作组织带头人和农村经纪人。

8.特殊地区扶贫试点

为了解决制约贫困地区发展的突出问题,中国政府在一些特殊类型的困难地区开展了符合当地特点的扶贫开发工作。在广西壮族自治区的东兰县、巴马县、凤山县,集中力量开展了解决基础设施建设的大会战。在四川省阿坝藏族羌族自治州,开展了扶贫开发与综合防治大骨节病相结合的试点。在贵州省晴隆县开展了石漠化地区的扶贫开发与生态环境建设相结合的试点。在新疆维吾尔自治区的阿合奇县开展边境扶贫试点。对云南省的布朗族及瑶族山瑶支系开展全面扶贫。在汶川、玉树地震灾区,把贫困地区的防灾减灾与灾后恢复重建有机结合,全面推进灾后恢复重建。通过这些试点,为因地制宜做好扶贫开发工作探索了道路,积累了经验。

9.改善贫困地区基础设施

积极推进乡(镇)和建制村通沥青(水泥)路建设,满足贫困群众的基本出行需求。加强农村公路危桥改造和安保工程建设,改善农村公路网络状况,提高农村公路安全水平和整体服务能力等。加强贫困地区水利建设,着力解决贫困地区农村饮水困难问题,积极推进农村饮水安全工程建设。推进灌区续建配套与节水改造,因地制宜开展小水窖、小水池、小塘坝、小泵站、小水渠等"五小水利"工程建设。在有条件的地区,实施跨区域水资源调配工程,解决贫困地区干旱缺水问题。加强防洪工程建设,加快病险水库除险加固、中小河流治理和水毁灾毁水利工程修复。加强水源保护及水污染防治。解决无电人口用电问题。组织实施一二期农村电网改造工程、中西部地区农网完善工程、户户通电工程、无电地区电力建设工程、新一轮农网改造升级工程和新农村电气化建设工程,提高农村电网供电可靠性和供电能力。因地制宜发展太阳能和风力发电,解决不通电行政村、自然村用电问题。推进水电新农村电气化县建设。

(二)社会组织参与扶贫

1.定点扶持

为加大对革命老区、民族地区、边疆地区、贫困地区发展的扶持力度,国家大力开展定点扶贫工作。国家确定的定点帮扶单位主要包括中央和国家机关各部门各单位、人民团体、参照公务员法管理的事业单位、国有大型骨干企业、国有控股金融机构、各民主党派中央及全国工商联、国家重点科研院校等,定点帮扶对象为国家扶贫开发工作重点县。多年来,定点帮扶单位采取干部挂职、基础设施建设、产业化扶贫、劳务培训和输出、文化教育扶贫、科技扶贫、引资扶贫、生态建设扶贫、医疗卫生扶贫、救灾送温暖等多样化措施开展定点帮扶。

2. 推进东西部扶持协作

自 1996 年开始,中国政府做出部署,安排东部 15 个经济较发达省、市与西部 11 个省(区、市)开展东西扶贫协作工作。东西扶贫协作形式多样,形成了政府援助、企业合作、社会帮扶、人才支持为主的基本工作框架。从 2003 年到 2010 年,东部到西部挂职的干部 2592 人次,西部到东部挂职的干部 3610 人次;东部地区向西部地区提供政府援助资金 44.4 亿元人民币、协作企业 5684 个,实际投资 2497.6 亿元人民币、培训专业技术人才 22.6 万人次、组织劳务输出 467.2 万人次。

3. 发挥军队和武警部队的作用

多年来,军队和武警部队根据国家和驻地扶贫开发总体规划,发挥优势,主动作为,积极参与实施定点扶贫和整村推进扶贫,支援农田水利、乡村道路、小流域治理等农业农村基础设施建设,开展捐资助学、科技服务和医疗帮扶等活动。

4. 动员企业和社会各界参与扶贫

各类人民团体、社会组织、民营企业和广大公众积极参与扶贫开发,针对特殊困难地区和群众脱贫致富的要求,通过定点帮扶、结对帮扶、实施专项扶贫工程、参与具体扶贫活动等多种形式,支持产业发展,援建基础设施,改善生产生活条件。各类组织有效动员有专业技术且致力于扶贫等公益事业的有识之士,积极开展帮助贫困群众脱贫致富的志愿者活动。民营企业积极履行社会责任,通过捐助资金、招聘劳力、建立产业和培训基地等多种方式参与扶贫开发。

(三)国际合作

我国致力于依靠自身的力量解决贫困问题,并注意借鉴国际社会先进的减贫理念和成果,积极与国际社会分享我国在扶贫开发领域的经验和做法,开展国际交流与合作。

20 世纪 90 年代初期,我国就开始利用外资进行扶贫。先后与世界银行、联合国开发计划署、亚洲开发银行等国际组织和英国、德国、日本等国家以及国外民间组织在扶贫领域开展了卓有成效的减贫项目合作。据不完全统计,截至 2010 年,扶贫领域共利用各类外资 14 亿美元,加上国内配套资金,直接投资总额近 200 亿元人民币,共实施 110 个外资扶贫项目,覆盖了我国中西部地区的 20 个省(区、市)300 多个县,使近 2000 万贫困人口受益。

外资扶贫作为我国扶贫开发工作的重要组成部分,把国际上一些先进的减贫理念和方法,例如参与式扶贫、小额信贷、项目评估和管理、贫困监测评价等,逐步应用于我国扶贫实践中,在创新扶贫开发机制、提高扶贫工作水平、开发扶贫队伍人力资源等方面产生了积极影响。

多年来,我国积极参与国际减贫事业,致力于构建国际减贫交流合作平台,与广大发展中国家共享减贫经验,共同发展进步。2004 年我国与世界银行在上海共同召开全球扶贫大会,并与联合国开发计划署等国际机构联合成立中国国际扶贫中心。从 2007 年开始,中国政府和联合国驻华系统在每年 10 月 17 日"国际消除贫困日"期间联合组织举办"减贫与发展高层论坛",探讨国际减贫的形势和问题。中国政府还组织举办了"中国—东盟社会发展与减贫论坛",推动了中国与东盟地区的减贫合作,加快了减贫进程,促进了区域的发展、稳定与繁荣。2010 年,中国政府与有关国家和国际机构共同举办了"中非减贫与发展会议",强调通过"在变革中求发展"的方式削减贫穷,推动千年发展目标在非洲的进程。近年来,中国政府共完成了40 多项国内外扶贫理论与政策研究,培训了 91 个发展中国家的 720 名中高级官员,举办了上百次减贫方面的高层对话会、研讨会、名人论坛和双边互访减贫交流,与墨西哥、阿根廷、秘鲁、委内瑞拉、哥伦比亚、坦桑尼亚、莫桑比克等发展中国家签订减贫合作协议或共建减贫合作中心,在扶贫领域的交流逐步深化。

三、我国农村生产社会救助的特征

坚持开发式扶贫和社会保障相结合。引导贫困地区和贫困群众以市场为导向,调整经济结构,开发当地资源,发展商品生产,提高自我积累、自我发展能力。注重综合开发、全面发展,促进基础设施建设和经济社会协调发展。注重可持续发展,加强资源保护和生态建设。加快推进城乡基本公共服务均等化进程,建立健全农村最低生活保障制度,逐步提高五保供养水平,不断完善自然灾害应急救助体系,建立新型农村合作医疗制度,开展新型农村社会养老保险制度试点,为贫困人口提供基本生存保障。在国家扶贫开发工作重点县推进扶贫开发政策与农村低保制度衔接试点,努力使各项政策覆盖所有贫困人口。

坚持专项扶贫和行业扶贫、社会扶贫相结合。以贫困人口和贫困地区为工作对象,以财政专项扶贫资金为主要资源,以实现贫困人口基本生存和发展为目标,编制专项扶贫开发规划,分年实施。充分发挥各行业部门职责,将贫困地区作为本部门本行业发展重点,积极促进贫困地区水利、交通、电力、国土资源、教育、卫生、科技、文化、人口和计划生育等各项事业的发展。动员和组织社会各界,通过多种方式支持贫困地区开发建设。党政机关和企事业单位定点扶贫,东西扶贫协作,军队和武警部队支援,社会各界参与,形成有中国特色的社会扶贫方式,推动贫困地区发展,增加贫困农民收入。

坚持外部支持与自力更生相结合。通过专项扶贫资金、财政转移支付、部门项目建设、社会各界捐助、引进利用外资等途径,不断加大对贫困地区的资金投入。不断探索参与式整村推进、小额信贷、贫困村互助资金等多种扶贫模式。尊重贫困地区广大干部群众在农村扶贫开发中的主体地位,广泛调动他们的主动性、积极性、创造性。广大干部群众自强不息,不等不靠,苦干实干,积极参与决策、投工投劳,依靠自身力量改变贫困落后面貌。

四、农村生产社会救助存在的问题

1.重视自然资源开发,人力资源开发相对不足

利用贫困地区的自然资源,进行开发性生产建设,逐步形成贫困地区和贫困户的自我积累和发展能力,这是农村生产社会救助取得成效的基本经验之一。在实际操作中,我国的生产社会救助表现为重视对物质资本的投入而轻视对人力资本的投入。但是经济和社会发展的首要因素是人。贫困地区与其他地区之间除了经济收入的差距以外,更显著的是人的思想观念和教育水平的差距,以及由此而引起的文化、劳动、技术素质和创业精神的差距。因此,进行贫困地区的人力资源开发,从长远看是减轻农村贫困的根本性措施。

2.资金使用、运作不合理

目前,生产社会救助和扶贫资金在宏观层次的分配主要有以下几种方式:第一,按项目分配扶贫资金,即根据某一地区项目的大小和多少分配扶贫资金。第二,按"基数＋增量",即上年分配数为基数,仅对增量部分进行分配,各地得到的资金数为"基数＋增量分配数"之和。第三,按因素分配扶贫资金,即考虑各省(区、市)贫困人口数量、农民人均纯收入水平、人均财力水平和政策性调整情况等因素,其中贫困人口数量因素占的比重最大。按项目分配资金,容易出现资金分配中的寻租和下级到上级跑项目的问题。按基数法分配资金,则会出现平均主义,不利于调动起各级各方的工作积极性。大家干好干坏一个样,导致基层扶贫工作只图敷衍了事完成任务。按因素法分配资金的不足之处是没有与扶贫成效的大小、扶贫责任落实的程度、

扶贫资金使用的好坏挂起钩来,扶贫工作做得好、贫困人口减少得多的,得到的资金反而少,不利于奖优罚劣、鼓励先进,因此在一定程度上影响了项目的竞争性和择优性,不利于投资效益的提高。

在微观分配层次,由于大多数生产社会救助资金都是以贴息贷款方式发放的,贫困户尤其是特困户由于还贷能力弱,根本就找不到担保,所以无法得到扶贫款。而能够使绝大多数特困人口受益的种植、养殖业项目,又因还贷周期长、比较利益低,很难得到资助。而由贫困地区政府充当投资主体的加工业,大多数是按传统计划经济模式经营,经济效益差,不多的就业机会往往为少数特权人员占有,贫困、特困人口根本分享不到。这主要是由于生产社会救助和扶贫投入决策机制不健全,项目管理和实施不规范造成的。

3.生产社会救助和扶贫的法律法规不完善

法律法规的完善程度体现生产社会救助制度的成熟度。我国农村生产社会救助制度普遍存在的问题之一即为相关的法律法规不完善。无论是生产社会救助资金管理还是业务运行,都缺乏统一规范的法律体系,致使救助资金使用效率低下,流失、截留等现象较为突出,生产社会救助无法保持长期稳定性,无法得到社会各界的广泛认可和支持。

4.生产社会救助和扶贫缺少贫困人口的积极参与

总体而言,我国的农村扶贫和生产社会救助政策是以政府为主导、以项目为中心的开发式扶贫。这种生产社会救助和扶贫项目、扶贫工程经常被当作政绩工程来完成,将扶贫项目、扶贫工程强加给贫困者。虽然国家积极探索参与式扶贫和生产社会救助,但实际工作中仍是一种自上而下的、单向度的政府行为,贫困人口的参与只是被动的投工投劳,主观能动性和发展决策权没有得到足够的重视和挖掘,这种状况会造成以下一些问题:一是生产社会救助和扶贫项目在实施和管理中缺乏有效的群众监督;二是由于贫困群众对政府组织实施的项目责任感不强,因此缺乏对这些项目进行后续管理和维护的积极性,造成了生产社会救助和扶贫行为的短期性和扶贫资源的浪费;三是生产社会救助和扶贫项目的设计脱离了贫困农户的实际需求,影响了生产社会救助和扶贫的效果,这同样也造成了资源的浪费。导致这种状况的原因如下:一是政府部门对生产社会救助和扶贫项目的设计、实施和管理习惯于包办代替,排斥群众参与;二是政府长期的包办代替,养成群众等、靠、要的依赖思想;三是当前农村大部分劳动力外出务工,留守家里的基本是妇女、老人和孩子,由于劳动力不足,很难组织群众参与。

5.基层力量薄弱影响了政策效力的发挥

“上面千条线,下面一根针”是目前基层工作的真实写照。我国农村地区情况复杂多样,每一位生产社会救助对象的家庭背景各不相同,造成生产社会救助和精准扶贫任务量巨大。但基层工作人员由于编制数量不够往往身兼数职。在面对生产社会救助工作日益多样化、复杂化、动态化情形时,政策的精准实施和规范操作就显得力不从心。基层经办力量薄弱容易造成生产社会救助和扶贫政策实施不到位、对象精确不到位、资金发放不到位等诸多问题,难以保证生产社会救助政策充分发挥作用。

五、完善中国农村生产社会救助的政策建议

1.重视生产社会救助中的人力资源开发

面向当地自然资源的开发式生产社会救助是我国过去扶贫工作的特点,对此战略,我国应继续坚持,并逐步增加资源开发的技术含量,以提高开发效率,减少对环境的不利影响。同时

在自然资源开发的基础上,应当同时侧重对贫困人口的人力资源开发。贫困地区和贫困人口的人力资本开发主要包括:一是在继续从事自然资源开发的过程中通过实用技术的教育来增强开发的技术含量。这样既可以提高资源开发的效率,又可以更多地顺应可持续发展的要求。二是通过推动基础教育、成人教育和科技培训增强农民适应市场、参与竞争的能力。三是通过成功的人口迁移来获得非农就业机会的能力,提高贫困人口流动与就业能力。四是明确健康是人力资本的重要组成部分,进一步增加对农村地区医疗、卫生领域的投入。

2.多渠道增加对农村生产社会救助的资金投入,确保资金使用效率

建议政府继续安排并逐年增加财政生产社会救助和扶贫资金。从政策上引导各类金融组织为贫困人口提供金融服务,积极稳妥地开展小额信贷。加大财政转移支付力度,增加对欠发达地区的投入。组织各级政府机关定点扶贫,开展东部沿海发达省市与西部欠发达地区协作扶贫。广泛动员和组织非政府组织、私营部门和社会各界参与生产社会救助计划。在增加资金投入的同时,要考虑正确的投入方向。要坚持把改善贫困地区基本生产生活条件放在首位,重点投向基本农田、水利设施、道路、能源、通信等基础设施建设和人力资本投入。

3.完善农村生产社会救助法制建设

国家应尽快完善农村生产社会救助相关法律法规,进一步明确农村生产社会救助的有关主体的权利和责任;确定贫困线和贫困监测系统,确定独立的贫困监测机制;确立生产社会救助和反贫困的计划、决策、组织、管理、监督、评价等职责与机构,保证职责明确,程序规范;加强对生产社会救助资金和扶贫资金使用的监督管理,健全管理机制,杜绝挤占挪用生产社会救助资金和扶贫资金的行为发生。

4.提高贫困人口参与能力

没有贫困人口普遍、积极地参与,政府生产社会救助和反贫困计划就难以有效实施。因此要积极鼓励、吸引贫困人口主动参与生产社会救助活动,包括:引导和鼓励贫困人口建立以摆脱贫困为目标的各种生产社会救助组织,通过组织内部的互助、合作来增强生产社会救助和反贫困能力;通过有组织的集体参与,更有效地配合政府的生产社会救助和反贫困计划,建立贫困人口主动参与生产社会救助和反贫困决策和计划的有效渠道;监督政府生产社会救助和反贫困计划的运作,发表反贫困意见,以提高生产社会救助和反贫困的针对性和效率;通过深化农村改革,为贫困人口提供参与生产社会救助和反贫困的制度依据和法律保障,清除当前及今后贫困人口参与生产社会救助和反贫困活动的种种制度约束。

5.加强基层工作人员队伍建设

农村基层生产社会救助能力与水平关乎农村社会救助工作能否得到有力推进,关乎农村困难群体的基本生活问题能否得到及时解决。要确保农村社会生产救助政策以及扶贫政策的有效运行,必须提升农村基层人员的专业水平与执行能力。第一,充实经办人员队伍。基层工作人员十分缺乏,生产社会救助活动开展缓慢,应不断充实基层社会救助工作队伍,鼓励非政府组织和社会成员积极承担相应的救助服务工作。第二,注重能力培训。由于农村基层社会救助工作人员大都是临时聘请的,业务能力相对薄弱,应及时对他们开展相关的业务培训,使其熟知生产社会救助相关政策文件,熟悉业务流程和范围,确保生产社会救助政策的实施不变形、不变味。第三,加强窗口建设。基层办事大厅应开设"一站式"服务窗口,优化办事流程、简化办事手续、加快办事速度,真正让受助群体从"办事易"中感受到党和政府对他们的关怀,提升其满意度和幸福感。

第三节　我国城市生产社会救助

20世纪90年代,伴随着国有企业改革的日趋深化和市场经济的不断发展,下岗失业人员以及他们所赡养的人口成为城市新的贫困群体,高校毕业生就业困难问题凸显,影响到我国经济体制改革的顺利进行和社会和谐,因此,进行城市生产社会救助具有重要的意义。

一、城市生产社会救助的主要对象

1.下岗失业人员

根据《财政部、国家税务总局关于下岗失业人员再就业有关税收政策问题的通知》(财税〔2005〕186号)的规定,下岗失业人员是指国有企业下岗失业人员,即协议期满、但未与原企业解除劳动关系,且仍未再就业的国有企业下岗职工和领取失业保险金期间、尚未再就业的原国有企业的失业人员;国有企业关闭破产需要安置的人员,即已按全国企业兼并破产计划关闭破产的企业中,领取一次性安置费且仍未再就业的人员;国有企业所办集体企业(即厂办大集体)下岗职工;享受最低生活保障且失业1年以上的城镇其他登记失业人员。据统计,国有企业改革中产生了将近3000万的下岗工人。下岗失业人员一般都具有劳动能力和就业愿望,只是客观因素造成该群体难以就业,进而导致生活贫困。

2.高校毕业生

由于我国高校教育往往注重理论知识的学习,缺乏对学生实际社会经验的培养,导致部分毕业生眼高手低,很难在职场中顺利谋求适合自己的职位,高学历失业问题逐渐显露出来。

二、城市生产社会救助的主要内容

生产社会救助是指通过对下岗失业人员、高校毕业生进行政策扶持、能力培训和就业服务等,帮助其进行生产经营或自主就业。

(一)政策扶持

1.收费优惠政策

根据《财政部、国家发展改革委关于对从事个体经营的下岗失业人员和高校毕业生实行收费优惠政策的通知》(财综〔2006〕7号),除国家限制的行业外,凡下岗失业人员从事个体经营的,自2006年1月1日起至2008年12月31日,免交有关登记类、证照类和管理类的各项行政事业性收费(以下简称"收费"),期限最长不超过3年,2005年底前核准免交收费但未到期的人员,剩余期限内按此政策执行;高校毕业生从事个体经营的,且在工商部门注册登记日期在其毕业后两年以内的,自其在工商部门登记注册之日起3年内免交有关登记类、证照类和管理类收费。高校毕业生免交的收费项目具体包括:工商部门收取的个体工商户注册登记费(包括开业登记、变更登记、补换营业执照及营业执照副本)、个体工商户管理费、集贸市场管理费、经济合同鉴证费、经济合同示范文本工本费;税务部门收取的税务登记证工本费;卫生部门收取的行政执法卫生监测费、卫生质量检验费、预防性体检费、卫生许可证工本费;民政部门收取的民办非企业单位登记费(含证书费);劳动保障部门收取的劳动合同鉴证费、职业资格证书工本费;国务院以及财政部、国家发展改革委批准设立的涉及个体经营的其他登记类、证照类和管理类收费项目;各省、自治区、直辖市人民政府及其财政、价格主管部门按照管理权限批准设立的涉及个体经营的登记类、证照类和管理类收费项目。

2.税收优惠政策

《财政部 国家税务总局关于下岗失业人员再就业有关税收政策问题的通知》(财税〔2005〕186号)对商贸企业、服务型企业(除广告业、房屋中介、典当、桑拿、按摩、氧吧外)、劳动就业服务企业中的加工型企业和街道社区具有加工性质的小型企业实体,在新增加的岗位中,当年新招用持《再就业优惠证》人员,与其签订1年以上期限劳动合同并依法缴纳社会保险费的,按实际招用人数予以定额依次扣减营业税、城市维护建设税、教育费附加和企业所得税优惠。对持《再就业优惠证》人员从事个体经营的(除建筑业、娱乐业以及销售不动产、转让土地使用权、广告业、房屋中介、桑拿、按摩、网吧、氧吧外),按每户每年8000元为限额依次扣减其当年实际应缴纳的营业税、城市维护建设税、教育费附加和个人所得税。对国有大中型企业通过主辅分离和辅业改制分流安置本企业富余人员兴办的经济实体(从事金融保险业、邮电通讯业、娱乐业以及销售不动产、转让土地使用权,服务型企业中的广告业、桑拿、按摩、氧吧,建筑业中从事工程总承包的除外),凡符合条件的,经有关部门认定,税务机关审核,3年内免征企业所得税。

3.小额担保贷款

按照中国人民银行、财政部、国家经贸委、劳动和社会保障部《关于印发〈下岗失业人员小额担保贷款管理办法〉的通知》(银发〔2002〕394号)精神,凡年龄在60岁以内、身体健康、诚实信用、具备一定劳动技能的下岗失业人员,自谋职业、自主创业或合伙经营与组织起来就业的,其自筹资金不足部分,在贷款担保机构承诺担保的前提下,可以持劳动保障部门核发的"再就业优惠证"向商业银行或其分支机构申请小额担保贷款。小额担保贷款金额一般在2万元左右,还款方式和计息方式由借贷双方商定,对下岗失业人员合伙经营和组织起来就业的,可根据人数,适当扩大贷款规模。贷款期限一般不超过2年,借款人提出展期且担保人同意继续提供担保的,商业银行可以按规定展期一次,展期期限不得超过一年。贷款利率按照中国人民银行公布的贷款利率水平确定,不得向上浮动。如果下岗失业人员从事的是微利项目,则由中央财政据实全额贴息,展期不贴息。

(二)再就业培训

再就业培训是为帮助下岗失业人员再就业而组织的培训,它的出发点主要是从提高下岗失业人员的劳动技能和经营管理能力着手,强化对下岗失业人员创业意识和能力的培养及提高,帮助其自谋职业,实现再就业。

《关于贯彻落实国务院进一步加强就业再就业工作通知若干问题的意见》(劳社部发〔2006〕6号)中规定,动员工会、共青团等人民团体及社会各方面开办的职业培训机构,为城乡劳动者开展职业培训(含创业培训)。通过招标或资质认定等办法,确定一批培训质量高、就业效果好、社会认可的教育培训机构,作为承担培训任务的定点机构,并将定点培训机构名单向全社会公布。持"再就业优惠证"人员、城镇其他登记失业人员和进城务工的农村劳动者参加职业培训,可享受政府提供的一次性职业培训补贴。职业培训补贴一般采取个人报销补贴方式。对生活确有困难、无力垫付可报销补贴部分的,可采取帮扶措施。定点机构要充分发挥作用,积极落实帮扶措施。承担帮扶任务的培训机构,可为上述人员向当地劳动保障部门申请培训补贴。有条件的地方还可探索以培训券等补贴方式进行帮扶。各级劳动保障部门要制订有关人员的年度就业再就业培训计划,作出相应的资金预算;制定考核培训质量和就业效果的具体办法。对定点机构的培训服务,要会同有关部门实行动态管理,定期进行任务考核、质量评估、财务审计和公示。要建立奖惩制度,对完成任务好的定点机构可增加其承担的培训任务;对完成任务不好的应进行批评、限期整改,资金相应调减;对弄虚作假或经整改无效的,取消定点资格。

(三)就业援助

《关于贯彻落实国务院进一步加强就业再就业工作通知若干问题的意见》(劳社部发〔2006〕6号)要求各地要按照制度化、专业化、社会化的要求,全面推进"以人为本"的就业服务,进一步完善公共就业服务制度,对提高公共就业服务的质量和效率提出明确的措施和工作要求。结合本地实际,认定就业困难对象。提供有针对性的就业服务和公益性岗位援助。凡是由政府投资开发的公益性岗位,要首先满足困难对象就业的需要。各地公共就业服务机构对持"再就业优惠证"人员、城镇其他登记失业人员和进城登记求职的农村劳动者应免费提供政策信息咨询和职业介绍服务;对其中持"再就业优惠证"人员,应免费提供享受扶持政策的帮助指导和相关服务;对各地认定的就业困难对象还应免费提供一对一的职业指导和就业援助。从事公益性岗位工作的就业困难对象,可按通知规定享受与其劳动合同期限相应的社会保险补贴。其社会保险补贴手续由提供公益性岗位的单位凭"再就业优惠证"、劳动合同、社会保险缴费凭证等相关材料,到当地县级以上劳动保障部门办理。对国有企业下岗失业人员、厂办大集体企业下岗职工、国有企业关闭破产需要安置人员中的"4050"人员在公益性岗位工作超过3年的,可帮助其办理延长社会保险补贴期限相关手续,超过3年的社会保险补贴所需资金由地方财政解决。社会保险补贴具体办法按资金管理通知执行。各地可根据实际,对在公益性岗位工作的就业困难对象提供适当的岗位补贴,补贴标准和办法由当地政府确定,所需资金由地方财政解决。各地要制定免费就业服务年度计划,并对公共就业服务机构实行职业介绍补贴与免费服务绩效挂钩的管理制度,对各个公共就业服务机构开展免费就业服务的对象规模、服务项目、服务质量和服务效果提出明确的目标任务,对其完成任务情况进行定期考核,根据其开展免费服务的绩效拨付资金。各地要采取有效措施,引入竞争机制,鼓励和引导社会各类职业中介机构积极为求职者提供就业服务。各类职业中介机构按规定提供免费服务的,可按其实际介绍就业成功人数,凭相关证明材料向当地劳动保障部门申请职业介绍补贴。职业介绍补贴标准和具体办法由各省、自治区、直辖市根据资金管理通知制定。

复习思考题

1. 简述生产社会救助的内涵、特点及原则。
2. 生产社会救助的功能和意义何在?
3. 我国农村生产社会救助有哪些主要内容?
4. 城市生产社会救助的主要内容有哪些?

第六章　医疗社会救助

> 健康权利作为人的一项基本权利日益受到社会广泛关注和各国政府高度重视。医疗救助对于保障社会贫弱群体的健康权益具有十分重要的意义。本章对医疗救助的概念作了界定,介绍了医疗救助的主要内容,重点对医疗救助制度及运行,如医疗救助范围及对象的确定、救助资金的筹集和管理等作了理论分析与实践总结;以我国医疗保障制度改革为背景,总结了我国医疗救助制度的产生和发展历史,对现行救助制度的内容作了概括分析,并对我国医疗救助制度存在的问题和完善思路进行了探讨。

第一节　医疗社会救助概述

一、医疗社会救助的基本内涵

医疗社会救助是指政府依法从资金及技术上,对因病而无经济能力进行治疗的人员,或者因支付数额庞大的医疗费用而陷入困境的人员,提供直接医疗服务或经济支持,帮助他们获得必要的医疗服务,改善健康状况的救助措施和行动。

医疗救助的建立是基于对人们健康权的保护,让每个人都能够获得应有的医疗服务。1948年世界卫生组织(WHO)在其宪章中将健康定义为"不仅指没有疾病和虚弱,而且要有健全的身体、精神及社会适应性方面的完好状态。"作为人的一项基本权利,健康权与生存权和发展权一样,日益受到社会广泛重视。世界卫生组织《组织法》中提出,政府对其人民的健康负有责任,只有通过适当的卫生保健和社会措施才能履行其职责。可见,改善贫困人群的健康状况是政府义不容辞的责任,因此,必须在政府的主导下,对贫困人群实行医疗社会救助,以保障他们的基本生存权。

疾病直接危害人的身体健康,甚至生命安全,治疗疾病需要耗费巨大的经济资源。从个人角度来看,一个长期疾病患者的治疗费用占个人消费支出的比例非常高,甚至超过正常的生活消费支出,导致家庭陷入贫困。为了摆脱疾病的困扰,除通过个人努力外社会也需要给予应有的帮助。历史上很早就出现了疾病救助活动,几乎与生活贫困救助同时产生,如在早期的慈善救助中就有"施医助药"等慈善救助,而且一直延续至今。现代文明国家都非常重视国民健康,采取各种方式防范和控制疾病风险。有的国家采取国家卫生服务模式(英国),有的国家采取社会医疗保险模式(德国,我国也属于该模式),有的采取商业保险模式(美国),有的采取储蓄医疗保险模式(新加坡),为国民提供全面可靠的医疗卫生服务保障。在这些模式中除了国家卫生服务模式把医疗服务基本包下来以外,其他模式都无法满足全体社会成员对卫生服务的需求,有些人可能因为无力支付巨额的医疗费用,长期遭受疾病痛苦,陷入贫病交加的困境。这时就需要政府和社会给予应有的帮助,实施医疗社会救助。因此,凡是实行社会医疗保险、商业医疗保险和储蓄医疗保险的国家都建立了与保险制度相配套的医疗救助制度,为国民提供适宜、可及的基本卫生服务。

改革开放以来,我国社会经济得到了长足发展,国民经济保持平稳较快发展,综合经济实力明显增强,人民的生活水平也得到明显提高。但是随着经济增长方式的转变,经济结构、产业结构和就业结构的调整,加上长期以来过分追求经济效益而忽视了社会事业的协调发展,尤其是社会保障和卫生事业的发展严重滞后,"看病难、看病贵"成为最突出的社会问题之一。越来越多的研究表明,疾病,尤其是大病重病,不仅对劳动者个人健康和生命安全造成巨大的损耗与威胁,也极大地破坏了社会生产力。疾病已经成为我国城乡居民贫困的主要原因之一,"看病难、看病贵"的问题在贫困居民中显得更为突出和激烈。"因病致贫、因贫致病"成为我国反贫困的重要任务和挑战。因而,无论是从抵御疾病对社会经济发展的影响,还是从缓解社会矛盾,促进社会公平、和谐、稳定的角度来看,建立政府主导的医疗救助制度,保障贫困人群基本健康权和生存权都显得十分必要。随着国家经济实力的增强和对居民基本权益的日渐重视,在构建社会主义和谐社会的政治背景下,我国的城乡医疗救助制度逐步得以发展。

二、医疗救助制度的主要内容

总结发达国家的医疗救助制度,我们可以发现一个成熟的医疗救助制度必须包括:救助制度要实现的救助目标、救助的责任主体、救助对象及救助范围、提供救助的方式、救助资金筹集与管理、救助申请审批程序等内容,近几年国家也越来越重视救助监督及绩效的评估等内容。以下就几个主要内容做以简单介绍。

(一)救助目标

救助的理想目标是能够满足贫困人员的基本医疗需要。但在现实中这是一个可能的标准,也就是说,必须依据财政支付能力来设定政府的救助目标,它是一个地区医疗救助水平和能力的标志。病人的医疗需求与政府财政形成的救助能力是两个概念。由于各地的经济社会发展水平,特别是财政收入状况的差异,医疗救助水平也存在着差异。救助目标一般以政府财力可承担的医疗救助费用为限。

(二)救助主体

医疗救助主体是指在医疗救助实施中承担救助义务的责任主体,责任主体应当有四类:一是管理主体,包括各级政府及其相关职能部门,其中主要是由医疗保障部门承担社会救助管理和实施责任。二是资金供给主体,包括政府财政部门、社会组织等。政府财政部门以财政预算形式提供救助资金并进行医疗救助基金管理,是救助资金来源的主渠道;社会组织和个人捐助救助是救助资金的补充来源。三是服务主体,包括政府职能部门、基层社区组织及医疗卫生服务供给机构和工作者等,其主要任务是组织实施救助和提供救助服务。四是监督主体,包括政府行政执法部门(医疗保障局、财政、审计)、司法部门、社会监督机构、新闻舆论监督等部门,从不同角度对社会救助工作进行监督。

(三)救助对象

确定救助对象是医疗救助的首要难点。医疗救助的对象属于医疗上的弱势人群,即医疗弱势人群,其具体概念是指由于经济原因无法获得基本医疗服务的一类人群。如何选择那些真正有需要的人群,成为医疗救助一个非常关键的问题。随着我国基本医疗保障的逐步完善,以及人群疾病谱的巨大改变,重特大疾病的灾难性医疗支出导致贫困的问题日益凸显。从理论上来说,由于事物总是处于变化中,医疗贫困可能发生在任何人身上,当家庭发生重特大疾病时,可能因为贫困放弃治疗,也可能因为高额的自付费用陷入贫困。因此在界定医疗救助对象时,应兼顾"经济贫困"和"医疗贫困"两项指标,即应综合运用"客观经济指标评估法"和"医疗需求定位法"来确定医疗救助的对象。

"客观经济指标评估法"是按经济收入或支出作为划分是否贫困以及贫困程度的标准,其中一个常用的指数是人均收入,具体的方法如贫困线外推法。国际上贫困线的划分,通常是根据衣、食、住在内的基本生活需求能否满足来确定,医疗、教育等非生存资料的支出并未计算在内。如果利用贫困线来界定医疗救助对象,贫困线以上的临界贫困人群一旦发生了医疗费用,就很有可能陷入贫困。所以,医疗救助的标准线应较贫困线高出一些,在确定医疗救助标准线时,一般将贫困线标准向外扩展一定比例来确定医疗救助对象。

(四)救助方式

医疗救助办法是救助实现的途径和措施。它是政府部门、社会有关单位,包括社会组织在内在医疗救助中履行职责或发挥优势而采取的各种方法的汇集。它们具有一定的替代和互补性,可通过不同的途径开展医疗救助,以不同的运行方式达到救助的目的。医疗救助的多样性,增大了对不同救助对象实行救助的可能,使医疗救助的普遍性和可及性得到加强。

不同的国家在对贫困人群实行医疗救助的过程中采用的方法也不尽相同,各地都是根据本地经济、社会发展水平和财政收入状况,采取多种医疗救助方式和途径。大致有以下几种:

第一,对医疗社会救助对象的医疗费用进行一定比例的减免或完全减免。

第二,一些国家和地区的财政部门设立一定的专项资金,专款专用。

第三,行会、工会等社会组织对会员进行互济互助,费用来自该组织的储备金或者是从单位福利费、工会经费、个人缴费中提取的一定比例。

第四,社会或慈善组织为病贫人员组织开展的义诊、义捐和无偿义务,大体有以下形式:①慈善医疗机构、福利医院,免费对持医疗救助卡的贫困人口进行医治服务。②慈善募捐。由慈善组织或其他社会组织发起,对特定贫困病人开展爱心募集资金活动,所筹资金专款专用,所剩部分再去救治新的对象。③定期义诊。医院与社区达成协议,定期轮流派医护人员或医疗救助志愿者无偿地到社区,对符合医疗救助条件的人员进行上门服务。

(五)救助资金的筹集和管理

1.资金的筹集

资金的筹集是开展医疗救助的基本前提。无论从健康公平的角度,还是伦理学的角度或者是社会发展的观点,对贫困人群实行医疗救助是一个长期的行为,医疗救助资金的筹集不应当是简单的"谁出钱"的短期问题,所以从一定意义上讲,资金的筹集就显得十分重要。

从全球来看,绝大多数发达国家和若干发展中国家利用国家财政总收入的一部分作为贫困人群实施医疗社会救助的资金,对贫困人群实行了减、免费医疗制度。例如,美国早在1965

年就通过立法建立医疗社会救助计划。在韩国,10％的贫困农民由政府提供医疗费用救济。在墨西哥,由政府开办的医疗机构或政府与保险协会所属医院签订合同为贫困农民提供免费服务,均来自政府的税收收入。德国医疗救助主要针对加入医疗保险有困难的人群,采用的形式是由政府资助其享受医疗保险待遇,如失业者的医疗保险费由劳动局支付,养老金领取者的医疗保险费由养老保险机构承担。

也有国家通过社会捐赠来筹集医疗救助资金。如新加坡建立了政府补贴和医疗基金制度相结合的医疗救助制度,于1993年特别建立了为帮助贫困人群支付医疗保健费用的捐赠基金——保健基金(medifund),并由政府不定期从财政预算中向该基金拨款,意在为那些尽管有医疗储蓄和医疗保障仍不能支付医疗费用的人提供最后的医疗援助。

我国医疗救助资金的主要来源于三个部门:一是通过财政预算拨款;二是专项彩票公益金;三是社会捐助。目前我国医疗救助资金主要来自中央和地方财政投入,通过捐赠渠道来的资金相对较少。中央和各级地方财政每年都要安排医疗救助资金并列入同级财政预算。中央和省级财政还会安排资金对困难地区给予适当补助。为确保医疗救助制度的顺利实施,各级政府应从维护困难群众的生存发展权益出发,不断加大医疗救助资金投入。

2.资金的管理

在我国,医疗救助基金纳入社会保障基金专户,专项管理、专款专用,不得提取管理费或列支其他任何费用。医保、财政、监察、审计等部门要加强对基金使用情况的监督检查,发现问题及时纠正,并及时向当地政府和有关部门报告。要定期向社会公布医疗救助基金的筹集和使用情况,接受有关部门和社会的监督。对虚报、挤占挪用、贪污浪费等违法违纪行为,按照有关法律法规严肃处理。

为保证资金的安全运行,医保部门要主动与财政等部门进行沟通和协商,共同研究分析当地贫困人口的医疗状况,科学预测资金需求。医保部门制订的医疗救助基金年度收支计划与财政部门协商后报同级人民政府批准执行,同时,要定期向财政部门、上级医保部门报送收支计划执行情况。为了确保医疗救助资金的使用,省级和试点县(市、区)每年根据本地开展救助工作的实际需要和财政状况在年初财政预算中合理安排医疗救助资金。加强对资金的管理,同时,要进一步严格申请、审核和发放程序,确保资金的安全运行。为了给救助对象提供更加安全、便捷的服务,各地要结合实际,积极探索资金发放的支付方式。

(六)医疗救助的申请和审批

我国医疗救助一般实行属地化管理原则。因此,不仅是各个国家的申请和审批程序不同,即使在一国之内,不同的地区之间可能还有差异,但一般是由当地政府相关部门主导,基本程序大体一致。

首先,贫困人群提出申请,提供所需病史材料、身份证明、财产证明以及已经接受地方相关部门医疗救助情况等资料。

其次,政府行政部门收到申请后对申请人的经济收入、病情、已享受政府财政之外的医疗救助等情况进行核实,对其是否具有享受资格进行审查。对救助对象严格审核主要是防止因审核把关不严出现错、漏情况,使真正需要救助的人及时地得到有效救助。在核实无误之后,对符合条件者进行审批,给予某种形式的认定,比如发放"医疗救助卡"等。

最后,审批合格的申请者享受医疗社会救助待遇。

三、医疗社会救助的基本功能

1.实现医疗卫生服务的可及性和可得性,促进医疗公平

医疗卫生服务可及性指的是人们寻求并且获得医疗服务的难易程度,反映了人们享受医疗服务的机会公平和条件公平。医疗卫生服务的可及性可以用卫生技术人员分布、医疗机构及病床数分布、医疗服务实际利用率、医疗服务距离可及性等指标来衡量。经济因素是影响卫生服务可及性的关键因素,它决定了需要利用卫生服务者或潜在需要利用卫生服务者,是否有能力支付其所需要的卫生服务费用。

医疗卫生服务可得性是指政府和社会力量为居民提供的,且居民能够享受到的卫生资源种类、数量以及卫生服务能力水平。衡量卫生服务可得性的指标有:卫生总费用占国内生产总值(GDP)比例、财政卫生支出占财政总支出比、财政卫生总费用、财政卫生总费用占财政支出比、卫生总费用个人负担比、每千人病床数、年开放总床数、每千人卫生技术人员数、每千人医生数、每千人护士数、社区卫生服务中心覆盖人口数、每千人社区观察床位设置数、社区卫生服务中心平均日开放时间等。

医疗社会救助能够实现医疗卫生服务的可及性与可得性。一是医疗社会救助有利于医疗卫生中的机会公平。机会公平就是要使社会中的每个人同样享有基本医疗服务的机会,使医疗卫生服务产品在各个地区各个人群中得到合理的分配,每个有需要基本医疗服务的人都能够得到满足。二是医疗社会救助有利于医疗卫生服务的结果公平。医疗卫生服务的结果公平,体现在健康和收入分配调节两方面。一方面,医疗救助在一定程度上解决了经济贫困人群的医疗费用的负担,使得贫困导致的无钱就医状况得到了缓解,保障其能够得到一定数量和质量的卫生服务,促进了社会的健康公平。另一方面,对贫困人群给予医疗救助,这是收入二次分配的具体体现,可以改善贫困人群的生活状况和生存状态。从这个角度来讲,医疗救助在一定程度上改善了居民收入分配的公平,发挥了社会保障制度的二次分配作用。

2.有助于提高效率

社会再生产是由物质产品再生产和劳动力再生产共同构成的。其中,劳动力再生产是关键。贫困劳动者受到疾病的困扰,会影响到自身的劳动能力,严重的甚至会导致劳动力再生产的中断,而医疗社会救助对劳动者特别是贫困人群施行救助,对他们的身体健康、家庭经济生活稳定以及恢复和保护劳动力方面都起到重要的作用。

合理分配医疗卫生资源。医疗支出符合边际效用递减规律,如果卫生服务一味地由较富裕的人群享受,国家不采用任何政策使其向贫困人群倾斜,就整个社会来说,会使医疗支出的边际效用呈递减趋势。对贫困人群实施医疗社会救助,不仅可以缓解他们的收入压力,也能给全社会带来更好的健康状况和更多的边际效用,从而提高了整个国家的医疗支出投资效率。因此,有效的医疗社会救助不仅可以保证卫生服务的可及性,促进健康公平,还能在一定程度上提高卫生资源的使用效率。

3.有利于维护社会稳定

疾病不仅会导致弱势群体在经济上陷入困境,如果很严重而得不到及时治疗的话,还会给他们的心理造成很大的负面影响,会引起他们的焦虑感和对社会的不满,这种不满情绪会通过言语、行动等影响、威胁到社会的稳定。实行医疗社会救助制度,政府和社会对贫困人员实施专项帮助和支持,帮助贫困人群分担疾病风险,使没有经济来源、经济困难、遭遇不幸和其他社

会成员在失去工作能力或工作岗位后,还能维持基本的生活水平、享有基本的卫生服务、满足基本的健康需求,这样就能够重塑社会公平,增强公民的归属感,促进社会稳定发展。

4. 有利于保护人权

医疗社会救助制度作为专项救助,就是要抵御疾病经济风险,保障贫困脆弱群体和贫困边缘人群能够不因生活的窘困而使医疗服务的可及性受阻,同时遏制疾病经济风险对基本生活带来的毁灭性打击,这也是保障贫困人群健康权和基本生存权的重要手段,体现了国家对人权的尊重。

5. 完善医疗保障体系和卫生体制改革的需要

医疗社会救助是社会救助和医疗保障体系中的重要组成部分,也是我国当前医疗卫生体制改革的重要内容。社会医疗保障制度主要由三部分组成:医疗社会救助、基本医疗保险和补充医疗保险。基本医疗保险是通过立法形式强制推行的,是法定的医疗保险制度。它保障了基本医疗,为大多数人普遍发生的疾病费用提供帮助。对于发生概率相对较小的疾病,以及特殊人群不同层次的医疗需要,则通过补充医疗保险来实现保障。对于经济困难,无力支付医疗费用的贫困人员,则需要依靠医疗社会救助。医疗社会救助是多层次医疗保障制度中的一个很重要层次,在整个医疗保障制度中起了一个托底作用。

建立医疗社会救助制度能促进卫生体制的配套改革。医疗机构作为医疗救助的实施机构,其设置、服务水平、价格等因素,直接影响医疗社会救助的规模、时间和效果。医疗社会救助体制的建立,将推动多层次、满足不同需求的医疗机构的建立,有利于卫生服务的投入由供方为导向转向以需方为导向,推动医疗机构提供更好的服务。

第二节　我国医疗救助制度

一、改革开放之前的医疗社会救助制度

20 世纪 80 年代以前,医疗救助的概念和做法主要用于我国农村扶贫或加强农村初级卫生保健的工作中。新中国成立后,随着农村合作化运动的掀起和农村集体经济地位的确立,合作医疗制度得到了空前的发展。合作医疗制度是一种政府支持下,按互助共济的原则建立起来,由群众集资,为广大农村居民提供基本医疗卫生保健服务的医疗保障制度,萌芽于 20 世纪 40 年代陕甘宁边区出现的卫生合作社,正式出现合作医疗制度是在 1955 年农业合作化运动的高潮时期。当时的具体做法是:由农业生产合作社、农民群众共同筹资建立保健站;农业生产合作社从公益金中拿出 15%～20%,每个农民每年再交少量保健费,形成合作医疗基金,农民免费就医;农村保健医生的报酬采取记工分和支付一定现金的形式。1958 年,全国合作医疗覆盖率达到 10%;1962 年合作医疗覆盖率接近 50%,到 20 世纪 60 年代中期,县、乡(公社)、村(生产大队)三级医疗卫生机构绝大多数建立起来,基本上形成了一个农村医疗卫生网;到 20 世纪 70 年代中期,合作医疗在全国农村范围内广泛建立,达到 90%,依据"低水平、广覆盖"的原则,保证了广大农民最基本的医疗服务需求。到改革开放前,基于集体经济,依托于合作医疗和五保制度,医疗救助虽然没有单独建制,但是患病的贫困农民却是可以得到低水平的救助。联合国妇女儿童基金会在 1980—1981 年年报中指出,中国的"赤脚医生"制度在落后的农村地区提供了初级护理,为不发达国家提高医疗卫生水平提供了样板。世界银行和世界卫

生组织把我国农村的医疗合作称为"发展中国家解决卫生经费的唯一典范"。

城镇这一时期的医疗制度主要是以企业职工为对象的劳保医疗制度和以机关单位干部为对象的公费医疗制度，政府通过卫生部门向享受人员提供制度规定范围内的免费医疗服务。

劳保医疗制度是我国劳动保险制度的重要组成部分，其实施对象是企业职工。1951年颁布的《中华人民共和国劳动保险条例》标志着我国劳保医疗制度的诞生。劳保医疗是我国国有企业职工患病或负伤按照劳动保险制度所享受的个人免费医疗办法。实行劳保医疗的企业职工，他们的医药费用凭单据由单位全额报销，其供养直系家属实行半额报销。医疗费用的资金来源是企业的福利费用，属于企业自我医疗保障。由于劳保医疗分散在各个企业自行管理，企业"办社会"现象十分严重，加重了企业的社会负担。

公费医疗制度是国家机关、事业单位、社会团体工作人员实施提供免费就医待遇的医疗保险制度。公费医疗费用由政府拨款，被保险人凭工作证和公费医疗证按照平均分配的原则免费就医，向每一个被保险人无偿提供他们治疗时所需要的卫生医药资源。

不管是劳保医疗制度还是公费医疗制度都实行的是近乎零价格的医疗付费方式，这种医疗服务付费方式刺激了不合理的医疗需求，使一部分消费者的消费行为发生偏差，"小病大养""一人公费劳保，全家看病吃药"的现象比较普遍。同时，不限额报销的形式带来了医疗资源浪费现象，医院和医生则只管提供服务，在医疗服务的提供者和消费者都不承担费用责任的情况下，医疗经费超支严重，医疗资源利用效率低下。

无论是农村的合作医疗制度、公费医疗还是劳保医疗制度，都是计划经济的产物，都带有"大锅饭"的特点，它们所包括的对象是非常具有普遍性的。当时，尤其是在城镇，由于实行了免费医疗制度，从某种意义上说，也就没有必要建立医疗救助制度。

二、现代医疗社会救助制度的建立

我国现代医疗救助制度是与社会主义市场经济体制相适应，与现代社会保障制度相结合的医疗救助制度，它与我国的职工医疗保险制度、城乡居民医疗保险制度等共同组成了我国的基本医疗保障网络，在保障功能与作用上补充了医疗保险制度保障不足的问题，是我国医疗保障制度的最后一道防线。

1.建立现代医疗救助制度的背景

在农村，合作医疗作为中国农村医疗保障的主体，20世纪60—80年代，在保障农民健康、提高农民生活水平方面曾发挥了重要作用。20世纪70年代末到80年代中，随着家庭承包责任制推行、人民公社制度废除，农村经济体制发生了巨大的变化，集体经济名存实亡，以集体经济为依托的农村基层卫生组织和合作医疗制度也遭到严重削弱，农村合作医疗出现了萎缩，农民失去了最基本的医疗保障，农村医疗卫生状况急剧恶化。这导致大部分农民看不起病，"因病致贫""因病返贫"现象不断出现。为改善农村医疗卫生状况，减轻疾病对农户家庭的冲击，从20世纪90年代起，我国政府积极在全国范围内开始探索、重建农村合作医疗制度。2002年10月29日，《中共中央、国务院关于进一步加强农村卫生工作的决定》明确指出：要"逐步建立以大病统筹为主的新型农村合作医疗制度"，"到2010年，新型农村合作医疗制度要基本覆盖农村居民"。2003年初，我国政府开始试点推行新型农村合作医疗制度。自此，我国农村合作医疗制度建设步入了一个新的阶段。

在城镇实行公费医疗和劳保医疗制度的过程中，由于机关和用人单位对职工医疗费用包揽过多,职工不负担或负担很少的医疗费,缺乏自我保障意识和节约意识,资金浪费严重,对政府财政形成了巨大压力,因此医疗保障体制的改革刻不容缓。1998年,在国务院发布了《关于建立城镇职工基本医疗保险制度的决定》(国发〔1998〕44号)后,要求在全国范围内进行城镇职工医疗保险制度改革,所有用人单位(包括机关事业单位)及其职工全部参加城镇职工基本医疗保险制度。此后,全国大部分地区根据文件精神,陆续取消了公务员公费医疗,对在职和退休公务员(离休人员除外)实行医疗保险,完成了与城镇职工基本医疗保险制度的接轨。同时,国发〔1998〕44号文要求城镇所有用人单位,包括机关、事业单位、社会团体、企业(国有企业、集体企业、外商投资企业、私营企业等)、民办非企业单位及其职工,都要参加基本医疗保险。基本医疗保险费由用人单位和职工共同缴纳。其中用人单位缴费率控制在职工工资总额的6%左右,职工缴费率一般为本人工资收入的2%。至此,劳保医疗逐渐被城镇职工基本医疗保险所取代。

同一时期医疗体制的改革也正如火如荼地进行。1984年,中共十二届三中全会通过的《中共中央关于经济体制改革的决定》,标志着城市经济体制改革全面展开,这为中国医疗卫生体制改革奠定了基础。1984—1997年期间我国基本确立了市场导向的医疗体制改革模式,医疗机构引入城镇企业改革的承包责任制,实行企业化运作的经营模式。政府倾向于激励医疗机构自收自支,以此替代财政在卫生领域的开支。此时激励机制将医生、医疗机构收益与服务供给规模相捆绑,医疗机构倾向于通过增加收费以获取利润并提高医护人员收入。政府财政逐步退出卫生领域,鼓励医院创收,将医院设定为差额财政拨款单位,具体做法就是首先增加医院收费项目,其次通过承包责任制的确立合理化医院收费。在这样的背景下,医院开始注重效益而忽视公益性,积极创收,通过增加服务项目、提供过度服务和超前消费等手段来推动医疗消费的增长,以增加经济收入,这就导致医疗费用不断上涨。

2.现代城乡医疗救助制度基本确立

随着改革后原有的农村合作医疗纷纷解体,城市公费医疗制度和劳保医疗制度向医疗保险制度转变,原有的全面医疗保障网被打破,现行的医疗保障制度只能覆盖部分人群,大部分城市低保对象、农村五保户、农村特困家庭等困难群体无法享受到医疗保障。尤其是在医疗费用不断上涨的背景下,困难群体看病难、看病贵问题更加突出,因病致贫、因病返贫的现象越来越严重。因此,国家开始出台医疗救助政策弥补医疗保障制度的不足,着力解决困难群体的看病问题。党的十六届三中全会提出了建立健全包括社会医疗救助在内的多层次的医疗保障体系。《中共中央关于构建社会主义和谐社会若干重大问题的决定》提出了"建设覆盖城乡居民的基本卫生保健制度"的战略构想,并将"发展社会医疗救助""完善城镇职工基本医疗保险""建立以大病统筹为主的城镇居民医疗保险"和"推进新型农村合作医疗"并列提出,作为实现全民医保目标的四大基本措施。2003年11月,民政部、卫生部、财政部颁布《关于实施农村医疗救助的意见》,2005年3月,国务院办公厅转发民政部、卫生部、劳动保障部、财政部《关于建立城市医疗救助试点工作意见》以来,中国初步建立起覆盖城乡的医疗救助制度框架与服务体系,医疗救助制度成为医疗保障和医疗卫生服务体系重要部分。2009年6月,国家民政部等四部委下发了《关于进一步完善城乡医疗救助制度的意见》(民发〔2009〕81号),这标志着我国医疗救助制度改革进入一个新的阶段,这份文件中明确提出了"要用3年左右的时间,在全国基本建立资金来源稳定,管理运行规范,救助效果明显,能够为困难群众提供方便、快捷服务的医疗救助制度"。2015年,《中共中央国务院关于打赢脱贫攻坚战的决定》通过,将开展医疗保险和医疗救助脱贫,努力防止因病致贫、因病返贫。2016年,国务院出台《关于实施健康扶贫工程的指导意见》,正式开始全面实施健康扶贫工程,计划以我国各级人民政府及其有关部门、商业保险公司以及其他机构为主体,在基本医疗保险、补充商业保险、医疗救助等方面采取多样化手段,以保障贫困人口及时得到足额救治费用、大幅降低个人就医费用负担。2018年3月,根据第十三届全国人民代表大会第一次会议批准的国务院机构改革方案,将人力资源和社会保障部的城镇职工和城镇居民基本医疗保险、生育保险职责,国家卫生和计划生育委员会的新型农村合作医疗职责,国家发展和改革委员会的药品和医疗服务价格管理职责,民政部的医疗救助职责整合,组建国家医疗保障局,作为国务院直属机构。至此,原民政部门的医疗救助职能就划归新组建的医疗保障局,在体制上保障了医疗救助与基本医疗保障实现统筹管理。

目前,我国城市医疗救助制度和农村医疗救助制度于2015年底合并实施,为城乡困难居民提供最大限度的医疗卫生服务,保障城乡全体居民都能够较为均等地享受到最基本的医疗卫生服务。我国城乡居民医疗社会救助方式目前也是比较多元化的,这种多样性增大了救助对象获得救助的可能性,体现了社会救助的社会化,代表着社会的进步和文明。具体来看,主要有以下几种:

(1)医疗费减免。这是医疗社会救助的基本形式。这种形式主要是通过政府颁布文件,强制要求国有医疗机构对医疗救助对象在挂号费、治疗费、药费、住院费等费用实行一定比例的减收或全部免收,设置起付、封顶和共付比例对自负费用进行限制。符合享受医疗社会救助条件者在公立医院看病时凭救助证享受20%~30%(甚至更高比例的折扣)的减免,医疗服务的成本由公立医院和医疗救助资金分担。其依据是国家对公立医院有较大的资本投入,且是免税的,因此应该通过让利的形式承担部分社会责任。在医疗救助实践中,社会医疗保险和大病保险制度对贫困人口实行政策倾斜,降低贫困人口大病费用实际支出。自2016年起,对低保特困和建档立卡贫困人口大病保险起付线降低50%。个别省份调整了起付线和报销政策:宁夏、陕西等地将起付线下调至3000元。贵州对36种慢性病的门诊及转诊住院取消起付线。甘肃省统一将精准扶贫建档立卡贫困对象、城乡低保、特困救助供养人员纳入大病保险,对城乡居民医疗费用经现行基本医疗保险、大病保险报销后的个人自负合规医疗费用超过3万元以上的部分(不含3万元),大病保险再次给予按比例分段递增报销。

(2)医疗救助基金。贫困人口的医疗困境主要表现为无力承担高额的医疗费用,特别是大病重病的费用。政府为解决特困职工因经济收入过少,同时又因负担医疗费用过重而基本生活得不到保障的问题,对鳏、寡、孤、独及发生特殊困难或特殊疾病的人员,政府出面多方筹集资金,建立特困人员医疗社会救助资金,对特困人员因医疗费支出过大造成的困难给予救济,以减轻他们就医的直接经济负担。四川甘孜州制定了享受卫生扶贫基金和医药爱心基金救助的政策。对符合条件的建档立卡贫困人口的医疗费用,按照基本医保、大病保险、倾斜支付、医疗救助、疾病应急救助的顺序予以保障,统筹使用卫生扶贫救助基金、医药爱心扶贫基金、重大疾病慈善救助基金等,通过以上综合措施确保贫困患者县域内住院和慢性病门诊维持治疗医疗费用个人支付占比均控制在5%以内。

(3)慈善救助。虽然政府对贫困人群的医疗社会救助工作有着不可推卸的责任,但要将政府财政投入覆盖到所有的贫困人群并长久坚持下去,就我国目前的国力来看是不现实的。因此,依靠社会的力量就显得尤为重要。开展慈善救助主要有慈善募捐和定期义诊。慈善募捐是由慈善组织或其他社会组织发起,对特定贫困病人开展献爱心募集资金活动,所筹资金专款专用,所剩部分再去救治新的对象。定期义诊是医院与社区达成协议,定期轮流派医护人员或医疗救助志愿者无偿到社区,对"三无"等符合医疗救助条件的人员进行义诊、上门服务。

(4)创立福利医院或慈善医院。这是地方政府出面组织、动用社会各界资源创立的专门为贫困人口服务的医疗机构。如上海浦东慈善医院是国内首家建立的慈善医院,也是上海市目前唯一的一家完全依靠社会力量支持运作的慈善医院。它是由上海市浦东新区人民政府和上海市慈善基金会浦东办事处发起建立的。普通医院是按诊疗和配药来全额收费的。而目前,随着国有企业的终生保障福利制度逐渐停止,退休的中老年和下岗工人,由于收入在贫困线以下,无力承担看病费用,无法享受到基本的医疗保障。上海浦东慈善医院正是基于这一需要而设立的,主要用于:为浦东新区符合民政部标准领取慈善医疗卡的弱势人群提供基本的医疗保障服务;为浦东新区的广大弱势人群提供一个具有初级医疗保健功能的中心;为浦东偏远及贫困地区的病人送医送药下乡,上门义诊;与浦东其他医院的27个慈善门诊点联网,方便持有慈善医疗卡的病人就近就医。

(5)实施专项医疗补助。为了实施医疗救助,一些地方采取专项补助、包干使用的办法,即由财政每年根据救助对象的治病需求,拨付一定的经费,专款专用,小病包干,大病补助。国家医疗保障局发布的《2019年医疗保障事业发展统计快报》显示,2019年中央财政投入医疗救助补助资金245亿元,安排40亿元补助资金专项用于支持深度贫困地区提高贫困人口医疗保障水平。此外,针对贫困人口进行大病和慢性病分类救助,不断扩大救助病种。在医疗费用报销方面,对大病、重病住院医疗费用进行专项补助,报销比例提高到90%左右,贫困人口看病经济负担明显减轻。

(6)开展团体医疗互助。一些地方的工会、妇联等群众团体建立了医疗互助互济组织,经费来源于工会经费、个人缴费以及社会捐助等,当贫困职工、妇女或家庭无力支付医疗费用时给予一定的资助。如上海市总工会实施的《职工保障互助会特种重病团体互助医疗保障计划》,对参加互助的职工患重病的,提供定额补助。

(7)临时救助。为了缓解贫困人员医疗难的问题,解决医疗保险不能解决的问题,一些地方政府增大临时救济费解决贫困户患病不能支付医疗费的困难。临时救济费由市、县、乡财政和村级经费列支。

(8)建立平价医院。各地市都应选择部分公立综合医院,作为转换运行机制的试点,建立平价医院或平价病房,主要为参加合作医疗的农民、城市下岗职工、失业人员、低保人员、进城务工人员及老人、儿童服务。对"平价医院"实行预算式全额管理,收入上缴,支出由政府核拨。

三、现代医疗社会救助的种类

(一)农村医疗社会救助

2002年,中共中央、国务院《关于进一步加强农村卫生工作的决定》(中发〔2002〕3号)提出建立和完善农村合作医疗制度和医疗救助制度,并明确了对农村贫困家庭实行医疗救助、实施以大病补偿为主以及对贫困家庭参与合作医疗给予资金补助的救助形式。2003年11月,民政部、卫生部、财政部联合下发了《关于实施农村医疗救助的意见》,该文件是我国农村医疗救助体系建设的一个里程碑,标志着我国新型农村社会救助制度诞生。它将农村五保户、农村贫困户家庭成员列入重点救助对象,对农村医疗救助的目标和原则,医疗救助的对象、办法、程序,医疗救助的组织与实施等方面做出了进一步细化。2004年,财政部、民政部关于《农村医疗救助基金试行办法》中对农村医疗救助基金筹集、管理和给付办法都进行了进一步规定。

2005 年 8 月民政部、卫生部和财政部颁布了《关于加快推进农村医疗救助工作的通知》，提出：2005 年年底以前，各省、自治区、直辖市所辖有农业人口的县（市、区）的农村医疗救助工作方案务必全部出台，加快了农村医疗救助制度建设的步伐。

1. 救助对象

(1)农村五保户，农村贫困家庭成员。

(2)地方政府规定的其他符合条件的农村贫困农民。

救助对象的具体条件由地方民政部门会同财政、卫生部门制定，报同级人民政府批准。

2. 医疗救助服务提供机构

(1)已开展新型农村合作医疗的地区，由农村合作医疗定点卫生医疗机构提供医疗救助服务；未开展新型农村合作医疗的地区，由救助对象户口所在地乡（镇）卫生院和县级医院等提供医疗救助服务。

(2)提供医疗救助服务的医疗卫生机构等应在规定范围内，按照本地合作医疗或医疗保险用药目录、诊疗项目目录及医疗服务设施目录，为医疗救助对象提供医疗服务。

(3)遇到疑难重症需转到非指定医疗卫生机构就诊时，要按当地医疗救助的有关规定办理转院手续。

(4)承担医疗救助的医疗卫生机构要完善并落实各种诊疗规范和管理制度，保证服务质量，控制医疗费用。

3. 救助办法

(1)开展新型农村合作医疗的地区，资助医疗救助对象缴纳个人应负担的全部或部分资金，参加当地合作医疗，享受合作医疗待遇。因患大病经合作医疗补助后个人负担医疗费用过高，影响家庭基本生活的，再给予适当的医疗救助。

(2)尚未开展新型农村合作医疗的地区，对因患大病个人负担费用难以承担，影响家庭基本生活的，给予适当医疗救助。

(3)国家规定的特种传染病救治费用，按有关规定给予补助。

医疗救助对象全年个人累计享受医疗救助金额原则上不超过当地规定的医疗救助标准。对于特殊困难人员，可适当提高医疗救助水平。

4. 申请、审批程序

农村医疗救助的享受对象及救助金额，由个人向村民委员会提出申请，如实提供医疗诊断书、医疗费用收据、必要的病史材料、已参加合作医疗按规定领取的合作医疗补助凭证、社会互助帮困情况证明等。村民委员会受理后，张榜公布，经村民代表会议评议无异议的上报乡镇民政所并填报《农村医疗救助申请审批表》。乡镇民政所根据需要，可以采取入户调查、邻里访问以及信函索证等方式对申请人的医疗支出和家庭经济状况等有关材料进行调查核实，对符合医疗救助条件的上报县（市、区）民政局审批。县级民政部门根据县级人民政府的具体规定审批，对符合医疗救助条件的家庭核准其享受医疗救助金额，对不符合享受医疗救助条件的，当面通知申请人，并说明理由。医疗救助金由县财政拨付给县民政局，县民政局直接划拨乡镇民政所专用账户，乡镇民政所凭三联单直接发放给救助对象。

5. 救助基金筹集与管理

农村医疗救助基金是用于农民贫困家庭医疗救助的专用基金。基金通过政府拨款和社会各界自愿捐助等多渠道筹集，按照公开、公平、公正、专款专用、量入为出、收支平衡的原则进行管理和使用。

(1)医疗救助基金的筹集。

各地要建立医疗救助基金,基金主要通过各级财政拨款和社会各界自愿捐助等多渠道筹集。

地方各级财政每年年初根据实际需要和财力情况安排医疗救助资金,列入当年财政预算。县级人民政府要建立独立的农村医疗救助基金,基金来源包括财政拨款、彩票公益金、社会各界自愿捐助、利息收入等。

县级以上财政部门对实行农村医疗救助制度的困难地区给予资金支持。中央财政对中西部等贫困地区农村医疗救助给予适当支持,具体补助金额由财政部、民政部根据各地医疗救助人数和财政状况以及工作成效等因素确定。补助下级的预算资金全部通过国库划拨,预算外资金的划拨按相关规定办理。

(2)医疗救助基金的管理。

农村医疗救助基金的筹集、管理和使用情况,以及救助对象、救助金额等情况应通过张榜公布和新闻媒体等方式定期向社会公布,接受社会监督。农村医疗救助基金必须全部用于农村贫困家庭的医疗救助,任何单位和个人不得截留、挤占、挪用。医保、财政、审计等部门要定期不定期对农村医疗救助基金的使用情况进行监督管理,发现问题及时纠正,并及时向当地人民政府和有关部门报告。财政等部门根据需要,对各地医疗救助基金使用情况进行抽查。若发现虚报冒领、挤占挪用、贪污浪费等违法违纪行为,将依法严惩不贷。

(二)城镇医疗社会救助

2005年民政部、卫生部等《关于建立城市医疗救助制度试点工作意见的通知》拉开了城市医疗救助的序幕。通知提出,从2005年开始,用2年时间在各省、自治区、直辖市部分县(市、区)进行试点,之后再用2~3年时间在全国建立起管理制度化、操作规范化的城市医疗救助制度。从此,城市居民医疗救助工作全面展开。

1.救助对象

城镇医疗社会救助对象主要是城市居民最低生活保障对象中未参加城镇职工基本医疗保险人员、已参加城镇职工基本医疗保险但个人负担仍然较重的人员和其他特殊困难群众。具体条件由地方政府民政部门会同卫生、劳动保障、财政等部门制定并报同级人民政府批准。如北京市规定的城市医疗救助对象为:享受本市城市居民最低生活保障待遇的人员;享受本市城市居民生活困难补助待遇的人员;经当地民政部门审核认定,符合本市城市低收入家庭认定条件并取得《北京市低收入家庭救助证》的城乡低保边缘家庭成员;本市规定的其他特殊生活困难人员。上海市界定的城市医疗救助人群为:无生活来源、无劳动能力又无法确定赡养人、抚养人或扶养人的人员,主要是指享受民政部门定期定量救济的孤老、孤儿孤残等人员;本市城乡低保家庭中因患大病重病,在享受基本医疗待遇和其他补贴以及各种互助帮困措施后,个人负担医疗费仍有困难的人员;本市城镇低收入家庭(人均收入在本市城镇最低生活保障标准150%以上的家庭)中患尿毒症透析、精神病、恶性肿瘤等大病重病,在享受基本医疗待遇和其他补贴以及各种互助帮困措施后,个人负担医疗费仍有困难,且影响家庭基本生活的人员;市人民政府规定的其他特殊贫困人员。

2.救助标准

对救助对象在扣除各项医疗保险可支付部分、单位应报销部分及社会互助帮困等后,个人负担超过一定金额的医疗费用或特殊病种医疗费用给予一定比例或一定数量的补助。具体补助标准由地方政府民政部门会同卫生、劳动保障、财政等部门制定。对于特别困难的人员,可适当提高补助标准。县级以上地方政府民政部门、卫生部门共同协商,确定为当地救助对象提供医疗救助服务的医疗卫生机构,原则上参照当地城镇职工基本医疗保险甲类用药目录、诊疗项目目录和医疗服务设施目录制定医疗救助对象医疗服务标准。

我国医疗救助事业才刚刚起步,救助资金的有限,促使更多的试点地区选择了大病救助为主的模式。大病救助病种范围较狭小,多集中在10种疾病范围内,病种多以恶性肿瘤、慢性肾功能衰竭、急性重症肝炎等伤害大、疾病负担重的为主。大多数地区选择门诊和住院相结合的救助模式。门诊救助多以定额救助的形式开展,或发卡,或发券,部分地区采取门诊减免。

县(市、区)民政部门要按照量力而行、尽力而为、量入为出、收支平衡的原则,会同卫生、医保、劳动保障、财政等部门对本地区救助对象上一年度或前三年医疗费用实际支出情况进行认真分析测算,科学合理确定城市医疗救助标准,并可根据城市医疗救助基金实际收支情况对救助标准适时进行调整。

3.救助程序

城市医疗救助由个人向社区居民委员会提出书面申请和相关证明材料,居民委员会受理后,张榜公布,无异议的上报街道办事处(乡镇人民政府)并填报《城市医疗救助申请审批表》。街道办事处(乡镇人民政府)对上报的申请表和有关证明材料进行审核;县(市、区)民政部门对街道办事处(乡镇人民政府)上报的有关材料进行审批,并报同级财政部门复核。城市医疗救助资金由县(市、区)财政拨付给县民政局,民政部门委托给街道办事处(乡镇人民政府)发放,或由县(市、区)民政部门通过银行、邮局等直接支付给救助对象。有条件的地方,应实行国库集中支付。

4.资金的筹集、管理

县(市、区)人民政府要按照多方筹资的原则,建立起中央、省、市、县(市、区)各级财政分担为主,彩票公益金和社会各界捐助等其他社会投入为辅的城市医疗救助资金筹资体系,主要包括:民政部、财政部根据困难地区城市医疗救助人数、财政状况以及工作成效等因素确定中央财政补助资金分配方案;省级财政对困难地区给予适当补助;地方财政部门根据本地区开展城市医疗救助工作需要和财政支付能力,在年度预算中安排的城市医疗救助资金;民政部门从留归本部门使用的彩票公益金中按照一定比例或一定数额安排用于城市医疗救助的资金;社会各界自愿捐赠用于城市医疗救助的捐赠资金;城市医疗救助基金形成的利息收入;按规定可用于城市医疗救助的其他资金。

城市医疗救助基金要纳入社会保障基金财政专户,实行专账核算,专项管理,专款专用,不得提取管理费或列支其他任何费用。县(市、区)财政部门在社会保障基金财政专户中建立"城市医疗救助基金专账",用于办理基金的汇集、核拨、支付等业务。县(市、区)财政预算安排的资金按季或按月划拨至本级财政部门"城市医疗救助基金专账";经批准用于城市医疗救助的彩票公益金应及时由财政专户划拨至"城市医疗救助基金专账";县(市、区)财政部门收到上级补助资金之后应及时全额划拨至"城市医疗救助基金专账";社会各界的捐款及其他各项资金按属地化管理原则及时交存县(市、区)财政部门"城市医疗救助基金专账"。县(市、区)民政部门也应设立城市医疗救助基金专账,用于办理基金的支付和发放业务。城市医疗救助基金年度收支计划由地方民政部门商财政部门后报同级人民政府批准后执行。民政部门定期向同级财政部门和上级民政部门报送收支计划执行情况。

医疗救助资金的筹集、管理和使用,以及救助对象、救助金额等情况应定期向社会公布,接受社会监督,任何单位和个人不得截留、挤占。

(三)其他医疗社会救助

1.慈善机构的医疗救助

慈善医疗社会救助行为是指热心参与和支持公益事业的企业、个人等社会力量对国家或各地方合法成立的各种慈善机构的各种形式的捐赠,由慈善机构对贫困人群进行的医疗救助行为。对于这些机构是否符合受赠条件,国家都下发了条例或者通知,在资金的管理和使用方面,也有相关的规定。但由于医疗救助制度的区域性很强,因此各地方也因地适宜,根据实际情况制定了不同的政策。关于慈善机构和募捐,在第一节"救助方式"中已有提及,此处不再赘述。

2.世界银行贷款项目中的贫困救助

除各地政府积极探索建立医疗救助以外,国内外研究机构和国际组织也曾进行了大量实验、研究和有益的探索,其中影响最大的就是世界银行贷款综合性妇幼卫生项目(简称卫生Ⅵ项目)、秦巴卫生子项目和中国基本卫生服务项目等。

第三节　我国医疗救助制度的发展与完善

一、我国医疗救助制度运行中存在的主要问题

1.医疗服务的可及性差

建立城乡医疗救助制度的目的是缓解因病致贫,解决贫困家庭看不起病或缓解其医疗负担过重的问题,要为贫困家庭使用医疗服务创造条件,提高贫困人群对医疗服务的可及性。但现行医疗救助制度对享受医疗救助设置了多重条件,与一般的社会救助往往将"贫困"作为接受帮助的条件不同,医疗救助是在救助对象具有"贫困"特征的基础上,又对其享受救助的条件有进一步的限定。如疾病种类、服务类型(门诊或住院)、服务提供者(定点或不同级别的医院)以及发生医疗费用的数额(起付线)等有明确的规定。这些"条件"的设定不只关系到受助者实际获得的救助是否充足或能够得到多少帮助,还直接影响到困难群体使用医疗服务的可及性。由此对医疗救助制度能否惠及贫困者产生影响,有些贫困者很可能因为不能支付自付部分的费用,而不符合后者享受条件,被排除在救助范围之外。反之,如果不对自付费作出规定,医疗救助就会成为"免费午餐",造成有限救助资源的浪费。这是医疗救助中的两难选择,有待今后在实践中不断破解。

2.医疗救助资金缺乏有效筹集机制且总量不足

资金的筹集是顺利开展医疗救助的必要前提,对困难群体实行的医疗救助应是一个持之以恒的过程,而不是短期行为。

我国城乡医疗救助资金筹措方式主要是财政预算。自制度实施起,资金筹措主要以政府筹措为主,福利彩票基金比例划入为辅,提倡多渠道筹集资金。然而大多数规定仅体现在政策

文件中,并没有通过法律法规将资金筹集渠道方式固定下来。《农村医疗救助基金管理办法》和《关于加强城市医疗救助基金管理的意见》对救助资金的筹措方式的规定,主要是通过政府财政拨款、彩票公益金、社会各界资源捐赠和利息收入。在法律上没有明确各级政府的筹资责任和筹资比例,导致很多地方只依靠上级政府的财政补贴,出现筹集资金不到位的情况,无法确保资金筹措的稳定性和可靠性。

我国各地经济发展水平不一致,不能通过详细的测算来制定全国统一的筹资标准,大多是根据财政实际能力的大小给予一定额度的资金补贴,由此导致难以制定长效可持续的医疗救助资金筹措机制。另外从彩票公益基金中所提取医疗救助资金的比例没有明确的规定、通过慈善捐赠得到的医疗救助资金严重不足等,也影响了医疗救助资金的筹措。总之,资金筹措机制的单一和社会捐赠不足越来越难以满足日益增长的医疗救助需求。

对贫困人口进行医疗救助是一个长期的持续过程,政府无疑是医疗救助的主要承担者。但由于医疗救助具有社会救助的性质,所以在政府承担主要责任的基础上,社会各方力量要共同参与。政府财政的投入毕竟是十分有限的,如果单靠政府承担救助的责任,社会各界力量不分担财政压力,我国的医疗救助则不能够向更高的标准和水平发展,这将严重阻碍我国医疗救助事业的快速发展。在这样的大环境下,医疗救助的规模和水平在很大程度上受到财政资金的数量和到位情况的制约。20世纪90年代以来,全国卫生总费用逐年增长,政府财政预算的卫生支出也年年增加。政府财政对卫生事业补贴的绝对数有所增长,但增长幅度明显低于国民经济增长速度,也明显低于财政支出的速度。

3. 医疗救助水平较低

当前我国实施的是以住院救助为主,门诊救助为辅的医疗救助制度。在实际生活中,未得重大疾病的弱势群体,对于日常多发疾病的门诊治疗需求量是远远高于住院治疗的,而重住院救助、轻门诊救助的制度设计导致门诊救助的救助上限过低,使得弱势群体无法在日常疾病的治疗中得到有效的救助,未能发挥医疗救助所应达到的效果。此外,医疗救助费用补助起付线门槛较高、封顶线过低。由于医疗救助资金供需矛盾导致资金瓶颈,各地都相应设置了享受医疗救助权利的关卡,主要是设置了高起付线、低封顶线。"起付线"的救助门槛将一部分贫困救助对象挡在医疗救助的大门之外。贫困救助对象要想获得医疗救助,必须首先自己设法支付医疗费用,在报销时,起付线一般达到数百元,这对已经陷入贫困的救助对象来说,是一个根本不能充饥的"画饼"。另外,封顶线也使贫困群体很难从医疗救助中获益,因为封顶线将救助压缩在一个较小的范围内,往往贫困群体在大病中的医疗费用少则上万、多则几十万。尤其对于患特大恶性疾病如恶性肿瘤、尿毒症,需要长期化疗或持续透析治疗的患者来说,更是杯水车薪、救助乏力;有的甚至由于无力支付起付限额而最终放弃了申请救助的权利。

救助水平偏低表现为救助项目单一、救助病种较少。目前医疗救助主要是实施大病、重病救助,并且在开展大病救助的地区,一般只限几种或多则十几种病的救助,在大病的种类中只占极少部分,救助范围狭窄,客观上限制了特困人口对医疗救助的利用。鉴于财力的承受能力和资金总量有限,很多常见病、多发病和慢性病并未列入救助之列,这些未在病种规定范围内的医疗需求会因为缺乏保障而导致贫困。

救助水平偏低还表现在救助对象覆盖较窄,涵括人群不全面。由于资金等客观因素的限制,医疗救助的救助对象还局限于低保、低收入以及贫困人群等弱势人群中,但在面对疾病的威胁问题上，所有人都有着患疾病的风险，疾病带来的困难也并不只有低收入人群拥有，在仅仅补助低收入人群的时候实际上也是对其他人群困难的忽视。同时，由于救助对象局限于低保、低收入人群，在申请报销前便必须先拥有低保、低收入人员的资格认证，而某些本身不处于最低生活保障线以下，但由于疾病导致生活困难的人群便被排除在了医疗救助的范围内，只能自理疾病治疗费用，这也是导致因病致贫、因病返贫现象的主要原因之一。

4. 医疗救助相关法律制度不健全

我国城乡医疗救助制度的建立主要是以政策为主导的，2002 年的《中共中央国务院关于进一步加强农村卫生的决定》（中发〔2002〕13 号），提出对农村贫困家庭实施医疗救助；2003 年民政部等部门共同下发《关于实施农村医疗救助的意见》，部署建立农村医疗救助制度；2005年，民政部等部门下发的《关于建立城市试点医疗救助制度试点工作意见》（国办发〔2005〕10号），试点建立城市医疗救助制度；2009 年，民政部等部门联合颁布《关于进一步完善城乡医疗救助制度的意见》（民发〔2009〕81 号），提出探索建立城乡一体化医疗救助制度；2012 年，民政等部门制定《关于开展城乡重特大疾病医疗救助试点工作的意见》，选取部分试点开展重特大疾病医疗救助工作。这些文件的颁布对各省级政府建立、完善与推进医疗救助制度起到了一定的指导与约束作用，地方各级也根据实际情况纷纷制定政策文件，不断完善措施，健全工作机制，推动医疗救助的发展。由此可以看出，我国医疗救助制度在建立之初，主要是靠政策主导和推进。直至 2014 年的《社会救助暂行办法》的颁布，第一次以国家行政法规的形式对医疗救助制度作系统地规定，为医疗救助制度提供法律保障。然而，《社会救助暂行办法》涉及城乡医疗救助的条款不多，且为大纲型的笼统概括，没有详细的操作条款。

如果我们能够明确医疗救助就是职能部门的义务和职责，并在经费上予以保障，那么不仅这些部门的救助行为会比以往更加规范，使得被救助者得到及时有效的救助，而且也会使那些被救助者能够比较坦然地接受，从而保护他们的健康权益。又如，正因为没有相关法律法规，医疗救助经费缺乏法定来源，这直接导致医疗救助资金的筹集非常困难，但是需要医疗救助的群体不断增多，加上医疗服务价格的持续上涨，这就使得供需矛盾非常突出。再如，没有严明的法律也会导致医疗救助资金使用与管理上无章可循，甚至被挪作他用。所有这些，都深切地表明应当尽快建立健全我国城乡弱势群体医疗救助制度，规范各种医疗救助行为。

5. 部门协调不力导致救助效果欠佳

医疗救助制度实行政府统一领导，医保等部门具体负责，相关部门密切配合的管理体制。自 2018 年国家医疗保障局组建以来，原先属于民政部门的医疗救助职责全部划转给医疗保障局，医疗保障局成为医疗救助的主要管理主体和主要实施者。但制度的运行涉及财政机构、社保机构、定点医院、慈善组织等多部门，需要不同参与主体之间的鼎力配合。医保部门要认真调查研究，掌握情况，建章立制，完善程序，做好综合协调工作；财政部门要认真落实好医疗救助资金的预算安排，确保资金及时拨付到位，并对资金的使用情况实施监督；各定点医疗机构负责向救助对象提供低成本、高效率的医疗服务。但在现实中，目前各部门之间相互独立、缺乏沟通导致协作效率低下，缺乏数据的共享也使得患者信息和医疗资源未能实现较好的融合，从而大大增加了内部管理成本，常常出现重复操作或互相推诿的局面，导致有限的救助资金和医疗资源得不到高效利用，最终降低了医疗救助的效果。

6.没有协调好医疗救助与其他政策之间的关系

医疗救助制度间的衔接问题包括了医疗救助制度内的衔接,如城乡医疗救助与大病医疗救助、社会救助间的衔接,以及与医疗保险制度的衔接。

一方面,由于对医疗救助的政策宣传不到位,贫困群体很容易将医疗保险和医疗救助混淆。参加医疗保险的人员,只有在享受医疗保险和大病医疗保险后仍有困难的特困人员,才能申请医疗救助。但是,现实中越过医疗保险这道界线,直接进入医疗救助的现象时有发生,这就加重了医疗救助的压力。也有把互助性救助混同于医疗救助的情况存在。凡有单位的贫困人员,应先由单位对其进行互助性救助,当所实施的互助性救助不足以支付医疗费用的,才能申请医疗救助。如果贫困人员都不先通过单位的互助性救助解决自身医疗问题,而直接向政府申请医疗救助,政府将不堪重负。

另一方面,制度间的衔接不畅导致的补偿与救助的顺序难以核定的问题。按照惯例医疗救助的补助顺序应在医疗保险以后,然而在实际中各个制度的起付线、封顶线的标准设置不同,导致在医疗报销中难以依次进行各层次的费用核算,各制度的合作共存并未达到最好的补助效果。此外,对于疾病的申请标准也存在着各救助制度间的差异,特别是对于重大疾病的界定缺乏一个统一科学的标准,导致制度体系难以健全。

二、完善我国医疗救助的思路

我国医疗救助的发展思路应该是以政府为主导,社会力量广泛参与,通过医疗机构提供服务的综合救援行为,旨在恢复患者健康,维持其基本生存能力,即在筹资机制上,以政府投资为主,同时充分利用民间力量多方筹集医疗救助资金;在基金管理上,应采用专项基金形式,财政增加预算安排,由专门机构负责进行运营;在救助方式上,应充分利用好现有的各级医疗机构和社会救助管理部门,做好就诊、转诊制度和救助待遇审批与审批制度的衔接工作。

我国城乡差异、各地区经济社会发展水平差异都非常大,而且在医疗卫生领域的需求水平、供给状况、管理体制上也都有着广泛的不同,因此建立和健全我国的城乡医疗救助体系,应在广覆盖、低标准的原则下,实行分类指导,稳步推进,不断调整和改善政策的设计和管理,使制度的设计有利于惠及贫困群体。当前具体要做好的工作包括以下几点:

1.加大资金投入力度,建立多方筹资机制

充足稳定的资金来源是保障我国医疗救助制度有效运转和正常实施的必要前提。从历史发展进程来看,任何一个国家都无法将所有贫困患者的医疗费用全部包揽下来,因此,建立一个可持续、多渠道的资金筹集机制尤为重要。第一,正确认识、充分重视政府公共财政在医疗救助资金来源渠道中的基础性地位和保障性作用,不断强化政府责任,进一步扩大医疗救助资金的筹集规模。就 2012 年 8 月审计署公布的城乡医疗救助基金审计情况来看,在 2011 年医疗救助总基金收入 200.94 亿元中,中央财政、地方财政及其他渠道来源所占比重分别为65.62%、30.95%和3.43%(131.86 亿元、62.19 亿元和6.89 亿元)。中央财政投入比重的持续扩大将更好地促进我国医疗救助事业的顺利发展。第二,应拓宽医疗救助资金筹资渠道,摆脱完全依赖各级财政拨款的单一模式。建议整合慈善救助、社会捐赠等资金池,积极引导普惠性互助保险模式,建立起稳定、可持续的筹资机制。在明确医疗救助资金来源与用途的基础上,建立稳定的预算管理体系,科学合理地分配每一笔医疗救助资金,将有限的基金用在真正需要的地方,精准提高贫困人群的救助水平。第三,使救助资金筹集制度化,开征社会保障税,由税务部门统一征收管理,建立医疗救助专项资金,对需要医疗救助的困难人群进行公平合理的分配。这样可以借助法律手段强制筹资,使企业和个人(尤其是高收入者)应承担的义务用法律的形式固定下来。这种筹资方式具有征收面广、标准统一、筹资稳定性强、力度大等特点。同时,建立专项医疗保健基金或专项救济基金,以解决贫困地区,尤其是革命老区或边远山区医疗救助财力不足的难题,进一步完善相应的监督管理机制,做到救助基金专款专用。

2.逐步提高困难群众医疗服务可及性和医疗救助水平

简化准入程序,变事后救助为事前、事中和事后相结合救助。事后医疗救助在提高医疗服务可及性和实现应保尽保方面的效果较事前救助要差。对于低收入群体而言,事后救助方式使他们可能因为无力垫支巨额医疗费用而不能进入救助范围,降低了医疗服务的可及性,并且导致报销金额和比例具有不可确定性,阻碍低收入群体对医疗服务的消费,特别是对于收入弹性较高的医疗服务和慢性病医疗服务。因此,在医疗救助具体实施上,宜采用事前、事中和事后相结合的救助方式,提高困难群众医疗服务的可及性。通过卫生保健制度实现人们少生病,保障良好的健康条件,依据收入并兼顾其他标准确定救助群体,在疾病发生时及时提供保障,在事后对负担仍然较重的贫困群体提供救助。

此外,在农村,要进一步扩大救助范围,将常见病、多发病和慢性病列入救助之列,提高救助标准和救助比例,降低农村医疗救助起付额度,实现住院或大病救助的"零门槛",努力使医疗救助制度普惠农村困难群体,实现应救尽救;同时,应以新型农村合作医疗为依托,全面建立医疗救助、新型农村合作医疗和医疗保险"三办合一"的一站式结算进程,从而实现不同医疗保障制度间医疗费用信息、人员信息和就医信息的共享,为农村困难群体提供方便。在城市,要努力提升并完善城市贫困人口的医疗服务可及性,充分发挥社区卫生服务机构的载体作用。社区卫生机构在提供方便、快捷、综合、廉价的卫生服务方面具有很大的优势,政府应积极推进卫生进社区工作,不仅要加强社区卫生设施建设,更要重视全科医生和专业护士的培养与配备,逐步形成"分级就诊、双向转诊、康复到社区"的有序就医局面,努力实行以社区服务机构为平台、多部门协力配合、全社会共同参与的新型医疗救助制度,最大限度地满足城市困难群体的医患需求。

3.加快医疗救助立法进程,健全医疗救助政策法规体系

立法先行,循序渐进是一项普遍的规则。要不断加强医疗救助法律法规制度建设,使医疗救助有法可依。从国外经验看,凡是医疗救助事业发展较规范的国家,都有相对完善的法律法规制度保障,如新加坡的《穷人医疗救助法》、英国的《医疗救济法》等。结合我国多年城乡医疗救助实践及域外国家的立法模式,医疗救助立法模式如下:一是单行立法,只对医疗救助制定条款,不加入其余的救助项目,优点是立法单一,针对性强;二是综合立法,出台完整的《社会救助法》,对医疗救助进行专章规定。在我国提倡对医疗救助进行单行立法模式的学者认为,我国城乡医疗救助制度作为专项救助,由于发展的时间不是很长,存在诸多症结,城乡医疗救助立法条件不具备,暂时没有成熟制度所拥有的流畅运转模式,因此城乡医疗救助立法很有必要实行单行立法。制定单行法,主要对城乡医疗救助的内涵、救助范围、财力的投入方式、运行模式以及违法处罚等内容作出详细的规定,考虑到我国各地财政收入不均衡,实行单独立法更符合我国国情。单独立法模式具有灵动性和针对性,立法较为容易,所需周期较短,能快速及时解决问题。而不少提倡综合立法模式的学者认为社会救助立法需综合社会各类救助项目,且要对城乡医疗救助进行细致的规定。我国 2014 年的《社会救助暂行办法》就是综合立法模式

典型立法案例。单行立法或综合立法各有优缺点,无论采用哪种模式立法,需要符合我国实际情况,考虑我国立法环境。

因此,为了使城乡医疗救助制度更加良好的运行和发展,很有必要由国务院以行政法规的形式对其进行针对性的规定,如制定《城乡医疗救助条例》。国务院立法先行性是我国长期以来的立法经验之一,为后续立法奠定基础。目前我国城乡医疗救助制度缺乏实际操作,立法经验不充分,结合《社会救助暂行办法》和相关文件政策国务院民政部门适时制定部门规章,国务院着手起草《城乡医疗救助条例》。在制定《城乡医疗救助条例》时要注重中央立法与地方立法的相互结合,保证大方向基调的同时注重法律的适用性。我国的各地经济发展水平不一致,作为国务院颁布的行政法规,比较难以制定一个符合各地实际情况的统一标准,因此地方人大与政府要根据本地实际情况制定相应的地方性法规,条件尚未成熟的以政策性文件进行补充,时机成熟之时进行立法进行完善。

4.加强部门合作,提升政策执行效果

首先各相关职能部门应明确分工,加强合作。国家医疗保障局是管理主体,需要遵循规律,科学决策、科学实施医疗救助政策,加强对医疗救助药品和医疗价格的监督,确保定点医疗救助机构药品价格和医疗费用的公正、合理。同时,也要与国家卫生健康委员会、财政部门、中国银行保险监督管理委员会、红十字会等政府和民间机构等部门机构在一些共同的政策目标价值上达成共识,加强合作,建立信息共享平台,以更有效率地利用救助资源提升救助效果,降低实施过程中的执行成本。其次,应建立医疗救助信息管理制度和全方位的监管机制,定期报告救助资金使用状况,对救助者的医疗服务、健康状况、家庭收入等情况进行定期核查、通报和反馈。实现救助信息全方位公开和披露制度,做到政策公开、对象公开、程序公开、资金公开、结果公开,切实杜绝执行过程中欺上瞒下、徇私舞弊行为,提升政策执行效果,以使医疗救助政策真正成为贫困群众医疗保障最后防线。

5.完善医疗救助与医疗保险制度的衔接工作,实现无缝保障

第一,建立"一站式"服务工作机制,实现部门间的工作衔接。一方面,国家于2018年成立医疗保障局后,原来分散在人社、卫计、民政等多个部委的医疗保障职责进行了整合管理,实现了医疗保险与医疗救助的合并衔接,改善了过去由于各方定位不清、多头管理导致医保基金和救助基金得不到有效使用的情况;另一方面医疗保险和医疗救助都是政府责任,二者互为补充、互相协调、共同作用,能够有效推进多层次医疗保障体系建设,能更好地提升医疗保障服务水平,有关部门成立统一的医保信息管理系统,实现医疗保险、医疗救助各部门业务协同、信息共享,推进政府部门、医疗机构、保险机构三方信息系统对接,建立"一站式"服务工作机制,为困难群众看病提供更多便利,提升居民的基本医疗保障水平。

第二,完善医疗救助与城乡居民医疗保险以及其他社会救助制度的衔接。医疗救助制度通过对贫困群体资助参保、提供直接补助或负担一定比例费用来减轻疾病致贫风险;城乡居民医疗保险以履行缴费义务为前提,通过报销一定比例医疗费用来保障人们病而无忧。二者在衔接实施中,医疗救助制度着重对因病陷入贫困但尚未参加医疗保险的人员提供事中和事后的救助服务,事中服务包括门诊减免、药品床位减收及总医疗费用优惠等,事后对经过帮助后仍困难的人员提供二次补助;对于身体健康但未参加城乡居民医疗保险的贫困群体,实行资助参保。对于已资助参保的人员,帮助其缴纳城乡居民医疗保险中规定的起付线部分比例,或承担共付线、超过封顶线的部分比例,对自主参加城乡居民医疗保险且因病报销后负担仍然较重

的人员提供二次救助。

　　完善医疗救助与城镇基本医疗保险以及其他社会救助制度的衔接。在与城镇基本医疗保险制度衔接上,要确保医疗救助内容与城镇基本医疗保险项目的内容相匹配。医疗救助制度资助贫困群体参加城镇医疗保险,对符合享受医疗保险的资助者,帮助其负担或缴纳部分起付线、共付线及封顶线的费用。医疗保险制度对纳入保障范围内的受助者在门诊、住院方面而给予一定优惠,并适当降低起付线比例、扩大共付线和封顶线的范围,对享受医疗保障补偿后负担仍然较重者,通过医疗救助制度提供二次保障。在与最低生活保障制度的衔接方面,国务院颁布的《城市居民最低生活保障条例》没有涉及医疗问题,对患大病、重病的贫困者进行救助后,可以适当考虑将生活仍然困难的居民纳入最低生活保障制度,解决其基本生活问题。

　　在医疗救助制度与《农村五保供养工作条例》的衔接上,对常见病和重大病的救助要各行其责,逐步形成前者主要以资助参加医疗保险解决大病问题、后者主要解决五保对象常见病问题的制度格局。

复习思考题

　　1.什么是医疗救助? 确定医疗救助对象有哪些特殊性?

　　2.我国医疗救助的现状如何? 存在哪些问题? 应从哪些方面入手完善?

第七章　教育救助

　　贫困家庭由于缺乏相应的经济基础，贫困人口自身及其子女往往会因为贫困而不能接受良好的教育，这对他们来说无疑是不公平的。为保护每个人都能行使接受教育的权利，不少国家政府实施了教育社会救助制度，以此提高全民文化素质，实现经济社会高质量发展。本章主要介绍了教育救助的基本理论，结合我国实际，分析了我国教育救助制度的现状，存在的问题及完善思路。

第一节　教育救助概述

一、教育社会救助的内涵、特征和主要功能

（一）教育社会救助的内涵

　　教育社会救助，是指国家和社会团体为保障适龄人口能获得接受教育的机会，从物质上对贫困地区和贫困学生在不同阶段提供援助的一种社会救助项目。不管是国内还是国外，教育社会救助都有悠久的历史，在推进社会进步方面发挥了重要作用。早在封建时代及其以前，统治阶级就把知识视为统治的利器，但由于当时以传授知识为特征的传统教育始终处于少数人的控制之下，再加上生产力水平低下，所以接受教育还只是有一定经济条件的家庭子女的特殊消费品。在中世纪，受文艺复兴运动的促进，代表处于萌芽状态的新兴资产阶级思想意识的宗教改革运动率先将教育引向普通民众，"公共教育"思想出现。以马丁·路德为首的新教在与保守的中世纪宗教对抗中，明确意识到要想把神与人相结合的宗教思想推行下去就必须实现"人人应接受教育"的设想。在这种思想的强烈影响下，以德意志为中心的中欧部分地区实行了具有最原始公共教育性质的义务教育制度。由于这种公共教育带有强迫的性质，那些家境贫寒的人在送子女上学的同时必然要遭受经济上的阻碍，于是当时的教会与行政就承担起资助学童的义务。这就是人类历史上最早出现的教育社会救助的雏形。

　　随着近代工业革命的发展，欧洲资本主义国家对劳动生产技能的要求越来越高，机会平等的观念被引入教育之中，各国日益意识到推广公共教育、提高国民素质的重要性。国力的竞争变成了教育的竞争。为了让更多人接受义务教育甚至高等教育，许多国家开始以法律的形式将贫困家庭的教育社会救助确定了下来。各国除了增加义务教育投资、延长义务教育年限外，纷纷设立奖学金、助学贷款等助学措施，使贫困家庭子女能有机会接受高等教育。欧美各国教育能有如此之高的普及程度，与教育救助制度紧密相关。

　　对教育特别是义务教育的投入有时候不像其他经济投资一样会带来直接经济效益，但

它所产生的社会效益及人力资源长期来看是一个国家和社会发展的最根本动力。贫困地区的经济落后决定了其教育的滞后,贫困家庭的经济困窘也同样限制了他们对子女教育的投入。为此,国家和社会有责任对这些地区和家庭给予经济上的援助,使他们同样享有受教育的权利。

目前,教育社会救助的主体主要有国家、社会团体和个人。国家是教育社会救助的主体,它通过财政拨款的方式,对贫困地区和贫困家庭子女就学提供特定补贴和资助,以帮助其完成学业。国家也可以通过制定相应政策,使这些弱势群体享有一定政策优惠。同时,随着经济的发展,社会团体和个人在教育社会救助上的作用也越来越明显。许多社会团体、慈善组织纷纷成立各种教育社会救助基金等对贫困学生进行援助;投身慈善的个人如邵逸夫、李嘉诚等企业家通过捐建教学楼,设置奖学金等进行教育援助。

根据受助对象即受救助客体的不同,教育社会救助可分作三个层次。第一个层面是对贫困家庭子女的整体社会救助。这里包括对城镇贫困家庭子女及农村贫困家庭子女的教育援助。第二个层面是对贫困地区的整体社会救助。由于历史及自然等客观原因的存在,一些地区的经济发展相对落后,使得这些地区的适龄人口无法正常接受教育,同时,这些地区的教学场所、设备和师资往往都处于短缺的状态,这同样也影响了适龄人口接受教育的机会,因此对贫困地区的资金和物质上的资助也是教育社会救助要考虑的重要方面。第三个层面是对贫困落后国家的社会救助,即国际间的教育援助。从国际社会的角度来看,对发展中国家的教育援助,也是促使这些国家实现全民教育的重要手段之一。

(二)教育社会救助的特征

与其他社会救助相比,教育社会救助具有以下特征:

1.救助效应的间接性

教育社会救助的对象非常明确,教育救助的对象是应当接受教育的适龄人口,包括接受初等教育和高等教育的学生。教育救助的间接性主要体现在两方面:一是教育救助往往不是直接对这些学生发放救助资金或物品,而是对这些困难学生的家庭进行补贴或学费减免。这主要表现在受助学生多是未成年人的初等教育的救助上。二是教育救助往往不是直接对困难学生或学生家庭发放救助资金,而是对他们进行间接上的经济援助,包括书杂费的减免、提供勤工俭学的机会以及提供贷款等。

2.救助实施的连续性

通常情况下,教育社会救助不是一次就能完成的。学生受教育是一个持续的过程,少则几年,多则十几年。在这个过程中,学生通常是没有其他经济收入的,困难学生的家庭往往在短期内也不能使经济状况有根本好转,因此,教育救助常常需要有一个持续的过程,即对困难学生的援助不是一次性的,而是分阶段(通常是以学期或学年为一次)对困难学生进行救助。

3.救助形式的多样性

从不同阶段看,可以分为初等教育和高等教育的社会救助,初等教育的救助方式和高等教育的救助方式也是不尽相同的。从初等教育阶段来看,主要是对困难学生进行学杂费减免和助学补贴。对于高等教育来说,在对其进行助学金补助和学费适当减免的同时,更提供了助学贷款这一形式。从救助的不同程度来说,可以分为直接救助和间接救助。直接救助包括学费的直接减免和提供助学金等,间接救助则主要体现在高等教育救助中提供勤工俭学机会及申请助学贷款。

(三)教育社会救助的主要功能

1.很强的反贫困功能

根据人力资本理论,个人因为受教育程度低、工作能力差、就业经验不足,往往会削弱其在劳动力市场的竞争力,造成其工作报酬偏低,个人及其家庭沦入贫困而依赖社会救助的可能性因此增高的逻辑,教育救助提供经济支援和学费补助等现金支持、职业训练或就业辅导的服务支持来补充贫困家庭的收入不足,并增进家庭中个人的人力资本,以衍生较高的工作所得收入,促进其脱离贫穷,走向经济自立,是降低贫穷、创造财富的最有效方法之一。

2.促进教育公平和社会公平

教育公平是教育权利的平等,也是教育机会的均等。从受救助的学生角度看,数额有限的社会救助金,不仅给他们带来了物质援助,更重要的是为他们提供了奋发成才的机遇。教育能显著地改善人的生存状态,增进社会公平,因而被视为实现社会平等"最伟大的工具"。

3.促进国民经济发展

一个国家的经济要发展,凭借的是这个国家劳动生产率的提高,而劳动生产率的提高又需要这个国家国民素质的提高。这时的国民不是指一部分社会精英,而是整个国家的公民,这里的素质也不仅仅是身体素质,它更是指包括技能在内的文化素质的提高。从某种意义上来说,教育救助的目的除了求得社会公平外,很大程度上也是为了追求效率、促进整个国民经济更快更平稳的发展。

二、教育社会救助制度的主要形式

根据受教育的阶段和受教育者经济困难程度不同,教育社会救助的形式也有所不同。具体表现在:

(一)初等教育阶段

1.免费义务教育

许多国家通过法律法规的形式将免费义务教育作为中小学教育阶段的适龄儿童接受教育的重要措施。对提高人口整体素质、推进经济社会持续稳定发展发挥了重要作用。

2.助学金

这是许多国家针对贫困家庭学生实行教育社会救助的一种比较通用的措施。提供助学金往往是定期的,一般以一个学年、一个学期或者一个月为时间单位提供助学金。有些国家根据学生贫困程度和学习成绩提供不等的助学金,如分为一等助学金、二等助学金和三等助学金等,它通常是由学校或者国家发放的。

3.困难补助

这也是许多国家提供给贫困家庭学生的一种常见的教育社会救助项目。困难补助往往是一种临时性措施,不定期地提供一定金额的补助,解决贫困学生的燃眉之急。而且,有些国家把困难补助分为开学补助、交通费补助、伙食补助、教科书补助等。它也是由国家或者学校实行的一种措施。

(二)高等教育阶段

1.奖学金

奖学金主要帮助经济困难并且学习优秀的学生完成学业,它是由高校或者校外单位或者国家发放的。这是许多国家普遍采用的一种高等教育社会救助措施。但它的不足之处在于享受奖学金需要与学习成绩挂钩,即使家庭贫困但由于学习成绩不好的学生往往会领不到奖学金,因此它在教育社会救助方面的作用是有限的。

2. 助学贷款

助学贷款是很多国家通常采用的一种教育社会救助措施,虽然它的历史不长,但越来越受到各国的重视。助学贷款是由金融机构为贫困大学生提供的一种帮助,但作为商业机构它最终是以追求利润最大化为目标的,因此,为了能够使得这项工作顺利展开,国家给予一定的优惠政策,如国家承担贷款利息等。

3. 勤工助学

勤工俭学在一定程度上能够帮助贫困大学生渡过学习期间的经济难关。很多国家的大学都为大学生介绍和提供勤工俭学的工作岗位,其中主要介绍校外的、学生能够而且法律上允许的各种工作岗位,在校内为学生尤其是贫困学生提供各种勤工俭学的机会。这项措施不仅解决了贫困大学生的经济困难,而且提供了在社会上锻炼的机会。

4. 补助金

补助金往往是由各级政府或者大学提供的一种教育社会救助项目。在许多国家,中央和地方拨出专款对贫困大学生进行困难补助。有些国家的高校也从自筹资金中拿出一部分来帮助贫困大学生完成学业。这种高校补助,在有些国家是政策明确规定必须实行的,也有些国家虽然没有明确规定但也是鼓励高校采取这方面的措施。补助金主要是解决学生在校期间的生活费问题,往往是属于一种临时性措施。

5. 学费减免

学费减免是很多国家普遍采用的一种教育社会救助项目。在许多国家,高校的学费往往是比较昂贵的,尤其对贫困大学生来说是一个很沉重的负担,因此,通过学费减免可以大大减轻贫困大学生的经济困难。但在有些国家,学费减免与学习成绩相挂钩,只有成绩优秀的学生才能享受学费减免,这样难免会产生有些需要帮助的贫困大学生得不到学费减免。

当然,由于不同国家的经济基础、贫困人口和家庭的贫困状况、接受教育人员的素质等参差不齐,因此在不同教育阶段,各国实施的教育社会补助形式也不完全相同。

第二节　我国教育救助制度的现状、问题与完善思路

一、我国教育救助制度的历程和现状

1949 年成立的中华人民共和国在一个较长的时间段内实行了几乎是全免费的教育政策:初等教育免交学费,只收少量杂费;高等教育免交学费和杂费;研究生教育不仅免交学杂费,而且拿工资上学。然而受人口众多、经济发展不平衡等现实国情制约,国家财政包干教育的做法无法实现教育普及,1988 年,中学入学率仅为 37%,大学入学率只占适龄人口的 2% 左右。为迅速提高全体公民文化素质,适应现代化发展对人才的需求,1986 年全国人大颁布了《中华人民共和国义务教育法》,明确规定凡年满 6 周岁的儿童,不分性别、民族,应当入学接受规定年限的义务教育。2007 年,国务院出台了《关于建立健全普通高校高等职业学校和中等职业学

校家庭经济困难学生资助政策体系的意见》。2010 年,国务院又出台了《国家中长期教育改革和发展规划纲要(2010—2020 年)》。自 2007 年至 2019 年以来的 13 年间,一个实现了三个覆盖,即所有学段(从学前教育到研究生教育)、所有学校(包括公办与民办)、所有家庭经济困难学生全覆盖的学生资助新体系逐步建立健全①,从制度上保证了"不让一个学生因家庭困难而失学"的宏伟目标。

2018 年,全国累计资助学前教育、义务教育、中职学校、普通高中和普通高校学生(幼儿)9801.48 万人次(不包括义务教育免除学杂费和免费教科书、营养膳食补助),比上年增加211.07 万人次,增幅 2.20%;累计资助金额 2042.95 亿元(不包括义务教育免除学杂费和免费教科书、营养膳食补助),比上年增加 160.81 亿元,增幅 8.54%。学生资助资金连续 12 年保持快速增长②。

(一)学前教育和义务教育

学前教育一直是我国教育发展的薄弱环节。针对此问题,教育规划纲要明确提出,"到2020 年,普及学前一年教育,基本普及学前两年教育,有条件的地区普及学前三年教育"。为落实这一要求,2010 年 11 月,国务院印发《关于当前发展学前教育工作的若干意见》,提出了"建立学前教育资助制度,资助家庭经济困难儿童、孤儿和残疾儿童接受普惠性学前教育"的政策。2011 年 9 月,财政部、教育部印发的《关于建立学前教育资助制度的意见》按照"地方先行、中央补助"原则,从 2011 年秋季学期起建立学前教育资助制度,地方政府对经县级以上教育行政部门审批设立的普惠性幼儿园在园家庭经济困难儿童、孤儿和残疾儿童予以资助。幼儿园从事业收入中提取 3%~5% 的资金,用于减免收费、提供特殊困难补助等。2018 年 11月,中共中央、国务院出台《关于学前教育深化改革规范发展的若干意见》,明确要完善学前教育资助制度,要求各地认真落实幼儿资助政策,确保接受普惠性学前教育的家庭经济困难儿童(含建档立卡家庭儿童、低保家庭儿童、特困救助供养儿童等)、孤儿和残疾儿童得到资助。

1986 年,全国人大颁布了《中华人民共和国义务教育法》,明确规定凡年满 6 周岁的儿童,不分性别、民族,应当入学接受规定年限的义务教育;国家对接受义务教育的学生免收学费。进入 21 世纪以来,国家逐步加大对义务教育阶段学生的资助力度。从 2001 年秋季开始,试行为贫困地区家庭经济困难学生免费提供教科书。2003 年,国务院在《关于进一步加强农村教育工作的决定》中提出,要建立健全资助家庭经济困难学生就学制度,争取到 2007 年全国农村义务教育阶段家庭经济困难学生都能享受到"两免一补"政策(免费教科书、免学杂费、寄宿生生活补助),努力做到不让学生因家庭经济困难而失学。2005 年 12 月,国务院颁布《关于深化农村义务教育经费保障机制改革的通知》,全面推行"两免一补"政策。从 2007 年秋季学期开始,国务院决定向全国农村义务教育阶段学生免费提供国家课程教科书,同时建立部分国家课程教科书的循环使用制度;确定中西部农村义务教育阶段家庭经济困难寄宿生的生活费基本补助标准(小学生每生每天 2 元,初中生 3 元)。2008 年 8 月,国家决定免除城市义务教育阶段公办学校学生学杂费。至此,我国全面实现城乡免费义务教育。2010 年、2011 年国家先后两次提高中西部地区农村义务教育阶段家庭经济困难寄宿生生活补助标准,目前小学生每天

---

① 资料来源:全国学生资助管理中心网站。http://www.moe.gov.cn/jyb_xwfb/s5147/201909/t20190924_400640.html.

② 数据来源:全国学生自主管理中心网站。http://www.xszz.cee.edu.cn/index.php/lists/70.html.

4元、初中生每天5元(按每年250天计算),所需资金中央财政按照50％的比例给予奖励性补助,地方财政应承担的50％部分,由省级财政统筹落实。此外,针对部分地区特别是贫困地区农村中小学生营养不良问题,从2011年秋季学期起,在集中连片特困地区实施农村义务教育学生营养改善计划。2012年5月,教育部、中央宣传部等15个部门又联合发布了《农村义务教育学生营养改善计划实施细则》及其五个配套文件,中央财政按照每生每天3元的标准为试点地区农村义务教育学生提供营养膳食补助,所需资金中央财政全部承担。2016年国家进一步扩大营养改善计划试点工作,要求2017年实现营养改善计划国家扶贫开发重点县的全覆盖[①]。此外,国家进一步扩大义务教育资助对象范围,使更多城市学生和农村非寄宿生得到更全面的保障。从2017年春季学期开始,不仅限于农村学生,中央财政和地方财政共同对全国城乡义务教育阶段学生免费提供教科书,并对部分教科书进行循环使用[②]。2019年4月,财政部、教育部印发《关于下达2019年城乡义务教育补助经费预算的通知》,从2019年秋季学期起,将义务教育阶段建档立卡学生,以及非建档立卡的家庭经济困难残疾学生、农村低保家庭学生、农村特困救助供养学生四类家庭经济困难非寄宿生纳入生活补助范围[③]。目前,在义务教育阶段统一了城乡"两免一补"政策,对城乡义务教育学生免除学杂费,免费提供教科书,对家庭经济困难学生补助生活费。对集中连片特殊困难等地区农村义务教育阶段学生提供营养膳食补助。因贫失学、辍学问题从根本上得以解决,适龄儿童、少年接受义务教育权利得到切实保障。

普通高中阶段,国家建立了国家助学金、建档立卡等家庭经济困难学生免学杂费,地方政府资助为主,学校和社会资助相结合的普通高中家庭经济困难学生资助政策体系。从2010年秋季学期起,中央和地方共同设立普通高中国家助学金,每年资助学生约482万名,平均资助标准为每生每年1500元,2015年提高到2000元,具体标准由各地结合实际在1000～3000元确定,资助面约占全国普通高中在校生总数的20％,其中:东部地区为10％、中部地区为20％、西部地区为30％可适当向少数民族倾斜。普通高中要从事业收入中足额提取3％～5％的经费,用于减免学费,设立校内奖学金、助学金,特殊困难补助等。完善捐资助学相关优惠政策措施,积极引导和鼓励企业、社会团体及个人等面向普通高中设立奖学金、助学金等。2016年,财政部、教育部印发《关于免除普通高中建档立卡家庭经济困难学生学杂费的意见》,从2016年秋季学期起,免除普通高中建档立卡家庭经济困难学生(含非建档立卡的家庭经济困难残疾学生、农村低保家庭学生、农村特困救助供养学生)学杂费。

中职教育阶段,国家建立了以国家奖学金、国家助学金、免学费为主,学校和社会资助及顶岗实习等为补充的资助政策体系。国家对全日制中等职业学校二年级(含)以上学生中学习成绩优异、技能表现突出的学生进行奖励,每年奖励2万名学生,奖学金标准每生每年6000元。国家助学金资助对象为具有中职学校全日制正式学籍的在校一、二年级所有涉农专业学生和非涉农专业家庭经济困难学生,资助标准为每生每年2000元,具体标准由各地结合实际在1000～3000元范围内确定,可以分为2～3档。家庭经济困难学生比例按规定分区域确定:西部地区按在校学生的20％确定,中部地区按在校学生的15％确定,东部地区按在校学生的

---

① 《关于进一步扩大学生营养改善计划地方试点范围实现国家扶贫开发重点县全覆盖的意见》,教督厅函〔2016〕6号。

② 《关于全面实施城乡义务教育教科书免费提供和做好部分免费教科书循环使用工作的意见》,教材〔2017〕1号。

③ 《关于下达2019年城乡义务教育补助经费预算的通知》,财科教〔2019〕30号。

10％确定。六盘山区等 11 个连片特困地区和西藏、四省藏区、新疆南疆四地州中等职业学校农村学生(不含县城)全部纳入享受国家助学金范围。2009 年实行农村家庭经济困难学生和涉农专业学生免学费政策后,2010 年秋季学期起,将免学费政策覆盖范围扩大至城市家庭经济困难学生。2012 年秋季学期起,免学费政策对象范围又进一步扩大至所有农村(含县镇)学生①。目前,免学费政策对象为公办中等职业学校全日制学籍一、二、三年级在校生所有农村(含县镇)学生、城市家庭经济困难学生及涉农专业学生(艺术类相关表演专业学生除外)。对在政府职业教育行政管理部门依法批准的民办中等职业学校就读的一、二年级符合免学费政策条件的学生,按照当地同类型同专业公办中等职业学校免学费标准由财政给予补助。城市家庭经济困难学生分地区、按比例确定:西部地区按在校城市学生的 15％确定;中部地区按在校城市学生的 10％确定;东部地区按在校城市学生的 5％确定。免学费标准按照各级人民政府及其价格、财政主管部门批准的公办学校学费标准执行(不含住宿费)。免学费资金由中央财政统一按照每生每年 2000 元标准,与地方财政按比例分担。另外,安排中等职业学校三年级学生到企业等单位顶岗实习,获得一定报酬,用于支付学习和生活费用。中等职业学校每年安排不低于事业收入 5％的经费,用于学费减免、勤工助学、校内奖学金和特殊困难补助等。

(二)高等教育

贫困大学生能否顺利进入大学校门、完成学业成为众多家庭经济困难学生及其家人担心的大事。近年来,贫富差距和社会分配的不公造成贫困大学生人数和比重呈快速增长趋势。高校家庭人均年收入 1000 元以下的特困生及家庭人均年收入在 1000 元至 2000 元之间的贫困生数量巨大,有的高校,贫困生比例接近 50％。而且,来自农村贫困家庭的学生数量不减,来自城市贫困家庭的学生也在增多。为保证贫困大学生不因经济困难而放弃接受高等教育,中国政府和社会各阶层从多个方面进行了努力。

1. 助学体系发展阶段

中国高等教育发展自新中国成立以来可分为高福利的助学制度(1949—1985 年)、"奖、贷"并存的助学制度(1986—1992)、"混合资助型"助学制度(1993—2011)、新时代发展型助学制度(2012 年至今)四个阶段。

(1)高福利助学制度(1949—1985 年)。公有制的计划经济制度和较小的高等教育规模,使国家成为高等教育的单一投资者,受教育机会成为面向特定群体的公共产品,群体内每个成员不仅不需履行投资责任,而且在生活上享受福利(如助学金、定粮供应)等。

(2)"奖、贷"并存的助学制度(1986—1992 年)。随着高等教育入学人数数量的增多,国家逐步缩小助学金的覆盖范围,对不同专业的高校学生予以不同比例的资助。1983 年 7 月,教育部、财政部印发《普通高等学校、专科学校人民助学金暂行办法》和《普通高等学校本、专科学生人民奖学金试行办法》,在继续实行人民助学金制度同时,增设人民奖学金,进一步强调学生分担学费成本的责任。1986 年 7 月,国务院批转的《国家教委、财政部关于改革现行普通高等学校人民助学金制度的报告》提出,将人民助学金制度改为奖学金和学生贷款制度,实行了三十多年的人民助学金制度正式取消。1987 年 7 月,国家教委、财政部联合印发《普通高等学校本、专科学生实行奖学金制度的办法》和《普通高等学校本、专科学生实行贷款制度的办法》,要求所有高

---

① 《关于扩大中等职业教育免学费政策范围 进一步完善国家助学金制度的意见》,财教〔2012〕376 号。

等院校实行奖学金和贷学金制度,此后,我国高等教育助学制度呈现"奖、贷"并行的特点。

(3)"混合资助型"助学制度(1993—2011)。1993年《中国教育改革和发展纲要》出台后,学生资助举措逐步增多,资助主体逐步多元,资助规模进一步扩大,混合资助成为这一阶段的主要特征。九十年代以来,特困补助政策、勤工俭学、减免学杂费、研究生奖学金、新生入学"绿色通道"等大学生资助政策陆续步入历史舞台。1999年6月,国务院办公厅批转了中国人民银行、教育部、财政部等部门《关于国家助学贷款管理的规定(试行)通知》和《国家助学贷款管理操作规程(试行)》,决定从当年9月1日开始,在北京、上海、武汉等8个城市试点,由中国人民银行指定中国工商银行办理贷款业务,帮助高校经济困难学生支付在校期间的学费和日常生活费,助学贷款制度建立。此后,以助学贷款制度为主,集合了"奖、助、贷、勤、减、免"等措施的混合资助型助学制度建立起来。2007年以后,财政部、教育部先后制定出台国家奖学金、国家励志奖学金、国家助学金、生源地信用助学贷款、免费师范生、学费补偿贷款代偿等资助政策,混合资助型助学制度不断完善。

(4)新时代发展型助学制度(2012年至今)。新时代助学制度有两个突出特点,一是资助方向由保障型向发展型转变,二是资助工作的精准化。2012年,党的十八大报告指出:"提高家庭困难学生资助水平,将立德树人作为教育的根本任务,办好人民群众满意的教育。"强调了资助育人的发展型助学理念。2017年,教育部指出要将"扶困与扶志""扶困与扶智"结合起来,构建发展型资助体系。2016年《教育部六部门关于印发〈教育脱贫攻坚"十三五"规划〉的通知》明确将精准化理念注入教育扶贫中。2017年《关于进一步落实高等教育学生资助政策的通知》提出了四个精准,对精准化资助工作做出明确规定:一是对象精准。要求加强家庭经济困难学生的认定工作,确定具体的认定标准和资助档次。二是力度精准。强调加大对建档立卡等家庭经济特别困难学生的资助力度。三是分配精准。要求进一步优化资助名额和资金分配机制,充分考虑不同学科专业、培养层次、学生经济困难程度等因素。四是发放精准。提出严格按照规定的时间、标准、方式发放资助资金。同年,国家发布《高校思想政治工作质量提升工程实施纲要》,要求建立"四位一体"的发展型资助体系,构建育人长效机制。这种方式立足于贫困学生个人发展,将"输血"转为"造血",促进学生自身的全面发展。

2.救助形式和标准

根据《中华人民共和国高等教育法》规定,高等学校的学生应当按照国家规定缴纳学费。家庭困难学生,可以申请补助或者减免学费。同时,国家设立奖学金,并鼓励高等学校、企业事业组织、社会团体以及其他社会组织和个人按照国家有关规定设立各种形式的奖学金,对品学兼优的学生、国家规定的专业的学生以及到国家规定的地区工作的学生给予奖励。国家设立高等学校学生勤工助学基金和贷学金,并鼓励高等学校、企事业组织、社会团体以及其他社会组织和个人设立各种形式的助学金,对家庭经济困难的学生提供帮助。高等学校的学生在课余时间可以参加社会服务和勤工助学活动,但不得影响学业任务的完成。目前,我国已在高校建立了以国家资助奖学金、国家助学贷款、勤工助学、校内奖助学金、困难补助、学费减免、学费补偿贷款代偿、伙食补贴、"绿色通道"等多种方式的混合资助体系。

(1)国家奖学金、助学金。国家奖学金、助学金包括中央和地方出资设立的国家奖学金、国家励志奖学金和国家助学金等。国家奖学金是奖励特别优秀的二年级以上(含二年级)的全日制普通高校本专科(含高职、第二学士学位)在校生。国家奖学金每年奖励5万名学生,每生每年 8000 元。同一学年内,获得国家奖学金的家庭经济困难学生可以同时申请并获得国家助学金,但不能同时获得国家励志奖学金。教育部直属师范院校师范类专业学生符合规定条件的,同样可以获得国家奖学金;国家励志奖学金奖励资助品学兼优、家庭经济困难的二年级以上(含二年级)的全日制普通高校本专科(含高职、第二学士学位)在校生。每生每年 5000 元,资助面约为全国普通高校全日制本专科在校生总数的 3%。同一学年内,申请国家励志奖学金的学生可以同时申请并获得国家助学金,但不能同时获得国家奖学金。教育部直属师范院校师范类专业学生不再同时获得国家励志奖学金;国家助学金,主要资助家庭经济困难的全日制普通高校本专科(含高职、第二学士学位)在校学生的生活费用开支。资助面平均约占全国全日制普通高校本专科(含高职、第二学士学位)在校学生总数的 20%。全国平均每生每年 3000元。同一学年内,申请并获得国家助学金的学生,可同时申请并获得国家奖学金或国家励志奖学金。教育部直属师范院校师范类专业学生,不再同时获得国家助学金。由于家庭经济困难的学生一般学习勤奋、成绩优秀,因而国家奖学金、助学金是国家帮助家庭经济困难、学习优秀的学生完成学业,激励其勤奋学习、努力进取,在德、智、体、美等方面全面发展的重要保障之一。

(2)助学贷款(贷)。国家助学贷款是由政府主导,金融机构向高校家庭经济困难学生提供的信用助学贷款。国家助学贷款利率执行中国人民银行同期公布的同档次基准利率,不上浮。贷款学生在校期间的国家助学贷款利息全部由财政支付,对继续攻读学位和因病休学期间的学生继续实行财政贴息,毕业后的利息由借款人全额支付。为鼓励金融机构承办国家助学贷款的积极性,建立贷款风险分担机制,财政(高校)对经办银行给予一定的风险补偿。国家助学贷款是信用贷款,学生不需办理贷款担保或抵押,但需要承诺按期还款,并承担相关法律责任。2015 年国家提出建立还款救助机制,对于因病丧失劳动能力、家庭遭遇重大自然灾害、家庭成员患有重大疾病以及经济收入特别低的毕业借款学生实施救助①。江苏、湖南、山东等省份率先建立了还款救助机制。按照学生申办地点及工作流程,国家助学贷款分为校园地国家助学贷款与生源地信用助学贷款两种模式(见表 7-1)。

表 7-1 校园地国家助学贷款、国家助学贷款和一般商业性助学贷款的区别

项目	校园地国家助学贷款	生源地信用助学贷款	商业性银行助学贷款
经办机构	通过学生所在学校资助部门向经办银行申请	生源所在地县级学生资助管理中心	开办此项业务的商业银行和城乡信用社
贷款对象	家庭经济困难的全日制普通高校本专科生(含高职生)、第二学士学位学生和研究生。	已收到高校、高等职业学校和高等专科学校的录取通知书或在校的本专科学生、研究生和第二学士学生;学生入学前的户籍与共同借款人的户籍均在本区县;学生当年没有获得其他助学贷款;学生所在家庭经济困难	年满 18 周岁具有完全民事行为能力的在校大学生、研究生

---

① 《关于完善国家助学贷款政策的若干意见》教财〔2015〕7 号。

项目	校园地国家助学贷款	生源地信用助学贷款	商业性银行助学贷款
贷款利率和利息	执行贷款发放时中国人民银行公布的人民币贷款同期同档次基准利率。在校期间的贷款利息全部由财政支付,毕业后的利息由借款人全额支付	执行贷款发放时中国人民银行公布的人民币贷款同期同档次基准利率。在校期间利息全部由财政补贴;毕业后三年为宽限期,只需偿还利息。宽限期结束后由学生和家长(或其他法定监护人)按借款合同约定,按年度分期偿还贷款本息	按法定贷款利率执行
贷款担保	无贷款担保,但需承诺按期还款,并承担相关法律责任	信用贷款。共同借款人信用担保	采用保证、抵押、质押等担保形式
学校介入程度	学校深度参与	学校证明借款学生的身份	学校一般只负责证明借款学生的身份及在校表现
贷款额度	本专科生每生每学年最高申请金额不超过 8000 元,研究生每生每学年不超过12000 元。	每个学生每年申请的贷款额度不低于 1000 元,本专科生每生每学年不超过 8000 元,研究生每生每学年不超过 12000 元,具体金额根据学生学费和住宿费实际需求确定	一般在 2000 元~20000 元
贷款期限	毕业后的 3 年内选择开始偿还本金的时间,贷款期限最短为学制加 13 年,最长不超过 20 年	原则上按学制加 13 年确定,最短不低于 6 年,最长不超过 20 年。全日制本专科学制超过 4 年或继续攻读研究生学位、第二学士学位的,相应缩短毕业后还贷期限	各商业银行规定期限不同

①校园地国家助学贷款。家庭经济困难的全日制普通高校本专科生(含高职生)、第二学士学位学生和研究生,可以通过本校学生资助部门向经办银行申请国家助学贷款,原则上本专科生每生每学年最高申请金额不超过 8000 元,研究生每生每学年不超过 12000 元。学生根据个人毕业后的就业和收入情况,应在 3 年内开始偿还贷款本金,13 年内还清贷款本息。

②生源地信用助学贷款。家庭经济困难的全日制本专科生(含高职生)、第二学士学位学生和研究生,向户籍所在县(市、区)的学生资助管理机构提出贷款申请(有的地区直接到相关金融机构申请)。借款的本专科生每生每学年申请的贷款金额原则上不超过 8000 元,研究生每生每学年不超过 12000 元。生源地信用助学贷款期限原则上按学制加 13 年确定,最长不超过 20 年。学制超过 4 年或继续攻读研究生学位、第二学士学位的,相应缩短学生毕业后的还贷期限。学生在校及毕业后 3 年期间为还本宽限期,宽限期结束后由学生和家长(或其他法定监护人)按借款合同约定,按年度分期偿还贷款本息。全日制普通本专科学生在同一学年内不得重复申请获得校园地国家助学贷款和生源地信用助学贷款,只能选择申请办理其中一种贷

款。全日制研究生原则上申请办理校园地国家助学贷款①。

（3）学费补偿贷款代偿。国家对中央部门所属全日制普通高校应届毕业生，自愿到中西部地区和艰苦边远地区基层单位就业、服务期达到 3 年以上（含 3 年）的，实施学费补偿和国家助学贷款代偿。毕业生在校学习期间每年实际缴纳的学费或获得的国家助学贷款低于 8000 元的，按实际缴纳的学费和获得的国家助学贷款按照两者就高的原则，实行补偿或代偿，在校期间每年实际缴纳的学费或获得的国家助学贷款高于 8000 元的，按照每年 8000 元的金额实行补偿或代偿。每年补偿或代偿总额的 1/3，分 3 年补偿代偿完毕。地方高校毕业生学费补偿贷款代偿由各地参照中央政策制定执行。从 2009 年起，国家对应征入伍服义务兵役的高等学校毕业生在校期间缴纳的学费或获得的国家助学贷款及其产生的利息实施一次性补偿或代偿。从 2011 秋季学期起，国家对应征入伍服义务兵役的高等学校在校生在校期间缴纳的学费或获得的国家助学贷款实施一次性补偿或代偿，同年，对退役后复学的原高校在校生实施学费资助。目前国家对退役一年以上、考入全日制普通高等学校的自主就业退役士兵每学年实际缴纳学费高于 8000 元的按 8000 元资助，低于 8000 元的按实际缴纳的学费资助。2013 年 8 月，财政部、教育部、原总参谋部印发《高等学校学生应征入伍服义务兵役国家资助办法》，扩大服义务兵役国家资助范围，明确将普通高校全日制普通本专科生、研究生、第二学士学位的应（往）届毕业生、在校生和入学新生，以及成人高校的普通本专科应（往）届毕业生、在校生和入学新生，全部纳入应征入伍服义务兵役国家资助范围，实行学费补偿或国家助学贷款代偿。2015 年，财政部、教育部、原总参谋部印发《关于对直接招收为士官的高等学校学生施行国家资助的通知》，将直接招收为士官的高等学校学生也纳入国家资助范围，补偿或代偿最高金额不超过 8000 元。

（4）勤工助学（助）。勤工助学是高等学校组织学生参加勤工助学活动，进行高校收费制度改革的一项重要配套措施，原则上每周不超过 8 小时，每月不超过 40 小时。学生参加校内固定岗位的勤工助学，其劳动报酬由学校按月计算，每月 40 个工时的酬金原则上不低于当地政府或有关部门制定的最低工资标准或居民最低生活保障标准。学生参加校内临时岗位的勤工助学，其劳动报酬由学校按小时计算，每小时酬金原则上不低于 12 元人民币②。这项活动不仅有利于学生德、智、体、美全面发展，而且可以使学生通过参加劳动取得相应报酬。这是对广大学生，特别是家庭经济困难学生的有效资助办法。许多高等学校均设有专门的勤工助学管理机构和专职管理人员，并设有"勤工助学基金"，专门用于支付参加勤工助学活动学生的劳动报酬。高校有计划地组织学生参加校外勤工助学活动，在帮助学生维护个人合法权益的同时，监督用人单位和个人及时兑现学生的劳动报酬。这项措施深受大学生尤其是贫困大学生的欢迎，在一定程度上解决了他们的燃眉之急。

（5）学费减免（减）。对公办全日制普通高校中家庭经济特别困难、无法缴纳学费的学生，特别是其中的孤残学生、少数民族学生及烈士子女、优抚家庭子女等，实行减免学费政策。该政策对学习和生活经济条件特别困难的学生免收全部学费；对其他一般困难的学生适当减收部分学费。学生提出申请，学校核准后酌情减免学费，具体减免办法由高校按规定办理。从 2007 年秋季入学的新生起，国家在北京师范大学、华东师范大学、东北师范大学、华中师范大

---

① 《关于调整完善国家助学贷款相关政策措施的通知》，财教〔2014〕180 号。

② 《高等学校勤工助学管理办法（2018 年修订）》，由教育部、财政部于 2018 年 8 月 20 日印发，该办法自公布之日起施行。

学、陕西师范大学和西南大学六所教育部直属师范大学实行师范生免费教育。

此外,各高校利用自有资金、社会组织和个人捐赠资金等,设立奖学金、助学金;对发生临时困难的学生发放特殊困难补助,建立"绿色通道"制度,即对被录取入学、无法缴纳学费的家庭经济困难的新生,学校一律先办理入学手续,然后再根据核实后的情况,分别采取不同办法予以资助等。

(三)我国教育救助制度的现状特点

现行学生资助政策体系是在社会主义市场经济体制建立以来,国家对家庭经济困难学生财政投入最多、资助范围最广、资助力度最大、家庭经济困难学生得到实惠最多的一项制度安排。主要有以下特点:

第一,制度设计系统全面。从资助领域看,政策体系实现了全覆盖,形成了从学前教育至高等教育各个教育阶段的较为完善的资助政策体系。从资助方式看,呈现立体式、多元化资助局面,既有国家奖学金、校内奖学金等奖优资金,还有国家助学金、国家助学贷款等助困资金,以及国家励志奖学金、勤工助学等助困与育人相结合的资助方式。从资金用途看,不仅解决家庭经济困难学生的基本学习需要,还解决其就读期间生活需要。从资金来源看,有财政投入、学校资金、社会捐助、银行贷款等多种渠道。

第二,政府投入占主体地位。据统计,2014—2018年,全国各类学生资助资金为8595.38亿元,其中财政投入达5651.16亿元,占比66%。累计资助学前教育(幼儿)、普通高校、中职学校、普通高中、义务教育等阶段学生4.5亿人次。财政资金中,中央财政2948.75亿元,占比52%;地方财政2702.41亿元,占比48%。5年来,财政投入资助资金持续增长,由2013年的805.43亿元增长至2018年的1290.08亿元,增幅60.17%,其中中央财政增幅57.90%,地方财政增幅62.75%①。

第三,社会各界广泛参与。2014—2018年,学校和社会资助资金亦呈增长趋势,累计投入2944.22亿元,占全国累计资助总金额的34%,成为资助资金的重要来源。学校和社会资金由2013年的379.72亿元增至2018年的752.78亿元,增幅98.25%。充分体现了以国家投入为主、社会各界广泛参与的理念,形成了政府和社会共同关注、共同帮扶弱势群体的共识与合力。

第四,政策导向作用明显。通过加大中职学生资助力度,吸引更多的初中毕业生报考中等职业学校,促进了中等职业教育发展和高中阶段教育结构优化。在高校国家奖助学金的安排上,向农、林、水、地、矿、油、核等专业倾斜。通过实施学费补偿、国家助学贷款代偿政策,引导高校毕业生到基层单位和艰苦行业就业、到部队服义务兵役,促进我国人才资源的合理分布。发挥中央与地方经费分担比例的杠杆作用,鼓励学校面向经济欠发达地区扩大招生,促进区域教育协调发展。目前,国家在义务教育阶段全面实行"两免一补"政策,同时推行农村学生营养改善计划,因贫失学、辍学问题从根本上得以解决,适龄儿童、少年接受义务教育权利得到切实保障。

二、我国教育救助制度存在的问题

改革开放以来,我国针对不同教育阶段制定了相应的教育政策,使贫困家庭的子女的教育问题得到了一定程度的解决,但是目前教育救助还存在着救助资金投入不足、教育资源配置不

---

① 数据来源:根据全国学生资助管理中心公布的2013—2018年中国学生资助发展报告相关数据计算而得。

均、教育服务供给均等化有待提高、救助对象认定标准不精准、认定程序不规范、救助方式有待完善、教育救助立法层次低、部门联动协调有待完善等问题,制约了我国教育救助政策的实施效果。

1. 救助资金投入不足

目前,我国已建立起以政府为主导、学校和社会共同参与的教育资助体系。从公共财政投入方面来看,随着我国对民生问题的重视,财政教育支出的总规模不断增加,但财政教育支出仍存在着相对规模不足的状况,阻碍我国教育事业的发展。财政教育经费占 GDP 的比重,是国际公认评价各国教育投入的主要指标。尽管自 2012 年以来我国财政性教育经费支出占 GDP 的比例连续七年保持在 4% 以上,但仍低于 5.1% 的世界各国平均水平。从财政教育支出占财政总支出的比例来看,近年来也呈下降趋势,从 2012 年的 16.8% 下降到 2018 年的 14.6%[①]。教育救助上的资金投入也明显不足,2014—2018 年学生资助财政投入占教育财政投入总额比例仅在 4% 上下浮动[②]。

从社会力量投入来看,近年来社会资助金额逐年上涨,但在救助资金总额中所占比例很低。以高等教育为例,根据《慈善蓝皮书:中国慈善发展报告》,2006 年至 2015 年我国源自社会捐赠的金额占高等教育经费总额的比率均低于 3%,同期美国这一比率接近 30%,两者相差接近十倍。究其原因,一方面是因为我国对社会力量参与教育救助的舆论宣传不够,社会各界对参与教育救助的必要性尚未形成共识,自发参与教育救助的社会氛围不够浓厚。另一方面,我国在引导社会力量参与教育救助方面的工作也不尽如人意,相关政策的不完善以及配套的税收鼓励政策缺位导致社会机构和民间团体参与教育救助工作的主动性不高。

2. 教育资源配置不均,教育服务供给均等化有待提高

与世界各国相比,我国对高层次教育特别是高等教育支出比例过大,对处于普及地位的义务教育投入过低。在学前教育、普通高中教育和中等职业教育方面,尽管近年来国家日益重视在这些教育上的投入,但与高等教育相比仍然差距较大。以 2018 年为例,2018 年学前教育、义务教育、普通高中、中职教育、高等教育资助金额分别占学生资助总额的 5.48%、9.35%、19.58%、9.29%、56.31%,高等教育占比大于其他阶段教育占比总和;救助资源学校之间差别很大,不知名学校救助资源短缺。以高等教育为例,国家和社会对名校重点院校投入较多而双非院校投入较少。由于我国"二元结构"长期存在,农村贫困地区受经济发展状况的制约,在教学设施、师资队伍质量方面明显落后于城市和发达地区。农村特别是偏远落后地区的教师教学质量堪忧,一些富裕家庭子女纷纷通过择校来享受较为优质的教育资源,但贫困家庭的子女只能留在农村接受教育,形成了贫困家庭子女的相对剥夺感,影响了教育服务的均等化。

3. 救助对象认定标准不精准,认定程序不规范

这主要表现在:救助对象甄别缺乏科学有效的标准。以高校大学生救助为例,有些高校贫困大学生教育救助名额分配上,主要按照班级平均分配,这导致有的班级贫困大学生名额不够,有的班级贫困大学生名额多余,进而导致有些非贫困大学生"受益";有的高校教育救助对象认定偏向成绩好的学生,致使学习成绩较差、家庭贫困的学生难以得到救助;有的则主要是

[①]　数据来源:根据财政部官网公示的 2012—2018 年财政收支情况计算而得。

[②]　数据来源:根据财政部官网公示的 2014—2018 年财政收支情况、全国学生资助管理中心官网公示的 2014—2018 年中国学生资助发展报告计算而得。

由各班级根据高校下发的相关评定总则进行细化;有的班级重视贫困大学生的材料证明,往往导致部分非贫困大学生提供造假材料以获得教育救助;有的班级重视大学生在高校或者同学间的表现,往往导致部分不喜好表现、不喜欢交朋友的真正贫困大学生得不到教育救助。

救助程序不规范主要表现为救助过程中不注意保护受助学生的隐私信息。高校对贫困大学生的认定,得到大部分肯定的认定标准是家庭结构和经济状况,其他因素依次为户籍所在地贫困证明材料等。在现行体制下,需要教育救助的高校贫困大学生需向高校提出申请,经高校相关部门审查、批准后,方可领取高校贫困大学生教育救助金。这种模式会使申请和领取教育救助金的贫困大学生在高校和同学中曝光,极大伤害了高校贫困大学生的自尊心,一部分自尊心较强的高校贫困大学生会因此而不提出申请。高校对贫困大学生教育救助的评定由班级选出的评定小组依据贫困大学生提交的申请材料进行评定,这种评定方式一定程度上在同学、朋友中间暴露了提交申请贫困大学生的家庭隐私,使部分贫困大学生往往会产生自卑等消极心理。

4. 救助方式有待完善

由于我国过去很长一段时间实行"高福利"的助学制度,教育救助方式侧重于物质救助,忽视了学生精神激励、心理援助、能力拓展等多种需求。贫困对学生受教育机会的剥夺不仅体现在物质贫困上,还更多地表现为学习能力不足、社会适应和人际适应能力差、心理自卑、缺乏自信、社会资本匮乏等方面,单纯依赖物质救助,并不能打破贫困的代际传递。因此,需要丰富教育救助的形式,除了进行必要的物质救助以外,还应进行心理救助、就业援助等积极救助。

5. 教育救助立法层次低,部门联动协调有待完善

目前,我国教育救助制度尚未形成统一的法律体系,除 2014 年新颁布的《社会救助暂行办法》就教育救助制度作出了较为具体的规定外,对教育救助还缺乏专门的法律规定。在部门联动协调方面,首先,尽管我国建立了政府主导、部门主管、多方参与的社会救助管理运行机制,但在教育救助上民政部门与教育部门的事务在一定层次上存在交叉,在履行相应职责的时候,很大程度上会出现难以界定职责主体,导致双方都进行介入与干预,使公共资源使用上存在浪费及低效现象。其次,我国大多数地区尚未建立专门的管理机构来管理教育救助资金以及监督救助资金的到位情况,仍然依靠教育部门内部的普教科与财务科来共同管理资金、其他科室参与监督的方式,使教育救助工作的开展出现诸多运行不畅通的问题。多头管理,缺位或不公平现象突出。最后,我国开展贫困生救助工作的部门不仅仅是教育部门,还有民政局、团委、妇联、残联和总工会等相关政府部门和各种社会组织,有些政府部门或社会组织向相关学校进行资助时甚至直接与各相关学校进行联系。在教育救助管理事务上,经常出现政出多门、救助力量分散、分工无序、救助对象重叠等诸多问题。

此外,我国教育救助还存在着资助工作的信息化建设不成熟,缺少对农民工、失业工人等独立于教育系统之外的弱势群体的教育救助。

三、我国教育救助制度的完善思路

中国要提升其综合实力和国际竞争力,必须不断深化教育体制改革,尽快建立起管理科学、运行有效的教育社会救助制度。

1. 加大教育救助资金投入,鼓励社会资金对教育救助的资金投入

应加大中央和地方各级财政对教育救助工作的投入,提高教育救助在财政预算支出中的比例。借鉴国外的做法，通过政府发行教育彩票募集资金，并将资金直接用于对困难群体的教育支持。

建立健全社会力量参与机制，进一步拓宽资金渠道。鼓励支持社会团体、慈善组织参与教育救助，继续深入持久地开展希望工程、烛光工程、"春蕾计划"以及社会各界开展的其他助学活动等；引导社会力量帮扶重心下移，自愿与教育救助对象结对帮扶；运用政策优惠（税收减免、金融优惠等）引导企业、社会团体与慈善组织参与教育救助，吸引他们通过捐赠或者以慈善活动的方式参与教育救助，以促进资金的多元化。再者，学校应借助多方力量（校友、当地企业家等）筹建部分资金。总之，应建立起以政府为主、社会资助为辅、教育自筹相结合的教育救助长效机制。

2. 实现教育资源配置与教育服务供给的均等化

首先，要强化教育公平和社会公平的理念，国家应建立财政性教育经费投入向基础教育倾斜的政策机制，采取倾斜政策重点扶持基础教育发展。缩小高层次教育生均经费与低层次教育生均经费之间的差距，建立合理的财政转移制度。其次，应积极探索多种教育资源有效配置的途径，如加大学校之间的对口支援，积极支持民办教育发展，利用民间渠道来筹集教育资源以提高教育资源总量。再次，财政部门对较贫困地区给予资金上的倾斜，使贫困地区的学校有更多的资金用于救助贫困学生。最后，通过建立贫困地区教育补偿机制，提高贫困地区教育服务供给的均等化。以待遇提升、职称晋升以及社会福利等政策优惠为手段，促进优质教师合理流动，从而有效推进我国各区域师资的配置均衡。积极贯彻落实师范生免费教育政策、乡村教师扶持计划、特岗教师计划，从而加大农村地区、边远地区以及少数民族地区的师资对口培养。落实国家《关于进一步推动进城农村贫困人口优先享有基本公共服务并有序实现市民化的实施意见》，建立以居住证为主要依据的随迁子女入学政策，优化简化入学程序和证明要求，确保贫困人口随迁子女接受义务教育，鼓励有条件的地区对贫困人口入学实施优先保障。落实进城农村贫困人口随迁子女享有普惠性学前教育资助、中等职业教育国家助学金、中等职业教育免除学杂费、普通高中国家助学金、普通高中建档立卡家庭经济困难学生免除学杂费等学生资助政策，促进教育公平。

3. 精准识别教育救助对象，完善教育救助认定程序

要建立科学有效的对象甄别体系，明确规定甄别指标、甄别程序、履职机构、运行程序等，为提高对象瞄准的精准度奠定基础。甄别指标的科学设置需结合社会实际，比如说，通过了解家庭的人口数、父母的劳动能力、父母赡养长辈负担、小孩多寡及其父母受教育情况等指标后综合相关统计分析来建立；对于我国目前高校贫困大学生教育救助的资助流程在一定程度上暴露了贫困大学生的家庭隐私，缺乏人性化的问题，建议实行高校和政府分管的教育救助模式，对于奖学金等教育救助方式应由高校主导，对于助学金、助学贷款等贫困大学生教育救助方式应由政府设立专门的部门主导，贫困大学生的评定不再由班级组成的评定小组进行，避免贫困大学生的家庭隐私在高校暴露，保护学生个人信息和隐私。

引入社会力量作为外部监督渠道，形成层级严密的监督网，规范教育救助主体的救助程序以及义务的履行，从而提高教育救助政策在实施中的精准性，最终促进教育救助惠及所有困难群体，真正实现弱有所扶。

4. 丰富教育救助形式，积极倡导发展型教育救助

首先，由物质救助向物质与心理救助、服务救助并重转变。通过开展丰富多彩的社会实践活动和心理援助项目，对贫困学生提供必要的心理援助，鼓励学生树立乐观自信的价值观，拓展家庭困难的学生的社会适应能力和人际交往能力，努力打造全方位育人的体系。关注家庭经济困难学生在学业、学术方面的表现，鼓励他们努力学习，高质量实现学业目标。提高在校大学生整体道德素质，打击校园霸凌行为，树立正确的贫富观，消除大学生对贫困家庭学生的消极歧视心理。

积极倡导发展型教育救助，通过"增能"，实现贫困大学生自助。通过和企业、社会机构的对口合作，建立高校和家庭经济困难学生的"对口支援"社会支持系统。通过与企业开展培养合作、培训合作、研究合作、校企共建等方式，建立"发展型救助"的能力塑造平台，为学生提供对口实践机会，以增强家庭经济困难学生的动手能力和实践能力，增加岗位的科技含量，提高活动档次，培养他们对社会的应用能力、适应能力和专业知识，帮助他们开拓视野，积累经验，为未来走上工作岗位打好坚实的基础，形成"输血式"转变为"造血式"的发展型教育救助机制。我国可以借鉴日本的这种教育救助模式，用政策积极引导企业、社会团体等社会力量从事高校贫困大学生教育救助事业，为我国高校贫困大学生教育救助提供雄厚的社会资本。完善大学生勤工助学制度，积极为贫困大学生提供教育救助岗位，引导他们积极自助。

5. 完善教育救助法律法规，明确政府各部门教育救助的责权关系

应尽快出台国家关于教育救助的法律规范，明确教育救助的主管部门，建议将教育部及政府各级教育行政主管部门作为教育救助的主管部门。在教育部和地方分别设立教育救助部门：教育部救助部门统筹全国教育资助事宜，发挥审批、资金发放、监管地方等功能；地方教育救助部门统筹地方教育资助事宜，发挥接受申请、调查审核、资金认定、取消资格等功能。在具体操作上，是地方教育救助部门专门对贫困大学生的教育救助申请、家庭真实情况进行调查审核，然后上报教育部主管部门审批，实行一审终审制，即贫困大学生的教育救助申请一旦通过教育部审核，其上大学期间的教育救助资金按年分发至其银行账户。当然，如果发现贫困大学生教育救助申请者在高校期间学习、生活存在问题，如生活自甘堕落等，一经查实，将取消其申请资格。民政部门主管民生工作，协助教育部门进行贫困学生的救助档案和救助数据库建设；财政部门主管财政拨款，要协助并配合教育部门、民政部门等落实好教育救助资金的合理分配；作为培养机构的学校，应向家庭困难的学生提供救助并贯彻落实好国家及有关部门的教育救助政策。银行负责教育救助资金的发放和助学贷款资格的认定和发放贷款，并负责监督贷款的偿还。

此外，应进一步推进全国学生资助信息管理系统的建设与应用，实现全国联网，信息共享，为教育救助提供一个透明、完善的平台。完善教育系统之外的困难群体的教育救助，适当拓宽教育救助的范围，逐步将农民工、失业工人的人力资本提升方面的教育行为纳入教育救助的范围。

复习思考题

1. 什么是教育社会救助？教育社会救助制度的内容有哪些？

2. 我国高等教育阶段教育救助政策的内容有哪些？现状如何？对进一步完善这些政策你有何建议？

3. 结合我国目前贫困家庭子女在教育方面的困难，谈谈如何更好地发挥"希望工程"等社会力量在教育救助中的作用？

第八章　住房社会救助

住房权和生存权、发展权一样,是联合国规定的重要的公民权利,是基本人权。住房问题的本质是中低收入家庭尤其是最低收入家庭支付能力与具有适宜标准住房价格之间存在的悬殊差距。提供住房社会救助,为最低收入家庭解决住房问题是政府应承担的基本责任。本章介绍了住房社会救助的基本概念,结合我国实际,分析了我国住房救助的几种形式,并分析了我国目前实施的保障性住房建设中存在的问题及完善思路。

第一节　住房社会救助概述

一、住房社会救助的内涵和特征

(一)住房社会救助的内涵

住房社会救助(housing aid),是指政府出台相应的公共政策,向住房困难的家庭提供住房现金补贴或直接提供限定标准、限定价格或租金的住房救助项目。住房救助的实质是由政府承担住房市场费用与部分低收入社会成员支付能力之间的差额,解决的是低收入阶层的基本住房需求。住房救助是切实保障特殊困难群众获得能够满足其家庭生活需要的基本住房,在住房方面保民生、促公平的托底性制度安排。不同国家,对住房社会救助的称呼不同,日本称公有或公建住宅,德国称为社会住房,新加坡称为组屋,中国称为廉租住房和公共租赁住房。

住房救助是住房保障的基本内容之一,是针对住房困难的社会救助对象实施的住房保障。两者是"兜底线"与"保基本"的关系。按照救助对象和保障水平来区分,住房保障包括住房救助、住房保险和住房福利。住房救助的保障目标是让保障对象住得上房。要通过住房救助解决住房困难家庭的住房问题,首先,要科学地确定住房社会救助的范围,即确定享受住房社会救助的对象;其次,要通过制定政策,明确不同对象享受保障性住房的面积标准、补贴标准以及租金水平等;第三,还要考虑那些具有临时性房屋要求的部分特殊住房社会救助对象的特殊需求等。

住房社会救助的对象是无力进入市场购房或租房的低收入家庭和住房困难家庭。其范围:一是住房达不到社会最低生活标准的、有困难(无法满足其基本生活需求)的居民家庭;二是依靠自己的力量无法自主解决目前住房的困难群体,未来也难以通过自身发展或房屋市场调整得以实现的居民家庭。我国住房救助政策规定,我国住房救助对象是符合县级以上地方人民政府规定标准的、住房困难的最低生活保障家庭和分散供养的特困人员。城镇住房救助对象,属于公共租赁住房制度保障范围。农村住房救助对象,属于优先实施农村危房改造的对象范围。

我国住房救助政策没有规定具体的住房救助标准,只是规定"县级以上地方人民政府要统筹考虑本行政区域经济发展水平和住房价格水平等因素,合理确定、及时公布住房救助对象的住房困难条件,以及城镇家庭实施住房救助后住房应当达到的标准和对住房救助对象实施农村危房改造的补助标准。住房困难标准及住房救助标准应当按年度实行动态管理,以确保救助对象住房条件能随着经济和社会发展水平的进步而相应地提高"。

住房救助既是政府帮助贫困群体避免陷入贫困循环的有效举措,同时也是维护社会稳定、促进经济发展的基本保障。

(二)住房社会救助的特征

住房社会救助作为一种专项救助制度,具有如下特征:

1.救助对象的针对性

住房社会救助是专门针对低收入家庭(低收入群体和住房困难户),为解决他们的住房问题而设置的,意味着政府要对那些在住房市场竞争中处于极端不利地位的部分群体实行"托底"和倾斜性扶持,保证收入最低、条件最困难的居民在准市场的住房供应中能享受到基本的住房条件。除本人申请外,需要通过政府部门的调查核实收入状况和住房状况,并经公示确认后才能享受相关的优惠和补贴。

2.救助范围的狭窄性

住房社会救助只是针对少数自己无经济能力解决住房问题的个人或家庭提供相应的救济和补助,满足他们基本住房需求。

3.救助时间的动态性

住房社会救助的享受对象随着工资、家庭就业人口、就业状况等的变动,个人和家庭收入状况等的变化随时会发生变动。如果被救助者经济条件好转,超过了救助标准线,救助就应及时停止,反之,则要增加;对有些如因失业、疾病或天灾等造成个人和家庭经济条件明显下降,满足补贴条件时,政府和有关部门应及时加以救助。这样才能体现出社会的公平和公正,真正保障无力购房者有房可住。

4.救助效应的社会性

住房社会救助是国家再分配的一种表现,是国家稳定房价、稳定住房市场秩序,反映国家社会政策公允性和国家实施宏观调控、促进社会和谐的一种有效手段。进行住房社会救助,一方面可以以较低的社会成本较好实现人人"住有所居"的目标,另一方面,有利于扭转住房市场投机炒作风气,还原住房消费本质,形成健康的、多元化和可持续发展的住房市场,同时,能够扩大居民特别是低收入居民的消费水平,发挥住房的产业带动性,促进国民经济健康、持续、稳定发展。

二、住房社会救助的形式和内容

由于各国的具体情况不同,住房社会救助也表现出不同的特色,形成了不同的住房救助管理模式。根据政府在住房政策中的不同角色,救助覆盖模式可以分为特惠模式和普惠模式两种。特惠模式的特征是政府只对少数家庭给予特别资助,将救助性住房的供给作为对住房商品市场的补充,美国是特惠模式的典型代表。普惠模式的特征是政府对救助性住房给予大量财政支持,对大部分家庭的住房消费给予资助,目前采取普惠模式的典型代表是新加坡。

根据救助方式和环节的不同,可以分为供给导向型的公共住房政策和需求导向型的公共住房政策。供给导向型的公共住房政策(又称"补砖头")是国家采取直接供给住房的方式,通过增加住房数量、改变供应结构以降低住房价格,主要的政府行为包括公共建房计划、鼓励资助私人建房、修建和运营公共租房等。需求导向型的公共住房政策(也可称为"补人头")是国家采取间接发放货币补贴的形式,即向居民提供住房消费的补贴以保证低收入阶层也能拥有社会最低限度的住房居住水平,所应用的公共住房金融工具主要包括向居民直接提供各种补助和补贴,包括低息贷款、贷款利息抵税,以及直接向居民发放住房津贴。

在我国现阶段,主要是通过配租公共租赁住房、发放低收入住房困难家庭租赁补贴、农村危房改造等方式实施住房救助。

第二节 我国的住房社会救助

党的十九大报告提出:"坚持房子是用来住的、不是用来炒的定位,加快建立多主体供给、多渠道保障、租购并举的住房制度,让全体人民住有所居。"住房问题,既是民生问题,也是发展问题,关系千家万户的基本生活保障,关系经济社会发展全局,关系社会和谐稳定。新中国成立以来,尤其是改革开放以来,我国住房救助工作取得了历史性成就。根据我国社会救助的发展历程,我国的住房救助大概可以分为以下三个重要阶段。

一、第一阶段:1949—1977 年,计划经济时代的住房制度

新中国成立后,我国建立了社会主义制度,与这一基本社会制度相适应,我国建立了高度集中的政治体制和计划经济体制。在住房制度方面,我国逐步建立了公有制为主体、实物分配、低租金的福利性城镇住房制度。当时住房建设统一按国家的基本建设投资计划进行安排,各级政府和国有企事业单位住房建设资金的来源主要靠财政拨款,少量靠单位自筹,均需纳入基本建设计划,受基本建设规模的控制。从 1958 年到 1977 年的 20 年中,在"先生产,后生活""先治坡,后置窝"等"左"的思想指导下,住房基本建设投资受到削减。到 1978 年我国城镇人均居住面积已由新中国成立初期的 4.5 平方米降至 3.6 平方米,出现了许多住房困难户,住房供给不足已成为严重的社会问题。

计划经济时期我国住房供给模式可以概括为国家投资主导下的福利性的实物分配制度。这一制度具有鲜明的特征,第一,住房体制完全是公有制为主导,并完全由国家投资。从 1949 年到 1978 年,超过 90％的住房投资是由国家提供的。尽管私有住房并没有被完全取消,但公有住房始终居于支配地位,在 1978 年,74.8％的城市住房是公有住房。第二,住房以单位为基础,按照行政级别进行分配。公共住房由单位统一建设,然后通过单位以行政方式分配给本单位职工。这种分配方式使得有些干部有机会滥用职权,谋求个人利益,导致住房分配过程中出现种种腐败行为。一般情况下,住户可以一直租住在单位的住房里,其子女还可以继承。不同单位获得住房投资的渠道和数额不同,员工获得的住房福利也不同。第三,住房被视为一种福利,职工仅缴纳很低的房租。在 20 世纪 70 年代末,职工租住房屋的租金仅为每平方米 0.13 元左右,还不到维护成本的一半。住房成为一种福利待遇,甚至其维修也由国家负责。第四,大多数居民都是通过租住单位公房来解决其住房问题,居民没有其他选择来解决其居住问题。

尽管我国计划经济体制下福利性的实物分配制度能够给大多数居民提供相应的居住条件,但是,这一住房供给模式存在明显的缺陷:第一,住房短缺,住房质量差,城镇居民的住房需求受到压制。第二,住房不平等,住房分配过程存在严重的腐败现象。第三,这种住房分配制度还阻碍了劳动力的流动。随着快速的城市化和人口的增长,福利住房制度在70年代末受到了严重的挑战,一方面,政府无法承受无偿提供住房所带来的巨大财政负担;另一方面,城市居民迫切要求改善其居住条件。

二、第二阶段:1978—2011年,住房制度的改革与住房救助制度的发展

我国在住房救助方面起步较晚,改革开放前,我国住房制度是一种福利性质的住房制度,主要特点是租金低,并且由国家和企事业单位统包,这与当时计划经济体制相适应。但随着我国经济的发展和经济体制的改变,这种福利性质的住房政策无法满足人口增长的需要,也刺激了不正常的住房需求。同时,由于这种住房政策不能有效地吸纳社会资金用于住宅建设,国家和企事业单位每年还要投入大笔资金用于补贴住房的维修和管理费用,造成没有过多的资金进行新建住房的建设,住房建设无法实现良性循环。为此,1978年改革开放以后,我国开始对原有的住房政策进行改革。改革的历程可以分为以下几个阶段:

1. 商品化改革阶段(1978—1993年),其中1978—1986年为商品化试点阶段,1986—1993年为商品化突破阶段

1978年,邓小平同志提出解决住房问题的政策能不能放宽一点的想法。1979年原国家城市建设总局、国务院侨务办公室制定了《关于用侨汇购买和建设住宅的暂行办法》,鼓励华侨、归侨和侨眷用侨汇购买和建设住宅,并且规定所有权和使用权归自己,国家依法给予保护。这个暂行规定是住房商品化的萌芽。1980年,邓小平同志又进一步提出城镇居民个人可以购置房屋,也可以盖房子,不但新房子可以出售,老房子也可以出售,可以一次性付款,也可以分期付款,10年、15年付清,以及房租要调整,逐步提高房租和对低工资职工补贴等设想。1980年6月中共中央、国务院在批转《全国基本建设工作会议汇报提纲》中正式提出实行住房商品化政策。国家规定,"准许私人建房、私人买房、准许私人拥有自己的住宅"。

1986年1月成立了国务院住房制度改革领导小组,由国务院主要领导同志亲自抓这项工作。至此,城镇房改工作直接由国务院领导进行。1987年国务院住房制度改革领导小组在总结前一段售房试点经验的基础上,把提租补贴作为住房制度改革的基本环节,并于同年8月起在烟台、沈阳、蚌埠、唐山和常州等城市开始试点。其基本思路是"提高租金,增加工资",变暗补为明补,变实物分配为货币分配,通过租金的提高促进售房。1988年1月,在总结试点城市经验的基础上,国务院召开了全国住房制度改革第一次工作会议。同年2月,国务院印发了国务院住房制度改革领导小组《关于在全国城镇分期分批推行住房制度改革实施方案》(国发〔1988〕11号),提出"从改革公房低租金着手,将现在的实物分配逐步改变为货币分配,由住户通过商品交换取得住房的所有权或使用权,使住房这个大商品进入消费市场,实现住房资金投入产出的良性循环,从而走出一条既有利于解决城镇住房问题,又能够促进房地产业、建筑业和建材工业发展的新路子"。实施方案指出了当时第一步的改革任务,即"调整公房租金,按折旧费、维修费、管理费、投资利息、房产税五项因素的成本租金计租,抑制不合理的住房要求,促进职工个人购房,并从政策、立法、社会舆论等方面采取措施,引导和调节居民消费,使消费结构趋向合理,为实现住房商品化奠定基础"。下一步的改革任务是,"在逐步增加工资和住房租

金由成本租金提高到商品租金的基础上,进一步实行住房商品化,推动住房的社会化、专业化、企业化经营"。这一实施方案标志着我国住房制度改革已进入整体方案设计和全面试点阶段。1991 年 6 月,国务院发出了《关于积极稳妥地推进城镇住房制度改革的通知》,提出分步提租、交纳租赁保证金、新房新制度、集资合作建房、出售公房等多种形式推进房改的思路。1993 年 11 月,国务院房改领导小组在北京召开了第三次房改工作会议,改变了第二次房改会议确定的思路,代之以"以出售公房为重点,售、租、建并举"的新方案。这一方案的实施实现了我国住房制度改革商品化的突破。

2. 货币化改革阶段(1994—2003 年),其中 1994—1998 年为货币化过渡阶段,1998—2003 年为货币化突破阶段

1994 年,国务院下发了《关于深化城镇住房制度改革的决定》,确定房改的根本目标,即建立与社会主义市场经济体制相适应的新的城镇住房制度,实现住房商品化、社会化,逐渐实现了从实物分房到货币分房的过渡。为此,《决定》规定,我国城镇住房制度改革的基本内容是:把住房建设投资由国家、单位统包的体制改变为国家、单位、个人三者合理负担的体制;把各单位建设、分配、维修、管理住房的体制改变为社会化、专业化运行的体制;把住房实物福利分配的方式改变为以按劳分配为主的货币工资分配方式;建立以中低收入家庭为对象、具有社会保障性质的经济适用住房供应体系和以高收入家庭为对象的商品房供应体系;建立住房公积金制度;发展住房金融和住房保险,建立政策性和商业性并存的住房信贷体系;建立规范的房地产交易市场和发展社会化的房屋维修、管理市场,逐步实现住房资金投入产出的良性循环,促进房地产业和相关产业的发展。

1998 年 6 月国务院在北京召开了全国城镇住房制度改革和住房建设工作会议。7 月 3 日颁布了《国务院关于进一步深化城镇住房制度改革、加快住房建设的通知》(国发〔1998〕23 号)。通知进一步确定了深化城镇住房制度改革的目标是:停止住房实物分配,逐步实行住房分配货币化;建立和完善以经济适用住房为主的多层次城镇住房供应体系;发展住房金融,培育和规范住房交易市场。同时决定,1998 年下半年开始停止住房实物分配,逐步实行住房分配货币化。至此,我国已实行了近四十年的住房实物分配制度从政策上退出历史舞台。因而,国发〔1998〕23 号文被人们称为中国住房制度改革的里程碑,它宣告了福利分房制度的终结和新的住房制度的开始。同时,国发〔1998〕23 号文件确立的我国住房制度目标是 80% 左右的居民购买经济适用房,10% 左右的居民租赁廉租房,10% 左右的居民购买、租赁市场价商品住房。

3. 市场化改革阶段(2003—2006 年)

2002 年以来,在全力推进城市化建设中,一些地方政府在"经营城市"的口号下,依靠大规模出让土地,收取 50～70 年的土地出让金来补充政府财力,导致土地供应混乱,土地开发过大。地方政府一次性出让土地使用权,还导致房地产开发商展开"圈地运动"。"圈地运动"抬高了地价,造成住宅价格居高不下,商品房供给结构失衡,"圈地运动"使房地产出现"虚热"。为了防止房地产引发金融风险,平抑房价,促进经济适用房发展,6 月 13 日,中国人民银行正式颁布了《关于进一步加强房地产信贷业务管理的通知》(银发〔2003〕121 号文),对房地产开发商(简称:开发商)的开发贷款、土地储备贷款、个人住房贷款、个人住房公积金贷款等 7 项贷款全面提高了"门槛"。但因央行房贷新政触动了中国地产界最敏感的神经——资金链,所以对新政,开发商几乎一致持质疑和反对的态度。此后,8 月 31 日新华社全文播发了《国务院关于促进房地产市场持续健康发展的通知》(国发〔2003〕18 号),提出要坚持住房市场化的基本

方向,不断完善房地产市场体系,更大程度地发挥市场在资源配置中的基础性作用;坚持以需求为导向,调整供应结构,满足不同收入家庭的住房需要;坚持深化改革,不断消除影响居民住房消费的体制性和政策性障碍,加快建立和完善适合我国国情的住房保障制度。国发〔2003〕18号文与国发〔1998〕23号文最重要的不同是其第二部分"完善供应政策,调整供应结构"。文件第三条提出"完善住房供应政策。各地要根据城镇住房制度改革进程、居民住房状况和收入水平的变化,完善住房供应政策,调整住房供应结构,逐步实现多数家庭购买或承租普通商品住房;同时,根据当地情况,合理确定经济适用住房和廉租住房供应对象的具体收入线标准和范围,并做好其住房供应保障工作"。这一条,将国发〔1998〕23号文提出的"建立和完善以经济适用住房为主的多层次城镇住房供应体系"改变为让"多数家庭购买或承租普通商品住房"。国发〔2003〕18号文第四条还对经济适用房的性质和功能进行了重新规定:"经济适用住房是具有保障性质的政策性商品住房。"

2005年初,由于房价上涨过快,引起广大居民严重不满。在3月初的十届三次人大会议上,第一次把"重点抑制""房地产价格过快上涨""继续整顿和规范房地产市场"写进了温家宝总理的政府工作报告中,作为当年宏观调控的一项重要任务。此后,中央推出了一系列治理整顿房价上涨过快、供房结构不合理和房地产市场秩序混乱等调控房地产市场的措施。3月26日,为了解决房价上涨过快的问题,国务院办公厅又发出《关于切实稳定住房价格的通知》,就稳定房价提出八条意见("国八条");4月27日,温家宝总理又召开国务院常务会议,研究进一步加强房地产市场宏观调控问题,并提出八项措施引导和调控房地产市场(即"新国八条");尽管出台了上述政策措施,但稳定房价的目标并未达到。2006年5月,国务院又出台了稳定房价,整顿房地产市场秩序的六项措施(即"国六条")。

4.保障化建设阶段(2007—2011年)

在坚持住房市场化改革大方向的前提下,针对房价上涨过快、百姓住房难的问题,2007年8月出台《国务院关于解决城市低收入家庭住房困难的若干意见》,提出要建立多层次住房保障体系建设,加快住房分类供应体制的实施,首次将廉租房明确为住房保障的重点,同时明确土地出让净收益用于廉租住房保障资金的比例不得低于10%。

2008年12月21日国务院办公厅在中国政府网发布《关于促进房地产市场健康发展的若干意见》。意见提出,加大保障性住房建设力度,进一步改善人民群众的居住条件,促进房地产市场健康发展——争取用3年时间基本解决城市低收入住房困难家庭住房及棚户区改造问题;进一步鼓励普通商品住房消费——加大对自住型和改善型住房消费的信贷支持力度,对住房转让环节营业税暂定一年实行减免政策,支持房地产开发企业积极应对市场变化——引导房地产开发企业积极应对市场变化,支持房地产开发企业合理的融资需求,取消城市房地产税;强化地方人民政府稳定房地产市场的职责;加强房地产市场监测。2010年6月,住建部等七部门出台《关于加快发展公共租赁住房的指导意见》,在全国范围内启动了公共租赁住房建设计划,其着眼点是解决中等偏下收入居民以及新就业人员、外来务工人员等"夹心层"群体,标志着我国住房保障制度建设进入了新的阶段。2012年,国家住房和城乡建设部颁布实施《公共租赁住房管理办法》,对城镇公共租赁住房的申请、分配、运营、使用、退出和管理做出具体规定。

住房社会救助不仅仅是城镇的专属,农村住房社会救助制度在2008年也逐渐拉开了序幕。为解决好农村困难群众基本住房安全问题,从2008年起,国家开始组织实施农村危房改造,先在贵州省开展试点,并安排 40 亿元的专项补助资金用于贵州省的万户试点工作,贵州省成为全国首个农村危房改造试点省份。贵州省农村危房改造工作在 2008 年进行了万户试点工程,随后进入扩大试点阶段,并于 2009 年进入全面推开阶段,其标志是“整县推进”工程的实施。贵州在危房改造过程中,建立了农村危房改造联系点制度,并采取相对集中重建和原地分散重建相结合、地质灾害异地搬迁和原地治理相结合、整县推进和局部改造相结合以及五保户集中供养等方式推进危改工作,创造了独特的“贵州模式”。

2009 年,住房和城乡建设部、国家改革和发展改革委员会、财政部联合出台《关于 2009 年扩大农村危房改造试点的指导意见》,该意见旨在改善农村困难群众生活条件,推动农村基本住房安全保障制度建设。主要完成陆地边境县、西部地区民族自治地方的县、国家扶贫开发工作重点县、贵州省全部县和新疆生产建设兵团边境一线团场约 80 万农村贫困户的危房改造。提出农村危房改造要在满足最基本居住功能和安全的前提下,控制建筑面积和总造价,改造资金大部分由政府补贴。2009 年至 2012 年中央连续四年扩大农村危房改造试点范围,仅在 2009 年一年,就将农村危房改造中央资金的补助范围扩大到了中西部的 950 个县,约占到全国县(市)总数的 50%,并在 2012 年实现了全国范围内全面推进,覆盖了全部农村地区。

三、第三阶段:2012 年至今,新时代住房救助制度

2012 年党的十八大以来,以习近平同志为核心的党中央领导集体带领中国走向新时代,我国的住房救助也进入一个崭新的历史阶段,救助性住房建设稳步推进,住房救助体系不断完善,住房救助能力持续增强,为促进实现全体人民住有所居的目标发挥了重要作用。

2013 年,住房和城乡建设部发布《关于公共租赁住房和廉租住房并轨运行的通知》,提出从 2014 年起城镇公共租赁住房和廉租住房并轨运行,并轨后统称为公共租赁住房。根据该通知,并轨后公共租赁住房的保障对象包括原廉租住房保障对象和原公共租赁住房保障对象,即符合规定条件的城镇低收入住房困难家庭、中等偏下收入住房困难家庭,以及符合规定条件的新就业无房职工、稳定就业的外来务工人员。并轨后公共租赁住房制度坚持分层实施、梯度保障原则,优先满足符合规定条件的城镇低收入住房困难家庭的需求,对城镇住房救助对象,即符合规定标准的住房困难的最低生活保障家庭、分散供养的特困人员,做到应保尽保。并轨后公共租赁住房租金原则上按照适当低于市场租金的水平确定。政府投资建设并运营管理的公共租赁住房,根据保障对象的支付能力实行差别化租金,对符合条件的低收入住房保障对象采取租金减免政策,社会投资建设并运营管理的公共租赁住房,按规定对符合条件的低收入住房保障对象予以适当补贴。

2014 年,国务院出台了《社会救助暂行办法》,为此,住房和城乡建设部出台《关于做好住房救助有关工作的通知》,明确住房社会救助的对象、方式、标准、申请程序以及资金保障,住房社会救助体系逐渐完善。在中共中央制定的“十三五规划”中,提出要构建以政府为主提供基本保障、以市场为主满足多层次需求的住房供应体系,优化住房供需结构,稳步提高居民住房水平,更好实现住有所居的目标。提出要完善购租并举的住房制度。以解决城镇新居民住房需求为主要出发点,以建立购租并举的住房制度为主要方向,深化住房制度改革。对无力购买住房的居民特别是非户籍人口,支持其租房居住,对其中符合条件的困难家庭给予货币化租金补助。把公租房扩大到非户籍人口,实现公租房货币化。提高住房保障水平。将居住证持有

人纳入城镇住房保障范围。统筹规划保障性住房、棚户区改造和配套设施建设,确保建筑质量,方便住户日常生活和出行。完善投资、信贷、土地、税费等支持政策。多渠道筹集公共租赁房房源。实行实物保障与货币补贴并举,逐步加大租赁补贴发放力度。健全保障性住房投资运营和准入退出管理机制。

为了配合国家的精准扶贫战略,2017年,国家颁布了《"十三五"推进基本公共服务均等化规划》,提出农村危房改造的基本任务主要是合理确定农村危房改造补助对象和标准,优先帮助住房最危险、经济最贫困农户解决最基本的住房安全问题。加快推进贫困地区危房改造,按照精准扶贫、精准脱贫要求,重点解决建档立卡贫困户、低保户、农村分散供养特困人员、贫困残疾人家庭的基本住房安全问题。2019年7月,住房和城乡建设部、财政部和国务院联合颁布《关于决战决胜脱贫攻坚 进一步做好农村危房改造工作的通知》,指出要进一步做好建档立卡贫困户、低保户、农村分散供养特困人员和贫困残疾人家庭等4类重点对象农村危房改造工作,推动各地如期实现贫困户住房安全有保障。

2019年5月7日,住房和城乡建设部出台了《关于进一步规范发展公租房的意见》。该意见要求以习近平新时代中国特色社会主义思想为指导,认真贯彻党的十九大和十九届二中、三中全会精神,坚持以人民为中心的发展思想,牢固树立"四个意识",坚定"四个自信",坚决做到"两个维护",切实提高政治站位,加快完善主要由配租型的公租房和配售型的共有产权住房构成的城镇住房保障体系,多渠道满足住房困难群众的基本住房需要;进一步规范发展公租房,努力实现本地区低保、低收入住房困难家庭应保尽保,城镇中等偏下收入住房困难家庭在合理的轮候期内得到保障,促进解决新就业无房职工和在城镇稳定就业外来务工人员等新市民的住房困难,不断增强困难群众对住房保障的获得感、幸福感和安全感。

从救助性住房的政策演变中,可以看出,我国救助性住房体系是在住房制度改革的过程中不断探索形成的,是通过自上而下的改革完成的,其政策服务于我国整体经济发展阶段和与之对应的住房制度,并随着我国市场经济和政府公共服务职能的成熟而不断成熟。

四、我国建立住房救助制度的意义

1.满足困难群体的住房需求,保障低收入群体的居住权益

一般意义上的住房救助体系偏向中低收入困难家庭,满足人们的基本需求,实现"住者有其居"。住房救助即意味着政府要对那些在住房市场竞争中处于极端不利地位的部分群体实行"托底"和倾斜性扶持,保证收入最低、条件最困难的居民在准市场的住房供应中能享受到基本的住房条件。住房救助制度对于改善民生、促进社会和谐稳定具有十分重要的意义。

2.在住房层面上反映国家社会政策的公平性

人人享有适当的住房是公民的基本权利,也是社会公平的重要体现。住房救助制度对不能通过市场解决住房问题的人群进行相关政策、资金扶持,为住房困难群体提供居住场所,是国家再分配的一种表现,反映了国家社会政策的公平性。实行住房救助不仅仅是为了保护社会低收入阶层的利益,也是促进社会公平、和谐发展的需要。

3.完善国家对住房市场的宏观调控,稳定住房市场秩序

住房救助制度的实施可以稳定房价、稳定住房市场秩序,是国家对住房市场进行宏观调控的一种有效手段。大力发展救助性住房,一方面可以较低的社会成本较快地实现人人"住有所

居",另一方面通过提供安定的租赁住房或低于市场价格的住房,有利于扭转住房市场的投机炒作风气,还原住房消费本质,形成住房首先是用来居住的观念,形成健康的、多元化和可持续发展的住房市场,并由此促进金融与国民经济的稳定。

此外,加快建设救助性住房,不仅对相关产业具有很强的带动效应,而且能够改善城乡居民消费环境和条件,扩大城乡居民特别是低收入居民消费,促进我国宏观经济健康、持续、稳定发展。

五、我国住房救助的主要形式

(一)从供给角度来看,我国的住房救助主要有廉租住房制度、公共租赁住房制度、二者并轨运行制度以及农村危房改造制度

1.廉租住房制度

廉租住房制度是住房救助体系中的最基本制度之一。各地在起步阶段,普遍将住房救助对象界定为城镇最低生活保障家庭,后扩大至城市低收入住房困难家庭。廉租住房是指由国家出资建设的规格适当、设备齐全的住房,国家以低廉的可以接受的方式向特殊困难居民提供,以保证其住房达到社会最低生活标准的住房救助形式。

1998 年,国务院出台了《关于进一步深化城镇住房制度改革加快住房建设的通知》,首次提出廉租住房制度,规定最低收入家庭可以租赁由政府或者所属单位提供的廉租住房。1999年,建设部制定了《城镇廉租住房管理办法》,提出政府向具有城镇常住居民户口的最低收入家庭提供租金相对低廉的普通住房,以保障公民的基本居住权利。自此,我国政府开始积极推进廉租住房制度的建设,不断完善廉租住房政策。为了更好地解决特殊困难家庭的住房问题,2006 年的《政府工作报告》强调"建立健全廉租住房制度和住房租赁制度",市场开始向中小户型住宅转变。并提出没有建立廉租住房制度的城市必须要在 2006 年年底前建立,同时要确立和公布近两年的建设规模。2007 年 11 月,建设部、国家发改委等九个部门联合发布了《廉租住房保障办法》,提出了廉租住房制度的目标以及框架,进一步完善了我国廉租住房政策。为了加快廉租住房制度建设的进程,2009 年,住房和城乡建设部等部门推出了我国第一部廉租住房保障规划,在原有的基础上,从各方面加强了政策的力度,更加明确了廉租住房政策中的细节问题。

(1)保障对象。根据《廉租住房保障办法》的规定,保障对象为"城市低收入住房困难家庭"。市、县人民政府根据当地政府财政预算、经济发展水平以及居民住房水平的实际情况合理地制定住房保障标准,但原则上单套的建筑面积应当控制在 50 平方米以内。

申请廉租住房的最低收入家庭,应当由户主按照规定程序提出书面申请。市、县人民政府房地产行政主管部门收到申请后,应在 15 日内完成审核。经审核符合条件的,应当予以公示,公示期限为 15 日。登记公示无异议或者异议不成立的,按照规定办理。

(2)保障方式、保障标准和资金来源。根据《廉租住房保障办法》的规定,"廉租住房的保障方式主要采取货币补贴和实物配租相结合的方式"。货币补贴是指地方政府对自行租房的廉租住房保障对象提供住房租赁补贴,由其自行承租住房;实物配租则是指地方政府向廉租住房救助对象直接提供住房,并按照规定的标准收取租金,但租金往往低于市场价格。

根据《廉租住房保障办法》的规定，"廉租住房的保障标准是按照廉租住房保障对象现住房面积与保障面积标准的差额，来确定保障对象货币补贴的额度或实物配租面积的标准。"单位面积租赁住房补贴标准，按照市场平均租金与廉租住房租金标准的差额计算。保障标准由市、县人民政府房地产行政主管部门会同财政、民政、国土资源、税务等有关部门拟定，报本级人民政府批准后公布执行。

廉租住房资金来源实行财政预算安排为主、多种渠道筹措的原则，主要包括：第一，年度财政预算的廉租住房保障资金；第二，提取贷款风险准备金和管理费用后的住房公积金增值收益余额；第三，土地出让净收益中安排的廉租住房保障资金；第四，政府的廉租住房租金收入；第五，社会捐赠以及其他渠道筹集的资金。

（3）优惠政策和退出机制。廉租住房建设用地，按照规定在土地供应计划中优先安排，并在申报年度用地指标时单独列出，采取划拨方式，保证供应。各级地方人民政府对廉租住房建设免征行政事业性收费和政府性基金。对地方人民政府房地产行政主管部门购买旧住房作为廉租住房，以及实物配租的廉租住房租金收入按照规定给予税收优惠。

根据《廉租住房保障办法》的规定，廉租住房保障对象每年应向所在街道办事处或镇人民政府如实申报家庭人口、收入及住房变动的情况。相关部门也应为保障对象建立电子信息档案，便于对保障对象的信息进行及时的调整和复核，并根据保障对象的实际情况及时调整住房补贴额度或实物配租的面积和租金。对家庭收入连续一年以上超出规定收入标准的，应当取消其廉租住房保障资格，停发租赁住房补贴，或者在合理期限内收回廉租住房，或者停止租金核减。最低收入家庭申请廉租住房时违反本规定，不如实申报家庭收入、家庭人口及住房状况的，由房地产行政主管部门取消其申请资格；已骗取廉租住房保障的，责令其退还已领取的租赁住房补贴，或者退出廉租住房并补交市场平均租金与廉租房标准租金的差额，或者补交核减的租金，情节恶劣的，并可处以1000元以下的罚款。享受廉租住房保障的承租人有下列行为之一的，由房地产行政主管部门收回其承租的廉租住房，或者停止发放租赁补贴，或者停止租金核减：将承租的廉租住房转借、转租的；擅自改变房屋用途的；连续6个月以上未在廉租住房居住的。

（4）申请程序。申请廉租住房保障的家庭，应当由户主向户口所在地街道办事处或者镇人民政府提出书面申请；街道办事处或者镇人民政府应当自受理申请之日起30日内，就申请人的家庭收入、家庭住房状况是否符合规定条件进行审核，提出初审意见并张榜公布，将初审意见和申请材料一并报送市（区）、县人民政府建设（住房保障）主管部门；建设（住房保障）主管部门应当自收到申请材料之日起15日内，就申请人的家庭住房状况是否符合规定条件提出审核意见，并将符合条件的申请人的申请材料转同级民政部门；民政部门应当自收到申请材料之日起15日内，就申请人的家庭收入是否符合规定条件提出审核意见，并反馈同级建设（住房保障）主管部门；经过各级部门的审核，家庭收入、家庭住房状况符合规定条件的，由建设（住房保障）主管部门予以公示，公示期限为15日；对经公示无异议或者异议不成立的，作为廉租住房救助对象予以登记，书面通知申请人，并向社会公开登记结果。经审核，不符合规定条件的，建设（住房保障）主管部门应当书面通知申请人，说明理由。申请人对审核结果有异议的，可以向建设（住房保障）主管部门申诉。廉租房申请程序如图8-1所示。

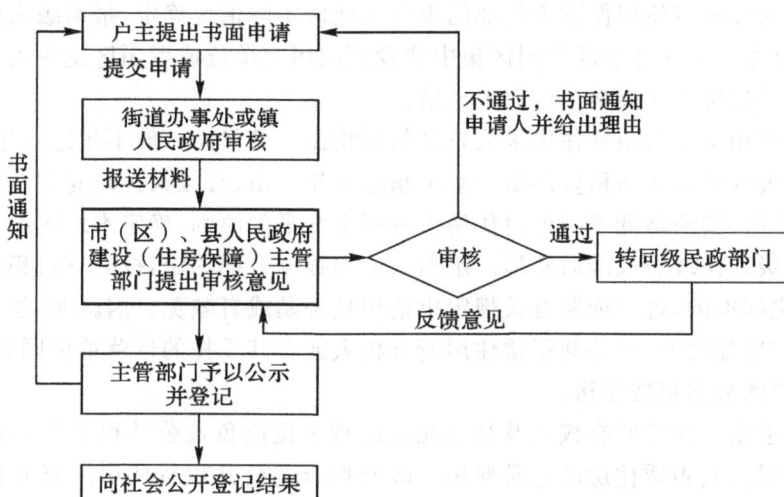

图 8－1　廉租房申请程序图

2. 公共租赁住房制度

公共租赁住房,是指限定建设标准和租金水平,面向符合规定条件的城镇中等偏下收入住房困难家庭、新就业无房职工和在城镇稳定就业的外来务工人员出租的保障性住房。其保障对象主要是城镇中等偏下收入住房困难家庭、新就业无房职工和在城镇稳定就业的外来务工人员。公共租赁住房通过新建、改建、收购、长期租赁等多种方式筹集,可以由政府投资,也可以由政府提供政策支持、社会力量投资。公共租赁住房可以是成套住房,也可以是宿舍型住房。

2006 年,深圳市在借鉴香港“公屋”经验的基础上,开始探索“公共租赁住房”的保障性住房模式。在《深圳市住房建设规划(2006—2010)》中,政府提出要加快公共租赁房的建设,促进住房保障由“以售为主”向“以租为主”的方向转化,以解决户籍人口和符合规定条件的非户籍常住人口的住房困难问题。2008 年 1 月,深圳市又出台了《深圳市公共租赁住房管理暂行办法》,进一步规范了公共廉租住房的管理体制。

在全国政协十届五中全会上,致公党提出《关于构建以租为主的住房保障体系的建议》,建议重点建设包括“出租型经济适用房”和“廉租房”在内的“公共租赁住房”,以保障城市低收入家庭有房可住。2009 年,在《政府工作报告》中,温家宝提出要“积极发展公共租赁住房”,公共租赁房政策首次被正式提出,相关部门及各地政府将实施公共租赁住房提上政府的决策日程。2010 年 6 月,国务院正式发布了《有关加速发展公共租赁住房的指导意见》,基本确立了公共租赁房在我国住房保障体系中的地位。此后,各地根据指导意见相继研究制定并出台了本地公共租赁房管理办法或实施细则,进行了不同的实践探索。2012 年,住房和城乡建设部又颁布了《公共租赁住房管理办法》,使公共租赁房政策在中央立法方面得以认可和规范。

(1)保障对象和申请条件。据《公共租赁住房管理办法》中的规定,公共租赁住房的保障对象包括:城市中低收入住房困难家庭;有条件的地区,也可将新就业职工和有稳定职业并在城市居住一定年限的外来务工人员纳入供应范围。

申请公共租赁住房,应当符合以下条件:在本地无住房或者住房面积低于规定标准;收入、财产低于规定标准;申请人为外来务工人员的,在本地稳定就业达到规定年限。具体条件由直辖市和市、县级人民政府住房保障主管部门根据本地区实际情况确定,报本级人民政府批准后实施并向社会公布。对在开发区和园区集中建设面向用工单位或者园区就业人员配租的公共租赁住房,用人单位可以代表本单位职工申请。

(2)轮候与配租。公共租赁住房采取轮候与配租制。轮候期一般不超过 5 年,配租结果应当向社会公开,公共租赁住房租赁期限一般不超过 5 年。市、县级人民政府住房保障主管部门应当会同有关部门,按照略低于同地段住房市场租金水平的原则,确定本地区的公共租赁住房租金标准,报本级人民政府批准后实施。承租人应当根据合同约定,按时支付租金。承租人收入低于当地规定标准的,可以依照有关规定申请租赁补贴或者减免。因就业、子女就学等原因需要调换公共租赁住房的,经公共租赁住房所有权人或者其委托的运营单位同意,承租人之间可以互换所承租的公共租赁住房。

(3)使用与退出。住房所有权人及其委托的运营单位应负责公共租赁住房及其配套设施的维修养护,确保公共租赁住房的正常使用。政府投资的公共租赁住房维修养护费用主要通过公共租赁住房租金收入以及配套商业服务设施租金收入解决,不足部分由财政预算安排解决;社会力量投资建设的公共租赁住房维修养护费用由所有权人及其委托的运营单位承担。承租人不得擅自装修所承租公共租赁住房。确需装修的,应取得住房所有权人或其委托的运营单位同意。

承租人有下列行为之一的,应退回公共租赁住房:转借、转租或者擅自调换所承租公共租赁住房的;改变所承租公共租赁住房用途的;破坏或者擅自装修所承租公共租赁住房,拒不恢复原状的;在公共租赁住房内从事违法活动的;无正当理由连续 6 个月以上闲置公共租赁住房的。承租人拒不退回的,市、县级人民政府住房保障主管部门应当责令其限期退回;逾期不退回的,市、县级人民政府住房保障主管部门可依法申请人民法院强制执行。租赁期届满需续租的,承租人应在租赁期满 3 个月前向市、县级人民政府住房保障主管部门提出申请。未按规定提出续租申请的,租赁期满应当腾退公共租赁住房;拒不腾退的,公共租赁住房所有权人或其委托的运营单位可向人民法院提起诉讼,要求腾退。

承租人有下列情形之一的,应腾退公共租赁住房:提出续租申请但经审核不符合续租条件的;租赁期内,通过购买、受赠、继承等方式获得其他住房并不再符合公共租赁住房配租条件的;租赁期内,承租或者承购其他保障性住房的。承租人有前款规定情形之一的,公共租赁住房所有权人或其委托的运营单位应当为其安排合理的搬迁期,搬迁期内租金按合同约定的租金数额缴纳。搬迁期满不腾退且承租人确无其他住房的,应按照市场价格缴纳租金;承租人有其他住房的,公共租赁住房所有权人或其委托运营单位可向人民法院提起诉讼,要求其腾退。

(4)住房来源和建设标准。根据《公共租赁住房管理办法》中的规定,"公共租赁房的房源主要来自新建和收购两种方式。具体来说,主要有以下几种渠道:①根据城市整体发展和规划的需要,由政府选址集中新建;②将新建的经济适用房或其他保障性住房按照相关规定转化为公共租赁住房;③按照相关规定,利用单位(各类经济和产业园区)自用土地或农村集体建设用地,建造公共租赁房;④将废弃的厂房、仓库、办公室等按照相关规定进行改建;⑤收购或代理社会上闲置的存量住房。根据规定,"公共租赁住房的建设标准应根据人口结构、使用功能、家庭需求等因素合理确定房型比例和结构,主要以成套小户型住宅或集体宿舍为主,住宅面积用控制在 40、50 平方米左右"。

3.廉租住房与公共租赁住房并轨运行制度

廉租住房和公共租赁住房都是住房救助的重要组成部分,两者在发挥重要作用的同时,其平行运行过程中也出现了一些问题:一是两者虽都属于租赁型社会救助房,但面向的群体不完全一样,申请人容易混淆;二是住房救助需求和供应是一个动态的过程,近年来部分地方出现了救助房与救助对象不相匹配的情况;三是平行运行不利于两项制度间的政策衔接,给申请人造成不必要的程序上的麻烦。基于这种状况,2013年住房和城乡建设部、财政部、国家发展和改革委员会联合印发了《关于公共租赁住房和廉租住房并轨运行的通知》(以下简称《并轨通知》),决定从2014年起公共租赁住房与廉租住房并轨运行,并轨后统称为公共租赁住房。

(1)整合资金来源。并轨前,廉租住房与公共租赁住房建设分别制订年度建设计划,国家发展改革委和财政部分别下达补助资金。并轨后,各地要统一按照公共租赁住房制订年度建设计划,在建设量上涵盖原公共租赁住房和廉租住房的建设计划,以保障住房困难群体的利益。另外,廉租住房并入公共租赁住房后,地方政府原用于廉租住房建设的资金来源渠道,调整用于公共租赁住房(含2014年以前在建廉租住房)建设。原用于租赁补贴的资金,继续用于补贴在市场租赁住房的低收入住房救助对象。

从2014年起,中央补助公共租赁住房建设资金以及租赁补贴资金继续由财政部安排,国家发展改革委原安排的中央用于新建廉租住房补助投资调整为公共租赁住房配套基础设施建设补助投资,并向西藏及青海、甘肃、四川、云南四省藏区、新疆维吾尔自治区及新疆建设兵团所辖的南疆三地州等财力困难地区倾斜。

(2)并轨后租金定价机制。各地可以结合本地区经济发展水平、财政承受能力、住房市场租金水平、建设与运营成本、保障对象支付能力等因素,进一步完善公共租赁住房的租金定价机制,动态调整租金。

公共租赁住房租金原则上按照适当低于同地段、同类型住房市场租金水平确定。政府投资建设并运营管理的公共租赁住房,各地可根据保障对象的支付能力实行差别化租金,对符合条件的保障对象采取租金减免。社会投资建设并运营管理的公共租赁住房,各地可按规定对符合条件的低收入住房保障对象予以适当补贴。各地可根据保障对象支付能力的变化,动态调整租金减免或补贴额度,直至按照市场价格收取租金。

(3)并轨后住房管理机制。住房救助应从低端保起,优先满足住房最困难群体的基本需求。并轨后,要保证住房最困难的群体优先及时获得住房救助,体现住房救助的公平公正。因而,一方面是要对并轨前原廉租住房救助对象的需求优先满足。《并轨通知》明确提出,已经建成的,或者在2014年以前已经立项正在建设的廉租住房要优先用于解决原来廉租住房保障对象。另一方面《并轨通知》还要求各地整合原有的管理资源,建立统一的申请受理渠道、审核准入程序,方便群众申请,提高工作效率。各地要根据房源情况,综合考虑保障对象的住房困难、收入水平、申请顺序、保障需求等因素,合理确定轮候排序的规则,保证住房困难持续时间更长、经济状况更差的家庭优先获得配租。

(4)农村危旧住房改造制度。为全面贯彻党的十九大精神,落实党中央、国务院关于打赢脱贫攻坚战三年行动的决策部署,完成建档立卡贫困户等重点对象农村危房改造任务,实现中央确定的脱贫攻坚"两不愁、三保障"总体目标中住房安全有保障的目标,农村地区也需全力推进建档立卡贫困户、低保户、农村分散供养特困人员和贫困残疾人家庭等4类重点对象农村危房改造。依据住房和城乡建设部印发的《农村危险房屋鉴定技术导则（试行）》的有关规定，危房是指经鉴定属于整栋危房（D 级）或局部危险（C 级）的房屋。农村危房改造政策规定，危险房屋（简称"危房"）是指承重构件已属危险构件，结构丧失稳定和承载能力，随时有倒塌可能，不能确保住用安全的房屋。目前中央农村危房改造的补助对象是居住在 C 级或 D 级危房中的建档立卡贫困户、低保户、农村分散供养特困人员和贫困残疾人家庭等 4 类重点对象。

①救助对象认定程序。住房城乡建设部门根据扶贫部门认定的建档立卡贫困户、民政部门认定的低保户和农村分散供养特困人员、残联会同扶贫或民政部门认定的贫困残疾人家庭农户名单开展危房鉴定工作。严格执行先确认身份信息，后鉴定危房等级的工作程序。危房鉴定必须依据《农村危险房屋鉴定技术导则（试行）》《建村函〔2009〕69 号》确定的鉴定项目进行，危房危险等级分为 A、B、C、D 级。县级住房城乡建设部门可结合实际制定推广简明易行的危房鉴定程序，逐户开展房屋危险性鉴定，将居住在 C 级和 D 级危房的 4 类重点对象列为农村危房改造对象。

②危房改造建设标准。坚持既保障居住安全又不盲目提高建设标准，引导农户尽力而行、量力而为，避免因盲目攀比加重农户经济负担。拆除重建的房屋建筑面积，原则上 1～3 人户在 40～60 平方米，1 人户不低于 20 平方米，2 人户不低于 30 平方米。C 类危房可因地制宜开展维修加固或拆除重建，维修加固的重点应是消除安全隐患、适度改善使用功能。各地可根据当地的民族习俗、气候特点等实际情况制定细化建设标准。要合理制定设计方案，为将来扩建预留接口，满足农户基本使用和未来扩建需求。

③危房改造管理机制。农村危房改造户要严格落实"一户一档"要求，逐户建立档案，按要求填写危房改造对象认定表，并将农户 4 类重点对象身份证明文件和房屋危险等级评定结果等材料存档。实行一村一汇总、一镇（乡）一台账的管理制度，在建立并保存纸质档案的基础上，将档案信息录入农村住房信息系统形成电子台账，将危房存量到户台账按要求逐级汇总上报。中央下达的 4 类重点对象农村危房改造任务必须在危房改造台账范围内进行分配，改造一户、销档一户。危房改造完成后，住房城乡建设部门应及时将工程实施、补助资金发放、竣工验收等材料存入农户档案，相关信息录入农村危房改造农户档案管理信息系统后完成销档。

（二）从需求角度来看我国住房救助政策是发放住房现金补贴

住房补贴制度就是政府针对城镇低收入居民的房租补贴制度，帮助这些居民租住政府提供的廉租房或公共租赁租房。这一制度主要针对城镇低保户家庭。2003 年国务院发布《关于促进房地产市场持续健康发展的通知》，其中对廉租房的救助方式作出了新的规定，提出"最低收入家庭住房保障原则上以发放租赁补贴为主，实物配租和租金核减为辅"。这意味着我国廉租房保障形式开始发生转变，由实物配租转变为以货币配租为主。随后，原建设部废止《城镇廉租住房管理办法》，出台《城镇最低收入家庭廉租住房管理办法》，进一步确认廉租房以货币配租为主、实物配租为辅的保障方式。2007 年原建设部制定《廉租住房保障办法》，同时废止《城镇最低收入家庭廉租住房管理办法》，其第 5 条第 2 款规定，"实施廉租住房保障，主要通过发放租赁补贴，增强城市低收入住房困难家庭承租住房的能力。廉租住房紧缺的城市，应当通过新建和收购等方式，增加廉租住房实物配租的房源"，继续坚持廉租房以货币配租为主、实物配租为辅的保障形式。2012 年住建部出台《公共租赁住房管理办法》，确定了公租房实物配租与货币补贴相结合的保障方式,2014年,廉租房并入公共租赁住房制度运行后,《并轨通知》对公共租赁住房的救助方式作出了安排:廉租房和公租房并轨后,原廉租房租赁补贴资金继续用于补贴在市场租赁住房的低收入住房保障家庭;为避免政府重复投资和补贴,对于符合住房保障条件的低收入家庭租赁政府投资建设的公租房的,应当一律采取租金减免方式予以保障,不再发放租赁补贴,仍然延续了双轨运行时期以实物配租为主、货币配租为辅的救助形式。

六、我国住房救助制度存在的问题与完善思路

我国住房救助制度在改善低收入家庭住房条件和促进经济增长方面起到了积极作用,但依然存在着以下问题。

第一,住房救助政策的顶层设计不够,供需矛盾突出。我国救助性住房建设和管理总体上带有探索性质,表现为住房救助政策作为应急性措施,采取边探索、边设计、边建设的方式,目标和任务经常变动,缺乏科学的城市住房、农村改造规划和长远住房救助规划。尤其是公共租赁住房供应结构与需求存在较大偏差。一方面,由于城市拆迁、棚户区、危房改造等项目的实施,我国存量的中小户型住房日益减少,城市建设用地又受到严格控制,导致新建救助性住房数量较少,难以满足城市中低收入家庭的住房需求;另一方面,随着城镇化进程的加快,我国每年城市新增人口逐渐增多,城市低收入和困难家庭的住房问题、新职工的阶段性住房问题以及外来务工人员的住房改善问题日益凸显。这些问题造成了城镇住房救助对象欠清晰,存在过度救助和救助不足并存的问题,出现了"租不到、买不起"的夹心层家庭。这主要是由于救助房类型体系设计不合理造成的,缺乏满足不同收入层次家庭需要的差别化保障住房体系的详细设计,对各种房型的保障功能定位不清、保障层次厘定不明。尤其是公共租赁住房仍然以满足城市户籍人口的住房需求为主,住房救助对象范围较小,致使其覆盖面极为狭窄,对在城市生活和工作的大量外来流动人口,尤其是进城务工农民以及城镇低保家庭的住房问题考虑的还不多,仍需要在实践中不断完善。

第二,地方政府重视程度不够,未充分发挥政府在住房救助中的主体作用。主要表现为一是我国住房救助功能分散在多个部门,如财政部、住建部等,各部门对住房救助态度不一,协调的成本高、难度大,影响了住房救助制度顺利实施。住房保障是社会保障的重要领域,作为国计民生的重要公共事务,政府是当然的责任主体。为了防止推诿扯皮现象,需要构建制度和操作机制来明确中央政府、省级政府以及地方政府的责任和义务,形成制度化的工作机制,确保各级政府有效履行责任。二是政府投向救助性住房的土地放量过少。究其原因是因为救助性住房投资大、周期长、公益性强、见效慢,不符合地方政府的理性选择。因此,地方政府注重商品房市场发展,忽视救助性住房建设,被动执行中央确定的救助性住房政策。有些地方的救助性住房用地未能及时完成征地拆迁,拉长了建设周期。由于上述困难,在实际中造成救助性住房的市场供应严重不足,特别是公租房建设无法满足众多特别困难的家庭需要。

第三,救助性住房资金供给不足。目前仍以财政预算资金为主,筹资渠道比较单一,而中央政府的财政拨款毕竟有限,因此救助性住房资金筹措运营存在一定的压力。现有关于救助性住房的中央及各地方政府的相关政策文件,都明确表示鼓励和支持扩宽公共租赁住房以及农村危房改造的融资渠道。这些关于救助性住房资金来源的指导性意见,虽然肯定了政府积极推动公共租赁市场发展以及农村危旧住房改造的决心和态度,但对于如何拓展公共租赁住

房资金来源渠道,并没有明确的可操作性的方法。救助性住房资金压力大的原因一方面是公共租赁住房建设和农村危旧住房改造中的低收益性及财政拨款的有限性。致使无论是银行贷款还是开发商在其建设中都难以实现资金的有效运营。就公共租赁住房来说,公共租赁住房本身具有开发周期长、前期投资大、投资回报率低的特点,使得部分投资者对于公共租赁住房的运营模式和盈利能力存在一定的质疑,因而对公共租赁住房的参与度不高,社会渠道资金参与度也不高。同时在公共租赁住房投入使用后,还存在维修费、物业费等一系列额外费用,这也成为制约公共租赁住房资金筹措的瓶颈。

第四,住房救助的建设及管理亟待规范。一方面,我国由于缺乏细化可操作的管理规范,救助性住房不仅存在建筑质量差、规划布局不合理,而且存在小区配套设施不完善,远离市中心和交通不便等问题。另一方面,缺失的个人税收制度、信用制度和财产登记制度以及缺乏公开透明的保障性住房的申请和退出程序,阻碍了我国保障性住房制度建立、完善和实施。在住房救助的申请程序上,按照我国相关政策规定,救助性住房只能出租给困难家庭,但在现实中大量的公共租赁住房被高收入家庭或已有一套或多套住房的家庭所租用,究其原因主要是在我国缺失的个人税收制度、信用制度和财产登记制度的前提下,仅凭单位一纸证明就能核定一个家庭的收入水平或财产价值。在收入核定上,瞒报、少报、不报现象普遍存在,弄虚作假随处可见。对于弄虚作假行为没有相应完善的制度加以规范和制裁,没有明确应该纳入刑法调节范围的行为。就整个社会来说,目前也没有一个权威部门来判定家庭收入层次标准,而且金融机构信息的不完善又难以准确界定个人经济收入的多少,这就为政策执行留下了明显的漏洞。缺乏有效的信息公开制度和公开透明的程序,也是影响救助性住房建设和分配的重要因素。在住房救助的退出程序上,我国固有的资源占有观念阻碍了救助房资源的利用效率。长期以来,部门或个人一旦获得某种资源,就会长期占有,没有退出制度的安排。目前,公租房退出机制不完善已成为住房保障制度推进的一大瓶颈,不管是主动退出还是被动退出的情况都较为少见。公共租赁住房没有形成较好的动态循环体系,社会保障资源的配置没有达到最优。

第五,法制不健全。法律以其公正性和强制性而成为社会救助制度的支撑点,完善的法律法规体系是稳步有序推进住房救助建设的根本保障。在住房救助的立法方面,除了《社会救助法》,当前中国住房保障立法层次低,缺乏统筹协调不同住房救助制度的保障法律。现有的相关规范性文件属于部门规章或地方政府规章,法律效力低。因此,国家应在社会救助基本法的立法思路指导下,制定住房救助的行政法规,将其作为国家的住房救助工作的指南。同时,住房救助的实施情况应该成为政府考核指标体系中的重要内容,各级政府在住房救助方面的责任应该具体化。

第六,农村危旧住房改造还存在着救助对象界定不够准确、改造工程资金短缺、救助标准不够明确、救助方式过于单一化的问题。

(1)农村危房存在救助对象界定不够准确的问题。一方面由于审批把关和监督不够严格,部分镇(街道)、村工作人员没有有效落实有关经济条件最差、危房等级最低的危房户优先落实改造的工作要求,救助对象确定上存在着错报和漏报的问题。另一方面由于农村危旧住房改造,除了政府的财政补贴外,需要救助对象自己筹集一部分资金,一些救助对象无法筹集到自建资金而无法享受这一政策,从而无法实现应保尽保、应助尽助的目标。

(2)农村危旧住房改造存在着资金短缺的问题。危旧住房改造现有政策设定是农户自筹资金为主,辅助以政府补助、银行信贷、社会捐赠等渠道筹措资金。因而改造工程的开展,不仅需要政府投入一定的资金进行工作,同时还需要危旧房户和其他社会渠道也需要投入一定的资金才能顺利开展工作。但是由于部分危旧房户自身缺乏足够的经济基础,因此在房屋改造资金方面存在着自筹的困难,其他社会渠道如银行贷款、社会捐助等作为辅助的资金筹集方式也并未得到有效开发和利用,财政压力日益增大,资金问题无法得到有效解决。

(3)救助标准模糊不清,出现建筑面积超标的问题。有些地方由于对危房改造的建筑面积标准的上限和下限在政策上没有具体规定,导致在危旧住房改造过程中出现建筑面积的超标问题,面积的超标必然使一些困难家庭大规模的举债,加剧其贫困状况。另一方面,也使政府有限的财政资金救助了不该救助的群体,真正需要救助的困难群众由于无法筹集自筹资金而无法享受救助政策。

(4)救助形式较为单一。农村危旧住房改造在政策上存在新建、改建、扩建、修缮、置换、租用等多种方式。在实际中,困难群众除了上述方式外,还存在公寓房安置、租住廉租房和入住养老院等诉求,但目前我国农村危旧住房改造主要围绕新建、扩建、改建、维修、置换等方式进行,其他方式的危旧住房救助还无法得到满足。

七、完善我国住房救助制度思路

第一,加强顶层设计,满足不同群体的住房需求。政府必须明确住房救助的对象,有购买能力的居民通过市场获得住房,住房困难群体通过相应的政策获得住房,逐步形成符合国情的救助性住房体系和商品房体系有效衔接的住房供给体系。为了实现救助房供给方面公平与效率的平衡,解决住房救助的供需矛盾,中央和地方政府应当对社会上公共租赁住房以及农村危房改造的需求量进行科学的预测,根据预测结果合理地建造住房。公租房供应超过市场需求,会加大政府的财政压力,造成资源的浪费,甚至扰乱健康的住房市场,阻碍住房过滤机制的发挥;公租房供应低于市场需求,则无法实现其保障目的,引起居民的不满,进而影响社会和谐。因而,应当持续完善目前的实物配租与货币补贴相结合的保障方式,从政府和居民需求两方面考虑救助房的供应和配给,既考虑政府自身的供给能力,又不能忽视当地居民对公租房的实际需求量,在进行了详细科学的评估后,再有计划地供应公共租赁住房和农村危旧住房改造。

完善住房救助政策,适时动态调整租金补贴标准,对低收入住房困难家庭实现应保尽保,对中等偏下及以下收入住房困难家庭在合理轮候期内予以保障,对符合条件的环卫工人、公交司机等重点群体、重点产业困难职工实施精准保障,对符合条件的新就业无房职工、外来务工人员等其他新市民住房困难群体持续加大保障力度,同时政府也要考虑将城镇低保家庭住房改造纳入救助内容,落实地方政府主体责任,支持居民自住和改善性住房需求,促进我国住房保障事业平稳健康发展。

第二,强化住房救助中政府的主体地位。政府应当成为构建住房救助体系的主体,明确救助性住房的公益属性,优先布局,优先配套公共设施。将优质、低价土地作为保障性住房建设的坚实基础,吸引企业和社会力量参与,确立"政府主导、市场运作"的机制。有必要组建一个独立的不以营利为目的的保障性住房建设与运营的专门机构。在国务院政府部门的统一管理下,各省、市设立分支机构,专门负责保障性住房的统一规划,统一建造,统一分配、管理和维护,各有关职能部门按照职责分工,密切配合。

政府作为公共住房救助制度的主体,应当完善城镇救助性住房建设的供地制度,既要确保足量供应,又要提高土地使用效率,采取各种方式增加救助性住房建设用地供应量,确保建设目标的实现。合理布局救助性住房用地、商品房用地、工业用地等,尽量做到在满足救助性住房建设用地需求的同时促进房地产市场的健康发展。科学编制年度土地供应计划,合理划定救助性住房用地与其他用地之间的比例。

第三,建立多平台融资渠道和融资模式,拓展住房救助资金来源。首先,住房救助资金来源的主渠道应该是各级政府。可以考虑让保障房投资与土地出让金挂钩,要求各地土地出让金的相当比例用于保障房建设,如可提高原规定的各地从土地出让净收益中安排5%用于城镇公共租赁住房建设的规定,将比例提高到5%~15%或更高。其次就是做好政策性金融机构融资和社会融资的制度安排,充分发挥政府政策性资金(公积金、住房储蓄)和社会资金的杠杆功能,从而加强政府资金投入的有效性和可持续性。政府在救助房建设中可运用"公私合作伙伴关系"(public private partnership)机制,让民营部门参与到政府主导的救助房建设中来,从而使政府和民营部门实现双赢的局面。具体做法可采用BOT模式让社会资金进入到公共住房的建设中来。另外,增加政府财政预算拨款来筹措资金,将公共租赁住房和农村危房改造支出纳入公共财政体系、纳入国家财政正式年度预算,设立专门的公共租赁住房和危房改造收支科目,实现住房救助资金专款专用。其次,发挥市场资源的优势,吸引社会资本的进入,引导社会资本参与到公共租赁住房和农村危房改造的建设中去,可以通过增加附属设施盈利项目来提高各企业的参与积极性,进而解决资金投入不足的问题。最后,严格遵循国家关于公租房的税收优惠政策,鼓励企业进行资本投资,以税收优惠和社会责任双重利益吸引各企业稳健的长期投入,并逐步完善税收优惠政策,最终将其纳入法制化轨道,增强可信度。

第四,完善救助性住房建设、准入退出管理方面的规范。一方面,我国救助性住房建设要体现对弱势群体的人文关怀,在保障性住房选址方面要考虑居住的便利性。严把质量关,住房保障机构作为建设单位要对保障性安居工程质量全面负责,应借助相关政府监管资源强化对参建各方责任主体质量行为和工程实体质量的监督检查,严格落实工程建设各方主体和从业人员的质量责任,尤其要严把建筑原材料和部件的质量关。创新保障性安居工程建设管理思路和工作方法,加强工程质量监管信息化建设,使监管工作更加科学、公正、高效,全面提升工程质量和品质。另一方面,科学界定住房救助的范围和住房救助对象。科学划定住房救助线,健全准入审查制度。各城市政府应该制定详细的准入审查制度,一是实施独立调查制度,由专门住房保障部门成立独立调查系统,直接对申请人的资产和收入情况做调查;二是实施多方位调查制度,从房地产管理、工资管理、税收管理、个人银行信用管理、工商管理、公安户籍、证券投资、人力社保乃至消费领域的管理作多方位审查,对申请人的工资收入、工资外收入、个人资产、家庭消费等能够体现家庭或个人收入的情况作全面调查;完善和实施财产(包括住房)登记制度,通过信息共享甄别真正的保障群体;推行信息强制公开制度,向社会公开申请人的申请材料、审核人的审核结果和分配方案,任何单位和个人均有权查阅。此外,为保证居民管理信息系统的可靠、完善,各级政府应建立申请人员动态信息系统,在建立档案时标准要非常严格、管理也应该分级,根据不同级别采集申请人员信息并建立档案,进行动态追踪,实时反映申请人员是否符合条件,这样不符合条件的居民才能及时退出,符合条件的居民及时享受救助政策。

救助性住房尤其是公共租赁住房必须建立和完善相应的退出机制,使得公共租赁住房能够给予最需要的人群的保障。对于不再符合住房救助条件但符合公共租赁住房保障对象条件的,可继续承租公共租赁住房,同时相应调整租金。对于既不符合住房救助条件又不符合住房保障条件的,取消其居住公共租赁住房的条件。各级政府要结合财产登记制度主动对受惠的低收入家庭的收入情况和住房情况进行核查,建立各地区统一的救助性住房信息网络。制定严厉的违规和违法惩罚制度,严格执行违规和违法惩罚制度,使违法者被制裁的概率和程度远远大于其获得利益。

第五,加强法制建设,健全法律法规体系,完善监督体系。我国相关部门应尽快制定符合我国国情的统一的住房救助法律法规,明确国家层面住房救助顶层设计和基本制度框架,夯实各级政府住房保障工作责任,同时为规范保障房准入使用和退出提供法律依据。从立法上规定住房救助的对象、救助标准、救助资金的来源等并成立专门的政府机构来管理和运作住房救助方面的工作,确保住房救助资金和保障房真正发放在那些低收入和困难群体手中,解决住房领域的公平问题。期待着我国第一部《住房救助法》的出台以填补我国住房救助法律体系上的空白,并在实践中不断地完善。

第六,在农村危旧住房改造方面。一是要严格界定农村住房救助对象,各级主管部门要明确将建档立卡贫困户、低保户、农村分散供养特困人员和贫困残疾人家庭等四类群体列为农村危房改造重点对象,切实提高需要救助对象的救助标准,对于特别困难群众应由政府全额财政补贴的方式解决住房困难问题。政府主管部门和监督部门要强化督导审核,制定细化可操作的对象界定过程和危房鉴定实施方案,杜绝错报、漏报和人情保的现象发生。二是要不断拓展资金来源。除加大对农村危房改造的资金扶持力度外,应积极引入社会力量的参与,拓宽资金的来源渠道。三是制定政策严格控制农村危房改造的建筑面积的上限和下限标准,使危房改造标准规范化,主管部门要强化技术服务,设计多套施工图纸,供危房改造对象结合自身实际选择。在建房选址方面,要充分照顾其社会感受,最大限度地规避产生社会歧视等不良现象的产生。四是要丰富农村危房改造的形式,探索实施多样化的危房救助方式。在原政策实行的新建、扩建、改建、维修、置换等方式的同时,要积极探索其他一些可行的方式,以满足困难群众的不同住房救助需求。可探索公寓式住房救助、托养寄养、农村福利院、廉租房等多种农村住房救助形式。

复习思考题

1.什么是住房救助? 住房救助制度和一国的住房制度有何区别与联系?

2.如何看待我国住房制度改革的目标? 基于我国的现实国情,您认为我国的住房制度改革目标还要做哪些完善?

3.我国住房救助存在那些问题? 应如何完善?

第九章　法律援助

法律援助制度诞生于 15 世纪的英国,是世界通行的一种司法救助制度。通过法律扶贫、扶弱、扶残等形式,法律援助为需要法律服务并符合援助条件的公民给予必要援助,其宗旨是实现法律面前人人平等的宪法原则,完善社会保障体系。法律援助制度经历了由民间行为到国家行为,由分散、个别的救济到公民权利保护机制的发展历程。1994 年,我国建立了法律援助制度。自此之后,我国的法律援助制度发展迅速,无论是在机构建设、从业人员规模,还是在经费保障、办案质量和数量等方面都取得了举世瞩目的成就。本章介绍了法律援助的基本理论,结合我国实际分析了我国法律援助的现状、问题与完善思路。

第一节　法律援助概述

一、法律援助的基本内涵

"法律援助"英文表述为"Legal Aid",可翻译为"法律扶助""法律救助""法律救济"等。在不同经济制度和文化背景下,法律援助的内涵是不同的。在英美法系国家,对"民事法律援助"的表述大多采用"Legal Service"即"法律服务"。我国法学界都采用"法律援助"概念。根据《简明不列颠百科全书》的表述,法律援助是指在免费或者收费很少的情况下,对需要专业性法律帮助的穷人给予的帮助。不同国家和地区对法律援助有不同的定义。日本、加拿大、美国和韩国四个国家均对法律援助下了明确定义,其他国家虽没明确定义,但"法律援助"的内容、含义都包含在其法律援助法规的相关条款中。日本的《法律援助法纲要(草案)》第一章"总则"第二条规定:"本法所称法律援助,是指就有关法律纠纷、法律事务对被援助者提供法律服务以及费用的援助","本法所称法律援助费用,是指进行法律援助的律师的费用以及审判和其他法律程序需要的一切费用";韩国将法律援助定义为由律师或《公设律师法案》规定的公设律师提供法律咨询、诉讼代理和所有与法律事务有关的其他形式的支持;加拿大安大略省在《法律援助法》中对法律援助定义是本法和有关条例提供的专门职业的服务。

我国司法部发布的《全国民事行政法律援助服务规范》《全国刑事法律援助服务规范》进一步给出了民事行政法律援助和刑事法律援助的定义:民事行政法律援助是指由司法行政机关确立的法律援助机构组织承办人员,依法为符合条件的公民,无偿提供法律咨询、民事和行政案件代理等服务的法律保障制度。刑事法律援助是指由政府设立的法律援助机构组织刑事法律援助承办律师,依法为符合法律援助条件的个人[①],无偿提供法律咨询、值班律师帮助、刑事辩护、刑事代理服务的法律保障制度。

综合以上分析,法律救助是为世界上许多国家所普遍采用的一种司法救济制度,其具体含义是:国家在司法制度运行的各个环节和各个层次上,对因经济困难及其他因素而难以通过通常意义上的法律救济手段保障自身基本社会权利的社会弱者,减免收费提供法律帮助的一项法律保障制度。其形式包括法律咨询、代拟法律文书、刑事辩护、诉讼代理、非诉讼法律事务代理等。它作为实现社会正义和司法公正,保障公民基本权利的国家行为,在一国的司法体系中占有十分重要的地位。

法律援助有狭义与广义之分。狭义的法律援助指对在案件诉讼代理中为经济困难的或特殊案件的当事人提供代理律师(法律援助工作者)服务的法律服务费的减免;广义的法律援助不仅包括对在案件诉讼代理中为符合条件的申请人提供代理律师(法律援助工作者)服务的法律服务费减免,还包括当事人与法院诉讼有关的其他方面的服务费减免或全免。

法律援助体现的是受国家法律保护并以国家强制力为后盾的一种国家义务行为。国家或政府通过设立法律援助机构、提供法律援助经费、制定法律援助法等形式,授权法律援助机构和律师、公证员、基层法律服务工作者等法律服务人员和社会志愿人员履行国家对公民的法律援助义务或责任。这是现代法律援助制度区别于传统的律师个人的道义行为和社会团体慈善行为的最根本的标志。

二、法律援助的对象、特征、形式、机构和程序

(一)法律援助的对象和范围

从世界范围来看,法律援助的对象是指有权或有资格申请并获得法律援助的人。对于民事诉讼而言,在大多数国家,只有当事人达到了国家规定的困难标准才能够获得免费的法律援助;而在刑事诉讼中,一般只要当事人没有经济能力聘请律师便可以直接获得法律援助。一些国家的刑事法律援助虽然不一定能够涵盖所有的当事人,但是覆盖的范围相对来说都非常大。

我国的法律援助对象范围相对狭窄。根据有关法律援助和司法救助的文件,中国将法律援助的对象确定为经济困难或者突发事故无力支付法律服务费用的公民以及特殊案件当事人,具体是指:有需要代理事项但因经济困难无力支付代理费用的公民;因经济困难或其他原因没有委托辩护人的公诉案件中的被告人;盲聋哑人或者可能被判处死刑而没有委托辩护人的被告人等。

我国对如何界定"经济困难",并没有一个全国统一标准。根据2003年7月公布的《法律援助条例》规定,公民经济困难的标准,由省、自治区、直辖市人民政府根据本行政区域经济发展状况和法律援助事业的需要规定。申请人住所地的经济困难标准与受理申请的法律援助机构所在地的经济困难标准不一致的,按照受理申请的法律援助机构所在地的经济困难标准执行。

《关于完善法律援助制度的意见》(中办发〔2015〕37号)指出,下列事项属于法律援助的事项:①依法请求国家赔偿的;②请求给予社会保险待遇或者最低生活保障待遇的;③请求发给

---

① 将公民改为个人,将外国人和无国籍人士纳入刑事法律援助范围。

抚恤金、救济金的;④请求给付赡养费、抚养费、扶养费的;⑤请求支付劳动报酬的;⑥主张见义勇为行为产生的民事权益的;⑦因劳动用工纠纷,主张权利的;⑧在签订、履行、变更、解除和终止劳动合同过程中受到损害,主张权利的;⑨因工伤、交通事故、医疗事故受到人身损害,主张权利的;⑩因医患纠纷,请求赔偿的;⑪因遭受家庭暴力、虐待、遗弃,合法权益受到损害,主张权利的;⑫因食用有毒有害食品造成人身损害,请求赔偿的;⑬犯罪嫌疑人在被侦查机关第一次讯问后或者采取强制措施之日起,因经济困难没有聘请律师的;⑭公诉案件中的被害人及其法定代理人或者近亲属,自案件移送审查起诉之日起,因经济困难没有委托诉讼代理人的;⑮自诉案件的自诉人及其法定代理人,自案件被人民法院受理之日起,因经济困难没有委托诉讼代理人的。

在民事、行政法律援助方面,根据我国 2019 年 11 月发布的《全国民事行政法律援助服务规范》,将民事行政法律援助受援人界定为:已申请民事行政法律援助并提交证明文件,经法律援助机构审查并批准,接受民事行政案件代理等服务的人员,以及免于审查获得法律咨询服务的人员。目前,我国逐步扩大民事、行政法律援助覆盖面。在《法律援助条例》规定的经济困难公民请求国家赔偿,给予社会保险待遇或者最低生活保障待遇,发给抚恤金、救济金,给付赡养费、抚养费、扶养费,支付劳动报酬,主张因见义勇为行为产生的民事权益纳入法律援助范围的基础上,逐步将涉及劳动保障、婚姻家庭、食品药品、教育医疗等与民生紧密相关的事项纳入法律援助补充事项范围,帮助困难群众运用法律手段解决基本生产生活方面的问题。逐步将不服司法机关生效民事和行政裁判、决定,聘不起律师的申诉人纳入法律援助范围。进一步放宽经济困难标准,降低法律援助门槛,使法律援助覆盖人群逐步拓展至低收入群体,惠及更多困难群众。组织办理困难群众就业、就学、就医、社会保障等领域涉及法律援助的案件,积极提供诉讼和非诉讼代理服务,重视农民工、下岗失业人员、妇女、未成年人、老年人、残疾人和军人军属等群体法律援助工作,切实维护其合法权益。

上海市还将下列事项纳入法律援助的范围:①军人军属因其合法权益受到侵害,主张权利的;②未成年人因其合法权益受到侵害,主张权利的;③因使用伪劣农药、化肥、种子及其他农资产品造成严重经济损失,请求赔偿的;④当事人不服司法机关生效的判决、裁定,依法申请再审的。

在刑事法律援助方面,根据我国 2019 年 11 月发布的《全国刑事法律援助服务规范》,将刑事法律援助受援人界定为:经法律援助机构审查批准,接受刑事法律援助服务的个人,包括犯罪嫌疑人、刑事被告人、被害人、自诉人、依法不负刑事责任的精神病人强制医疗案件被申请人、刑事附带民事诉讼当事人。刑事诉讼中有下列情形之一的,申请法律援助不受经济条件限制,即犯罪嫌疑人在被侦查机关第一次讯问后或者采取强制措施之日起,因经济困难没有聘请律师的;公诉案件中的被害人及其法定代理人或者近亲属,自案件移送审查起诉之日起,因经济困难没有委托诉讼代理人的;自诉案件的自诉人及其法定代理人,自案件被人民法院受理之日起,因经济困难没有委托诉讼代理人的;公诉人出庭公诉的案件,被告人因经济困难或者其他原因没有委托辩护人,人民法院为被告人指定辩护时,法律援助机构应当提供法律援助;被告人是盲、聋、哑人或者未成年人而没有委托辩护人的,或者被告人可能被判处死刑而没有委托辩护人的,人民法院为被告人指定辩护时,法律援助机构应当提供法律援助,无须对被告人进行经济状况的审查。

（二）法律援助的特征

（1）国家性。法律援助是一种国家行为或者是政府行为，其实施主体主要是国家政府部门。从法律援助的本质来看，法律援助是被国家法律保护并以国家强制力为坚强后盾的一种国家义务行为，反映的是国家必须承担的国家责任。法律援助机构、援助人员由国家出资并管理。国际上，法律援助机构，有政府机构管理、非政府机构（组织）管理且经费主要由国家拨付和政府机构与非政府组织共同管理三种管理模式。法律援助活动也包括有公职律师承担的法律援助、有社会组织和专职律师在国家统一组织下开展的法律援助和前两个模式并行实施的法律援助活动，其人员和活动都由国家出资并管理。

（2）援助的无偿性和优惠性。法律援助机构对受援对象减免法律服务费，法院对受援对象减、免案件受理费及其他诉讼费用。这是法律援助最直观的特征。各国通行的做法是，根据受援人的经济条件，给予其全部减少或者免费的法律帮助。但是，也有一些国家采取独特的做法，如日本是受援人应先缓交律师费，将来再视受援人经济收入状况考虑逐步归还此项费用。

（3）司法救济性。法律援助体现法制、公正、平等这三大司法制度的基本理念。援助的对象大部分是经济困难者或特殊案件的当事人，具体包括一般援助对象和特殊援助对象。一般援助对象是指经济困难而无法支付或不能完全支付法律服务费用的贫穷公民；特殊援助对象是指身体残障人员，包括盲、聋、哑人，未成年人以及可能被判处极刑的被告人。通过对贫弱公民提供法律帮助使他们平等地进入诉讼程序，平等地行使诉讼权利，保护他们法定权利的实现，以维护司法公正。法律援助的司法救济性是其与以经济帮助为目的社会救济、社会保障制度的本质区别。

（4）援助提供主体及内容的法律专业性。法律援助的提供者主要是熟悉法律的人员，如法律援助专职人员、律师、基层法律服务人员、公证员等，此外，也包括法律院校的法律援助志愿者、社会团体及其他法律援助人员的积极参与，这些人员有一个共同特征，即均为具备一定法律技能和法律服务经验的法律专业人员，大都比较熟悉甚至精通法律，另一方面，他们行为的内容均具有较强的法律专业性。

（5）法律援助是法律化、制度化的行为，是国家社会保障制度中的重要组成部分。

（三）法律援助的形式和经费来源

我国法律援助的具体形式包括：法律咨询、代拟法律文书；刑事辩护和刑事代理；民事和行政诉讼代理；行政复议代理、仲裁代理及其他非诉讼事务代理；出具公证证明；其他形式的法律服务等。

法律援助的经费来源通过以国家财政拨款为主、社会各界人士自愿资助的多渠道、多方式筹集为辅。为争取更多的社会捐赠，国家税务总局专门就纳税人向中国法律援助基金会的捐赠资金按照法律法规规定的比例在所得税前扣除。国际上主要有缓、减交或免交诉讼费用；减交或免交律师费用；减交或免交公证费用等。

（四）法律援助的机构和实施主体

我国的法律援助机构已基本形成了四级组织的架构：在国家一级，1997年5月26日建立了司法部法律援助中心，对全国的法律援助工作实施指导和协调。2008年，为进一步理顺法律援助管理体制、加强法律援助工作监督管理职责，司法部根据国务院"三定"规定，设立法律援助工作司,与司法部法律援助中心共同负责法律援助管理工作,形成了二元机构设置格局。目前,司法部法律援助中心主要负责法律援助工作的宣传、培训、交流合作等。法律援助工作司的主要职责是:指导、检查法律援助的法律法规和政策的执行工作;规划法律援助事业发展布局;承担法律援助机构、法律援助工作人员的监督管理工作;指导社会组织和志愿者开展法律援助工作等。在地方层面,省级地方建立省(自治区、直辖市)法律援助中心,对所辖区域内的法律援助工作实施指导和协调;在地、市(含副省级)地方,建立地区(市)法律援助中心,行使对法律援助工作的管理和组织实施的双重职能;在具备条件的县、区级地方,建立县(区)法律援助中心,具体组织实施本地的法律援助工作。不具备建立法律援助机构条件的地方,由县(区)司法局具体组织实施法律援助工作。然而在实践中,存在部分地方司法行政机关沿袭二元机构设置,分设法律援助工作处及法律援助中心,如黑龙江、吉林等;部分将二者合二为一,仅设立一个法律援助中心或法律援助工作处,如福建、江苏等。并且,由于资源不足,许多省市地区将司法行政机关的法律援助部门与法律援助中心设置成"两块牌子,一个班子"。以黑龙江为例,"在地市级如鹤岗市即挂法律援助科和法律援助中心两个牌子但人员只有一套;而在其他地市,只有一个法律援助机构,即一个法律援助中心"。

中国法律援助的三个专业实施主体是律师、公证员、基层法律工作者。律师主要提供诉讼法律援助(包括刑事辩护、刑事代理和民事诉讼代理等)和非诉讼法律援助;公证员主要提供公证事项的法律援助;基层法律工作者主要提供法律咨询、代书、普通非诉讼事项的帮助等简易法律援助。

(五)法律援助操作程序

根据司法部的有关规定,法律援助操作的一般程序为:申请、审查(受理)、决定(指派)、(提供)援助、结案(归档)等。

(1)申请。法律援助应当由当事人填写法律援助申请表进行申请,申请后由义务机关所在地、义务人住所地或者被请求人住所地的法律援助机构依法受理。

(2)审查(受理)。法律援助中心自受理申请书后的 7 日内对申请进行审查。对审查中发现的问题可要求当事人提供补充材料或者亲自调查,同时要求与案件有利害关系的法律援助人员回避。

(3)决定(指派)。对审查通过的法律援助申请,在申请人与法律援助中心签订协议后,指派相应法律援助人员提供服务。

(4)(提供)援助。接受法律援助任务后,法律援助服务人员依照规定履行职责,为受援人提供相应服务。其认为需要异地调查取证的,可以向作出指派或者安排的法律援助机构报告,该机构可以请求调查取证事项所在地的法律援助机构协作。

(5)结案(归档)。援助事项办理完毕后,法律援助承办人员应当自结案之日起 30 日内向法律援助机构提交立卷材料。法律援助机构应当自收到其提交的立卷材料之日起 30 日内进行审查。对于立卷材料齐全的,应当按照规定通过法律援助人员所属单位向其支付办案补贴。

我国《法律援助条例》规定,公民申请代理、刑事辩护的法律援助应当提交下列证件、证明材料:①身份证或者其他有效的身份证明,代理申请人还应当提交有代理权的证明;②经济困难的证明;③与所申请法律援助事项有关的案件材料。

申请应当采用书面形式,填写申请表;以书面形式提出申请确有困难的,可以口头申请,由法律援助机构工作人员或者代为转交申请的有关机构工作人员作书面记录。

法律援助机构收到法律援助申请后,应当进行审查;认为申请人提交的证件、证明材料不齐全的,可以要求申请人作出必要的补充或者说明,申请人未按要求作出补充或者说明的,视为撤销申请;认为申请人提交的证件、证明材料需要查证的,由法律援助机构向有关机关、单位查证。对符合法律援助条件的,法律援助机构应当及时决定提供法律援助;对不符合法律援助条件的,应当书面告知申请人理由。

三、法律援助的意义

建立和实施法律援助制度,是加强民主和法制建设的客观要求,是实现社会公正和社会正义的重要法律措施。其意义主要体现为:

第一,法律援助制度体现了国家对法律赋予公民的基本权利的切实保障,有利于实现法律面前人人平等的宪法原则。

第二,法律援助制度为诉讼当事人提供平等的司法保障,有利于实现司法公正。

第三,法律援助制度有利于健全和完善律师法律制度。

第四,法律援助制度有利于健全和完善社会保障体系,保障社会稳定,促进经济发展和社会和谐建设。

第二节 我国法律援助的现状、问题与完善思路

一、我国法律援助的发展现状和制度内容

中国的法律援助虽然起步较晚,发展时间短,目前尚处于萌芽状态,但1996年3月通过修订的《中华人民共和国刑事诉讼法》第三十四条"公诉人出庭公诉的案件,被告人因经济困难或者其他原因没有委托辩护人的,人民法院可以指定承担法律援助义务的律师为其提供辩护。被告人是盲、聋、哑或者未成年人而没有委托辩护人的,人民法院应当指定承担法律援助义务的律师为其提供辩护。被告人可能被判处死刑而没有委托辩护人的,人民法院应当指定承担法律援助义务的律师为其提供辩护"等的规定,表明中国首次以立法形式确认了刑事法律援助制度,这是我国法律援助制度建设的一个重要里程碑。

1996年5月,全国人大通过的《中华人民共和国律师法》对法律援助又做了专章规定。《中华人民共和国律师法》第六章规定:"公民在赡养,工伤,刑事诉讼,请求国家赔偿和请求依法发给抚恤金等方面需要获得律师帮助,但是无力支付律师费用的,可以按照国家规定获得法律援助。律师必须按照国家规定承担法律援助义务,尽职尽责为受援人提供法律援助。"这些规定进一步明确了公民获得法律援助的范围和律师依法承担的法律援助义务,为制定法律援助的专门立法奠定了法律基础。

此后,司法部和国务院先后于1997年成立了法律援助中心和中国法律援助基金会;司法部还先后与最高人民法院、最高人民检察院、公安部下发了有关法律援助工作方面协作的联合通知,规定了上述三机关在诉讼活动中有关法律援助工作中的配合与衔接等问题,更加明晰了部门间的配合,有助于法律援助工作的开展。

2003年7月国务院颁行了《法律援助条例》(2003年9月1日起施行)。《法律援助条例》对我国法律援助的性质、任务、组织机构、范围、程序、实施和法律责任等基本问题做出了全面、

具体的规定。它的公布实施，标志着我国法律援助工作进入了法制化、规范化的新阶段，中国具有中国社会主义市场经济特色的法律援助体系初步建立。为指导和规范法律援助案件办理工作，司法部联合最高法、最高检、公安部制定了《关于民事诉讼法律援助工作的规定》(2005)和《关于刑事诉讼法律援助工作的规定》(2006)，下发了《律师和基层法律服务工作者开展法律援助工作暂行管理办法》(2004)等规范性文件，对贯彻执行《法律援助条例》、规范法律援助案件办理工作发挥了重要作用。上述规范性文件分别从不同角度和工作环节对法律援助事项办理程序进行规定，并未形成统一的行为规范和服务标准，导致各地实践操作不统一，行为规范不健全。2012年2月，为规范案件办理程序，为困难群众提供符合标准的法律援助，司法部制定了《办理法律援助案件程序规定》。该规定自2012年7月1日开始实施。

作为部门规章，《办理法律援助案件程序规定》严格依据和体现新修订的刑事诉讼法、律师法以及《法律援助条例》的基本规定，参照法律援助地方性法规、地方政府规章的相关规定，将各地工作实践中形成的行之有效的经验做法上升为制度，规范了法律援助案件办理中受理、审查、承办等环节的行为规范和服务标准，明确了相关环节办理时限，针对性和操作性更强，为规范法律援助实施工作、提高法律援助工作效率提供了有力的制度保障。

近些年来，在十八届三中全会、四中全会上，国家更加强调法律援助制度在司法保障、司法救助以及国家整体法律服务体系上的重要作用，提出要完善法律援助制度，健全司法救助体系，推进覆盖城乡居民的公共法律服务体系建设，其中明确指出要发挥律师在依法维护公民和法人合法权益方面的重要作用。2015年4月1日中共中央办公厅印发《党的十八届四中全会重要举措实施规划(2015—2020年)》，明确将"制定推进律师积极开展法律援助工作的意见"作为一项改革任务。2017年2月27日，司法部、财政部联合出台了《关于律师开展法律援助工作的意见》，进一步强调要发挥律师在法律援助工作中的主体作用，切实维护困难群众的合法权益。

与此同时，《法律援助法》的立法计划和起草工作也在逐步推进。2015年6月29日，中共中央办公厅、国务院办公厅印发《关于完善法律援助制度的意见》，提出了法律援助工作持续发展的指导思想、基本原则、政策措施和核心要求，成为当前和今后一个时期指导我国法律援助事业发展和完善的纲领性文件。2017年3月1日，国务院印发《"十三五"推进基本公共服务均等化规划》，将法律援助工作作为基本社会服务的重要组成部分。2018年，法律援助立法被纳入十三届全国人大常委会的立法规划。在国家政策和立法的推进下，中国法律援助管理体制的改革迎来新的契机。

2017年8月28日，《关于开展法律援助值班律师工作的意见》公布，明确了我国的法律援助值班律师制度是指律师接受法律援助机构的指派而在人民法院或看守所值班，免费为犯罪嫌疑人、被告人提供法律帮助，维护其诉讼权利，加强人权司法保障，促进司法公正的一项法律援助制度。

随着各地创造性的设置法律援助中心、开展法律援助工作，规范法律援助主体和程序，法律援助的社会影响力逐渐增加，受援对象数量逐年增加。法律援助在维护困难群众合法权益、促进司法公正中发挥着越来越重要的作用。随着全国各地法律援助工作的开展，受援对象范围进一步扩大，受援对象数量逐年增加。2017年全国30个省份将涉及劳动保障、婚姻家庭、食品药品、教育医疗等与民生紧密相关的事项纳入补充事项范围，20个省份将经济困难标准调整至低收入、最低工资标准或者低保标准的2倍。2017年各级法律援助机构共为49万多农民工、6 万多残疾人、12 万多老年人、14 万多未成年人提供了法律援助。法律援助的社会影响力逐渐增加,在维护困难群众合法权益、促进司法公正中发挥着越来越重要的作用。2018年,全国累计办理法律援助案件 145.2 万件,同比增长 11.1％;受援 151.8 万人次,提供法律咨询 875 万人次。各地还成立了农民工法律援助工作站,这有效维护了农民工的合法权益。中国的法律援助已逐步步入法制化、规范化的发展轨道。

二、我国法律援助存在的问题

(一)我国法律援助管理体制的相关问题

我国的法律援助管理体制在二十多年的发展过程中,取得了丰硕的成绩,同时也暴露出不少问题,具体可以归纳为以下三个方面。

1.法律援助机构职能定位问题

在设立法律援助机构之初,司法部赋予这一机构管理法律援助工作以及直接办理法律援助案件的双重职能,即法律援助机构最初具备管理机构及服务机构的双重职能定位。法律援助机构在履行双重职能时,实践中出现了两种相反的现象:一方面,有些地方由于法律援助机构人员有限,无法兼顾双重职能。如果法律援助机构工作人员既要兼顾本部门的日常行政工作又要兼职提供法律服务,必然导致行政效率下降、服务质量受到制约。面对日益增长的法律援助服务需求,法律援助机构难以兼顾既是监管者又是服务提供者的双重职能;另一方面,有些地方法律援助机构将办案当作主要职责,服务职能出现异化。在实践中,出于个人利益,法律援助机构工作人员更热衷于办理法律援助案件以获取更多利益而不是选择管理,尤其是一些律师资源较丰富地区的法律援助机构也热衷于办理法律援助案件,导致法律援助机构的管理职能无法充分行使。

2.法律援助机构性质问题

由于我国法律援助制度建立于第三次和第四次行政管理体制和政府机构改革的关键时期,在精简机构的大原则下,各级、各地区建立的法律援助机构性质不一。在实践中,法律援助机构的性质主要有三类:行政机构、参照公务员管理的全额拨款事业单位、非参照公务员管理的全额拨款事业单位,此外还有个别机构仍处于非编制。不同的机构性质导致人员的入口、管理、待遇等方面的不同,影响法律援助机构的正常运转和工作人员的工作积极性,进而影响法律援助服务的供给能力。不同的机构性质还会导致不同层级间的法律援助机构在进行业务指导、交流等工作时也存在不必要的障碍。例如可能出现作为事业单位性质的机构对下级行政性质机构开展监督管理工作的现象,这从理论上来讲是行不通的。

3.法律援助管理职能配置问题

根据《法律援助条例》的规定,法律援助管理工作采取司法行政机关负责监督管理法律援助工作,法律援助机构负责受理、审查法律援助申请并进行指派的形式。然而这一原则性的规定,未明确司法行政机关与法律援助机构之间的职能配置,难以有效指导实践,不同地区之间对此也存在较大分歧。实践中,主要表现为以下两方面问题:一方面,法律援助管理机构涌现,机构设置混乱。2008 年,司法部成立法律援助工作司,与司法部法律援助中心共同负责法律援助管理工作,形成了二元机构设置格局,这一变化加剧了法律援助管理职能配置混乱的问题。实践中,各地机构设置各异,部分地方司法行政机关沿袭二元机构设置,分设法律援助工作处及法律援助中心。另一方面,司法行政机关与法律援助机构之间的管理职能配置不明。

条例仅就管理体制进行了原则性的规定,司法行政机关与法律援助机构各承担何种职责,没有清晰、具体、全面地指明。《法律援助条例》规定法律援助机构的职责是负责受理、审查法律援助申请,指派或安排人员为符合条件的公民提供法律援助,然而还有相当一部分的地方立法赋予法律援助机构指导、协调、监督本地区法律援助工作的职责。在对法律援助管理职能欠缺全面深入认识的前提下,各地方人大及政府对管理职能的划分具有多样性,存在职能配置遗漏和不科学的问题。

(二)我国法律援助经费投入总量偏低

目前我国法律援助经费总量不足,不能有效满足弱势群体日益增长的法律援助需求。这种经费困难在县区基层和西部欠发达地区尤为严重。经费短缺主要有以下原因:一是法律援助经费占财政支出比例低。例如,英国是世界上法律援助财政投入经费最多的国家,早在2000~2001年度,英国法律援助财政净拨款为 17 亿英镑(约合人民币 230 亿元),略低于全国年财政支出的 1%。而我国 2018 年全国法律援助经费总额为 26.51 亿元,全国财政一般公共预算支出 220906 亿元,法律援助经费仅占全国财政一般公共预算支出的 0.012%。二是部分地区法律援助经费未列入同级财政预算。截至 2017 年底,全国有 6 个地市级 244 个县级机构法律援助业务经费未纳入同级财政预算,占比机构总数的 6%。经司法部办公厅下发法律援助业务经费有关情况通报,并向未纳入同级预算情况的 17 个省份下发点对点通知,截至 2018 年 9 月,全国仍有 24 个法援机构未纳入同级财政预算。机构未列入政府编制,经费就更不可能列入地方财政预算。经费来源不稳,法律援助工作难以持久。三是大部分地方财政拨款偏少,各级各地差异较大。在我国现行财政体制下,中央和省级财政较为宽裕,而县级财政普遍困难,法律援助经费又主要靠同级财政拨款,县区法律援助机构每年所获拨款数额可想而知。四是法律援助经费来源渠道狭窄。我国法律援助经费以政府财政拨款、社会捐赠及行业奉献(主要指律师免费的义务办案)为基本来源,同级财政拨款占法律援助经费的绝大部分,社会团体和个人捐赠比例一直不足 1%。2018 年法律援助财政拨款为 26.5 亿元,占经费总数的99.4%,社会捐助、行业奉献等为 1583 万元,仅占比 0.6%。

我国法律援助经费不足主要表现在两个方面:一是人均法律援助经费标准低。欧洲司法效能委员会(The European Commission for the Efficiency of Justice)2018 年出版的研究报告《欧洲司法系统——司法效能与质量》中,对 41 个欧洲和亚洲的国家或地区的 2016 年人均法律援助经费情况做了统计,不同国家或地区间的人均法律援助经费差别很大。比如,阿塞拜疆人均水平最低,为 0.06 欧元,瑞典最高,为 36.21 欧元。这些国家和地区的平均水平为 6.5 欧元/人,而中间值为 2.1 欧元/人,我国 2018 年人均法律援助财政拨款为人民币 1.98 元,远远低于世界经济发达国家水平,也低于某些周边发展中国家。例如,在菲律宾,2018 年国家对公设辩护人办公室的总经费投入是 38.56 亿比索(大约折合 7141 万美元),人均经费投入约 39比索,大约折合 0.7 美元/人。二是法律援助实际办案经费低。在统计口径上,我国的法律援助经费不仅包括业务经费,而且还包括人员经费、行政经费等支出。法律援助经费总体的投入不足,导致实际办案经费难以满足现实需要。如果单纯计算用于实际办案的经费,大概只占法律援助经费总额的一半。数据显示,2018 年,我国办案费用支出仅占法律援助经费支出的40.61%,案均经费为 883.34 元。案件激增导致办案补贴低,甚至难以满足调查取证过程中的费用,影响律师办案的积极性。此外,我国法律援助经费在刑事法律援助中的投入比例较低,且近年来呈下降趋势。一般而言,刑事诉讼可能会涉及公民的人身安全,严重程度比较高,应加大对刑事法律援助的经费保障力度。

（三）法律援助范围相对狭窄

《法律援助条例》没有对经济困难的标准有一个统一而明确的界定,很多地区将法律援助标准等同于当地最低生活保障标准,准入门槛过高,制度覆盖范围狭窄;也没有对外国人和无国籍人士是否可以成为法律援助的对象做出明确规定,中国的法律援助范围仅限于中国境内中国公民的刑事指定辩护和部分民事法律援助以及某些由政府指定承办的法律援助,尚不足以满足弱势群体和外国人的需要。虽然有各地立法对法律援助的范围进行了扩展,但不能突破《法律援助条例》确立的基本框架,范围仍太狭窄。如行政诉讼案件中《法律援助条例》只规定依法请求国家赔偿等五项案件可以申请法律援助,而将其他如限制公民人身自由的强制措施,行政拘留等行政诉讼案件排除在外。行政机关的行政行为违法性未得到确认,公民要求行政赔偿及行政给付的权利就无从谈起,平等也就成为空话;在民事法律援助上,尽管《关于法律援助制度完善的意见》在《法律援助条例》的基础上进一步扩大了民事法律援助范围,但与人民群众日益增长的法律援助需求相比仍显不足。2018 年各地在《法律援助条例》规定的范围以外的民事、行政案件数为 54 万余件,占民事、行政案件总数的 56%①,表明《条例》已不能满足实际需要,亟须通过立法进一步扩大法律援助范围;刑事法律援助方面,我国刑事法律辩护律师的应用比例较低这种情况依旧存在,尽管通过建立刑事变化法律援助试点,在一定程度上使辩护率得到了有效的提升,但是,同理想状态依旧存在不少的差距。我国的刑事案件中一般只有 20% 的法律援助,自行委托辩护人的占到了 70% 以上,与发达国家形成鲜明对比;此外,农民工作为改革开放背景下形成的特殊群体,已成为我国最庞大的就业群体之一,其涉及的劳动用工、就业保障等问题数量多、范围广、影响大、法律关系复杂。尽管近年来我国从经济困难和案件标准两个方面放宽对农民工法律援助的条件,但援助范围仍具有片面、不完全性,且未以立法的方式予以确立,仍存在不稳定性和不确定性的变数。

（四）法律援助工作人员业务素质不高,区域律师和机构资源配置不平衡

我国法律援助工作主要由法律援助机构工作人员、律师、基层法律服务工作者等来具体实施。高校和社会法律援助志愿者是法律援助工作的有力参加者。然而社会对于法律援助的认识和支持力度并不大,导致专业能力强、经验丰富的法律人才不愿投身法律援助,专业人才匮乏。近年来,具有法律职业资格或律师资格的人员数量逐年上升,但在法律援助机构注册律师数逐年下降,具有法律职业资格或律师资格人员所占比例呈下降趋势。非法律专业人员进入过多,个别基层法律援助中心在编人员中只有一名,甚至没有具有法律职业资格或律师资格的人员。并且随着我国案件增多,案件类型多样化,法律援助工作者要应付复杂多样的案件,没有经过专门的法律援助培训的律师难以保证服务的专业程度。此外,社会经济状况的区域差异导致了区域律师资源的不平衡,经济发达地区律师多而集中,经济欠发达地区律师少而分散,城镇和农村的律师资源处于绝对稀少的状况。法律援助机构区域差距大,能有效发挥法律援助功能的机构主要集中在东部沿海城市和内部大中城市,而西部欠发达地区以及其他的偏远地区,能提供法律援助的机构却很有限,西部地区绝大多数援助机构不具备基本的办公、办案条件,这些严重制约了我国法律援助事业的进一步发展。

---

① 社科院发布的《中国法律援助制度发展报告 No.1(2019)》

(五)法律援助立法层次低,相关法律不完善

法律援助制度是一个国家民主法制化进程的重要标志,世界上许多国家建立了较为完备的法律援助法制体系,出台了专门的法律援助法。我国虽在有关法律如《律师法》、《未成年人保护法》、《妇女权益保障法》、《老年人权益保护法》、《残疾人权益保障法》、修改后的《刑事诉讼法》和相关行政法规如《法律援助条例》等提出了法律援助的相关规定,为专门的法律援助立法做出了一定贡献,但我国还是缺乏一部专门的法律援助法,法律援助立法工作仍需进一步完备。此外,尽管近年来重视对农民工、妇女、残疾人等弱势群体的法律援助,但未以法律的形式规定下来,实际操作仍有许多问题。

另外,法律援助还存在着与司法救助制度缺乏衔接、援助工作信息化建设水平不高、没有专门的法律对民事诉讼费用救助制度作出规定等问题。

三、完善我国法律援助的思路

(一)完善法律援助管理体制

法律援助管理体制存在的一系列问题亟待进一步探索和修正。

1.在法律援助机构职能定位上,应实现双重职能下的服务人员专职化

我国法律援助机构应当维持原有的双重职能定位。就世界范围内的制度经验而言,法律援助机构在本已负担的管理职能之外增设服务职能的核心原因均在于:原有社会律师资源难以充分满足不同地区、不同时期的司法需求,因而需要法律援助机构动用国家力量进行建设,以弥补这一不足。从我国现实需要的角度审视,我国律师资源在地域范围内分布极不平衡,刑事案件辩护率长期处于较低的水平,而在以往的实践中,法律援助机构的双重定位也确实起到了一定的成效。例如2009年我国法律援助机构联合律协等组织开展"1＋1"中国法律援助志愿者行动等计划,招募律师及应届毕业生志愿者派遣到无律师县或中西部律师人才短缺的地、市、县专门从事法律援助工作,截至2014年6月,全国174个县无律师问题已经全部解决,实现了律师法律服务县域及以上区域全覆盖。可以预见在未来在刑事案件辩护全覆盖试点中,法律援助机构工作人员在刑事案件中的辩护作用也将进一步发挥,以填补巨大的改革需求。

在我国法律援助机构的双重职能定位下,应科学地划分管理与服务职能,实现服务人员专职化,即应当区分专门办理案件的服务人员及负责行政事务的管理人员。这有助于明晰法律援助工作中的权责、提高管理效率、保障服务质量。未来我国应当在现有的法律援助机构人员配置的基础上,以管理岗位与服务岗位进行二分,服务人员应当专注于办理案件,不应参与管理工作;管理人员应当尽职履行管理职责,不应利用优势参与办案、赚取办案补贴。同时,应当对二者设立不同的人员配置、薪资报酬、专业分工、职责任务、培训机制等。

2.在法律援助机构的性质上,应逐步转化为行政机构

法律援助机构应当被赋予行政机构的性质,是由其行使的职能决定的。首先,整体而言,法律援助是政府责任,要求政府通过行使行政职权予以贯彻落实。受理、审批法律援助申请是法律援助机构最主要的职能之一,不能排除于政府责任之外。其次,具体而言,法律援助机构受理、审批法律援助申请是具体行政行为,属于广义上的行政给付,给付的是法律服务而非物质(金钱)给付。若法律援助机构不予提供法律援助,申请人有权对该决定提出异议并向司法

行政部门申请复查，司法实践中对法律援助机构不予提供法律援助的决定已经多次作出行政诉讼案件的裁判，完全承认受理、审批法律援助申请这一具体行政行为的可诉性。同时，法律援助机构指派人员提供法律援助服务的行为也是具体行政行为，属于行政命令，这一行为由法律援助机构单方实施，具有强制性，受指派人员无正当理由不接受指派应当承担相应的法律责任。最后，将法律援助管理工作视为行政职能也符合国内外的一贯态度。世界范围内，法律援助管理工作属于行政职能早已是共识，例如，英国法律援助工作由大法官及其领导的法律援助局管理，均属于行政机构；日本法律援助中心为独立行政法人，其业务主管部门为法务省。早在我国法律援助中心筹备时，筹备组即认为"鉴于法律援助是政府行为，世界各国都无一例外地将法律援助的管理机关列为政府有关部门内独立的管理机构"。

3.在法律援助管理职能配置上，应在一元制法律援助机构设置基础上实现司法行政机关与法律援助机构之间管理职能的合理分配

法律援助管理职能大体可归纳为三类：服务管理职能、服务监督职能、政策制定职能。机构设置格局直接影响法律援助管理职能在不同主体间的分配，二元制机构设置导致服务管理和政策制定职责划分不明，进而降低管理效率。因此，应当取消法律援助管理机构，仅保留法律援助机构，适用广义的法律援助机构概念，扩大其职权，并恰当分配其与司法行政机关的职权配置。在实践层面，应当在国家及省级保留法律援助工作司（处），取消国家及省级法律援助中心，强化其服务监督、具体政策制定职能；同时，在市级及区县级保留法律援助中心（处），强化其服务管理、监督职能。重新设置后的法律援助工作司及法律援助中心统称法律援助机构。

在一元法律援助机构设置的基础上，依照"政策规划和实施相分离"的原则合理划分司法行政机关与法律援助机构的管理职能。我国在构建司法行政机关与法律援助机构之间的职权配置时，应当吸收政策规划职能和实施职能相分离原则的合理精神，总体上，由司法行政机关行使政策制定职能，法律援助机构全面行使服务管理、服务监督职能；同时，扩大法律援助机构在具体法律援助管理工作中的灵活性，通过授权或法律法规明确规定的形式，赋予法律援助机构在不违反法律法规的前提下，对特定范围内的事项行使政策制定职能。

（二）政府主导多渠道筹措资金，提高办案补贴标准

着重强调政府对法律援助的责任和义务。首先应当加强中央、省级财政保障的力度。中央政府应该在经费上承担更多的或者说主要的义务，可以仿效美国根据各州贫困人口数量占全国贫困人口总数的比例拨付联邦法律援助资金的方法，大力扶持中西部和基层的广大县区，特别是贫困县区，并以此带动全国法律援助工作的正常开展。省级财政要为法律援助提供经费支持，加大对经济欠发达的市、县地区的转移支付力度，提高经济欠发达地区的财政保障能力。其次，中央财政要引导地方特别是中西部地区加大对法律援助经费的投入力度，强制要求市、县级财政将法律援助经费全部纳入同级财政预算，根据地方财力和办案量合理安排经费。对于人均法律援助业务经费投入增幅较大的前十名县市，可以就增幅部分等额追加经费，作为法律援助业务经费以外的专项发展经费，如信息化建设经费、基本公用专项经费等。最后，政府应引导社会资金募集工作，拓展法律援助经费来源渠道。借鉴我国香港法律援助辅助计划的经验，设立省级法律援助辅助基金，接受本地社会资金的捐助，由于中国人有较强的本土情结，省级法律援助辅助基金更能激发本土情怀，更好地吸纳当地民间资金的投入。在法律援助经费支出上以本省居民为主，逐渐覆盖在本省工作、学习、生活的非本省籍人士。设立发行法

律援助公益福利彩票,例如中央专项彩票公益金法律援助项目。国家在公益彩票中增设法律援助彩票,募集社会资金,所获收益全部用于法律援助事业。积极发挥社会团体组织如工会、共青团、妇联、残联等在法律援助中的补充作用。可以通过对社会团体开展法律援助进行有效的指导,特别是鼓励有关社会团体主要参与办理维护本社团成员权益的案件,调动社会团体组织的积极性,大力开拓社会资源,进一步满足不同层次的法律援助需求。此外,可以采取免费和减费并行的法律援助模式。若受援人完全符合法律援助条件,尤其是经济条件,则可享受全部免费的法律服务;若受援人在经济上有能力分担一部分法律援助费用时,则享受部分免费的法律服务,以缓解经费不足的情况。

针对法律援助实际办案经费低的问题,国家应牵头按省级或大经济区域统一确立法律援助个案经费的最低补贴标准,根据地方经济发展水平和律师承办案件成本、基本劳务费用等现实因素及时作出动态调整,并直接落实到办案律师或法律工作者个人。特别是法律援助业务经费要有专项资金作为保证,由部门负责监督,防止挤占挪用。此外,应加大对刑事法律援助的资金投入,切实发挥刑事法律援助在保障基本人权、维护司法公正方面的重要作用。

(三)提高法律援助质量

质量是法律援助工作的生命线,是法律援助取信于民的根本。如何将法律援助这项"免费午餐"变为有质量的"爱心餐",在不断扩大法律援助范围的同时保证服务的效果和质量,可以从以下两个方面入手。首先应建立法律援助案件的质量标准体系。完善立法,明确建立法律援助质量标准体系的重要性。通过立法层面对质量标准进行明确的说明,保障该制度运行中的权威性,对援助律师和机构产生一定的警示作用;制定质量考核标准,对援助案件设置考核标准,即将案件效果分为优秀、良好、合格、不合格四个标准进行评判,同时对案件的实体部分和程序部分进行分类设置,给予公平、公正的评判;对质量标准建立相应的评估监督机制,一方面对政策即立法层面评估质量标准是否合理,需要尽可能兼顾案件效果和当事人的满意程度,另一方面是对质量考核的具体执行进行监督和评估,确保质量的考核客观性和科学性。其次,以案件质量标准体系为依据,建立法律援助质量的监管机制,需要从多个方面综合操作,建立相应的制度,规范法律援助的程序。建立申请审查制度,法律援助案件的申请与受理是法律援助制度的最初始阶段,对于援助申请需要进行严格的审查,通过规范化的审查,严格把关申请条件,避免无条件式的扩大援助范围而对法律援助资源的浪费,保证法律援助的优质资源;对就疑难复杂案件建立集体讨论制度,疑难复杂案件本身就是比较难以审判的案件,对于援助律师来讲,也是对其执业生涯的一种挑战,而对该类案件建立从申请到结案的集体讨论制,可以尽量避免因为个人的疏忽而影响案件审结效果的情况,以最大程度的保障受援人在这种情况下的权益,也是提高援助服务质量的一种途径;建立援助案件的结案评估制,同时开放沟通渠道,使社会各界关注案件的审结效果,以此来监督援助案件的审结效果和质量;对援助律师的奖励予以宽容、倾斜。只要为法律援助事业做出贡献的在评先评优上不应再以资历、业务收费再度评价。

(四)扩大法律援助的覆盖范围

拓宽援助范围,首先应明确并逐步放宽经济困难标准,降低法律援助准入门槛,让更多生活困难的群众和其他符合条件的群众享受到政府提供的法律援助服务。可以借鉴香港等地经验,以申请人的可支配资金和财产综合情况能否足以购买市场法律服务为标准,划定法律援助的经济困难条件。可由国家修改法律援助相关法律法规,将居住达到一定时间的经济困难或无法承担相应法律服务费用的外国人和无国籍人士纳入我国的法律援助范围。其次,扩大行政诉讼法律援助案件范围,应将所有"认为行政机关具体行政行为侵犯其人身权益的"行政诉讼案件都纳入法律援助案件范围。扩大民事法律援助案件范围,例如征地拆迁补偿纠纷,农村集体土地的流转和征用、农民产权维护等与民生密切相关的案件也应纳入民事法律援助范围。最后,在刑事法律援助方面,应在各地建立并完善值班律师制度,为符合法律援助条件的当事人提供免费的、诉讼之外的法律援助,扩大法律援助服务范围,提高刑事法律案件辩护率。此外,应切实贯彻落实农民工"治欠保支"工作的法规政策,主动提前介入农民工案件维权,简化农民工法律援助的申请条件和程序,开辟立案新窗口,做到"应援尽援,应援速援"。

(五)提高法律援助机构人员专业素质,合理配置律师资源

通过国家政策或物质精神激励引导律师事务所或律师协会规定部分律师每年必须提供一定的无偿法律援助案件,作为其每年的审核标准。以增加办案补贴和提高社会荣誉等方法吸引社会律师参与法律援助工作。提高在法律援助机构注册律师数、具有法律职业资格或律师资格人员所占比例。严把法律援助机构进入关,严格控制非法律专业人员的进入,加强现有人员的法律业务培训,鼓励符合条件的现有人员参加司法考试,增加公职律师数量,在人员编制既定的情况下可以考虑让司法系统内部具有职业资格的人员兼任公职律师,真正让司法局从注重管理职能向法律专业服务型机关转变。探寻多种方法解决律师资源配置问题,一是设立法律援助公职律师制度,规定公职律师最低人数标准,作为司法改革的内容上升到国家政策层面。公职律师参照公务员管理,使基层和欠发达地区能够留住人才。要制定严格的公职服务年限,可规定服务5年以上方可流动。二是国家出台政策,鼓励高等院校法律毕业生到基层和欠发达地区服务,鼓励法学院学生到基层和欠发达地区的法律援助机构实习,参与法律咨询、法律宣传等活动。三是利用网络、电话等信息通信手段弥补司法资源短缺地区法律援助服务的不足,根据律师资源分布和案件工作量等情况,采取对口支援、志愿服务、购买服务(合同制)等方式提高律师资源短缺地区法律援助服务能力。四是实行律师或法律工作者聘任制度。基层和西部欠发达地区律师资源少,特别是没有律师的县区,可根据《国家公务员法》第九十五条规定在司法行政部门或法律援助机构实行职位聘任制。

(六)尽快制定和颁布专门的法律援助法,完善相关法律

《法律援助条例》实施至今,经过十余年的司法实践探索和积累,目前制定一部法律位阶较高的《法律援助法》的条件已经成熟,应加快对法律援助制度专门法律的制定,推动相关法律问题的有法可依。《法律援助法》应当充分总结《法律援助条例》及各地法律援助地方立法的经验与不足,借鉴国外法律援助立法的优秀成果,在《法律援助条例》的基础上,进一步充实、细化内容,对我国法律援助的性质,法律援助机构的设置、职能,法律援助的对象、条件、范围、实施者,法律援助的程序,法律援助的经费,法律援助质量及监督管理,行政机关、司法机关的法律援助责任等做出明确的规定。此外,还应对农民工、妇女、残疾人等弱势群体的法律援助予以法律法规的形式确定下来,切实保障弱势群体的合法利益,避免现实操作中的模糊不清。

　　另外,法律援助还应加强与司法救助制度的衔接,可以建立法律援助和司法救助相互认定的制度,提高法律服务效率。推动法律援助工作信息化建设,积极建立信息共享平台。将诉讼费用纳入法律援助范围,可以借鉴国际经验,根据受援人经济条件和案件是否胜诉等因素决定缓、减交或免交诉讼费用。

复习思考题

1.什么是法律援助? 我国现阶段实施法律援助有何意义?

2.我国法律援助存在哪些问题? 应如何更好地完善我国的法律援助?

第十章 特殊人群救助

　　残疾人、贫困老人和流浪乞讨人员都是社会的弱势群体,给这些群体提供救助可以改善他们的生存状态,保障他们的基本权益。本章界定了残疾人救助的概念,对残疾人救助的内容,我国残疾人救助的改革和完善进行了探讨。在对贫困老人的人口学特征,救助内容阐释的基础上,分析了我国贫困老人救助存在的问题和对策建议。在对流浪乞讨人员救助重要性分析的同时,重点论述了我国流浪乞讨人员救助制度演进的过程。

第一节 残疾人社会救助

一、残疾人的定义和残疾人社会救助需求

　　根据《中华人民共和国残疾人保障法》第二条的定义,残疾人是指在心理、生理、人体结构上,某种组织、功能丧失或者不正常,全部或者部分丧失以正常方式从事某种活动能力的人[①]。残疾人包括视力残疾、听力残疾、言语残疾、肢体残疾、智力残疾、精神残疾、多重残疾和其他残疾等类别。

　　残疾人在认识环境、生活自理、经济自立和社会交往等方面存在不同程度的障碍和困难,是一个规模巨大的、迫切需要得到国家和社会的帮助的弱势群体。他们的社会救助需求包括生活保障需求、康复需求、就业需求、教育需求、社会服务需求等几个方面。

　　1. 生活保障需求

　　生活保障需求是残疾人最基本的社会救助需求。残疾人因丧失部分或全部劳动能力,缺乏个人收入,生活处于无保证的状态,他们希望在国家和社会的帮助下解决温饱问题,有尊严地生活。

　　2. 康复需求

　　残疾人希望借助医学治疗、辅助器械等方式,改善或恢复受损器官与功能,增强生活自理或参加社会活动的信心与能力。

　　3. 就业需求

　　劳动就业是残疾人自己养活自己的重要途径,是其全面参与社会活动的基础,是残疾人实现自身权益和价值的关键。他们希望国家和社会兴办残疾人福利企业等,安排残疾人集中就业。

---

　　① 《中华人民共和国残疾人保障法》,1990-12-28。

4. 教育需求

作为社会公民,残疾人也有接受教育的需求。这就要求社会应面向残疾人投入基础设施、人力物力等教育资源。

5. 社会服务需求

户外活动以及适当地参与各项社会活动是残疾人生活的重要方面,但他们比一般人更需要无障碍设施、优先照顾和特殊照顾等社会服务。

二、残疾人社会救助的理念

1. 供养理念

人们通常认为,对于残疾人,特别是失去劳动能力的残疾人,最好的办法是由他们的家人或社会把他们养起来。在经济不发达的国家和社会,这种供养仅限于完全丧失劳动能力的残疾人,在经济发达的国家和社会,残疾人的供养范围会根据供养能力有所扩大。尽管不同社会对残疾人供养的内容和水平有所不同,但是一般说来,这种供养大多限于经济方面,或者物质方面,而对残疾人的精神需求和自身能力等估计不足。尽管对于残疾人,特别是严重丧失劳动能力的残疾人来说经济上的供养是完全必要的,但这并不是对残疾人进行关照的全部,难以满足残疾人多样化的生活生存需求。

2. 回归社会理念

回归社会理念是针对将残疾人封闭起来进行供养和照顾产生的弊病而提出来的。20世纪50年代,美国社会学家戈夫曼研究了生活在庇护所的精神病患者的生活生存状况后认为,将残疾人收养于各种社会福利机构进行照顾,残疾人之间的刺激性的互动加上管理人员、医护人员对残疾人消极的、冷漠的态度和严格管制会使残疾人处于消极的社会关系之中。解决该问题的基本方法就是让残疾人走出封闭,回归社会。受回归社会理念的影响,改变院舍照顾这种既昂贵、效果又不好的救助模式的观念就逐渐被人们所接受,让残疾人回到他们熟悉的社区中去接受照顾,让他们在一般的社会中过正常的生活成为残疾人照顾模式的普遍选择,社区照顾是使残疾人回归社会的典型模式和理想选择。

3. 增能理念

增能理念认为,残疾人供养及照顾理念,把服务对象看作脆弱群体,忽视了残疾人的潜能、自立诉求和发展。增能理论则站在人的发展的立场上,认为通过一定的方法,可使残疾人在一定程度上恢复失去的机体的、社会的功能,并过上一般的、正常的社会生活。增能的作用不仅在于恢复残疾人原本丧失的机体的功能,而且可以增强他们的生活信心。按照增能理念,增能的方式多种多样,比如康复训练可以使残疾人已丧失的机体功能得以恢复,教育和培训可以发掘残疾人的潜能,外界生活及活动条件的改善可以减少他们表现自己能力的障碍,等等。

三、残疾人社会救助的内容

1. 生活救助

在生活救助方面,国家和社会采取扶助、救济和其他福利措施,保障和改善残疾人的生活,具体措施包括对无劳动能力、无法定扶养人、无生活来源的残疾人按照规定予以供养、救济;举办福利院和其他安置收养机构,按照规定安置收养残疾人,改善其生活;减免农村残疾人的义务工、公益事业费和其他社会负担。

2. 残疾人康复

残疾人康复是指通过治疗、训练等方式,改善、恢复和补偿残疾人的各项身体功能,使其减轻能力障碍,获得最大限度的日常生活能力,为其重新参与社会生活提供身体方面的必要条件。受康复技术水平的制约,目前还不可能使所有的残疾人都能达到完全康复的目的,因而只能有选择、有限度地使部分残疾人通过多种途径,达到减轻残疾程度或基本康复。残疾人康复的具体内容包括:诊断和处理;医疗和护理;社会、心理和其他方面的咨询和协助;进行自理训练,包括行动、交往及日常社会技能;提供辅助器械、行动工具及其他设备;开发和运用社会各种资源,开展康复工作训练计划,以充分满足残疾人及其家属的需要。

3. 残疾人教育

残疾人教育是指国家和社会保障患有残疾的儿童、青年和成年人享有平等的初等、中等和高等教育机会,使残疾人教育成为教育系统的一个组成部分。《关于残疾人的世界行动纲领》指出:会员国应保证残疾人有平等接受教育的机会,包括使最严重残疾的儿童享受义务教育。残疾人教育包括残疾人基础教育、残疾人特殊教育、残疾人职业教育、成人教育和残疾人高等教育。在教育方式上,国际社会强调凡可以接受普通教育的残疾人,尽量进入普通学校;对不具有接受普通教育能力的残疾人进行特殊教育和培训。

提高残疾人受教育水平是残疾人全面实现自身价值的基本条件,是社会进步的表现,是衡量一个国家教育发展水平的标志之一。实践证明,无论是对残疾儿童的特殊教育,还是对成年残疾人的职业技术教育,都能极大地提高残疾人的自身综合素质,缩小与健全人的差距,使残疾人能较快地融入社会,增强其生存能力。从残疾人的角度看,接受特殊教育是他们应该享有的一项基本权利。通过接受代偿性训练,可以在一定程度补偿丧失的感官功能,为进一步接受教育、参加正常的社会生活创造条件。从社会的角度看,对残疾人进行教育、训练,使他们获得基本的生活能力和一定的谋生能力,有利于社会的和谐发展。

4. 残疾人就业

按照《残疾人就业条例》[①]的界定,残疾人就业是指符合法定就业年龄有就业要求的残疾人从事有报酬的劳动。国家对残疾人就业实行集中就业与分散就业相结合的方针。目前,城市残疾人就业有三个主要渠道:一是在福利企业中集中就业;二是在机关、团体、企业、事业单位等组织中按比例就业;三是在社区和民办非企业单位就业或从事个体经营。农村残疾人则从事种植业、养殖业或家庭手工业等以获得报酬。

5. 残疾人社会服务

残疾人社会服务是指社会为方便残疾人生活,满足残疾人物质文化生活需要,为残疾人提供各种无障碍设施、信息交流无障碍服务、各种优先服务和照顾。残疾人社会服务的主要项目包括:国家和社会为保证残疾人享用公共建筑、公共设施、公共住房和公共交通工具而专门提供的无障碍设施,如盲道、坡道、残疾人专用电梯等;为残疾人接受和传播信息而提供的信息交流无障碍服务,如盲文、手语、字幕、特殊通信设备等辅助技术或替代技术;为残疾人享用公共设施、公共交通工具、进入博物馆、图书馆、旅游景点等提供的减免费照顾;公共服务机构为残疾人提供的优先服务和辅助性服务,如指定的停车场、座位、购物优先等;为残疾人参与文化体育活动创造机会、条件和提供服务;为残疾人提供的法律等服务;在全社会提倡和实现人道主

① 《残疾人就业条例》,2007年2月14日国务院第169次常务会议通过,自2007年5月1日起施行。

义精神,消除对残疾人的歧视和偏见,激励残疾人自强自立,建立和谐的社会生活环境;鼓励和促进残疾人参与社会的政治生活,保障其政治权利。

四、中国残疾人社会救助制度的发展与完善

(一)中国残疾人社会救助制度的历史沿革

1.形成阶段

新中国成立后,针对残疾人的社会救助制度,一是构建城市残疾人社会救助制度。1950年,国家制定并发布了《革命工作人员伤亡褒恤暂行条例》,为战时伤残人员提供了必要的保障。1951年,国家颁布了《中华人民共和国劳动保险条例》,其中涉及职工在伤残后获得必要物质帮助的办法。另外,政府举办了一些社会福利机构和福利企业,为残疾人提供各种保障。二是构建农村残疾人社会救助制度。1956年颁布的《高级农业合作社示范章程》第五十三条规定:农业生产合作社对于缺乏劳动力或者完全丧失劳动能力,生活没有依靠的老弱、孤残的社员,在生产和生活上给予适当的安排及照顾,这一规定为农村残疾人提供了一定保障。三是成立了残疾人组织。1960年,经国务院批准,将中国盲人福利会与中国聋哑人福利会合并成为中国盲聋哑人协会。

2.停顿阶段

"文化大革命"期间,残疾人社会救助事业受到严重干扰和破坏,唯一的残疾人组织——中国盲聋哑人协会——被迫停止工作;残疾人生产自救组织被强行合并、撤迁或撤销;盲聋哑学校被迫收缩或停办。在此期间,中国残疾人社会救助事业停滞不前,甚至出现倒退。

3.恢复和发展阶段

中共十一届三中全会为残疾人社会救助事业的恢复和发展提供了良好契机。1984年成立的中国残疾人福利基金会,通过各种途径为残疾人服务,保障残疾人的基本权益。1985年开始起草的《残疾人保障法》,为残疾人的社会救助制度提供了法律支持。1988年成立的中国残疾人联合会,协助政府为残疾人提供各种社会救助。在政府和社会各界的大力支持与参与下,中国残疾人各项保障事业取得了很大的进展。1990年,国家出台了首部保障残疾人权益的法律《中华人民共和国残疾人保障法》,从制度层面对包括残疾人的权利做出规定。2008年4月修订后的《中华人民共和国残疾人保障法》正式颁布,对残疾人社会救助工作做了更加系统、具体的规定。

(二)残疾人社会救助制度建设存在的问题

新中国成立以来,中国残疾人社会救助事业受重视的程度不断提高,独立性逐渐增强,体系建设日臻完善,保障水平也有了显著提高。但总体来说,残疾人社会救助制度本身还不成熟,难以充分满足残疾人的需求,存在的问题表现在以下几方面:

1.模式选择不够明确

在如何建立残疾人社会救助制度,即如何选择发展模式方面存在两种思路:一种思路是残疾人社会救助制度应当自成体系;另一种思路则认为,残疾人社会救助制度应当融入社会普通群体的社会救助制度之中。由于存在理论分歧,发展模式的选择成了难题。发展模式选择不够明确,直接影响了相关社会政策的制定,并进而影响了残疾人社会救助体系的建设。

2.覆盖面偏小

残疾人群体是我国社会救助制度和低保制度覆盖的重点人群之一,但由于这一群体就业

困难、收入低下,贫困率远比其他社会群体高,因此,目前的覆盖面远不能满足残疾人的需求。究其原因,一方面是财政在社会救助方面的投入不足,能够享受社会救助的标准比较严格,使得一部分收入较低但又高于救助标准的残疾人得不到救助,被排斥在体制之外;另一方面,在我国有着社会救助需求的残疾人数量十分庞大,国家的社会救助供给与残疾人的救助需求严重失衡。

3.体系不完善

现有的残疾人社会救助制度以最低生活保障为核心,形成了最低生活保障"一枝独秀"的格局。而社会救助制度本身是一个系统工程,需要各子系统相互配合,才能取得良好绩效。残疾人社会救助制度既需要有最低经济扶助的部分,也需要有医疗救助、教育救助、住房救助、就业援助等,救助体系的不完善,会影响残疾人社会救助制度整体功能的发挥。

4.城乡二元结构特征明显

现行的残疾人社会救助制度表现出重城镇、轻农村的特点。城镇残疾人从1999年国务院颁布《城市居民最低生活保障条例》开始,就有享受低保的权利。而农村残疾人享有低保则从2007年才起步。残疾人救助有城乡两套标准,城镇残疾人的救助标准明显高于农村残疾人。

5.不能体现出特别扶助的特点

目前最低生活保障制度实行的"应保尽保"原则,即实行普遍性原则,实施对象是全体低于低保标准的贫困家庭,而不仅仅是残疾人家庭。社会救助体系对于残疾人没有体现出特殊性或定向性,即缺乏对残疾人贫困者的特别扶助,意味着残疾人社会救助制度仍依附于原有的"一刀切"的社会救助制度。

(三)完善残疾人社会救助制度

1.明确残疾人社会救助的发展模式和方向

一是用科学发展观来引领应用理论研究,从社会公正和可持续发展的角度来探讨如何更好地统筹发展城乡残疾人社会救助事业,逐步消除社会保障领域的"城乡二元结构",实现社会公正和社会和谐。二是要加强对人道主义和新残疾人观的理论研究,探讨在经济全球化背景下如何更好地保障残疾人充分享有社会救助权利。三是要研究国外,特别是发达国家残疾人社会救助制度建设模式的特点、经验与教训,掌握残疾人社会救助制度建设的一般规律,为构建我国残疾人社会救助制度提供借鉴。四是要应用经济学、社会学、管理学理论研究我国残疾人社会救助制度模式,对原有模式进行创新。

2.积极扩大残疾人社会救助的覆盖面

经过多年努力,我国残疾人社会救助体系已有一定规模,但仍然有数量庞大的残疾人特别是农村残疾人被排斥在这一体系之外,他们的社会救助需求得不到满足,造成了社会不公平。近年来我国经济实力明显增强,已经具备扩大覆盖面的物质基础。因此,应抓住时机构建专门的残疾人社会救助制度,为残疾人特别是暂时或永久丧失劳动能力的残疾人提供救助。

3.建立多层次、综合性的社会救助体系

造成贫困的原因是多方面的,单一的最低生活保障制度在救助贫困对象时存在多种制约,因此救助手段也应是多元的,带有一定的综合性。综合性的社会救助体系应以最低生活保障救助为主,同时辅以医疗救助、康复救助、住房救助及教育救助等手段。

4.拓宽基金筹资渠道,完善残疾人社会救助标准的调整机制及基金运行机制

在中央财政和地方财政拨款的基础上,应拓宽筹资渠道,采用福利彩票、扶贫资金、社会捐赠及其他方式来筹集资金。应建立物价指数变化分析体系,提高预警水平,建立与物价水平变化和社会经济发展相适应的主动调整机制,使残疾人社会救助标准能实现动态的自然增长。完善基金运行机制,健全监督体系,实现保障对象的有效分类管理和动态管理,减少乃至消除错保、漏保、人情保等不良现象的发生,提高资金的社会效益。

5.加强残疾人社会救助政策法规体系建设

我国已在宪法、法律、行政法规、部门与地方规章、规范文件等五个层次上初步明确了残疾人的社会救助权益。但总体上残疾人社会救助政策法规体系还不完善,需要进一步加强残疾人社会救助政策法规体系建设。

第二节　贫困老人的社会救助

中国具有悠久的助老济贫传统。中国古代社会就专门设置济贫、养老等机构,用于救助贫困老人。近代以来,受资产阶级民主革命和西方福利思想的影响,对贫困老人的救助逐步上升为国家行为。1949年后,中国政府对贫困老人的救助行为带有明显的集体福利和计划经济体制痕迹。20世纪80年代,尤其是20世纪90年代以来,最低生活保障制度在全国范围内迅速扩展,越来越多的贫困老人被纳入救助范围之内。

一、贫困老人的特征和救助原则

(一)人口学特征

中国是在经济尚不发达的背景下进入人口老龄化社会的,老人个人人力资本的缺失以及不可抗力等因素的共同作用,使得贫困老人问题凸显出来。杨立雄的研究认为,中国老年贫困人口总规模近1800万,老年贫困发生率超过10%[①]。从人口学特征看,贫困老人中,女性贫困人口远远多于男性;高龄老人的贫困比例高于低龄老人的贫困比例;农村老人的贫困比例高于城市老人的贫困比例;农村少数民族老人的贫困比例高于汉族老人的贫困比例;受教育程度低的老人遭受贫困的风险明显高于受教育程度高的老人;无论是城市还是农村,夫妇双方健在,并在一起共同生活的老人发生贫困的比例较低,未婚老人发生贫困的比例最高。

(二)救助原则

在开展贫困老人社会救助过程中,应遵循以下原则:

1.保障基本生活,动态调整原则

贫困老人的社会救助需求是一个逐步被满足的过程:一是贫困老人社会救助需求的内容随着整个社会基本生活需求内容的调整而调整;二是贫困老人社会救助需求应与社会对需求的实际满足能力和经济社会发展水平相适应。当前应重点解决贫困老人的吃、穿、住、医等基本生活需要问题,随社会经济的发展再逐步扩大救助范围,提高救助水平。

2.分类救助原则

一是地区之间经济发展水平的差异导致贫困老人社会救助标准和内容存在差异。中国各省区在收入和生活水平上存在比较大的差距。在这种情况下,各地救助标准和救助内容不能

---

① 杨立雄.中国老年贫困人口规模研究[J].人口学刊,2011(4):37-45.

强行统一。各地应根据本地区的条件合理确定贫困老人社会救助的标准和救助内容。二是家庭类别、年龄的不同导致贫困老人社会救助需求不同。独居户与二代户、三代户中的老年人的社会支持网络、基本生活成本不同;低龄老人与高龄老人在生活、照料、医疗方面的需求也不同。家庭类型和年龄的差异,必然导致对贫困老人的社会救助标准和救助内容应区别对待。

3.权责明确原则

贫困老人社会救助应合理划分政府、社会、家庭和贫困老人个人四方面的责任,防止社会救助责任主体的混淆以及由于救助各方对职责的推诿所导致贫困救助的高成本、低成效。

4.资源整合原则

贫困老人救助隶属于社会救助,建立贫困老人救助模式不是对现有社会救助模式的脱离,而是对现有社会救助模式的补充和完善。因此贫困老人救助要纳入现行社会救助体系,在充分依托现有社会救助的组织机构、管理体制、工作程序、基础设施和服务手段的基础上,对具体内容进行适度调整,以体现出贫困老人社会救助在制度安排方面的特殊性和针对性。

二、贫困老年人社会救助的形式和内容

(一)贫困老人社会救助的形式

从救助主体角度,可以将贫困老人社会救助的形式分为两类:一是政府力量对贫困老人的社会救助,主要包括制度性的社会救助措施、开发式助老扶贫以及针对特殊群体的专项救助措施。二是社会力量对贫困老人的救助,主要有以下形式:公益性社会组织救助、自助互助、志愿服务以及个人结帮扶、认养助养贫困老人等。

(二)贫困老人社会救助的内容

1.最低生活保障制度

要把贫困老人优先纳入最低生活保障范围、确保应保尽保。贫困老人低保金标准应该比一般救助对象高出 10%～20%。对有特殊困难老人,比如空巢贫困家庭中的老人、子女下岗失业家庭中的老人、失地贫困农民家庭中的老人,子女残疾家庭中的老人,以及高龄贫困老人适当提高低保救助标准。考虑到人民生活水平的逐年提高和物价不断上涨等因素,最低生活保障标准应每年进行调整。此外,应当在源头上采取一些防范措施,避免过多老人由于制度不健全、不落实或其他人为因素陷入贫困、纳入低保,从而增加保障负担。

2.医疗救助

对农村五保老人和城镇三无老人(无生活来源、无劳动能力、无法定赡养人)的门诊和住院等医疗费用由政府全包,即由主管医疗救助的医疗保障部门实报实销。在城镇对一般低保家庭中的贫困老人,其大病门诊和住院发生的费用,个人负担超过一定额度的,应按比例给予救助。在农村,开展新型农村合作医疗的地区,贫困老人可免缴或只交纳部分资金,参加当地合作医疗,享受合作医疗待遇,因患大病经合作医疗补助后个人负担医疗费用仍然过高,个人或家庭无力承担的再给予适当的医疗救助。在尚未开展新型农村合作医疗的地区,对因患大病个人负担费用难以承担,影响家庭基本生活的,给予适当医疗救助。同时与其他医疗救助对象相比,贫困老人应当享受适当的优惠,比如在享受医疗救助时,适当降低个人应负担的额度限制,提高个人应负担限额之外医疗费用的救助比例,提高合作医疗补助额度等。

设立"贫困老年人专项医疗救助资金"、创立专门为贫困人口服务的福利医院或慈善医院、开展老年群团医疗互助以及社会慈善医疗救助等多种形式,对贫困老人开展医疗救助。

3. 生活照料

改造现有为老服务设施,改变服务模式,充分挖掘现有为老服务设施的潜力。应当采取国家、集体、企业、个人多渠道筹措资金,以多种所有制形式,共同投资开发老年服务设施和老年服务业,推动发展托老服务、医疗保健服务、康复护理、日常生活照料服务、老人互助服务等多种形式的社会化服务项目或形式。在此基础上,采取各种有效形式开展对贫困老人的居家养老服务、提供生活照料。同时,不断加强基层社区老人协会组织的建设,积极开展老年互助活动。政府应加强对农村地区敬老院建设的投入,对生活自理有困难的五保老人实行集中供养。

4. 住房救助

在农村将住房维修和新建工作纳入农村贫困老人救助的范围,实施"安居工程",采取政府投资、社会捐助、集体补贴等形式筹集资金,为居住危房和居无定所的贫困老人免费修葺或兴建住房,改善贫困老人的住房条件。在城镇,对贫困老人的住房救助可采取两种制度:一是租金减免制度。由民政部门出具证明,对贫困老人家庭减免公有住房租金。二是廉租房制度。主要采取两种形式:一是实屋配租,即政府提供住房,租金减免;二是资金配租,即按人均居住面积最低标准计算,不足部分由政府按中心城区的标准给予现金补助,供其另租住房。

5. 法律援助

逐步建立较为完善的老年法律援助、法律服务组织网络,为符合条件的贫困老人就地、就近、及时提供优质法律援助和法律服务。法律援助机构对贫困老人提出的法律援助申请,应依法及时受理,简化程序,优先审查,作到"应援、尽援、优援"。法院、检察院和公安等部门应减免为贫困老人办理法律援助案件中的调查取证等收费,多方降低办案成本,努力构筑"法律援助绿色通道"。

6. 贫困老人优待措施

政府在为贫困老人提供救助的同时,应出台对贫困老人的优待帮扶政策,降低其生活费用。贫困老人除享受低保金救助外,应享受家庭成员就业、就医、就学、用电、用水等优待政策。对由贫困老人抚养、在中小学就读的孙子女,应减免其学习费用,使他们不至于因贫辍学。优先安排贫困老人家庭的下岗失业子女就业,以增强家庭赡养能力。

7. 开发式助老扶贫

对具有一定劳动能力的低龄贫困老人,尤其是农村贫困老人,采取发展式扶贫救助的办法。建立起政府主导和协调的非政府组织、私人机构和社区组织等多方参与的扶贫网络。具备条件的地区,应积极扶持发展老年经济实体,优先吸收贫困老人就业,并为贫困老人提供就业介绍和创业辅导等服务。政府应增强对助老扶贫项目的管理和服务职能,做好扶贫项目的先期立项以及中后期的动态跟踪、评估、反馈和服务工作,选择适合贫困老人的投资少、见效快、效益好的种植、养殖以及加工等项目;加强对贫困老人的技术培训、指导和市场信息供给;注意物质扶贫与精神扶贫相结合;对项目在用地审批、资金供给、税收、公共设施费用等方面提供优先、优惠或减免。

三、我国贫困老人社会救助存在的问题

(1)救助缺乏分类性和针对性,救助标准低。现有的社会救助措施对不同身体状况、不同

年龄段、不同家庭类型人群的区分关注不足,尤其是对贫困老人群体与其他救助群体的需求差异重视不足,对贫困老人的救助标准也相对偏低,难以满足贫困老人的实际救助需求。

(2)救助项目单一。由于受经济发展水平和财政投入力度的限制,当前对贫困老人的救助项目,大多局限在基本生活救助,而在其他如医疗、住房、生活照料等方面的社会救助项目非常欠缺。

(3)救助措施滞后,落实不力。从政府层面看,部分地方政府由于对老年贫困基本信息掌控的短缺和对救助工作重要性认识的不足,导致政府对老年贫困群体的救助措施滞后,救助落实工作不到位。作为救助载体的老年服务设施建设落后于实际需求。新形势下农村扶贫工作的重点,尚待向老年贫困群体的倾斜。另外,从社会资源的动员看,缺乏有效的动员社会力量参与贫困救助的措施或机制,社会力量参与渠道有限,未能形成制度化、经常性的社会行为。

(4)救助资源缺乏整合。从目前各涉老救助工作机构的整合角度看,救助机构之间缺乏协调和沟通。从救助政策及操作层面看,目前低保、医疗救助、住房救助、司法救助等救助政策之间缺乏有效的衔接,需要健全统一完整的救助政策体系。

四、完善中国贫困老人社会救助制度的建议

1. 确保贫困老人救助工作的落实

把贫困老人救助工作,纳入政府经济和社会发展中长期规划和年度工作计划,摆上重要工作议程,健全相关法规政策,并定期考核救助工作进展落实情况。

2. 建立救助工作的统筹协调机制

建议国务院统一协调民政部、人力资源和社会保障部、财政部、教育部、建设部、卫计委、农业农村部、司法部、全国老龄办、国务院扶贫办等部门的工作,推动上述机构在各自的职责范围内明确分工、各司其职,使各项救助工作相互衔接和相互配合,在实现社会救助工作一体化的基础之上,进而实现贫困老人救助工作的一体化。各涉老救助部门在制定相关救助政策时,要充分考虑老人的基本生活需要,从制度上防范老年贫困化。

3. 建立社会力量动员机制,广泛动员社会各方面的力量,多渠道、多层次地参与贫困老人救助

充分发挥老龄事业发展基金会、慈善总会、扶贫基金会、残疾人基金会,社会工作协会等公益性社会组织的作用,对自觉动员资源参与扶贫救助的公益性组织,政府应给予资金补贴和政策扶持。应推广建立为老志愿者队伍,建立志愿者表彰激励机制,规范管理,形成志愿者与老人服务对象长期稳定的服务关系。

4. 健全救助工作的财力机制,完善资金的投入、发放和使用制度

各级政府在编制财政预算时应贯彻公共财政的理念,提高社会救助在财政预算支出中的比例,并根据本地区 GDP 增长和财政收支情况,合理增加救助资金,不断提高救助水平,确保包括贫困老人在内的社会救助对象共享改革发展的成果。健全救助资金的使用制度。设立专项账户,确保专款专用,健全相应的财务报告、审计、监管制度,作到来源公开、用途公开、结算公开、审核程序公开。

5. 建立救助对象动态管理机制,及时掌握贫困老人变化状况

应建立快捷方便的贫困老人申报和统计制度。设立动态性贫困老人档案,做好贫困老人资格审查工作,定期论证和确定需要救助的老人,及时预测贫困发生趋势,对接受救助的贫困老人跟踪访问,分析救助状况及其效果,确保贫困老人得到及时和足额的救助。为有效整合社

会救助资源,避免救助对象的遗漏和重复,有必要在街道、乡镇建立社会救助所,实现救助款物"一个口子"申请救助、发放的规范化运作机制,做到"条上工作、块上落实、条块结合、以块为主",提高救助工作的准确性和及时性。

6.区别不同对象,确定贫困老人救助金的发放形式

考虑到贫困老人比较复杂的致贫原因和实际生活状态,应采取每月固定救助金、一次性救助金、临时救助金三种资金发放形式。

7.加强救助服务设施建设

中央和地方财政应加大对福利院、敬老院、老人活动站等服务设施建设的投入。也可以采取募集社会捐赠、发行福利彩票、推行股份合作制等方法筹集建设资金,采取公办公营、公办民营、公办民助、民办公助、民办民营等多种形式,建立起适应城乡不同特点、设施配套、功能齐全、服务形式多样、管理规范的救助服务设施,形成健全的为老救助服务体系,为救助工作的顺利开展创造良好的条件。

第三节　流浪乞讨人员的社会救助

一、流浪乞讨人员的界定及流浪乞讨的危害

流浪乞讨人员是指以流浪、乞讨方式度日的生活无着人员。有的学者将流浪乞讨人员分为七个类型:一是贫困流浪乞讨者。贫困流浪乞讨者人数虽然不占多数,但其生存状况恶劣,自身发展能力匮乏,逐步演变成职业乞丐的可能性很大。二是疾病流浪乞讨者。疾病流浪乞讨者包括:精神疾病流浪者、无力负担医药费求乞集资的重病者、遭家人遗弃在街头乞讨度日等死的绝症患者、为亲人筹集医药费而流浪乞讨的人员。疾病流浪乞讨者是极度困难的人群。三是短期流浪乞讨者。短期流浪乞讨者包括:进城打工一时找不到工作的人,一些失业者,进城被偷、骗、盗、抢的人,寻求夫妇、父母、兄妹未果而流落街头的人。其中,找不到工作,失业,被偷、骗、盗、抢的人占短期流浪者中相当多的比例。短期流浪乞讨者并不甘心目前的结局,所以他们会在不同城市间反复流动,继续寻找工作机会。短期流浪乞讨者一般不会向职业乞丐流动。四是反复流浪乞讨者。反复流浪乞讨者是指以自身的技能、残疾、疾病、意愿为依托,认同并主动选择流浪乞讨为生活方式的人员。反复流浪乞讨者往往具备满足乞讨的一技之长,如某些技艺,有的将自身残疾作为乞讨的工具,有的能掌握行人的心理,懂得用各种伪装的方法强行索要。反复流浪乞讨者愿意以乞讨为生,并伴有恶性乞讨、举家乞讨,甚至有小偷小摸现象。五是违法流浪乞讨者。违法流浪乞讨者是指违反社会治安管理条例情节严重,以挟持儿童作为乞讨工具的乞丐团伙组织者或以乞讨为掩护的偷盗团伙组织者。他们具有如下特征:①拥有组织资源。②"丐头"收入较高。③掌握了一批能从事乞讨的儿童人力资源。④有社会关系网络和社会资本资源。"丐头"指挥他的组织系统,教唆、胁迫、租借、贩运未成年儿童和残疾儿童乞讨乃至行窃,并让这些儿童为他带来丰厚利益。六是越轨流浪乞讨者。越轨流浪乞讨者可以分为三类:一类是团伙乞丐。他们是为相互依靠自觉自愿聚集在一起的,主要的乞讨手段是团伙合作、欺骗行人、强讨恶要等。第二类是游手好闲的流浪者,一边乞讨一边捡垃圾,为抢夺地盘、资源大打出手,有的一边乞讨一边干些偷盗的营生,这类乞丐以青少年为主,身强力壮,智力正常,已经十分认同流浪乞讨生活。第三类是参与挟持儿童,将儿童作为乞

讨工具的人员。以上三类人都不同程度存在坑、蒙、拐、骗、偷、盗、参与挟持儿童为特征的行乞行为。与违法行乞者相比，他们具有违反社会准则、违反公共秩序及违法倾向，但只是参与者、跟随者，违法程度相对低，所以不将他们列为违法流浪乞讨者。七是未成年流浪乞讨者。未成年流浪乞讨者是指年龄在18岁以下，脱离家庭和离开监护人的看护，流落到社会上超过24小时，失去基本生存和可靠保障而陷入困境的少年和儿童。

流浪乞讨的危害和影响主要表现在以下方面：

（1）影响社会稳定。流浪乞讨人员是整个社会最贫穷的人，当他们不能维持最起码的生存时，往往容易铤而走险，在社会上公然为非作歹。他们中不乏借乞讨之名、行违法犯罪之实的犯罪分子，从而会在一定程度上破坏我国所建立的社会和谐的大环境。

（2）削弱了社会大众的同情心及对弱势群体的关注与救助。遍及全国各地的流浪乞讨现象使社会大众熟视无睹，漠然视之。由于对流浪乞讨人员乞讨者的身份、经历、贫穷的真实性真假难辨，导致部分社会大众拒绝捐助流浪乞讨人员。这种漠然久而久之导致了社会对弱势群体的关注与救助变得薄弱，而且这种被削弱的同情心影响到青少年，尤其是儿童，将对社会产生重大影响。

（3）引发其他社会问题。流浪乞讨人员中的文盲和素质低下问题，以及由家族化乞讨所引发的家庭伦理等社会问题，都应引起我们的重视。

二、流浪乞讨人员社会救助的现实意义

1.保障公民的生存权利

给社会共同体中的每个人提供尊严和保证基本的权利是国家的基本责任。宪法中明确规定了个体生存权的内容，帮助公民生存是国家必须承担的社会职能，失去生存能力的人享有获得必要物质帮助的权利。在救助制度中，生存权原则主要体现在三方面：一是生存的保障义务由国家履行，二是国家制定与其经济状况相一致的生存标准，三是国家有使低生存标准的人达到这一标准的具体措施。法治社会建设的前提是人的生存权的保障，对流浪乞讨人员的救助是国家宪法关于尊重生存权原则的具体化。通过对救助对象、范围、标准及救助机构设置、职能、法律责任的具体规定，保障处于生活危机边缘的流浪乞讨人员实现生存权利，体现了我国法治与民主的进步。

2.体现政府责任角色的担当

政府顺应民意快速决策，以注重为百姓安居乐业、自由生活提供保障为目标，制定并施行《救助管理办法》，强调救助的自愿性，进站、离站的自由性，救助资金政府保障以及公安机关淡出救助管理领域等，符合当代社会救助制度的特点要求。同时，《救助管理办法》对社会弱势群体进行救助，是一个国家社会经济力量的表现，也是政府负责任的表现。随着社会经济的发展，因社会制度的不尽完善，导致了社会贫富差异、地区差异、城乡差异等问题较为突出。对弱势群体施行救助，发展社会福利制度，是政府对社会问题、社会矛盾产生的责任承担，是政府以民为本、负责为民的体现，也是政府克服市场缺陷，最大限度地防止和化解社会危机，稳定社会、促进和谐的能力表现。

3.推动城市资源的公平配置与使用

随着城市化的不断发展，农村人口大量流入城市，与城市居民参与就业、居住、教育等城市资源的竞争。但由于个人、家庭及社会原因，市场条件下的利益分配显然倾向于城市居民，居

于竞争劣势的外来人口则沦为社会的弱势群体,成为城市边缘群体,并逐渐疏离主流社会,滋生反抗主流社会的情绪和心态,既不利于社会和谐更不利于发展。对之实行救助,由所在地城市政府提供各种的经济援助和服务,从公民权利而言是对流浪乞讨者自由选择城市、平等享受城市公共资源权利的认同。从城市资源的分配手段而言,救助就是通过政府干预,调整城市不同群体的利益状态,使陷入困境的社会成员得到一定的社会支持,有一个恢复、调整的机会,以便在一个相对公平的起点上参与社会竞争,推动城市资源的公平配置与使用,共享社会成果,从制度上预防和缓解社会矛盾。

4.引发社会价值的良性转变

首先是对人的尊严的再认识。在人尚未脱离动物界的时候,是谈不上尊严的;而一旦脱离了动物界,且有了自我意识后,便具有了人的种属尊严。人的尊严程度、尊严感随着社会的进步而不断强化。对流浪乞讨人员推行救助,将处于困境的群体以政府职责的高度和标准予以援助,视其为城市中的一员,以自愿为原则接受帮助,是平等看待流浪乞讨人员地位,尊重其选择与权利的体现,反映了公民权利的实现程度。其次是对贫困看法的改变。中华民族历来崇尚勤劳、自强、自立。过去我们过多地强调贫困主要是个人原因所致,将贫困等同于"好吃懒做",认为勤劳必能致富。然而随着经济和社会的发展,尤其面对剧烈的经济转型期,各种社会矛盾涌现,人们逐渐意识到贫困不能只归咎于个人因素,贫困更多是社会制度和社会结构的产物,救助是政府对贫困问题进行的某种干预,是维护社会公平的必要的制度安排。最后是扶危济困理念的转变。扶危济困是传统的优良美德。历史上不乏无偿救济的慈善之举,但所谓"慈者,爱出于心,恩被于物也",行善施舍是附有恩情的,行善者在施舍物的同时也在施恩。而现代意义上的社会救助乃是出于履行国家责无旁贷的义务,保障一国公民平等权利,明确救助的基本宗旨是保证被救助人员的最低生活水平,维护社会公平,实践社会正义,是对获益较少者的一种积极的规范的补偿。这也是救助与救济的本质区别。

三、流浪乞讨人员社会救助制度的演进

(一)收容遣送制度

1.《城市流浪乞讨人员收容遣送办法》的演进

收容遣送是中华人民共和国成立之初就实施的整治社会秩序的工作。1982年国务院发布的《城市流浪乞讨人员收容遣送办法》(简称《收容遣送办法》)规定收容遣送的对象是家居农村流入城市乞讨、城市居民中流浪街头乞讨、其他露宿街头生活无着的人员。民政部当时认为,收容遣送的对象主要由四部分人组成:因灾害或生活困难流浪乞讨者,他们是社会救济对象;以乞讨为生财手段的好逸恶劳者,属于特殊教育对象;既流浪乞讨又无理上访或偷摸拐骗从事违法活动者,属于社会治安管理对象;少数犯罪逃逸或流窜者,属于刑事惩治对象。这样,收容遣送成为一项涉及社会救济、社会教育、社会管理和社会治安的多元性社会事务行政管理工作。

20世纪90年代,特别是进入90年代中期以后,农村经济增长速度的放慢使越来越多农村劳动力进入城市务工、经商,每年规模达8000万人左右。与此同时,城市国有企业改革使得下岗、失业日益严重,在一定程度上造成人员在城市之间的流动。大规模的、无序的流动人口必然给城市的公共秩序带来冲击,于是,流动人口就成为人口管理的重点。1991年5月,国务院印发"国阅48号"《关于收容遣送工作改革问题的意见》,将"三无"人员(即无合法证件、无固

定住所、无稳定收入的人员)纳入收容遣送之列。后来,收容遣送人员又扩大到"三证"(身份证、暂住证、务工证)不全的流浪人员。1995 年中共中央办公厅、国务院办公厅的有关文件再次强调加强流动人口的管理,收容遣送越来越紧密地与治安管理联系在一起,成为治安管理的重要组成部分。

2.《收容遣送办法》的异化

20 世纪 90 年代以后,收容遣送在城市治安管理方面获得了重要的地位。然而,政府的治安管理能力却明显不足,引起《收容遣送办法》在执行中产生了异化,表现为:

(1)在性质上,收容遣送基本上丢掉了社会救济的成分,变成单纯的治安管理,即对被认定为危害城市社会秩序者的强制性收容和管治,被收容者在收容所遭到非公平对待时有发生。

(2)收容遣送的对象从生活没有着落的流浪乞讨人员和其他流浪乞讨者,变为流动人口、特别是农村进城但证件不全、住所不定者。

(3)自上而下的刚性收容遣送任务(这常常与某种政治活动相联系)和不严格的收容遣送规则促使某些人员为了完成任务而滥用权力甚至以权谋私。见诸报端的有:某些城市擅自扩大收容范围,那些刚刚进入城市尚未找到工作的农民被收容起来。在某些情况下(比如在城市中有大的政治活动时),一些正常的进城务工者被当成收容遣送对象而遭受驱赶。

3.《收容遣送办法》异化的制度原因及其后果

(1)《收容遣送办法》异化的制度原因。

《收容遣送办法》从顺利执行到发生变异,再到异化,在收容遣送过程中发生不容忽视的违规及恶性事件,虽然有治安管理人员个人方面的原因,但也应该反思制度方面的原因。

第一,用治安管理替代了对流浪乞讨人员的救济和教育。虽然收容遣送从一开始就有治安管理的目标追求,但对流浪乞讨人员而言,社会救济目标应该被放在首位,但在现实中,这一目标几乎完全让位于治安管理。

第二,刚性的任务要求和低约束的手段之间存在矛盾。自 20 世纪 80 年代中后期以来,我国的行政管理系统普遍实行"目标责任制",实际上是自上而下的强制完成任务制。维护社会稳定是政府工作的一项重要任务,这一任务带有强烈的政治性,具有刚性特点。在收容遣送工作中,表现为上级有收容遣送任务指标,而手段上却缺乏应有约束,因而出现了随意扩大收容范围和采用不合法手段的现象,造成乱收滥抓。

第三,对收容遣送工作缺乏必要的监督。由于收容遣送被纳入治安管理,在不少城市又由公安部门执行,这使得收容遣送成为一个封闭的过程;即使收容所的工作,也因其特殊性质而处于封闭状态,被收容人员没有反映自己意见的机会,对收容遣送工作也没有有效的社会监督,因而产生了执法者违法的现象。

第四,经费约束使收容遣送由救济变为创收。工作经费的约束使收容站的运行发生困难,为此,一些收容站在收容对象身上打主意,如收取"赎身费",权力成为一些人非法谋取不义之财的机会。

(2)《收容遣送办法》异化产生的不良后果。

第一,损害了弱势群体的合法利益。在加强流动人口管理和城市社会秩序治理的目标下,流入城市后生活无着落的流浪乞讨人员获得的合法救助减少,一些进城务工、但暂无机会者的合法权益受到伤害。

第二,恶化了城乡关系。由于后来的收容遣送主要是针对流动人口的,而流动人口中又以进城务工的农民为主,因此,收容遣送在某种程度上是用戒备的观点来对待进城农民的,也恶化了进城农民对城市的看法。

第三,丑化了政府的形象。随着《收容遣送办法》被滥用,政府已不再扮演对生活无着落的流浪乞讨人员的救济者的角色,而是管治流动人口,有的地方甚至靠此创收、以权谋私,极大地损害了政府形象。

第四,积聚社会不满,积蓄社会冲突。异化了的收容遣送是以强制、权力、惩罚为特征的,在此过程中某些工作人员的粗暴、对人身的伤害带来被收容者的不满,并可能形成潜在的社会冲突。

(二)流浪乞讨人员社会救助制度

2003年6月20日,国务院总理温家宝签署国务院381号令,颁布《城市生活无着的流浪乞讨人员救助管理办法》(简称《救助管理办法》),并于2003年8月1日施行,同时废止《收容遣送办法》。从《救助管理办法》的文本内容来看,它是对《收容遣送办法》的某种程度的替代和改进,而这种替代和改进与《收容遣送办法》已不适应我国社会发展的需要及在收容遣送中出现的问题有关。从管制性的收容遣送到社会救助,体现了流浪乞讨人员社会救助制度的进步,这种进步体现在:第一,平视受助对象而不是污化受助对象。《救助管理办法》用比较平等的眼光去看待受助对象,认为他们在城市生活中遇到了暂时困难,而不是他们的本性有问题。第二,救助而不是管制。在工作方法上,重点是帮助生活无着落者度过困难,帮助他们恢复正常生活,而不是把他们视为社会秩序的破坏者而进行管制;对流浪乞讨人员的救助管理基本上脱离了公安系统,而由民政部门负责,基本上排除了管制的成分,这是本质性的变化。第三,给受助者以选择的权利。《救助管理办法》给予流浪乞讨者向救助站求助的自由,规定他们的合法权益不能侵犯,从而把受助者的选择置于重要地位。这体现了现代社会福利制度对人的尊重,在中国救济、救助史上也是全新的。第四,政府承担社会责任。《救助管理办法》反映了政府的责任意识,从经费保障到提供服务,政府基本承担了全部责任,这在一定程度上摒弃了个人责任观,符合现代社会救助的主流意识形态。

四、流浪乞讨人员社会救助管理流程

1. 申请救助

符合条件的流浪乞讨人员自愿到救助站申请救助。公安机关和其他有关行政机关的工作人员在执行职务时发现流浪乞讨人员的,应当告知其向救助站求助;对其中的残疾人、未成年人、老年人和行动不便的其他人员,还应当引导、护送到救助站。流浪乞讨人员申请救助时应当如实提供本人情况,如姓名、性别、年龄、民族、身份证号码、健康状况、户籍所在地、经常居住地、享受社会保障情况、流浪乞讨经过、联系人情况、来站方式以及求助需求等。

2. 核实登记

救助站向求助的流浪乞讨人员告知救助对象的范围和实施救助的内容,对属于救助对象的,填写《求助人员申请救助登记表》;对不属于救助对象的,不予救助并告知其理由。对因年老、年幼、残疾等原因无法提供个人情况的,先提供救助,再查明情况。对拒不如实提供个人情况的,不予救助。

3.实施救助

救助站根据受助人员的需要无偿提供下列救助：①提供符合食品卫生要求的食物；②提供符合基本条件的住处；③对在站内突发急病的，及时送医院救治；④帮助与其亲属或者所在单位联系；⑤对没有交通费返回其住所地或者所在单位的，提供乘车凭证。救助期限一般不超过10天。对于自愿终止救助的，及时终止救助；对受助期满且无正当理由拒绝离站的，终止救助。

4.管理教育

对受助人员进行教育，教育他们遵守国家相关法律法规、公民道德建设实施纲要和站内规章制度。通过教育，使他们树立劳动光荣的思想，依靠自己的劳动自食其力，回归主流社会。

5.离站返乡

受助人员返回常住户口所在地、住所地或者所在单位时没有交通费的，由救助站发给乘车（船）凭证；对因无行为能力不能返乡的受助人员通知其亲友或流出地民政部门接回。

五、流浪乞讨人员社会救助的形式

对流浪乞讨人员要实施分类救助。

（1）针对贫病流浪乞讨者、短期流浪乞讨者、部分反复流浪乞讨者，可提供小额救助等资金援助形式的补救性救助。救助金额要根据两种情况，针对是"被偷盗骗""投亲不遇"等原因的被救助者，提供免费食宿和往返路费；针对需要小额资金援助的被救助者，提供三个月被救助地最低生活保障金。凡接受过小额资金援助的人员继续流浪，可采取集中安置，参加劳动的方法，让他们在自食其力过程中积累资金，培养积累资金的能力。同时剥夺小额救助资金援助。

（2）除疾病流浪乞讨者、儿童流浪乞讨者之外，对其他流浪乞讨人员实施开发式救助。开发式救助是指通过就业、学习技术、参与等过程，对流浪乞讨人员能力资本进行再开发，最终帮助其回归主流社会。开发救助的性质为再就业技能孵化，最终目的是培养出一个新劳动者。

（3）对自觉选择并执意流浪乞讨生活的反复流浪乞讨者、越轨流浪乞讨者实行维持基本生存的有限救助，同时提供心理辅导和行为干预，促使其承担行为责任。①街头救助。这是对习惯选择流浪作为生活方式的人员实行的一种低水平救助。所谓低水平救助，是指在一定时间内提供免费食品，天寒地冻时提供一些御寒衣物等。②限制乞讨。乞讨地点、方式、行为都不是无限的，要受到限制，在当代西方这是一项明确的法律规定。③规范行乞。行乞作为一种行为选择可以允许其存在，但应该受到现代契约社会的特殊约定，以保证行乞行为和普通行为之间达成妥协。

（4）对部分越轨流浪乞讨人员提供集中安置，促使其参加劳动。这既是一种有目的劳动力迁移方法，又是一种行为干预方法，通过劳动让他们积累资金，也促使其形成新的行为模式，缓解对流浪乞讨行为的依赖。集中安置、参加劳动的意义在于：①使越轨流浪乞讨人员过上正常而稳定的生活，这对其流浪习性有一定矫正作用。②解决基本的生存保障。反复流浪乞讨者之所以依赖这种生活，很重要的原因，是凭借他们自身能力很难找到工作，久而久之，他们就放弃寻找，将越轨乞讨视之为"职业"。③转移劳动力，缓解贫困。那些反复的、越轨的流浪乞讨人员之所以不愿回乡，就是因为家乡太穷。所以简单地将他们送回家乡并不能解决问题。这些人一般身体健康，有劳动能力，可以通过转移劳动力方式，将他们转移出来，安置在经过选择的劳动场所。

（5）针对精神疾病、流浪儿童实施全面收养。对精神疾病流浪者的收容，关键是要建立精神疾病医院、社区医疗站、家庭三者之间的联系制度，以及争取政府资金援助。对流浪儿童要实行收养与教养相结合的制度。

（6）对挟持儿童和他人进行乞讨的丐帮头目要实施打击。严厉打击的对象应该是胁迫儿童、残疾儿童进行乞讨的"幕后人"，借乞讨之名行盗窃、抢劫等违法之实的乞讨团伙组织者。

复习思考题

1. 对残疾人进行社会救助应具有什么样的理念？

2. 残疾人社会救助的内容包括哪些？

3. 贫困老人的特征是什么？对其进行社会救助应遵循哪些原则？

4. 贫困老人社会救助的内容包括哪些？

5. 流浪乞讨的危害和影响是什么？

6. 《收容遣送办法》的异化表现在哪些方面？其产生的制度原因及后果是什么？

7. 流浪乞讨人员社会救助管理流程包括哪些环节？

第十一章　社会力量参与社会救助

社会救助可持续发展的核心是社会救助的供给。政府、市场与公民社会是社会救助的提供主体，承载着社会救助供给的重要责任。其中政府是社会救助的首要主体，当然，在当今社会中，日益壮大的营利与社会组织发挥着不容忽视的救助功能，另外，由个人所组成的家庭既是社会救助的接受方，也从另一个层面上担负着辅助政府和市场完成救助的责任。

第一节　社会力量参与社会救助概述

一、社会力量的内涵及外延

我国正式提出多元主体参与社会救助是在 2014 年 2 月 21 日国务院公布的《社会救助暂行办法》中。自此，我国建成以最低生活保障、特困人员供养、受灾人员救助、医疗救助、教育救助、住房救助、就业救助、临时救助为主体，以社会力量参与为补充的社会救助制度体系。2015年，民政部、财政部印发《关于加快推进社会救助领域社会工作发展的意见》，进一步明确发展社会救助领域社会工作服务是构建现代社会救助体系的必然要求。2017 年 9 月，民政部、中央编办等联合印发《关于积极推进政府购买服务，加强基层社会救助经办服务能力的意见》，要求"十三五"时期全面推行政府向社会力量购买社会救助服务工作，进一步完善相关政策机制。鉴于此，我国 31 个省（区、市）均出台了具体实施意见，超过半数的地方民政部门从 2017 年开始实施政府购买社会救助服务的实践，显著提升了基层社会救助经办服务能力。社会救助中社会力量协作成为构建我国新型社会救助制度体系的重要方向，形成了社会力量参与社会救助这一新的思路，形成了我国社会救助体系多元主体协作的全新格局。

在西方，社会力量最早是作为一个社会学专用术语出现的，美国社会学家沃德在他的论述中首先提出了这一概念，然而当时的概念和今天的用法还是有一些区别。他认为社会力量指的是"发动社会中众多成员采取社会行动，使社会发生变化的力量"。其理论主要用于社会法学的社会控制领域。马克思主义认为，社会力量是相对于国家力量而存在的，是不包括国家机关以及各类国有事业单位和企业在内的一切社会组织和个人。

我国学者关于社会力量的定义尚未形成统一的定论，不同学者持不同观点。

陈成文在研究社会力量扶贫的机制创新时，认为社会力量主要是指民营企业、社会组织和公民个体。中国社会科学院唐钧教授认为，社会力量是指"除党政机关以外，能够参与社会领域的各项公共事务并能够提供相关社会服务的基本单位，既包括自然人，也包括法人——群众团体、事业单位、社会组织、公司企业等"。他认为,社会力量可以分为营利性的市场力量(公司企业)和非营利性的公益慈善力量(社会组织)。不少政府文件也对社会力量进行了界定。2013年,国务院办公厅印发《国务院办公厅关于政府向社会力量购买服务的指导意见》中,指出"承接政府购买服务的主体包括依法在民政部门登记成立或经国务院批准免予登记的社会组织,以及依法在工商管理或行业主管部门登记成立的企业、机构等社会力量。承接政府购买服务的主体应具有独立承担民事责任的能力,具备提供服务所必需的设施、人员和专业技术的能力,具有健全的内部治理结构、财务会计和资产管理制度,具有良好的社会商业信誉,具有依法缴纳税收和社会保险的良好记录,并符合登记管理部门依法认定的其他条件。"2014年,国务院办公厅印发《国务院办公厅关于进一步动员社会各方面力量参与扶贫开发的意见》中,对社会力量的相关表述为"民营企业、社会组织和个人通过多种方式积极参与扶贫开发,社会扶贫日益显示出巨大发展潜力。"2015年,民政部颁布《关于支持引导社会力量参与救灾工作的指导意见》中,相关表述为"大量社会组织、社会工作者、志愿者、爱心企业等社会力量积极参与"。

虽然学界和官方并没有完全统一的概念,但主流的看法意思基本是一致的,通过整合多位学者做出的定义,我们认为社会力量指的是非政府非官方的,能够参与到社会救助领域的各项环节且能够承担相应的公共服务的单位和个人。主要包括企业、社会组织及公民个人,具体包括:

(1)企业。企业是以追求利润最大化为目的,在市场上出售产品或提供服务,从而获得利润的组织,在我国主要有国有企业、私营企业和其他混合所有制企业。社会救助作为一种公共物品,具有非竞争性和非排他性,就其市场价值而言只有投入没有收入,这与企业逐利的组织目标不符,故而只能够由政府部门提供。但作为营利的企业来讲,拿出一部分的利润来回馈社会,凸显企业的社会责任,同时也能够在不同程度上提高企业的美誉度,成为企业参与社会救助的内在原动力。2016年发布的《2015年度中国慈善捐助报告》汇集了2015年我国慈善捐赠事业的整体情况。报告显示,2015年全年,企业的捐赠数量达到了783.85亿元人民币,占到了全年所有捐赠总额的71%。其中从企业性质来看,民营的龙头企业和国有大中型企业为社会捐赠贡献了大头。报告显示,较之2014年,2015年全年民营企业和国有企业的贡献数量增长幅度很大,依次占据该年度企业慈善捐款总金额的52.23%和32.76%,可见企业作为社会力量贡献了相当数量的资金来保证民间救助的开展,是当之无愧的社会力量的重要组成部分。

(2)社会组织。社会组织即"政府和市场以外的非政府组织、非营利组织、民间组织和第三部门的统称",主要可概括为三个类型:第一类是社会团体,包括人民团体、登记机关注册的社团以及民间的草根组织等;第二类是基金会,包括政府筹办的公办基金会以及民间基金会等;第三类是民办非企业单位,指事业单位、社团以及个人等利用非国有资产举办的从事非营利性社会服务活动的社会组织,如民办的学校和医院、科研院所、体育场馆等。中国社会组织公共服务平台显示,2018年年底,中国社会组织总数量超过81.6万个,其中社会团体36.6万个,基金会数量达到7027家,社会服务机构44.3万个。三类组织总增速在7%左右,其中社会团体基本处于缓慢增长状态,比上年增长3.1%;基金会增速在三类组织中依然最快,但总体呈下滑趋势,比上年度增长11.4%;社会服务机构保持同步增长,比上年度增长10.8%①。

---

① 　数据来源:《慈善蓝皮书:中国慈善发展报告(2019)》。

（3）公民个人。公民个人即各个阶层的人民群众，通常以个人微小的力量通过捐赠或者志愿服务参与到社会救助以及公益事业中。以 2018 年的慈善捐赠为例，随着网络募捐形式的流行，个人捐赠善款的数量高达近 360.47 亿元，同比上一年增长 3.24%，排除灾害等偶发事件，个人捐赠创历史新高，占捐赠总量的 25.05%，个人捐赠所占比重处于近年最好水平①。可见民间公民的捐赠意愿开始回升，社会力量得以增强。另外，在志愿服务参与方面，随着 2017 年我国《志愿服务条例》的发布，志愿服务制度化建设全面加强，我国人民志愿服务热情逐渐高涨。蓝皮书调研指出，2018 年度中国志愿者总量约为 1.98 亿人，占中国大陆人口的 14%。比 2017 年增加了 4003 万人，增长率 25%。

二、社会力量参与社会救助的原因

1. 政府的社会救助存在一些困难

社会救助作为一种现代制度，需要政府在公民陷入生活困境时对其开展社会救助。国家和政府作为首要的、也是最终的义务主体，需要建立社会救助机构，承担具体的社会救助事务，同时，国家需要为社会救助制度建设提供财政支持。在政府实施社会救助时，依然面临一些困难。例如，政府受财政状况制约，在救助时设定一定的救助"门槛"，导致一部分有救助需求的困难群众游离在救助体系之外，无法实现应保尽保；有些地方政府对申请社会救助的困难群众的资格审查程序复杂，资格审查耗时较长，造成部分困难群众不能及时得到救助甚至放弃救助；生活救助、医疗救助、住房救助、教育救助等各种社会救助专业性较强，相关政府部门因缺乏相关专业人才而造成社会救助效率不高；部分政府部门工作人员官僚主义严重，缺乏服务意识，导致社会救助水平低下；政府救助面临救助手段单一，救助资源不足等困境。社会力量相对于政府救助而言，其特有的资源整合优势、多元化救助优势、专业化救助优势等，均为其参与到社会救助事业中提供了条件与可能。

2. "治理"理念逐渐深入人心

2013 年召开的党的十八届三中全会把"推进国家治理体系和治理能力现代化"作为全面深化改革的总目标，表明党和政府对社会政治发展规律有了新的认识。从统治走向治理，是人类政治发展的普遍趋势，是 21 世纪世界主要国家政治变革的重要特征。治理理念源于公共治理理论，公共治理理论是由政府、市场和第三部门共同管理国家和社会的一种理论，它强调国家和公民一起合作，共同管理公共生活，目的是使管理更加科学化。治理理念重视社会管理力量多元化，强调处于市场与政府之间的第三部门管理社会的必要性。正如弗里德里希·奥古斯特·冯·哈耶克所说："第三部门常常能够，而且也应当能够以更为有效的方式为我们提供大多数当下仍然以为必须由政府提供的服务"。因此，我们应该充分发展各种社会力量，让其参与到社会救助事业建设中来。

3. 社会力量参与社会救助有其独特优势

首先，社会力量能够多渠道、有效地筹集社会救助资源。社会力量具有动员、整合包括公益慈善资源、志愿资源等社会救助资源的功能。社会组织由于其特殊的价值观、主体的志愿性、盈余不可分等特点，能够吸引民间救助资金。随着中国经济发展及企业管理日益成熟，越来越多的企业主动承担社会责任，不仅积极进行慈善捐赠，还为困难群体提供就业机会。近几

---

① 数据来源：《慈善蓝皮书：中国慈善发展报告（2019）》。

年,随着我国法治慈善不断取得进展,公民个人参与慈善事业的积极性不断提高。尤其是在"互联网＋公益"浪潮的推动下,公民个人捐赠行为发生了显著变化,碎片化、随时随地的小额捐款成为"互联网＋公益"的主要社会捐助形式。此外,随着公民社会的逐步形成,志愿服务等志愿活动日益成为公民社会生活中的重要组成部分。

其次,社会力量能够准确了解困难群体救助需求,及时弥补政府救助范围、方式的不足。由于政府财力的有限性和困难群体救助需求的多样性,造成包括低保边缘人群、支出型贫困家庭在内的一些困难群众无法被纳入政府救助范围。另外,政府救助方式主要是现金救助,而困难群体救助需求是多种多样的,既可能需要现金救助,也可能需要看护、心理疏导或能力提升等服务救助。民间性和专业性是社会力量的特点之一,社会力量的民间性使其能够深入到困难群体之中,准确把握他们的救助需求,有助于社会力量根据实际情况及时采取科学、有效的社会救助措施。

第三,社会力量能够提供更加专业化的社会救助。志愿性是社会组织的特点之一,许多社会组织成员是由从事某一行业的专业人员组成的,他们除了自身本职工作外还参加志愿性活动,故其在提供相关专业性社会救助方面具有较大优势。而且,由于大多数社会组织、企业和公民个人长期处于某个专门领域,专注于某些特定的社会群体,故其累积了丰富的相关经验,具有较高的专业化能力。专业性使社会组织可以对困难群体提供诸如心理辅导、康复辅导等专业性服务,弥补政府救助人力短缺、缺乏专业性的问题。

此外,社会力量奉行与政府机构权力等级制完全不同的运行原则,组织结构灵活,活动方式的弹性空间大,能够灵活地回应社会救助的现实需求,可以收获行政权力实施社会救助难以企及的效果;社会力量参与社会救助有时也需要借助政府的力量,提供部分救助时需要公安、交通、卫生、环卫等部门的配合和合作,政府和社会各界力量共同合作,为需要帮助的人群提供各种更加专业的社会救助,极大地提升了政府在公民心中的形象。

因社会力量在参与社会救助中有其独特的优势,我们更应该积极倡导各种社会力量参与到社会救助中来,提高社会救助的效率。

4. 社会力量参与社会救助符合国际惯例

社会救助的国际惯例是与社会救助相关的事务都可以由社会工作者来承担,参与社会救助的社会力量应该以专业社会工作人才队伍为主。然而,由于我国社会特有的"差序格局",相当一部分人在陷入困境时,倾向于按人际关系中血缘和亲缘的亲疏远近来安排其求助顺序,政府和社会往往是最后的选项。因此,我国社会力量应选择主动介入,营造社会力量参与社会救助的氛围,引导人民在遇到困难时自发求助社会力量,与国际趋势接轨。

三、社会力量参与社会救助的途径

社会力量参与社会救助的途径分为直接参与途径和间接参与途径。

1. 社会力量直接参与社会救助的途径

社会力量直接参与社会救助的途径指包括公民、社会组织、企业在内的社会力量直接参与社会救助的途径。

公民个人直接参与社会救助主要有两条途径。一是公民个人通过慈善捐赠参与社会救助。公民个人出于各种原因进行慈善捐赠,这种慈善捐赠行为通常在捐助者与慈善组织之间展开。慈善组织可以从两个方面来促进公民个人的慈善捐赠行为:一方面是从慈善组织的定位、管理和运行上来提高公众的信任度,另一方面是慈善组织在与慈善捐赠者的互动中强化其心理需求或动机。二是公民个人通过志愿服务参与社会救助。公众参与志愿服务的行为主要受到环境(包括组织内环境和社会环境)和公民个体自身因素的影响。为促进公民个人积极通过志愿服务参与社会救助,一要支持、培育志愿组织,创造良好的组织环境;二要鼓励、表彰志愿者,营造宽松的社会环境;三要加强公民参与能力的培育;四要增强公民的志愿服务意识。

各种社会组织主要通过两条途径直接参与社会救助:一是社会组织独自实施社会救助。社会组织的公益性和自治性决定了其可以独立自主地进行社会救助决策、救助项目设计、管理和评估等活动,在政府财政无力覆盖的社会救助盲区或政府救助失灵的领域,社会组织能够以自己的独特优势在社会救助中积极发挥作用。目前,我国医疗保障体系无法承担贫困人群的所有医疗费用,医疗救助可以成为社会组织参与社会救助的重点领域。虽然我国已经建立了临时救助制度,但是它与医疗救助制度一样有救助标准和限额,无法解决突发性意外情况给困难群众造成的所有问题,因此,"救急难"是社会组织应该重点关注的领域之一。另外,灾害发生的突然性和灾害救助的急迫性决定了灾害救助也是社会组织参与社会救助的重点领域之一。二是社会组织与政府合作实施社会救助。为了改善社会救助的绩效,政府越来越多地通过与社会组织合作来提供社会救助,社会组织与政府合作实施社会救助的模式主要有三种。第一种是合同承包,由政府提供资金,社会组织具体实施社会救助,双方以合同形式确立权利、义务关系。第二种是政府补助,政府通过资金补助、税收减免、低息贷款等形式对参与社会救助的社会组织进行补助。第三种是凭单制,政府向被救助者发放凭单,使被救助者能够在市场上自由选择救助服务。

企业直接参与社会救助的途径主要有两条,一是企业实施纯粹的经济救助,在传统的"兼爱"慈善理念影响下,为困难群体提供直接的经济救助或通过公益营销参与社会救助,企业举办公益促销活动,所得的销售额扣除产品成本外其他都用来社会救助。二是企业为困难群体提供就业岗位,这种方式既能解决困难群体的经济问题,也不至于让他们产生依赖心理,同时也解决了劳动者就业问题。

2.社会力量间接参与社会救助的途径

社会力量间接参与社会救助的途径指社会力量通过影响社会救助政策的制定、监控社会救助政策的执行等途径来参与社会救助。社会力量影响社会救助政策的制定主要体现在两个方面。一是推动与困难群体相关的问题进入政策议程。社会公众要求政府采取行动解决各种各样的社会问题,但是只有一小部分社会问题会被政策制定者关注并感到必须加以处理而提上议事日程。困难群体作为分散的个体,由于能力、财力、精力、时间有限,难以采取有效行动向政府表达利益诉求和参与社会决策过程。而一些社会组织、企业和公民能够把困难群体个体组织起来或者自己出面通过游说、宣传、抗议等方式引起政府对困难群体相关问题的关注,出台相应政策。二是提高社会救助方案规划的科学性。方案规划是政策制定中的最重要的一个环节,是对政策问题的分析研究并提出相应解决方案的活动过程。它是一种研究活动,需要借助专家学者的力量来展开问题界定、目标确立、方案设计、后果预测、方案抉择等活动,一些公民个人、企业和社会组织中的专业人士能够在社会救助方案规划中提供专业性的意见。同时,方案规划也是一种政治行为,众多规划参与者因各自利益、价值观和信仰不同而相互影响和制约,社会力量在社会救助方案规划中能够为困难群体争取尽可能多的权益。

第二节 我国社会力量参与社会救助的现状、问题与对策

一、我国社会力量参与社会救助的现状

(一)社会组织参与社会救助

1.我国社会组织参与社会救助的形式

在我国,社会组织也被称为非营利组织、非政府组织、民间组织,具有非营利性、民间性、公益性等特点,区别于政府和企业,也被称为第三部门。我国是在十七大之后,国家民政部在管理工作中开始正式启用"社会组织"这一新指称。自 2008 年以来,我国社会组织参与社会救助的规模逐步扩大,影响力及其发挥的作用也越来越不可小觑,民办福利机构、非营利性医疗机构、慈善基金会、志愿者协会等非政府组织不断增加。截至 2017 年底,全国共有社会组织 76.2 万个,比上年增长 8.4%,吸纳社会各类人员就业 864.7 万人,接收捐款 729.2 亿元[①]。社会组织参与社会救助已成为必然趋势,在不同社会救助领域积极发挥作用。我国社会组织参与社会救助事业的形式主要有四种:

第一种形式是政府出资向社会组织购买救助服务。例如,在上海,政府推动社会组织参与的慈善救助服务模式已初步确立,全市已成立了 20 多家慈善救助服务社(均注册为民办非企业单位)。市民政局投入 300 万元专项资金,为救助服务社购置配发了统一标识的服务车,各慈善救助服务社的经费通过政府出资购买服务的形式予以保证。

第二种形式是各种基金会以政府拨付、社会捐赠等渠道获得的经费参与救助困难群众,其中以官方背景的公募基金会为主体。中国青少年发展基金会、中国人口福利基金会、中国少年儿童基金会等发起的"希望工程""幸福工程""春蕾计划"等重大 NGO 工程在帮助失学儿童、救济灾民和贫民中发挥了积极作用。

第三种形式是由社区公益性社会组织参与救助事业。社区民间组织扎根社区,服务社区百姓,为政府职能转变提供了良好的载体。以荣获"第四届中国地方政府创新奖"的上海市普陀区长寿路街道为例,该街道成立社区慈善超市,主要救助户籍和居住地均在长寿路街道辖区内的困难群体,超市成立四年来,共募集善款 300 多万元,募集衣被、家电和日用品 15 万余件,救助社区困难群众 2 万多人,救助金额 200 多万元。

第四种形式是草根社会组织和活跃的志愿者结合在一起参与救助事业,体现了公民社会的本质特征。汶川地震的巨大灾难催生了 300 万志愿者奔赴灾区,很多草根 NGO 反应极其迅速,民众的公民社会意识、参与意识在灾难中萌芽。草根 NGO 与志愿者深入一线,在紧急救援阶段的反应和提供的个性化服务,得到了公众的广泛认可。

2.我国社会组织在不同社会救助领域的参与状况

(1)灾害救助。

社会组织在灾害救助领域发挥着重要功能,救助活动较为及时,在救助帮扶过程中提供着

---

① 数据来源:民政部,2017 年社会服务发展统计公报。

重要的人力、物资、财力、科技、信息等重要服务,成为活跃在灾害救助领域中不可或缺的重要力量。2014 年,云南省昭通市鲁甸县发生 6.5 级地震,地震发生后 24 小时内,已有 17 家基金会启动应急预案,投入到抗震救灾工作中。云南省民政厅在救灾应急指挥部下设"社会组织参与救灾协调服务组",同时建立"云南鲁甸地震社会组织救援服务平台"。鲁甸地震救援工作也证明了我国社会组织融入国家救灾体系的速度明显加快,社会组织参与灾害救援更加理性。2020 年新冠疫情暴发后,我国各地不同类型的社会组织在疫情防控和救助方面发挥了各自的优势。2020 年 1 月 23 日,武汉市紧急宣布"封城",紧接着湖北省其他地市也相继采取了"封城"的举措。"封城"伊始,地方储备物资很难满足疫情重灾区的需求。社会组织在积极配合政府开展防控排查工作的同时,也有效开展了物资筹集与行业引导工作。医疗物资加工协会呼吁该领域生产企业放弃休假,加班加点进行医用口罩、防护服、护目镜等防护物资的生产,并火速运往疫情重灾区;汽车协会给予司机出车补贴,负责防疫物资的转运以及一线医务工作者的上下班接送工作,充分鼓励驾驶员参与抗疫;各地蔬菜、水果流通协会积极为湖北地区运送紧缺的瓜果蔬菜物资,一时间江西的萝卜、山东的大葱、内蒙古的马铃薯纷纷运抵湖北,为疫区居民的日常生活提供了强有力的保障。

(2)贫困救助。

1989 年,中国扶贫基金会成立,在整个大陆地区,这是扶贫领域中最大也是扶贫工作做得最到位的民间组织。据相关报道,近 20 年来,中国扶贫基金会在国内实施了扶贫小额信贷活动、帮扶贫困大学生、母婴平安行动等一系列的扶贫活动,有效地救助了农村贫困人群。除中国扶贫基金会之外,中国国际非政府组织合作促进会、中国人口福利基金会、中国计划生育协会、中国青少年发展基金会、中华慈善总会、中国影视演员协会明星慈善基金会、农家女实用技能培训学校、爱德基金会、香港乐施会、救助儿童会、四川农村发展组织等社会组织都开展了一系列活动参与扶贫工作,其中包括生存扶贫、技术扶贫、教育扶贫、救助贫困母亲、合作扶贫、文化扶贫、实物扶贫等,为从根本上消除贫困做出了积极的贡献。

2003 年,慈善超市、慈爱公益服务社等在少数大城市开始出现,慈善超市的本质是通过借助一般超市的运作模式,依托经常性社会捐助,集中社会扶贫济困资源以实现社会救助的一种社会组织。2004 年,民政部发出《关于在大中城市推广建立"慈善超市"的通知》,要求全国大中城市在两三年内要普遍建立"慈善超市"(各地可根据文化习俗自主确定名称),加强对城市困难群众的经常性生活救助。此后,慈善超市这种新型社会组织在我国大规模出现,为缓解贫困、帮助贫困家庭做出了重要贡献。

2014 年 10 月 17 日被定为我国首个扶贫日,社会各界包括基金会、慈善组织、群众自发性等社会组织在这一日自发开展多项社会救助活动。2019 年,民政部专门成立了引导社会组织支持深度贫困地区脱贫攻坚工作领导小组,先后组织中国扶贫基金会、中国慈善联合会等 180 家全国性社会组织,召开多场动员会,通过树典型带动全面、抓重点推动整体的工作方式,引导全国性社会组织积极与深度贫困地区对接,将扶贫资源向深度贫困地区倾斜。

(3)其他救助。

除了传统的扶贫济困救灾外,社会组织在教育救助、医疗救助、残疾人救助以及精神救助等方面都发挥了极大的作用。许多社会组织根据自身情况,开展了各种有针对性的救助活动,比如"幸福微笑活动"为贫困地区唇腭裂患儿实施免费手术,帮助孤儿的教育救助和生活救助,针对老年人的慈善敬老,针对先天心脏病患儿的"生命之光"医疗救助,针对残疾人的康复服务、建设住房、建造改造无障碍措施,针对灾后受灾群众的心理重建、心灵抚慰等。中国青少年基金会则把青少年教育救助当成一项重要工作,其实施的"希望工程"在全社会产生了巨大的社会影响。

(二)企业参与社会救助

1.我国企业参与社会救助的形式

在中国的社会救助实践中并不缺乏企业的参与,企业在诸多社会救助领域起到了重要示范效应的实质作用,有效减轻了政府负担,提升了民生福祉。目前,企业参与社会救助的方式较为丰富,概括起来主要包括企业慈善捐助、企业提供就业岗位以及企业产业扶贫这三个方面。

企业慈善救助是企业为履行自身社会责任,将属于本企业的合法财物或劳务通过无偿捐献的形式赠与公益团体、社会群体和个人的一种行为。我国企业参与慈善救助的形式主要有三种:直接捐赠善款或物品、捐赠服务或时间、成立慈善捐助基金会。

企业通过两种方式促进贫困人群的就业:一种是直接为贫困人群提供就业岗位,另一种就是通过为贫困人群开设多样化的能力培训班。企业提供就业岗位,吸纳就业困难者到企业工作是企业参与社会救助的重要举措,企业通过关注贫困人群自身的工作能力和生产效率,提供技能培训以及进行人力资本的投资可以为他们提供多样的工作机会,从而减轻或消除贫困。目前国内典型的一种实践就是深圳残友集团,残友集团内部百分之九十以上的员工都是残疾人,他们在集团内可以接受有针对性的工作培训,使其提升工作技能水平,从而找到和自己的技能相匹配的工作,摆脱由于残疾所带来的就业问题。

企业产业扶贫是指以市场为导向,以经济效益为中心,以产业发展为杠杆的扶贫开发过程,是促进贫困地区发展、增加贫困农户收入的有效途径。在实践中,我国以龙头企业、合作组织与农户有机结合的组织形式为基础,因地制宜发展出多种形式的企业参与产业扶贫模式。例如,2016年陕西省共引进2680家重点龙头企业。探索出了"企业+贫困户+茶农+合作社"的有效模式;惠州市"一村一品"扶贫中,36家重点龙头企业与合作社带动1200以上贫困户家庭均增收3780元。2016年广西田阳县采用"企业+贫困户"模式发展牛、羊、鸡繁育和芒果种植,引进龙头企业7家,并以资本入股、土地流转、企业打工、牧草销售的方式扶贫;"广西杨翔股份有限公司"的生猪养殖项目投资1.5亿,2017创造扶贫红利约500万元;"广西大琅山牧业有限公司"的山羊养殖项目带动贫困户200余户,创造扶贫红利125万。

2.我国企业在不同的社会救助领域的参与状况

(1)贫困救助。

随着改革开放的不断深化,以社队企业和乡镇企业为开端,以当前日益活跃的农村农民创业为趋势,在企业主动性行为和政策引导下,企业以多元化的方式有力地促进了农民收入的提高和农业农村的发展,成为推动我国工业化和城镇化的重要力量。但改革开放后城市尤其是东部城市的快速发展,使城乡发展差距扩大,贫困人口进一步在农村集中,企业配合国家扶贫政策开展了"开发式扶贫"的探索。一方面,乡镇企业通过解决农村就业、促进农村经济发展、增进农民收入、直接促进了农村的脱贫;另一方面,城市企业也开展了形式多样的对口扶贫工作。"万企帮万村"精准扶贫行动就是一个典型的范例。"万企帮万村"精准扶贫行动起始于2015年,行动开展之初就得到全国31个省、市、自治区政府的积极响应,并将该行动纳入其地方政府所主导的扶贫大格局中,引导不同规模、不同经济领域的民营企业积极参与"万企帮万村"精准扶贫行动。截至 2019 年 12 月底,进入"万企帮万村"精准扶贫行动台账管理的企业共有 9.99 万家,精准帮扶 11.66 万个村庄(其中建档立卡贫困村 6.56 万个);产业投入 819.57 亿元,公益投入 149.22 亿元,安置就业 73.66 万人,技能培训 111.33 万人,共带动和惠及 1434.42 万建档立卡贫困人口。

(2)其他救助。

除了在贫困救助方面的突出贡献外,我国企业在灾难捐款、对贫困落后地区的教育、医疗和生活资助等方面也发挥了巨大的作用。例如,新冠疫情暴发后,数百家企业向疫情防控伸出援手,其中捐赠过亿元的企业多达 20 个。这些企业涉及医药、互联网、金融、房地产、汽车、教育、家居等许多行业,既有民营企业,也有国有企业和外资企业。与此同时,不少企业通过海内外多渠道采购,积极向医疗前线捐赠物资。2020 年小米集团创立十周年之际,小米公益基金会首次在高校设立奖学金和助学金,首批金额为 5000 万元人民币,用于支持品学兼优和家境困难的学生。诸暨市轻工技校采取"订单教育、定向培养"的方式,由当地 16 家企业出资开设扶贫班,学生完成学业后,由企业接收进厂工作。

二、我国社会力量参与社会救助存在的问题

1. 社会力量参与社会救助的相关法律建设滞后

我国当前有关社会力量参与社会救助的立法,只是一些临时性的暂行办法,社会救助法、志愿者服务法等都没有出台,没有从法律实体的角度,为社会力量参与社会救助搭建公理基础和实践平台。2014 年出台的《社会救助暂行办法》中,关于社会力量参与社会救助的很多规定性的描述也是模糊的指导性的,例如在关于社会力量参与社会救助的描述里,仅仅用了"鼓励"作为描述,而没有具体的激励手段、程度的规定。在关于政府购买社会服务的条款中,使用的仅仅是"可以"这样含糊不清的意见,缺乏具体性和强制性。这种模糊的描述并不能为社会力量带来强有力的支撑和保障,反而给了政府很大的政策解释余地,使得政府对于社会力量的支持力度会大打折扣,这也违背了政策的初衷。

有关社会组织的法律和规章只涉及了社会组织的设立、变更及注销,以及组织运营过程中的组织机构、财务、税收管理等事项,缺乏行业性、地方性等用于规制社会组织管理的法规,只具有大方向的引导性作用,缺乏可操作性、可援引性,而且社会组织的基本权利、社会地位、应尽义务在法律层面上都没有明确规定。另外,部分分散的单行法,诸如《破坏性地震应急条例》等法规中虽然对社会力量参与社会救助提出明确规定,但从整体法律体系来看这些规定过于分散,当不同法律规范出现矛盾时,缺乏较高层次的立法进行统一规范,从而制约了社会组织的深入参与,阻碍了社会组织发展的独立性与创新性,使社会组织参与社会救助缺乏法律保障。在这样的规范环境下无法体现出立法层面的约束性和保障性,无法从根本上保障社会力量参与社会救助中的权利和义务,也不能调动社会力量参与的积极性。

2. 社会力量参与社会救助的能力有限

在政府、市场与社会关系重构的背景下,社会组织的自治能力和社会参与能力都有显著的提高,但与新形势下社会救助的需要还存在一些不相适应的问题。首先,社会组织经费筹措和管理经验不足,严重影响社会救助参与能力。长期以来,由于资金来源渠道较少、稳定性较差,公益性募捐的文化氛围还尚未形成,政府对社会组织的总体投入也明显不足,因此我国大多数社会组织尤其是基层和草根民间组织普遍存在经费严重不足的问题。另外,社会组织对资金

的管理存在不规范、资金使用有效性欠缺等问题,这导致社会组织自身公信力水平下降,接受捐赠的资金规模受到不良影响。其次,社会组织内部规范不够健全,缺乏良好的治理结构。有的社会组织规章制度不完善,有些甚至只有不规范的口头规定。或虽有完善的制度,但无论从章程的制定、人事权、日常决策权,还是内部运行机制、激励机制、监督机制等方面,都带有明显的行政化倾向,容易导致社会组织参与社会救助时出现行为失范现象。最后,由于社会组织自身的公益性特征,难以吸引各方面人才。民政部民间组织服务中心曾经做过统计,目前社会组织专职人员比例仅为 60%,且 50 岁以上的专职人员比例数为 52%,30~50 岁则为 32%,30岁以下的仅占 16%,66% 的专职人员只具备大专以下学历[①]。在专业人才不足的表象下,其实隐藏着公益人才工作强度大、薪酬水平总体偏低等深层原因。2011 年,南都公益基金会、腾讯公益慈善基金会等联合发布的《中国公益人才发展现状及需求调研报告》显示,大部分 NGO从业者薪资收入在 5000 元以下,约占 90%。其中无固定收入和月薪在 1000 元以下的共占18.4%,1000~2000 元的占 17.5%,2000~3000 元的占 25.7%,67% 的 NGO 从业者表示工作强度非常大或比较大。概言之,我国社会组织的发展还处于起步时期,其整体发展水平仍然相对较低,参与社会救助的力量有限,社会救助的专业知识普遍欠缺。

3. 社会力量参与社会救助缺乏监管评估机制

科学有效的监管和评估机制对于社会救助工作是十分必要的,无论是事前事中还是事后的评估测量抑或是内部外部的监督机制,都是保证救助工作实施到位、目标群体有效脱困的必要环节。然而在我国,无论是政府救助还是社会力量参与的民间救助,都没有完全有依可循的监管、评估机制。一方面,对于主体多元的社会力量而言,无论是性质各异的大小企业、灵活多变的社会组织还是单个公民,其监管难度都是难上加难,在没有完善社会救助监管机制的情况下,救助工作的执行层面无从考量,其救助行为无法保证能够有效落实,越位、腐败等问题容易滋生。社会组织运行监管缺位,如社会组织的信息披露和评价监督都没有有效的法律规定,这容易造成社会组织的信任危机和民意缺损。从评估机制来讲,没有一个全面、通用的评估标准和办法,也缺乏客观、公正的第三方监督主体的评价体系。这就很容易导致在社会救助项目的开展过程中缺乏必要的监管和评价流程,很有可能导致项目执行出现偏差,且无从纠偏。

4. 社会力量参与社会救助缺乏相应的激励机制

我国政府在引导社会力量参与社会救助方面缺乏一定的激励手段。社会力量在进行捐赠时,享受到税费减免的优惠政策力度较低,很大程度上制约了社会力量参与社会救助的积极性;由于我国社会组织起步太晚,目前对社会组织的税收优惠,还没有形成规范统一的政策体系,其优惠税种也十分有限,对激励公益性捐赠效果不明显。例如,根据财政部、国家税务总局制定的《关于公益救济性捐赠税前扣除政策及相关管理问题的通知》,明确了社会组织可享受捐赠税前扣除政策,而另一方面又存在资格要求过严、门槛过高的现象,如部分省区捐赠税收优惠政策,其覆盖范围只限于全国性、省级社会组织,而对于大量活跃在基层、直接参与公益性活动的社会组织却排除在优惠政策之外。其结果必然会导致大部分社会组织难以获得捐赠税前扣除资格,进而将削弱社会组织参与社会救助的资金筹措和参与救助的积极性。对于企业而言,税法规定企业对外捐赠货物应视同销售,《企业所得税暂行条例》则规定,国内企业的公益、救济性捐赠在企业年度应纳所得税额 3% 以内部分的才准予扣除,没有体现多捐多免税的

---

① 和慧卿. 建设社会组织人才队伍的思考[J]. 中国社会组织,2013(4):40 - 41.

优惠,不能调动社会力量的参与热情;另外,政府在社会力量的善款筹集方面有很多限制性的约束,在筹款的资质、数额等方面都做了详尽的规定,从一定程度上来讲打击了民间救助的积极性,限制了社会力量在救助方面的发展。

5. 社会力量参与社会救助的管理体制不完善

当前,我国社会组织正处于突破困境和谋求发展的新阶段,朝向激活社会组织活力的改革继续深化,社会组织发展的制度环境获得了前所未有的优化,但需要承认的是,制约社会组织在社会救助实践中主体地位发挥的体制机制障碍仍在一定程度上存在。一方面,从社会组织的成立来看,规模较大、运作相对成熟和社会影响力较强的社会组织通常都是在政府力量的主导下形成的,而且社会组织运行所需资金的主要来源依然是政府财政拨款和经费扶持。另一方面,由于长期以来行政化色彩浓厚的社会管理体制,我国社会组织的生存与发展依赖于政府,政社不分的现象仍然突出。在利益交换和相互博弈的逻辑运作下,"政府运用自身权力和行政体系,通过各类资源对社会组织予以全面介入和强力控制;社会组织也积极主动或自愿地依赖政府,两者结成利益联盟:政府通过控制让社会组织代替政府承担一些社会救助功能,社会组织则获得各种授权和垄断地位,两者形成紧密的保护和被保护或者控制与被控制的关系。"这种对行政架构的吸附势必弱化社会组织的主体地位。由此,社会组织的成立与发展都受制于政府的严格管控,牵制了社会组织介入社会救助的自主性和行动空间。

6. 志愿精神欠缺,使社会组织参与社会救助缺乏群众基础

志愿精神的培育有助于缓和我国社会转型期的各类矛盾,加强不同社会群体和社会阶层之间的沟通与了解,通过动员社会力量积极参与公共服务和社会建设,聚合各种社会资源,从而缓解政府压力。然而现阶段我国志愿精神培育不足,社会志愿氛围尚未形成。从我国传统文化渊源来看,中国古代盛行的儒家文化强调"各亲其亲"的观点,中国几千年的封建社会也是以家庭、血缘以及宗族为纽带的互助关系,这就给社会公益意识的形成造成了障碍,进而影响志愿精神的发展与传播;从现实角度来看,我国政府对志愿精神缺乏培育和宣传,对志愿行为也缺少一定的激励机制。社会公众对志愿精神的认识不足,对志愿活动的参与往往抱有消极的态度。由此,我国志愿精神的发展面临着一系列的障碍,这造成我国志愿精神相对缺失,群众参与志愿者活动的意愿不强,致使社会组织参与社会救助缺乏群众基础。

三、完善社会力量参与社会救助的对策建议

1. 完善社会力量参与社会救助的相关政策法规

营造良好的社会力量参与社会救助的法制环境非常重要,主要应在以下两个方面进行努力:一是应进一步完善社会力量参与社会救助的相关法律法规,需要出台一部国家层次的法律法规,明确社会力量在社会救助中的地位,以保证其救助行为的合法性,有效调动其参与社会救助的积极性,依法改变我国社会救助主体单一的现状;二是在实施办法中完善社会力量参与社会救助的具体规定,提升可操作性。明确社会力量在参与社会救助中的权利义务,主要包括参与权、建议权和知情权等。

2. 强化社会力量的自身建设

社会力量只有加强自身建设,提高自身的业务能力,才能在社会救助的工作中真正发挥应有的效能。首先要提高资金筹集及管理能力。救助项目的运作离不开充足的资金支持,社会力量参与的救助项目除了需要政府加大财政支持外,其资金主要来源于社会的多种渠道的资

金募集。社会力量要注意拓展资金筹备来源，加强建设多元化的资金构成体系；要规范筹款和捐赠的流程，学会科学合理的配置使用筹得资金。其次，要规范组织结构。基金会、社会团体、民办非企业等社会组织要加强自身内部的组织管理，从人事、行政、财务等方面提高管理效率，避免人员冗余、行政拖沓的现象，从高处着眼，用行动体现社会力量参与救助的优越性。最后，要加强社会组织专业人才队伍建设，拓展社会组织工作者的发展空间，保证救助服务的专业性。按照民政部《社会工作专业人才队伍建设中长期规划（2011—2020）》提出的标准，到2020年，社会工作专业人才总量目标是增加到145万人，围绕这一目标，政府及相关部门应研究制定社会组织人才引进、职称评定及职业资格认证等政策，推动社会组织人才与经济、科技人才在薪酬标准、社会保障等方面享有同等待遇，培养一批高素质的社会组织专职工作者，造就一批领军型的社会组织人才队伍。

3. 建立严格的监督评估机制

为保证社会力量参与社会救助的高效有序运作，建立健全有效的约束机制是十分必要的。首先，需要明确两个监督主体：对于社会力量参与社会救助工作来讲，监管的一方必然是政府部门，对于社会力量的活动开展要进行一定程度的监督和指导；而对于政府主导、社会力量参与的救助活动，监管的另一方应该由专门独立的第三方社会机构来承担起相应的功能和职责。其次，应加强信息公开，鼓励社会舆论监督。相关部门和社会组织应开通面向社会公众的咨询热线、举报专线及网络留言板等，对于公众提出的疑问进行及时解答，对于问题应及时解决和处理；再次，要梳理监管节点，优化监督程序。社会救助的监管应当覆盖到社会救助制度的各个要素和环节。其中监管要素包括救助对象、救助范围、救助类别、救助标准等，而监管的环节又可以分为前期审查、过程监督、后期抽查等流程。最后，要建立内容完整、体系成熟的评估体系来进行测量和反馈，不断修正和改良项目中的不足，对项目的进展有科学合理的预判，进而达成理想的救助目标。

4. 建立健全社会力量参与社会救助的激励机制

建立健全社会力量参与社会救助的激励制度是保证社会力量持续积极参与社会救助事业的动力源泉。对于企业、社会组织等社会力量为社会救助做出的贡献，政府应当做出相应的反馈，给予物质或者精神的奖励，以鼓励社会力量加入社会救助的参与热情，从而激活民间救助的活力，让更多的个体可以参与其中。在制定相关补偿制度的过程中，应当注意对社会力量中不同的主体，有针对性地制定不同的补偿制度，例如对于企业来讲，可以增大税收优惠政策的力度；而对于社会组织来讲，则可以给予更多扶持力度和宽松的管控力度，避免限制性条约对社会组织参与救助的行为产生不利影响；对于积极参与社会救助的群众和个人，原则上应该给予精神上的鼓励，并在当地进行宣传和推广，推动本地的公民社会的建设。

5. 改革社会组织管理体制，构建政社新型合作关系

首先在社会组织最开始的登记注册流程上，可以在完善相关法律规范的基础上进行相关审批程序的简化和规范，积极释放对社会组织包容和鼓励的信号，从身份的合法性上给予支持和确认，这样才能使社会组织做到独立运转，避免政府的行政干预。其次在社会救助实践过程中，要合理定位政府与社会组织的角色，在两者之间构建平等合作的伙伴关系。对于政府而言，其本质属性决定它应承担社会救助的第一责任主体的责任，为社会救助提供充足和稳定的资金物质保障，建立科学规范的社会救助管理制度。而社会组织则应根据其公益性质和独特优势，弥补政府社会救助的不足，参与救助政策的咨询与决策，承接政府救助项目，为社会救助

提供专业化服务。由此,通过改革社会组织管理体制,构建社会救助领域中政社新型合作关系,给予社会组织参与社会救助更多的自主权和活动空间。

6.弘扬社会志愿精神

志愿精神的本质价值取向与社会主义核心价值观的理念是相通共融的,唤醒并弘扬中国社会的志愿精神,对于营造社会力量参与社会救助具有重要的现实意义。为此,首先应在全社会大力弘扬社会主义核心价值观,加强对社会公正和社会平等价值观的宣传与引导,加强新时代中国特色社会主义救助制度建设的文化内涵、文化支持的研究和宣传,最终应该在全社会形成社会主义团结互助互济观念。其次,可以依靠多样化的宣传手段和宣传渠道,加大对社会志愿精神的宣传力度,并通过设立相关激励政策,提高社会公众对社会救助的认识,鼓励社会公众积极主动参与公益活动。例如,可以借鉴西方发达国家的经验,逐步建立志愿服务的激励机制,推广注册志愿者制度和建立志愿者工作计量制度,鼓励更多民众投身社会救助公益事业。最后,要加快《社会救助暂行办法》实施进程,规范社会组织和公民在社会救助中的职能,壮大社会组织志愿者队伍,引导和规范社会力量参与社会救助,尤其鼓励具备社会工作、心理咨询、特殊教育等专业工作能力和资质的社会组织和高校志愿者参与其中,加快社会救助管理的社会化进程。

复习思考题

1.什么是社会力量?举例说明社会力量参与社会救助的优势?

2.简述社会力量参与社会救助的途径。

3.我国社会力量参与社会救助存在哪些问题?应如何完善?

第十二章 社会救助管理

社会救助管理是指国家和社会以法律、政策为依据，通过一定的程序，采用一定的方式或手段对社会救助活动进行规范、组织、协调、监督的过程，体现在社会救助的制度建设、管理体制和机制设计以及社会救助信息化、法制化建设等多个方面。本章介绍了社会救助管理涵盖的主要内容，结合我国实际，分析了我国社会救助管理存在的问题及完善思路。

第一节 社会救助管理概述

一、社会救助管理的内容与手段

社会救助是一项非常庞大的系统工程，涉及对象和管理的性质特殊，需要方方面面、各个部门的共同努力，需要一个科学运作、富有效率的管理体系。

管理是指通过计划、组织、指挥、协调、控制及创新等手段，结合人力、物力、财力、信息等资源，以期高效的达到组织目标的过程。社会救助管理就是国家通过一定的手段，结合人力、物力、信息等资源实现对社会救助相关事务的组织协调过程，其目标一是要实现既定的社会救助目标，体现社会公平，二是要在实现既定目标的过程中提高社会救助组织的运行效率，避免资源浪费和损失。

1. 社会救助管理的内容

社会救助管理的内容主要有：①建立高效的社会救助管理体制；②以社会救助法律、法规为依据，制定可操作的具体的社会救助政策，特别是社会救助立法；③依法筹集、使用、管理社会救助资金；④运用信息化技术手段实现社会救助制度运行和管理；⑤社会救助对象资格的确定、救助标准的确定、调整、动态管理、申请救助的程序及其社会救助的经办服务等；⑥建立社会救助管理的监督机制。其中第⑤方面的内容属于微观层面的具体社会救助项目的运作管理，在前面各章均有所涉及。

2. 社会救助管理的手段

社会救助作为国家社会政策的重要内容，管理任务艰巨，管理内容复杂，因此，必须综合运用各种手段，主要有：

(1) 行政手段。通过国家主管社会救助工作的职能部门——民政部以及财政、审计、监察等部门的日常管理，来确保国家社会救助法律、法规、方针、政策的贯彻实施，它以社会救助法律、法规为依据，亦可在法律的规范下制定具体的社会救助政策，作为具体操作的依据。

（2）经济手段。运用经济杠杆，如财政补贴、税收减免、扶贫开发、社会化筹资、扶助民间社会救助机构等来达到调节的目的。

（3）法律手段。国家通过制定、颁布有关社会救助的法律、法规来达到管理的目标，这一手段具有规范性、强制性、稳定性等特点，它是国家意志的体现。

（4）社会监督。社会救助对象、救助标准等的确定，要在公开、公平、公正的环境下和在不侵犯救助对象隐私的前提下接受群众评议、群众监督，确定的救助对象可通过网络、手机短信、报纸、电视等多种渠道或方式在一定范围内公布。

二、社会救助管理体制

管理体制是指管理系统的结构和组成方式，即采用怎样的组织形式以及如何将这些组织形式结合成为一个合理的有机系统，并以怎样的手段、方法来实现管理的任务和目的。具体地说，管理体制是规定中央、地方、部门、企业在各自方面的管理范围、权限职责、利益及其相互关系的准则，它的核心是管理机构的设置。各管理机构职权的分配以及各机构间的相互协调，它的强弱直接影响到管理的效率和效能，在中央、地方、部门、企业整个管理中起着决定性作用。

社会救助管理体制是指由一系列对社会救助资源配置做出决策和执行的，具有互补关系的服务管理制度安排构成的有机体。

（一）我国社会救助管理体制改革的历史阶段

社会救助管理体制包括管理机构、管理内容和管理方式等，其核心为社会救助管理机构。我国社会救助管理体制改革大致经历了以下几个阶段：

（1）1949年至1954年社会救助管理体制初建阶段。1949年10月21日，中央人民政府政务院宣告成立，下设30个部、会、院、署、行，其中负责管理社会救助事务的行政部门主要是内务部，成立之初主要负责的社会保障事务就是救灾救济等工作。1953年8月在内设机构中开始增设了救济司，主管农村地区的救灾工作。1954年2月政务院印发了《关于民政部门与各有关部门的业务划分问题的通知》，规范了民政部门与卫生部门、教育部门在社会救济业务管理方面的分工问题。

（2）1954年至1965年社会救助管理城乡二元化格局形成阶段。1954年9月，原政务院改称国务院，内务部改为中华人民共和国内务部。1955年5月加强了社会救济行政管理职能，社会司改名为城市救济司，救济司改名为农村救济司，农村社会救济与城市社会救济的行政管理职权首次明确，城乡社会救助管理二元化的行政格局基本形成。此外，这一时期的社会救济带有明显的福利色彩，救济与福利难以区分开来。

（3）1966年至1976年社会救助管理体制的破坏阶段。1966年5月"文化大革命"开始，社会救济行政管理工作受到破坏。1969年1月，内务部撤销，其主管的社会救助事务被分散到公安部、财政部、原卫生部等几个部门。公安部接管收容遣送等工作，财政部接管救灾、救济、优抚和拥军优属等工作，原卫生部接管盲人、聋哑人、麻风病人、精神病人的安置、教育和管理工作。

（4）1977年至1984年社会救助管理体制的复建阶段。1978年5月中华人民共和国民政部成立，内设农村社会救济司和城市社会福利司负责社会救助行政管理工作。1982年3月，第五届全国人大常委会通过了关于国务院机构改革问题的决议，我国改革开放后第一次行政体制改革正式启动。社会行政重心在农村和城市有所不同，农村侧重于社会救济，而城市则着重于社会福利;社会救济与社会福利的行政体制将由长期的胶着状态走向彼此分立。

(5)1985年至2011年统一社会保障管理机构与社会救助行政体制的改革阶段。1985年9月,党的十二届四中全会通过的《关于制定国民经济和社会发展第七个五年计划的建议》首次使用"社会保障"一词,并明确提出:"社会保障机构要把社会保险、社会福利、社会救济工作统一管起来,制定规划,综合协调"。这一时期民政部门的社会行政管理职能得以强化。民政部内设机构于1988年扩展为14个职能司(厅),其中,原有的农村社会救济司调整为救灾救济司、原有的城市社会福利司调整为社会福利司。这次改革正式确立了社会救济与社会福利的管理体制彼此分立的行政格局,同时,"救灾救济司"之前不再冠以"农村"字样意味着社会救济行政不仅限于农村地区,城市同样需要强化社会救济管理,"社会福利司"之前不再冠以"城市"字样意味着社会福利行政不限于城市,农村地区同样需要加强社会福利管理。2008年我国行政管理体制进行大部制改革,新组建的人力资源和社会保障部虽然整合了人事部与劳动保障部,但并未成为一个统管"社会保险、社会福利、社会救济"的"大"社会保障部。虽然社会保障职能在这次大部制改革中没有被整合,但民政部的内设机构也进行了比较大的调整,其中有关社会救助行政管理体制的调整主要表现在三个方面:一是将原最低生活保障司改为社会救助司,专司社会救助事务;二是将原社会福利与社会事务司分别组建社会福利与慈善事业促进司和社会事务司;三是将原救灾救济司改为救灾司,专司灾害救助事务。至此,社会救助、灾害救助、慈善事业等社会救助事务实际上被分别划入了各司其职的三个主管机构。

(6)2012年以来新时代社会救助管理体制改革阶段。2012年党的十八大以后,中国特色社会主义进入了新时代,我国社会救助管理体制改革也进入一个新的历史阶段。2014年颁布的《社会救助暂行办法》(国务院令第649号)明确了最低生活保障、特困人员供养、受灾人员救助、医疗救助、教育救助、住房救助、就业救助、临时救助与社会力量参与的"8+1"社会救助制度体系,所有单项制度不再区分城市和农村,实现城乡统筹。2018年,国务院再次进行机构改革,民政部的社会救助职能范围大幅缩减,救灾职责划归新组建的应急管理部,医疗救助职责划归新组建的国家医疗保障局。经过这次机构改革,民政部门的社会救助职能定位更加聚焦于基本生活救助(最低生活保障、特困人员救助、临时救助和生活无着的流浪乞讨人员救助)。至此,社会救助管理工作由国务院民政部门进行全国统筹,各级民政、应急管理、卫生健康、教育、住房城乡建设、人力资源社会保障、医疗保障等部门按照各自职责负责管理。

(二)我国的社会救助管理体制

经过多次改革与完善,我国已经形成较为完善的社会救助管理体制,纵向形成了中央、县级以上地方人民政府、乡镇(街道)分级负责的三级救助管理体制,横向形成了政府领导、民政部门牵头、有关部门配合、社会力量参与的救助工作协调机制。

1.纵向三级社会救助管理体制

按照2019年修订的《社会救助暂行办法》(国务院令第709号)对各级行政部门社会救助管理的权限和职责的划分,纵向形成了中央、县级以上地方人民政府、乡镇(街道)三级社会救助管理体制。其中县级以上地方人民政府是指省、自治区、直辖市、自治州、设区的市、县、自治县、不设区的市和市辖区的人民政府。各级行政部门的管理权限和职责如下:

(1)国务院民政部门及相关政府部门的社会救助职责。国务院民政部门统筹全国社会救助体系建设,国务院民政、应急管理、卫生健康、教育、住房城乡建设、人力资源社会保障、医疗保障等部门,按照各自职责负责相应的社会救助管理工作。社会救助是国务院民政部门的一项重要职责。《民政部职能配置、内设机构和人员编制规定》(厅字〔2018〕141号)规定,国务院民政部门社会救助司负责拟订城乡居民最低生活保障、特困人员救助供养、临时救助等社会救助政策和标准,健全城乡社会救助体系,承办中央财政困难群众救助补助资金分配和监管工作,参与拟订医疗、住房、教育、就业、司法等救助相关办法。同时,社会救助又是一项涉及多项具体救助制度的综合性救助制度体系,包括最低生活保障、特困人员供养、受灾人员救助、医疗救助、教育救助、住房救助、就业救助、临时救助八项具体救助制度,还涉及应急管理、卫生健康、教育、住房城乡建设、人力资源社会保障、医疗保障、财政、审计等多个政府部门。国务院各有关部门应当各司其职、分工负责、协调配合、齐抓共管,共同推进社会救助管理工作顺利实施。

(2)县级以上地方人民政府及相关政府部门的社会救助职责。县级以上地方人民政府民政、应急管理、卫生健康、教育、住房城乡建设、人力资源社会保障、医疗保障等部门,按照各自职责负责本行政区域内相应的社会救助管理工作。

县级以上人民政府应当将社会救助纳入国民经济和社会发展规划,完善社会救助资金、物资保障机制,将政府安排的社会救助资金和社会救助工作经费纳入财政预算。县级以上地方人民政府具体负责临时救助的具体事项和标准、住房困难标准和救助标准、医疗救助标准、教育救助标准的确定工作,负责自然灾害发生后的应急救助、最低生活保障家庭的劳动就业和农村家庭住房救助工作,负责建立健全医疗救助与基本医疗保险、大病保险相衔接的医疗费用结算机制。设区的市级以上人民政府和自然灾害多发、易发地区的县级人民政府应当设立自然灾害救助物资储备库。

县级以上人民政府民政部门应当建立申请和已获得社会救助家庭经济状况信息核对平台,为审核认定社会救助对象提供依据。县级人民政府民政部门负责低保、特困人员供养、临时救助申请的审批及相应的救助金发放工作,负责对获得最低生活保障家庭的人口状况、收入状况、财产状况进行定期核查,还要负责其他社会救助的申请转介工作。

受灾地区人民政府应急管理等部门应当于自然灾害危险消除后及时核实本行政区域内居民住房恢复重建补助对象,并给予资金、物资等救助。县级人民政府医疗保障部门负责本行政区域内医疗救助申请的审批工作,负责直接办理最低生活保障家庭成员和特困供养人员的医疗救助。县级以上地方人民政府教育部门负责本行政区域内教育救助的政策制定、日常管理等工作。县级人民政府住房保障部门负责本行政区域内城镇家庭的住房救助申请、审核、审批和具体保障工作。县级以上地方人民政府人力资源社会保障部门负责本行政区域内就业救助的政策制定、实施及日常管理等工作。县级以上地方人民政府财政部门、审计机关负责对社会救助资金、物资的筹集、分配、管理和使用实施监督。县级以上人民政府及其社会救助管理部门应当负责社会救助监督检查工作和社会救助法律、法规、政策的宣传工作。

(3)乡镇人民政府、街道办事处的社会救助职责。乡镇人民政府、街道办事处负责有关社会救助的申请受理、调查审核,具体工作由社会救助经办机构或者经办人员承担。乡镇人民政府、街道办事处负责社会救助的申请受理,接受困难群众提交的社会救助申请。为此,乡镇人民政府、街道办事处应当建立统一受理社会救助申请的窗口,及时受理、转办社会救助申请事项。乡镇人民政府、街道办事处调查审核社会救助申请,负责通过入户调查、邻里访问及信函索证、群众评议、信息核查等方式,对申请最低生活保障、特困人员供养、医疗救助、临时救助以及其他社会救助的困难群众的家庭收入状况、财产状况等进行调查核实。乡镇人民政府、街道办事处应当成立社会救助经办机构,或者指定社会救助经办人员承担具体工作。关于社会救助经办机构,有条件的地区,应当单独成立经办机构,条件不具备的可以依托民政所、社会保障所、社会事务办公室、公共服务中心等机构。

此外,村民委员会、居民委员会应当协助做好有关社会救助工作。在我国,农村村民委员会、城市居民委员会,是群众自我管理、自我教育、自我服务的基层群众性自治组织。作为群众自己的组织,村民委员会、居民委员会与村民、居民接触最直接、最密切,最了解困难群众的需求。村民委员会、居民委员会协助做好社会救助工作,既是社会救助工作的内在要求,也是村民委员会、居民委员会的职责所在。村民委员会、居民委员会应建立村级社会救助协理员制度。村民委员会、居民委员会的具体协助事项包括:协助做好救助政策咨询、宣传引导等工作;协助做好救助对象困难排查、发现报告;接受有困难的申请人的委托,代为提出社会救助申请;协助乡镇人民政府、街道办事处做好邻里访问、信函索证、群众评议等工作;发现特困供养人员不再符合供养条件的,告知乡镇人民政府、街道办事处等。需要注意的是,在代为提出社会救助申请时,村民委员会、居民委员会仅是"转交"角色,无权截扣申请人的社会救助申请。

2.横向社会救助工作协调机制

《社会救助暂行办法》规定,县级以上人民政府应当建立健全政府领导、民政部门牵头、有关部门配合、社会力量参与的社会救助工作协调机制,应当按照国家统一规划建立社会救助管理信息系统,实现社会救助信息互联互通、资源共享。目前,我国多元救助主体并存的态势已经清晰地显现出来。政府和各类社会力量在社会救助供给的过程中均发挥着不可替代的作用。为了实现有效的社会救助,各救助主体的工作应当联系在一起,整合成为社会救助的多元合作模式,实现资源共享、优势互补。为此,我国建立了社会救助联席会议制度、县级困难群众基本生活保障工作协调机制和"一门受理、协同办理"机制,积极推进政府购买社会力量参与救助服务,促进信息共享。

(1)社会救助联席会议制度。我国自上而下建立了部际、省、市、县(区)社会救助联席会议制度。全国社会救助部际联席会议由民政部、中央宣传部、中央编办、中央农办、发展改革委、教育部、公安部、财政部、人力资源社会保障部、住房城乡建设部、农业农村部、应急管理部、卫健委、医保局、人民银行、审计署、税务总局、市场监督管理总局、统计局、法制办、银保监会、证监会、信访局、扶贫办共24个部门和单位组成,民政部为牵头单位;民政部部长担任联席会议召集人,各成员单位有关负责人为联席会议成员;原则上每年召开一次例会,可根据需要召开临时会议;联席会议办公室设在民政部,承担联席会议的日常工作;联席会议设联络员,由各成员单位有关司局的负责人担任。全国社会救助部际联席会议的职责如下:在国务院领导下,研究拟订完善社会救助体系的重大制度、政策、体制和机制,向国务院提出建议;统筹做好最低生活保障与医疗、教育、住房等其他社会救助政策以及促进就业、扶贫开发政策的协调发展和有效衔接;研究解决救助申请家庭经济状况核对跨部门信息共享问题;督导推进全国社会救助体系建设;完成国务院交办的其他事项。省、市、县(区)社会救助联席会议的成员单位和主要职责与全国社会救助部际联席会议相类似。

(2)县级困难群众基本生活保障工作协调机制①。我国在所有县(市、区)均建立了困难群众基本生活保障工作协调机制。困难群众基本生活保障工作协调机制由政府负责人牵头,民

---

① 《关于加强困难群众基本生活保障有关工作的通知》(国办发〔2017〕15号)。

政部门负责,发展改革、教育、财政、人力资源社会保障、住房城乡建设、卫生计生、扶贫、残联等部门和单位参加,定期研究解决本地区各类困难群众基本生活保障问题,确保党中央、国务院相关决策部署更好地落实到基层。

(3)基层"一门受理、协同办理"机制①。乡镇(街道)层面依托现有政务大厅,设立"一门受理、协同办理"窗口,统一受理、转办(介)社会救助申请事项,或结合综合服务窗口,推动跨部门救助事项业务协同,让"群众来回跑"变为"部门协同办"。建立乡镇(街道)"一门受理、协同办理"机制是建立政府领导、民政部门牵头、有关部门配合、社会力量参与的社会救助工作协调机制的基础工程,是解决政出多门、救助"碎片化"等难点问题的关键所在。

(4)政府购买社会救助服务②。单位和个人等社会力量通过捐赠、设立帮扶项目、创办服务机构、提供志愿服务等方式,参与社会救助。而政府购买社会救助服务,是强化社会力量参与社会救助工作的重要途径。购买社会救助服务的主体为县级以上地方人民政府。民政部门具体负责组织实施工作。乡镇人民政府、街道办事处也可购买社会救助相关服务。承接政府购买社会救助服务的主体主要是依法在民政部门登记成立或经国务院批准免予登记的社会组织,按事业单位分类改革应划入公益二类或生产经营类的事业单位法人,依法在工商管理或行业主管部门登记成立的企业、机构等社会力量。购买的社会救助服务内容主要包括事务性工作和服务性工作两类。事务性工作主要是指基层经办最低生活保障、特困人员救助供养、医疗救助、临时救助等服务时的对象排查、家计调查、业务培训、政策宣传、绩效评价等工作;服务性工作主要是指对社会救助对象开展的照料护理、康复训练、送医陪护、社会融入、能力提升、心理疏导、资源链接等服务。

(5)信息共享。实现社会救助管理跨部门、跨领域、跨层级信息互联互通、资源共享,能更好地促进社会救助工作协同合力。目前,我国社会救助领域的信息系统有全国层面的全国救助管理信息系统和全国最低生活保障信息系统,县级以上地方层面有社会救助管理系统、居民家庭经济状况核对系统、社会救助业务系统、城乡最低生活保障信息系统、医保结算系统、救灾应急指挥系统、就业救助系统等,有的省(市)在建或已建成综合性的社会救助信息平台,整合了前面的两个或多个救助信息系统,实现与公安、住房、金融、人社、市场监管、税务等多个部门和机构的信息互联互通,实现部门间救助信息在线转办转介、统计分析、资源共享等功能。

三、社会救助立法

社会救助是社会保障的主要支柱。近年来,我国的社会救助制度不断完善,救助内容不断拓展,国家建立了以最低生活保障、特困人员供养、受灾人员救助、医疗救助、教育救助、住房救助、就业救助以及临时救助为主体,以社会力量参与为补充的城乡社会救助体系,从制度上保障贫困人群的基本权利。但是,我国的社会救助法制建设相对滞后,2014年国务院公布的《社会救助暂行办法》是我国第一部统筹各项社会救助制度的行政法规,也是目前社会救助领域最高层次的法律文件。20世纪90年代以来,社会救助法就被多次列入全国人大常委会立法规划中,但目前仍未实现立法。

社会救助法是社会救助事业的基本法,是社会救助工作的直接法律依据,也是社会救助制

---

① 《关于积极推行政府购买服务加强基层社会救助经办服务能力的意见》(民发〔2017〕153号)。
② 公益二类事业单位,是指承担高等教育、非营利性医疗等公益服务,可部分由市场配置资源的事业单位。

度建设的法律框架和支撑。我国《宪法》第四十五条规定，"中华人民共和国公民在年老、疾病或者丧失劳动能力的情况下，有从国家和社会获得物质帮助的权利。国家发展为公民享受这些权利所需要的社会保险、社会救济和医疗卫生事业"。社会救助法是落实此宪法权利的保障法，是宪法规范在社会救助过程中的具体体现。社会救助法本身隐藏着公平正义的价值，代表了一种理想和文化。作为一项法律规范，社会救助法从三个向度发挥其功能，即既要确定社会救助规则，又要确认社会救助的实施，张扬社会救助制度所体现的价值；既要确认和维护社会救助行为的合法性，又要尊重社会救助的真实性；坚持社会救助制度的真理性，回答社会救助法应当是什么、实际是什么等问题。

社会救助法是救助对象的权利保障法。根据国际人权法和国内法，贫困者最直接最重要的人权就是保障其"基本生活需要"的权利，也可称之为贫困者的基本权利，具体包括：取得足够食物的权利——食物在数量和质量上都足以满足个人的饮食需要，无有害物质，并在某一文化中可以接受，此类食物可以可持续、不妨碍其他人权的享受的方式获得；健康权——不仅包括及时和适当的卫生保健，而且也包括决定健康的基本因素；适足住房权——应确保所有人不论其收入或经济来源如何都享有住房权利；人格权——这种权利必须加以保障，使之不受任何干涉和攻击……不管是来自政府当局或自然人或法人……政府应采取立法及其他措施，以禁止这种干涉和攻击，能够保护这种权利，国家立法最需要规定保护该条所定的权；受益权——社会救助待遇是专属救助对象的"新财产"（new property），对其剥夺受正当程序的限制，政府在剥夺前必须经过某种听证，"属于不得随意放弃的权利"；请求权——请求社会救助机关发放救助待遇的权利；等等。

社会救助法是救助机构的权力控制法。政府在我国当前的社会救助中掌控着话语权，是社会救助名副其实的决策者、管理者、执行者和监督者，其公权对社会救助的干预是全方位、全过程的。从权力划分来看，政府在社会救助中享有立法权、行政权；从责任划分来看，政府是社会救助的责任主体，承担制度设计、有效监管及履行给付等义务。对政府权力的法律控制是贯穿于社会救助法治全过程的中心主题，也是公民基本权利实现的决定性因素。"由于缺少对权力的有效制约，使得我国公民的人权也面临权力的巨大威胁，应该说这是我国人权立法亟待完善和加强的地方"。加强对行政权力的制约和监督是依法行政的核心，也是目前推进依法救助的薄弱环节。

社会救助法是救助监管和服务的程序规则法。每一种社会管理形式都会产生一套程序要求，正是这些程序要求保障了此种社会管理形式的公正性。英国学者韦德认为，"程序不是次要的事情，随着政府权力持续不断地急剧增长，只有依靠程序公正，权力才可能变得让人能容忍"。政府在社会救助中发挥的作用越积极、越重要，对于程序的要求也就越强烈。在社会救助监管过程中，是否承认和保障受助对象（包括申请人、利害关系人）的程序性权利是社会救助程序正当与否的前提；社会救助程序正当是预防和控制权力的"恣意"滥用或异化的有效措施，是提高社会救助监管效率的有效保障，还是满足受助对象的基本需求、实现他们的实体性权利目标的"最优"路径。社会救助法在规定实体性权利的同时，还必须明确规定社会救助的正当程序，即主管机关行使权力、救助对象（包括申请人、利害关系人）主张权利，以及二者承担义务所应当遵循的方法、步骤和时限等所构成的连续过程，具体包括社会救助申请审批的方式、过程、步骤、顺序，主管机关办理程序和时限，信息公开及信息反馈，对救助管理的监督方式和程序等，以从法律规范上规制社会救助法律关系主体严格按照法定程序行使权力（利），使强势的一方以遵守程序规则为正义依据,使弱势的一方避免缺乏程序常识导致不正义,保证社会救助的过程公正。

四、社会救助资金管理

(一)社会救助资金及其组成

社会救助资金指为满足救助对象的生活、生产(或促进就业),以及应对急难或其他特殊情况的需要所筹集起来的资金和物资的总称。社会救助资金原则上不包括各种途径筹集的用于社会救助的实物。但需要注意的是,社会救助资金经常以购买救助实物的方式开支,也常常以实物的方式提供给救助对象;社会救助经费筹集过程中也经常存在着大量的实物(物资),特别是社会捐赠或海外捐赠,在计算方式上,也常常将物资折合成货币计入社会救助经费里。

在福利多元主义思想和全球福利发展潮流的主导下,一些国家强调政府福利的重要性的同时,提倡家庭、社区、社会团体、企业、个人等都要成为社会救助经费的提供方。社会救助领域在强调国家承担社会救助主体责任的同时,社会救助主体的多元化也已经成为趋势,通过广泛发动社会力量,社会救助经费的筹集来源不断扩展。从各国目前的情况看,社会救助资金主要来源于国家财政拨款、社会筹集、信贷扶持和国际援助等。

1.财政拨款

财政拨款是社会救助资金来源的主要渠道,它包括中央财政拨款和地方各级财政拨款两种。目前,地方财政拨款分定期定量救助和临时性、应急性救助两类,此外,还包括财政扶贫资金。财政扶贫资金属于专项转移支付,是中央财政专项拨款的一个重要组成部分。判断这一拨款的性质要结合财政扶贫资金的出资主体、出资方式以及出资目的等因素来进行。财政扶贫资金是由国家财政部门无偿拨付的,用于扶贫的专项转移支付资金,其目的是使特定的人口摆脱贫困,以获得基本的生产条件与发展权利,具有公共性特征。

在我国,中央财政拨款包括困难群众救助补助资金、各专项救助制度补助资金和中央财政专项扶贫资金[①]。困难群众救助补助资金是指中央对地方开展低保、特困人员救助供养、临时救助、流浪乞讨人员救助、孤儿和艾滋病病毒感染儿童基本生活保障工作的补助资金。专项救助制度的补助资金包括中央对地方开展受灾人员救助、医疗救助、教育救助、住房救助和就业救助等专项救助制度的拨款。中央财政专项扶贫资金是中央支持地方主要用于精准扶贫、精准脱贫的资金,按照地区贫困状况、政策任务和脱贫成效等因素进行分配,支出方向包括:扶贫发展、以工代赈、少数民族发展、"三西"[②]农业建设、国有贫困农场扶贫、国有贫困林场扶贫。

2.社会筹集

我国改革开放以来,通过社会各方筹集社会救助资金的形式得到了很大发展,这项资金在社会救助中占的比重不断增大。社会筹集的形式主要有:①募捐,即组织或个人无偿捐赠的款物,有的是直接向受灾地区或贫困地区捐赠物资或现金,有的是捐赠给基金会、社会团体、社会服务机构等各种慈善组织。《慈善法》(主席令第 43 号)规定,符合条件的慈善组织可以通过公开募捐或定向募捐获取财产,以开展扶贫、济困、扶老、救孤、恤病、助残等慈善活动。

---

① 《财政部民政部关于印发〈中央财政困难群众救助补助资金管理办法〉的通知》〔2019 年修订版〕、关于印发《中央财政专项扶贫资金管理办法》的通知,财农〔2017〕8 号。

② 甘肃河西地区、定西地区、陇南 10 个高寒阴湿特困县和宁夏回族自治区西海固地区。

②乡镇统筹,主要指农村由乡镇统一筹集粮款,供养特困户。③扶贫经济实体和社会福利企业享受的免税优惠待遇和利润分成。④救灾扶贫互助储金会的储金。

3.信贷扶贫

通过金融部门筹集融通资金,发放低息或贴息优惠贷款,支持贫困地区经济开发,扶持贫困户发展生产。自 20 世纪 80 年代以来,信贷资金在社会救助资金来源中的比重有逐步扩大的趋势。扶贫贷款项目主要从当地扶贫开发项目库中由农业银行自行选择,项目库由当地扶贫开发领导小组成员单位根据当地实际情况推荐,经当地扶贫开发领导小组确定纳入扶贫开发项目库。项目选定后,由农行根据“放得出、收得回、有效益”的原则,自主经营决策。我国信贷扶贫贷款的投放区域是 485 个(截至 2019 年 5 月)国家扶贫开发重点县。扶贫贷款支持的重点放在农业产业化企业,把分散的农户与外面的大市场连接起来,同时改善贫困地区的基础设施,进一步提高农民素质。

4.国际援助

我国是世界上最大的受援国之一。我国接受多、双边援助,是从救灾领域开始的,而且是伴随着改革开放的步伐发展起来的。到 20 世纪初,我国共接受国际多、双边援助近 67 亿美元,实施了约 2000 个项目①。这些项目涉及扶贫救灾、企业技术改造、农业发展、水利建设、交通运输、文教卫生、体制改革、能源与环保等 30 多个领域,其中 70% 的援助资金用于我国中西部地区的发展。

总体来说,社会救助资金实行多渠道、多途径筹集。各地政府应充分意识到社会的力量,并鼓励社会团体和公益性组织参与到社会救助中来,更应该为其提供良好的法律环境、政策环境和社会环境。这样也大大地扩展了社会救助资金的来源渠道,很好地解决了资金筹集问题。

(二)社会救助资金的使用

社会救助资金和物资受法律保护,任何单位或个人无权挪用、侵吞和挥霍。在社会救助资金使用中,应严格按照政策规定的救助范围、标准发放。发放中一般要经过个人申请→救助机构调查→救助机构审核批准等一系列法定程序,规避弄虚作假、平均主义和优亲厚友等违法违规行为。

1.使用原则

专款专用和重点使用的原则。救助款的“专款专用”是指救助款的各项子类款项必须“专款专用”,如救灾款只能用于救灾,困难群众救助补助资金只能用于救助低保户等困难群众,医疗救助补助资金只能用于医疗救助,扶贫资金一定要用于扶贫等。各种社会救助款物,不能搞平均发配,要分清轻、重、缓、急,把有限的救助款物,用在最急需者身上。对平均发放、滥支挪用、干部多占、徇私舞弊等现象必须切实加以纠正;对于贪污、盗窃、私分社会救助事业费或各种救灾救助捐赠款物的,除必须追回被贪污、盗窃、私分的款物外,还应依法严肃处理。情节严重者须追究责任者的刑事责任。

无偿使用和有偿使用相结合。把救助款物无偿地发给被救助者,是社会救助最主要的使用方式。但是,这种被动的输血型救助方式在一定程度上不利于调动救助对象自力更生、生产自救的积极性。有偿使用方式是把社会救助款中的一部分以低息或无息方式借贷给救助对

---

① 数据来源:http://view.163.com/special/reviews/aidtochina1219.html.

象,扶持发展生产,限期使用,到期收回,周转使用。社会救助资金中的救灾扶贫周转金、信贷扶贫款、互助储金会储金等的使用,都是采取有偿使用方式的,被誉为造血型救助方式。

分散使用与集中使用相结合。社会救助资金直接发放至救助者手中,单独使用,用于救助对象吃、穿、住、医等基本生活需求的被称为分散使用方式,社会救助资金一般都是采用这种方式。将社会各方面筹集起来的社会救助款捆在一起,集中用在扶贫地区或贫困户发展生产上的被称为集中使用方式。

2.救助方式

根据社会救助的不同救助方式,可以分为经常性救助、紧急救助、临时救助和社会互助。

(1)定期定量救助。定期定量救助是指社会救助机构在一定期限内对灾区或非灾区的特定救助对象依据政策规定标准定期发放现金和实物等生活补助。定期救助的对象主要包括:因公牺牲被评为烈士的家属;因公致残人员;无依无靠、无生活来源的孤老病残人员;在自然灾害中因公死亡或因灾残废者和病残人员;其他符合定期救助政策规定的特殊救助对象。定期救助的标准由国家及地方政府制定,其经费来源于财政拨款,是一种救助对象较为稳定、救助标准依法确定、政策性极强的社会救助方式。

(2)临时救助。临时救助的对象包括:因灾害造成生活困难者;因病、生育等特殊情况造成无法维持其基本生活者;春夏荒期的缺粮户;冬季缺衣少吃者;经营破产或其他原因造成收入锐减而不能维持其基本生活者。凡发生上述现象的社会成员,由国家和社会给予一次性的临时救助,以帮助其渡过难关。根据现行规定,我国的社会救助经费分为救灾款和社会救助款。对因灾陷入生活困难者进行临时救助的经费由救灾款支付;对非因灾陷入生活困难进行临时救助的经费从其他社会救助款中列支。上述救助均实行无偿救助。

(3)紧急救助。紧急救助指社会救助机构对因遭受紧急患难事件等而陷入生存困境的社会成员,社会救助机构一般给予一次性救助。紧急患难者有三类:自然灾害、社会灾害和重大疾病。自然灾害如风灾、水灾、地震灾害等;社会灾害如交通事故、化学危险爆炸、毒气泄露、火灾等;重大疾病指患者病情严重或罕见、治疗费用高昂的疾病等。

(三)社会救助资金支付形式

按救助资金实际发放形式可分为现金救助、实物救助以及以工代赈等。

1.现金救助

现金救助是指国家或社会救助机构以发放现金的形式,帮助社会成员摆脱生活困难的一种救助手段。现金救助源于古代的赈银救荒,在当代社会则表现为社会救助的主要形式,其特征是直接给被救助者发放现金,由被救助者根据自己的实际困难安排使用。在实际工作中,采用现金救助手段的主要是针对定期救助对象和部分临时救助对象。

2.实物救助

实物救助是指国家或社会救助机构以发放实物的形式,帮助社会成员解除生存困境的一种救助手段。实物救助的特征是不直接给被救助者发放现金,而是根据其实际情况和需要,用社会救助经费,购买一般生存资料和部分生产资料,无偿发放给被救助者。救助物资包括粮食、房屋、衣被、食品、餐具、建房材料、医药以及中小农具、化肥、种子、役畜等。实物救助的对象主要包括紧急抢救、转移安置的灾民,灾区老弱病残者和无法安排生活的重灾户,以及非灾区的严重或特殊贫困户。实物救助的原则是专物专用,不可滥发,更不能积压、贪污和挪作他用。

3. 以工代赈

以工代赈兼有现金救助和实物救助双重支付形式。它是中国历代赈灾济贫的传统措施、为春秋时期齐国的晏子首创,此后相沿成袭,为历代统治者采用,迄今仍被广泛采用。以工代赈的基本内容是,由政府组织灾民或贫民兴修水利、堤坝、道路等工程,以结算工钱的形式帮助灾民和贫民度过生活难关。以工代赈的方式既有赈款(以现金支付工钱),也有赈谷(以粮食、食品支付工钱)等,是一条积极的社会救助措施。按国家有关规定,工赈款由工程主办单位给付,因而一般未计入社会救助费中。

(四)社会救助资金的管理

社会救助资金管理是指国家和社会以法律、政策为依据,通过一定的程序、采用一定的方式或手段对社会救助资金进行规范、组织、协调、监督的活动过程。社会救助资金管理的内容可以分为以下几个方面:①筹集资金的管理。其包括两方面的内容,一方面是国家的财政拨款,需要按定期定量救助和临时性应急救助实行预算管理;另一方面是社会集资和募捐,其包括企业或个人捐资、捐物和社会有奖募捐,要求加强对集资或募捐方式、资金来向进行有效管理。②资金使用管理。社会救助资金和物资受法律保护,任何单位和个人均无权挪用、侵吞、挥霍,故在社会救助资金使用中,应严格按照政策规定的救助范围、标准发放,发放中一般要经过一系列法定程序,杜绝弄虚作假、平均主义和优亲厚友等违法违规行为。

由于社会救助经费的来源渠道不同,在管理中亦有所区别,其中国家拨款部分由各级财政部门会同民政部门统筹使用和管理;社会募捐部分则可以由社区或基金组织自行支配和使用,但应接受民政部门的监督,以保证救助金发放的公平。

社会救助基金的管理机构一般是地方政府成立社会救助管理工作领导小组,负责领导社会救助管理工作,负责协调、解决社会救助资金管理及使用中的相关问题。社会救助管理工作领导小组设在民政部门,负责领导小组的日常工作,负责对社会救助资金筹集、管理、使用等情况进行监督。各地方民政部门相应设立社会救助管理工作办公室,负责受理本辖区内特殊困难群体的社会救助申请,负责社会救助资金的管理、使用等工作。各省、直辖市、自治区民政厅(局)的财务处,地、市、州、盟民政局的财务科,应建立健全社会救助经费管理制度。街道、乡(镇)应指定财务人员管理社会救助事业费,并设置专用账簿,记录社会救助费的发放情况。各级财务管理人员应认真执行国家有关社会救助费的财务管理制度,遵守规定的使用范围,严格按程序和审批手续办事,对于不符合使用范围和制度的开支有权拒绝支付。财务人员在调动工作时,必须将经手的社会救助费账目和款物造具清册,连同簿据办理移交,经监交人和继任财务人员查核无误后,方准离职。如果发现账面不清或情节可疑,必须认真查究处理。县以上民政部门应该会同财政、审计部门,经常组织力量,深入重点地区或单位,检查社会救助事业费的使用情况和财务管理工作,发现问题应及时处理。对平时发放、滥支挪用、干部多占、徇私舞弊等现象必须切实加以纠正;对于贪污、盗窃、私分社会救助事业费或各种救灾救助物款的,除必须追回被贪污、盗窃、私分的款物外,还应依法严肃处理,情节严重者必须追究责任者的刑事责任。

社会救助资金属财政预算内资金。县级以上人民政府应当根据社会救助工作实际需要完善相应的社会救助、资金物资保障机制,将政府安排的社会救助资金、社会救助工作经费纳入财政预算。社会救助资金支付应当按照财政国库管理的有关规定执行。低保金、散居特困人员救助供养金、临时救助金原则上应支付到救助对象个人账户,集中供养特困人员救助供养金应统一支付到供养服务机构集体账户。孤儿基本生活费应支付到孤儿和艾滋病病毒感染儿童本人或其监护人个人账户，集中养育的孤儿和艾滋病病毒感染儿童基本生活费应统一支付到福利机构集体账户。县级民政、财政部门应当为救助家庭或个人在银行、信用社等代理金融机构办理接受社会救助资金的账户，也可依托社会保障卡、惠农资金"一卡通"等渠道发放救助资金，代理金融机构不得以任何形式向救助家庭或个人收取账户管理费用。

社会救助资金的使用和管理坚持公开、公平、公正的原则，实施规范化、公开化、动态化管理。每年定期向社会公布筹集和使用情况，接受社会舆论监督。县级以上人民政府财政部门、审计机关应当依法对社会救助资金、物资的筹集、分配、管理和使用实施监督；县级人民政府及其社会救助管理部门应当通过便于公众知晓的途径，及时公开社会救助资金、物资的管理和使用等情况，接受社会监督；同时，任何单位或者个人截留、挤占、挪用、私分社会救助资金、物资的行为均构成违法行为，相关责任人员应当承担相应的法律责任。

享受困难群体社会救助待遇的人员如有采取虚报、隐瞒、伪造等手段，骗取社会救助资金、物资或者服务的，由民政部门给予批评教育或警告，停止社会救助，责令退回非法获取的救助资金、物资，并处以非法获取的救助款额或者物资价值1倍以上3倍以下的罚款。此外，申请者或者已获得社会救助的家庭或者人员，对社会救助管理部门作出的具体行政行为不服的，可以依法申请行政复议或者提起行政诉讼。

五、社会救助管理信息系统

社会救助管理信息系统是指以计算机、因特网为主体的信息技术在社会救助领域中的应用。社会救助信息系统是整个社会救助体系的技术支撑。它涉及社会救助体系的各个层面，贯穿于社会救助工作的各个环节。20世纪80年代以来，由于对信息的概念认识的不断深入，以计算机和数据为基础的信息处理开始过渡到以信息作为战略性资源管理阶段。目前，多个社会救助管理信息系统已经研发出来并已应用于实际管理工作中，并产生了较好的社会效益。

社会救助信息化的主要内容就是将信息技术与社会救助业务相结合，构建社会救助管理信息系统。该系统是我国政府管理信息系统的一个重要组成部分，由计算机、通信网络、数据库和相应的管理软件，以及各种专业技术人员所组成。信息来源于劳动者个人和基层单位。通过对社会救助及相关数据的采集、加工、处理，形成多种有用的信息，提供给各级劳动保障部门的决策者、管理员和社会公众，以满足不同层次、不同人群的信息需求，达到信息共享，实现信息资源的有效利用。

社会救助管理信息系统的设计涵盖整个社会救助体系及流程。目前，我国已经研究了很多社会救助管理信息系统，比如全国救助管理信息系统、捷宇科技民政社会救助管理信息系统、浙江省社会救助管理信息系统、北京市民政局智慧社会救助系统、湖南省社会救助信息管理系统、吉林省民政局社会救助管理系统等，没有一个统一的标准，但都实现了网上申请、审批和复查操作等功能，能快速发现重复申请的救助对象情况，快速查询救助对象基本信息、申请表信息、调查表信息、审批表信息，并能将救助信息动态汇总，在网站上自动公开发布。目前我国不少地方社会救助管理部门利用计算机信息技术，对社会救助申请与审批中的每个环节进行统一管理，以防止在申请过程中出现重复申请等"作弊"行为。

从系统功能上来说，社会救助管理信息系统基本上由以下几个基本方面构成：

（1）社会救助管理数据和信息的收集和整理。社会救助信息收集包括原始信息和再生信息收集两种。原始信息是相对简单、接近信息源的信息;再生信息是经过某种模式从原始数据中提取的信息。社会救助管理的再生信息主要是在不同的信息系统之间进行的,包括横向各个部门和纵向各级机构之间的关联数据、分系统合成数据、通过各类计量模型和统计模型计算的数据等。

(2)社会救助管理信息的存储。涉及信息存储时,要考虑存储量、信息格式、存储方式、使用方式、存储时间、安全保密、使用授权等方面的要求,使组织信息不丢失、不失真、不外泄,并且方便使用。在不同的信息系统中,存储的要求是不一样的。日常业务信息系统,格式相对简单,时间短,但数据量大;管理信息与决策支持系统格式复杂,存储时间长,存储难度大;对于专家系统,不仅要存储大量的计量模型,而且还要大量背景和历史信息,对存储方式、时间、内存都有特殊的和复杂的要求。

(3)社会救助管理信息的加工。信息加工是一类特殊的信息合成模式。它一般是通过模型化方式提出信息需求,得出有用的管理信息,这在专家系统中较常用。社会救助管理信息加工步骤是:第一,管理项目及指标设置。对于复杂的管理模型来说,一些指标需要经过特殊设计才能反映出人力资源的特征。第二,管理信息提取模式构造。目前的模式主要有以下几类:①计量模型,如线性和非线性计量模型;②统计模型;③管理模型,如成本管理、资源储备模型、线性规划模型、排队模型与对策模型等;④特殊模型,如遗传算法、网络图、聚类模型等。这些模型是为了提取更复杂也更具参考意义的决策信息。第三,模型运行与报告,把模型运行取得的数据和分析结果、误差、背景、图表和文字解释一并输出,供决策者参考。

(4)社会救助管理信息的传递和提供。信息系统的最终目的是为用户提供基础数据、管理信息和决策支持信息。信息系统可以因管理者对信息内容、质量等要求选择不同的传递方式、提供方式。

六、社会救助管理的监督机制

完善的监督机制是确保管理制度有效实施的重要基础。如果没有针对社会救助制度的健全的监督机制,无论该制度在当时的历史条件下是多么合理,运行多么规范,设计多么有效,随着社会经济及与社会救助相关的各种因素的变化,社会救助制度运行就可能存在不良的问题和后果。因此,加强对社会救助的监督,既是社会救助制度建设的要求,也是完善社会救助运行机制的需要,更是维护社会成员社会救助权益的要求。

对社会救助的监督应当包括三个层次:第一层次是社会救助行政部门的监督。社会救助行政部门的监督是指政府有关行政部门根据其管理职能,代表国家对社会救助制度的运行进行监督。以日常监督方式为主,并按照本部门的监督和非主管部门的监督,一般寓于社会救助管理过程中。第二层次是专职部门的监督。专职部门的监督主要是财政监督和审计监督。社会救助资金的收支状况直接影响到国家财政状况的好坏,因此加强财政监督具有十分重要的意义。财政监督的主体是各级政府财政机关,监督的内容包括预算监督、缴费监督和财务监督。审计监督是由专门从事审计业务的部门对社会救助资金的收支、使用和投资运营的效益以及是否违反财经纪律进行的经济监督。从事审计监督的主体主要是国家审计机关,各级社会救助业务经办机构也应当建立相应的内部审计机构,社会审计组织也可以在国家审计机关的授权下从事社会救助的审计工作。第三层次是社会监督。社会监督是指社会救助的直接利害关系者或者其他群众组织,借助舆论的作用及其影响,对社会救助管理进行的监督。尽管它没有行政监督的权威性和审计监督的超脱性与专业性,但它的社会性对社会救助管理部门的管理行为产生很大的约束,大致分为工会监督、妇联组织监督、企业团体监督和社会舆论监督等。

第二节　我国社会救助管理存在的问题与完善思路

尽管我国社会救助制度从计划经济时期面向特殊群体的"剩余模式"发展到覆盖全体社会成员的权利保障制度,救助理念发生了转变,制度体系不断发展完善,有效保障了贫困人口的基本生活,在救助管理体制、救助的资金来源、救助的信息化建设方面取得了一定的经验和成绩,但是,我国社会救助管理还存在着一些问题,完善我国的社会救助管理就是迫切需要解决这些问题。

一、我国社会救助管理存在的主要问题

1.社会救助法制建设滞后

目前,我国社会救助领域的制度安排主要是以办法或条例的形式出现,如《城市居民最低生活保障条例》(国务院令第 271 号,1999 年 10 月 1 日起施行)、《城市生活无着的流浪乞讨人员救助管理办法》(国务院令第 381 号,2003 年 8 月 1 日起施行)、《法律援助条例》(国务院令第 385 号,2003 年 9 月 1 日起施行)、《农村五保供养工作条例》(国务院令第 456 号,2006 年 3 月 1 日起施行)、《廉租住房保障办法》(建设部令第 162 号,2007 年 12 月 1 日起施行)、《自然灾害救助条例》(国务院令第 577 号,2010 年 9 月 1 日起施行)、《社会救助暂行办法》(国务院令第 649 号,2014 年 5 月 1 日起施行)等,还没有上升到法律层面。其他相关社会救助法律规范分散在各部门法中,如《中华人民共和国残疾人保障法》《中华人民共和国老年人权益保障法》《中华人民共和国未成年人保护法》《中华人民共和国妇女权益保障法》《中华人民共和国慈善法》等。

在各国社会法体系中,由于社会救助法的基础性地位和作用,社会救助法在各国受到普遍重视,社会救助立法具有优先性。如英国在 1601 年率先颁布了《济贫法》,1834 年完成了《济贫法修正案》,之后于 1908 年通过了《老年养老金法》,1946 年才颁布《国民保险法》。近十年来,中国社会法体系不断健全,各类弱势群体的基本权益得到保障,但社会救助领域的综合性基本法缺失是社会法体系不完善的根本表现。从社会保障法律体系架构来看,社会保险法和慈善法分别于 2010 年和 2016 年通过和实施,在此情形下,社会救助法立法与社会保险法和慈善法立法相比明显滞后,《社会救助法》的缺失明显成了我国社会保障法律体系的"短板"。

1994 年,社会救济法就被列入《八届全国人大常委会立法规划》。这是新中国首次提出制定社会救助的法律规范。十届全国人大常委会时,社会救济法再次被列入立法规划。十一届全国人大常委会再次将该法列入五年立法规划,并将名称确定为《中华人民共和国社会救助法》。后来的十二届、十三届全国人大常委会继续将社会救助法列入立法规划。但是,由于各种原因,社会救助法至今仍未颁布实施。其中一种原因是社会救助立法内容上存在一些分歧。第一,按标准施保还是按发生率施保?按标准施保的难点在于收入和财产核定难、行政成本高、低保资金财政管理难;按发生率施保的难点在于遇到经济变化往上调容易,往下调难。第二,按户施保还是单人入保?单人入保容易操作并容易解决实际问题,但单人入保如何让家庭

成员(子女)尽到义务是一个难点。第三,救助审批权能否从县(区)下放到乡镇(街道)?有人认为目前县(区)级审批就是形式,也有人认为下放审批权是推脱责任。救助审批权下放后乡镇(街道)经办能力能否跟上也受到质疑。

2.相关管理部门多,政策协调难度大

虽然社会救助的八大项目都在一个制度体系下,但是在实际运行中,不同的制度却由不同的部门负责,造成了管理体制的分散化。一是社会救助本身管理部门分散化。国务院民政部门统筹全国社会救助体系建设,能在一定程度上缓解"碎片化"。然而,各救助项目仍分别归属民政、应急管理、卫生健康、教育、住房城乡建设、人力资源社会保障、医疗保障等多个部门管理,这些行政部门统称为社会救助管理部门。社会救助制度力求体现综合效能,而多部门管理职能分散,政绩、权责、信息、经办、领导等方面的分离极易造成本位主义、推诿责任、争夺资源、协调难度大等问题,难以形成救助合力,不利于救助资源的统筹规划与协调。二是社会救助涉及的相关政策多。社会救助制度本身包含的八类基本内容涉及多个社会救助管理部门,同时社会救助与其他社会保障政策也存在功能上的重叠与补充。如医疗救助与医疗保险、大病保险共同应对因病致贫;最低生活保障和养老保险、老年福利共同应对老年贫困;就业救助与失业保险共同应对失业贫困;慈善事业与社会救助和社会福利互补应对各类贫弱问题。而这些相关政策又归属于不同的管理部门,易导致社会救助与相关政策衔接不畅、信息沟通不灵、标准不统一等问题,不能有效实现资源共享;易导致帮扶资源"重叠交叉"与"缺位不足"同时存在的局面,有的群体得到多头救助,而有的困难群体却得不到任何救助。

3.社会救助资金管理机制不完善

在救助资金筹措方面:一是救助资金投入不足。由于种种原因,我国每年投入的社会救助资金占中央财政支出的比例较低,属于世界上社会救助资金投入比例较低的国家之一,近年来,虽然救助资金拨款数额有了较快增长,但与贫困居民的迫切需求比较起来,仍是杯水车薪。我国现行的社会救助在制度规定上过于强调地方责任,而我国各地的经济发展水平不均衡,这使得经济落后的地区往往需要中央的财政支持。财政困难的地区,在年初都会按中央"配套"的要求做出预算,这样中央拨款才会拨下来,但地方预算资金的兑现却不一定能实现。由于资金投入的不足,地方财政困难的地区还在救助的规模、救助水平上出现"看米下锅"的现象。二是动员社会力量筹集资金的机制还不完善。由于我国公益慈善发展的政策环境不健全,公益慈善机构社会公信力缺乏,公民慈善捐赠观念落后,社会筹资渠道不畅,慈善机构和社会的信息交流不足等原因,导致我国社会救助动员社会资源的能力弱,社会捐赠资金总量和我国的人口大国不相匹配。我国的城镇、农村以及受灾人员救助每年都需要相当数额的资金支持和保障。这些资金主要来源于国家的各级财政预算,由于数额巨大,财政资金往往也不能满足贫困居民的实际需要。

在救助资金的使用方面:一是救助资金调剂渠道还未打通,救助资金合力作用的发挥受到限制。目前对社会救助资金的核算管理普遍采用专户管理、分账核算、各自独立的模式,各项目之间的资金渠道未能打通。一方面,随着扶贫开发工作的深入推进、动态管理能力的提升,尤其是基层自由裁量权的压缩,最低生活保障对象数量下降明显。保障人数的快速下降导致多数省市的低保资金出现大量结余。但是另一方面,医疗救助和临时救助等项目资助力度加大。随着救助水平的提升,医疗救助和临时救助资金出现较大缺口。许多地方筹资水平低,基金规模小,出现了救助范围窄、报销比例低等问题,难以从根本上缓解城乡困难群众患病特别

是患重特大疾病的就医负担,患病群众的实际需求没有得到有效满足。二是救助资金合力发挥受限。救助职能的分散带来了救助管理资源的分散,影响了资金合力的形成,而且有些地区救助标准过高,容易出现工作激励不足的问题。由于社会救助职能的部门分割,加大了各救助部门之间的沟通、协调难度,各部门在出台社会救助政策时无法实现充分互动、共享、衔接,难以实时共享救助信息,难以形成统一的救助决策与监测体系,导致各种问题的出现,比如多头救助和救助盲区、重复救助与遗漏救助等。

4.社会救助信息资源分散,救助管理平台不统一

社会救助信息管理涉及多个部门,特别是居民家庭经济状况核对需要涉及公安、教育、车辆、住房、金融、人社、市场监管、税务等多个部门和机构,而各个部门和机构都有各自的信息平台,信息管理相对分散,不利于社会救助信息资源整合,难以形成社会救助合力。加之我国社会救助管理部门众多,加重了社会救助信息资源分散的问题。目前,我国已建成全国救助管理信息系统和全国最低生活保障信息系统,许多县级以上地方层面主要建成了社会救助管理系统和居民家庭经济状况核对系统,有的厅局根据专项救助业务需要,还建成了城乡最低生活保障信息系统、学生教育救助信息系统、医保结算系统、救灾应急指挥系统、就业救助系统等,总的来看,社会救助信息资源丰富,为社会救助工作的顺利开展提供了坚实的基础。但是,部门救助信息未全面互通共享、社会力量参与救助缺乏信息平台、信息系统的智能化程度不高等问题也成了阻碍,容易出现救助不精准、救助不足或重复救助的情况。

5.项目运作管理专业化、精确化、规范化、效能化程度不高,基层经办能力仍然较弱

我国社会救助项目运作存在几个方面的问题:一是基层管理人员缺乏,专业化水平较低。我国社会救助工作的开展最终由村(居)委会和乡镇(街道)直接贯彻实施。这些基层的工作人员往往身兼多职,社会救助只是他们众多工作中的一项,因此难以形成专业化的社会救助经办队伍。此外,在一些经济发展水平较落后的地区基层普遍存在人员、设备、经费严重不足等管理问题,而这些地区的救助工作往往是最繁重的。二是救助对象认定不够精准。一些施行"分类施保"的地区认为三、四类对象①家庭贫困程度差距不大,不易瞄准、不好平衡,采用村民投票等粗放方式评选对象,导致三、四类对象人数众多,轮流坐庄现象时有发生。一些地区受传统体制制约以及管理人员素质影响,在推进低保工作时"重投入轻管理""重权力轻责任"的现象较多,不注重低保对象动态管理,随意放宽审核审批条件,将不符合条件的人员纳入低保范围,出现了"房叔吃低保""开豪车吃低保"等"错保"现象。三是救助的规范性不强,违规操作频发。一些地区在实际操作中逐步偏离低保"保生存"的基本目标,将非贫困老人、拆迁户、上访户、道士僧侣等人群纳入低保,使其成为综合性的泛福利化项目,导致保障人数迅速扩张。有的基层部门人为分配低保指标,除了虚报冒领、截留挪用、优亲厚友等惯用手段,雁过拔毛的"回扣式"腐败也成了基层干部蚕食低保对象利益的新变种。四是经办流程烦冗,服务效能不足。社会救助涉及的管理部门众多,各主管部门分散、多级开展经办业务的现状会导致民众申请救助业务不便,甚至不知道某项救助的经办地点,造成民众申请救助"门难寻"的困难。建制不统一,信息不兼容,会影响政策的执行力与协调度,造成经办效率低,服务效能不高,会严重影响民众获得保障的便捷性。同时,经办机构重复、过多级别设置,消耗过多的人力物力资源,提高了行政管理成本。

———————————————

①　三类对象指虽有劳动力,但因家庭成员残疾或多病,导致维持基本生活困难较大的家庭;四类对象指其他难以维持基本生活的困难家庭。

　　6.社会救助的监督管理机制不健全

　　虽然我国于 2013 年、2014 年分别出台了《民政部关于建立健全社会救助监督检查长效机制的通知》《社会救助暂行办法》,对社会救助制度实施过程中的违法行为的处理和监督管理作了部分规定,但实际工作仍然不尽如人意。一方面,监督机制薄弱。特别是在农村,社会救助制度的实施过程中违法事件时有发生,"骗保""关系保""人情保"等现象频发,基层组织截留救助资金的行为不断。这些问题的主要原因在于基层自治组织的权力得不到有效的监督与制约。另一方面,法律渠道不畅。虽然我国行政复议法、行政诉讼法、城市生活无着的流浪乞讨人员救助管理办法、社会救助暂行办法中有关于社会救助方面的相关规定,但在相关法律、法规的衔接上,还存在一些问题。如我国社会救助暂行办法第六十五条规定,申请或者已获得社会救助的家庭或者人员,对社会救助管理部门作出的具体行政行为不服的,可以依法申请行政复议或者提起行政诉讼,但我国行政复议法所列举的行政复议范围与行政诉讼法所列举的受案范围,在社会救助方面都仅限于发放抚恤金、最低生活保障费、社会保险待遇行为,我国行政复议法、行政诉讼法都未明确将社会救助暂行办法中的社会救助诸行为纳入行政复议、行政诉讼的受案范围。

　　7.社会救助管理城乡二元化

　　虽然我国现行的《社会救助暂行办法》在一定程度上实现了城乡社会救助一体化,里面的很多条款都不再严格地冠以"城镇"或"农村"的字眼。然而,由于我国传统户籍制度影响,社会救助管理仍然存在城乡分割的问题。一是城乡救助资源、救助水平差距较大。现有的社会救助行政法规或政策有很多是采取城乡二元分治的理念来制定的,导致我国社会救助制度呈现出城乡二元分割的局面:有的省市城乡低保补助水平差距较大(其中西藏自治区的城乡低保标准差距最大,2019 年第四季度高达 2.3 倍①),而且在日常管理工作的规范性方面农村也明显赶不上城镇,此外,专项社会救助项目在城镇地区发展的广度和深度均远远超过农村地区。二是部分社会救助制度的规定不利于城乡融合发展。现行的《社会救助暂行办法》明确规定,申请最低生活保障和特困人员供养需要"向户籍所在地的乡镇人民政府、街道办事处提出书面申请",这一制度安排导致以农民工为主的流动人口申请社会救助存在困难。大量进城务工的农民工无法在城镇申请最低生活保障和特困人员供养救助,并且由于他们的外出生活,也很难在其户籍所在地获得相关的待遇,因此事实上形成了社会救助对农民工等流动人口的排斥,不利于城乡融合发展。

二、完善我国社会救助管理的思路

　　1.提升立法层次,规范制度运作

　　社会救助作为保障民生福祉的制度安排,必须依靠强有力的法律武器。目前,加快我国社会救助法立法进程条件已具备。第一,制定社会救助法的财政条件已经具备。相比较而言,我国社会救助的覆盖面并不大,目前受助各类人口约占总人口的 6%~7%,在经济持续发展和财力不断增强的前提下,制定社会救助法并不会导致国家财力不堪承受。同时,社会救助暂行办法实施经验表明,随着社会救助法治化的推进,社会救助管理更加规范,社会救助资金使用

---

　　① 数据来源:根据中华人民共和国民政部公布的各省市城乡低保标准数据计算而得。http://www.mca.gov.cn/article/sj/tjjb/bzbz/2019/202002191727.html.

效益更高。第二,加快社会救助法立法有了坚实的工作基础。社会救助暂行办法颁布,各级政府相继建立了政府领导、民政牵头、部门配合、社会参与的社会救助工作协调机制和县级政府困难群众基本生活保障机制,整合后的社会救助制度开始形成合力,在基层积累了许多实践经验。同时,近年来,各级政府相继设立低收入家庭认定(居民经济状况核对)指导中心等,在全国范围内初步建立了社会救助家庭经济状况核对机制,通过对申请对象的存款、房产、车辆、有价证券、住房公积金、个体工商登记等方面的数据核查,提高了社会救助对象认定的精准性,得到社会的广泛认同。第三,建立健全发挥社会救助兜底保障作用的长效机制,需要出台社会救助法。2020 年现有扶贫标准下贫困人口实现全部脱贫,迎来全面小康社会,社会救助在农村贫困人口托底保障的重任突显,在全面建成小康社会中承担"弱有所扶"的新目标,这些为加快社会救助立法打开了重要的时间窗口。第四,2018 年党和政府机构改革对社会救助法提出新要求。本轮机构改革新设国家医疗保障局,整合了人社部门的基本医疗保险、原卫计部门的新农合、民政部门的医疗救助和发展改革部门的医疗价格等职能。还新设立应急管理部,整合了民政部的救灾职责,其中包括为受灾人员提供基本生活救助等职能。因此,对于社会救助管理来说,管理部门有所增加,管理运行体制应相应有所变化。为顺应机构改革需要,需尽快制定出台社会救助法,进一步完善社会救助管理体制和运行机制,提高社会救助体系运行效率。

在社会救助立法方面,可以将社会救助暂行办法修改完善后上升为法律,解决社会救助领域的基本法律缺位问题,为社会救助提供高位阶的法律依据。同时,社会救助法的内容应体现社会救助立法的共识。第一,基于"弱有所扶"目标,向相对贫困群体扩展。用社会收入中位数的 50% 或 60% 作为低保标准,扩大低保内涵;用支出标准取代收入标准,保障支出型贫困群体。第二,明确中央与各级地方政府的财政支出比例。建立"中央—省—市—县(区)"四级筹资比例,尤其明确中央和省级财政的筹资责任。充分考虑城乡差异和地区经济发展情况,加大对西部地区及贫困地区的财政补助力度。第三,整合跨部门的救助资源,建立协调机制和新平台。完善社会救助部际联席会议协调机制、县(区)困难群众基本生活保障工作协调机制和乡镇(街道)"一门受理、协调办理"的社会救助平台,充分利用区块链等新兴技术,解决跨部门的救助资源整合问题。第四,补上《社会救助暂行办法》中行政程序性规定不足的短板。增加社会救助标准制定程序;确立社会救助的申请、审核、审批、发放和退出程序;完善社会救助的监督程序,强化对受助对象的约束力度。

2. 加强部门协调,强化政策对接

针对相关管理部门多,政策协调难度大的问题,要加强社会救助部门间协作,进一步强化部门间政策对接。首先,加强部门协调。充分发挥部际、省、市、县(区)社会救助部门联席会议、县级困难群众基本生活保障工作协调机制、基层"一门受理,协同办理"机制整合社会救助横向府际关系的作用,进一步强化"政府主导、民政牵头、部门配合、社会参与"的工作机制,强化专题会议、书面审议和联络员会议等相关制度,加大部门协同力度,健全部门协作机制,提高整体工作效能。规范社会救助部门协调机制的主要职责、组成部门、工作规则、议事内容、运行程序,促进社会救助资源的有效整合,形成部门联动效应,推进重点难点工作取得突破。其次,强化部门间政策对接。在相关社会救助项目实施中,明确界定各部门的救助职责分工。除本部门专项救助履职考核外,各部门有责任安排资源,提供信息,配合查证。财政部门、审计部门、物价部门加强救助资金的拨付、审计和监督。同时加强各部门协调配合的动力和积极性。健全责任与绩效考核机制,把是否积极配合其他部门完成相关工作列入绩效考核范围。领导督查的同时,强化各部门之间的相互监督。

近年来,山东省临清市着力完善社会救助转介服务良性互动机制,建立了"一门受理、主动发现、快速响应、综合协调、常态监督"的工作机制,有效发挥了救助部门协同作用,保障了急难事件救助的及时性和有效性,其经验值得借鉴。在市级层面,成立了以市政府分管领导为召集人,市政府办公室、市民政局等涉及救助部门(单位)为成员单位的困难群众基本生活保障工作领导小组,全面构建了以政府统领主导、民政牵头协调、部门协同配合、镇(街)具体落实、社会力量共同参与的工作落实机制。按照统筹协调的方式,纵向贯穿市、镇(街道)、社区、村居四级,横向衔接全市 15 个救助单位和市慈善总会,形成了纵向贯通、横向衔接、立体覆盖的"T"字形转介服务连接网络,将民政、检察、教体、自然资源、住建、司法、人社、医保、扶贫、卫生健康、残联、工会、团委、妇联等单位的城乡低保、特困人员救助、流浪乞讨救助、教育救助、困难职工生活救助、医疗救助、法律援助、残疾人救助、临时救助、志愿服务、农村 C 级及 D 级危房改造等 20 余项救助帮扶事项整体联动运行,积极打造了转介服务整体联动新模式。

3. 完善资金筹措机制,统筹救助资金使用

在救助资金筹措方面,在强化政府责任的同时,要充分调动社会力量参与社会救助。首先,强化政府主体责任。为了保证各项社会救助政策的落实,提高社会救助的水平,中央财政应当调整财政支出结构,加大社会救助资金支出比例。强化政府主导地位,形成以需求为导向的资金投入格局,根据当地的人口、生活水平等因素来决定社会救助资金的投入总量。地方各级政府应当按照公共财政的要求进一步调整和优化财政支出结构,将社会救助经费按照相关救助项目列入当年财政预算,提高社会救助资金投入在财政支出中的比重。其次,建立社会化的多元筹资体制。除了开展各种形式的扶贫帮困捐赠活动,还要进一步落实社会捐赠的税收优惠政策,充分调动个人、企事业单位、社会团体捐赠的积极性,特别是要通过大力发展慈善事业、福利彩票事业筹集社会救助资金,逐步拓宽社会救助资金渠道,为社会救助提供必要的补充。进一步开放社会救助渠道,鼓励国外的慈善机构和社会团体,在遵守中国法律、法规的前提下,在境内开设各种形式的慈善救助机构。

在救助资金的使用方面,要统筹资金使用,优化救助资源配置。首先,以整合项目资金为先导。中央财政已把低保、特困人员救助供养、临时救助、流浪乞讨人员救助、孤儿基本生活保障等五项资金统一整合为困难群众救助补助资金,需要在此基础上逐步拓宽社会救助资金统筹、整合范围。财政部门作为综合业务部门,在预算安排和资金整合方面有着信息和资源优势,应充分发挥财政资金引导作用。对于地方财政部门而言,服务人口少、信息资源优势明显,可以有效协调业务部门并牵头推进社会救助资金和项目整合的相关工作。中央财政可以采取以奖代补的方式,鼓励地方先行先试,对于整合力度大、工作成效好的地区,在资金分配时给予奖励或倾斜。其次,以制度统筹与部门统筹为基础解决资金统筹问题。预算支出的计划编制、下达、实施之间要有各部门职能之间的协调、衔接。搭建救助资金统筹管理使用平台,按照资金使用方向建立救助资金"蓄水池",政府根据工作实际情况从"蓄水池"中据实列支,各部门救助资源叠加的结果如果达到这个标准,预算就不再继续支持。再次,明确各项社会救助资金的功能定位,按救助需求科学设计救助项目,避免同类项目的简单重复与待遇叠加。救助资金规模、救助对象确定,要和本地区的实际情况、特殊因素相结合,不能搞"一刀切"。最后,注重当年和以前年度社会救助资金的统筹使用,统筹增量、盘活存量,切实提升财政资金使用效益。事实上,年度救助资金预算执行情况与经济发展情况之间有一个密切的关系,这也是"自动稳

定器"的表现。所以,与中期财政预算相结合,按照3~5年的预算执行期限来统筹以前年度和本年度的救助资金,不仅可以提高资金使用效率,还能够避免"鞭打快牛"的现象出现。

4.推进综合性社会救助管理信息平台建设,实现信息资源共享

借助大数据、云平台和5G等新技术,以现有的社会救助信息系统和家庭经济状况核对系统为主体,优化再造救助流程,按照"申请、审核、认定、救助、管控"一个过程,建成综合性社会救助管理信息平台,实现各部门相关信息资源的互联互通。目前,有的省市已经建成或在建综合性的社会救助信息平台,实现救助信息资源对接。如湖北省社会救助信息平台涵盖了社会救助信息管理系统、居民家庭经济状况核对系统、优抚对象医疗补助"一站式"结算系统、医疗救助信息系统四个信息系统的资源。浙江省正在着力推进大救助信息平台建设。具体来看,建设大救助平台主要包含:建立社会救助信息库、建设救助协同办理系统、重构经济状况核对系统、建设家计入户调查系统、建立救助需求发布系统和建设大救助管控系统。建成的大救助信息平台将整合原有的社会救助管理系统、医保结算系统、救灾应急指挥系统、社会救助业务系统、就业救助系统、社会力量参与系统六个系统的信息资源,实现多部门共享,实现救助对象统一认定、经济状况统一核对、救助需求统一发布、救助资金统筹使用、救助事项协同办理、救助绩效精准评估,横向连接各社会救助管理部门,纵向连接国家、省、市、县、乡镇(街道),各业务救助部门都可以调用相关资源库,并将救助结果反馈到大救助信息库。江西省吉安市民政局运用大数据"一站式"核对平台助推兜底保障精准化。吉安市民政局聚焦脱贫攻坚战,大力推进居民家庭经济状况信息化核对工作,积极探索与金融机构信息共享对接模式。通过市政府大数据平台建设,全面推进金融资产信息查询,建立"一键"发起、"一站式"查询的工作模式,快速、全面查询本区域范围内的银行、证券、保险等金融机构信息,为精准认定救助对象提供支撑,以高效的核对手段,核查出居民家庭客观真实的经济状况,补齐了以往入户调查采取"看、问、闻"方式认定对象不准确的短板,提高了精准识贫工作能力。其他省市乃至全国都可以借鉴这些省市的经验推进跨部门、跨层级、跨领域的综合性社会救助信息平台建设。

5.推进社会救助项目运作的专业化、精确化、规范化、效能化管理,加强经办服务能力建设

针对社会救助项目运作的专业化、精确化、规范化、效能化程度不高,经办服务能力仍然较弱的问题,一是加强基层社会救助专职队伍建设。定期加强对贫困救助基层管理人员和社区工作人员的救助理论和实践的培训,提高其理论素养、整体素质、专业化水平以及工作能力,使其能够适应经济社会的发展变化以及满足救助对象的服务需求。通过适度提高工资水平和福利待遇,鼓励社会工作专业人才进入贫困救助基层管理部门和社区。加强高校专业设置改革,扩大社会工作及社会救助方面专业人才的培养,为我国的贫困救助事业和基层管理人员提供人才储备。二是创新救助对象精准识别运行管理机制,确保"兜得准"。西安市碑林区在市民政局的指导下,大胆尝试建立困难家庭四级救助信息圈的做法值得借鉴推广。西安市碑林区将辖区内困难家庭的困难程度分为四圈,第一级救助信息圈为低保家庭;第二级为低收入认定家庭;第三级为家庭人均收入高于低收入标准,低于低收入标准1.5倍的困难家庭;第四级为家庭人均收入高于低收入标准1.5倍,低于低收入标准2倍的家庭。并通过社区摸排和群众申报相结合的方式确保了采集数据的全面性和有效性,通过动态更新和信息化管理确保数据的有效性与及时性,将四级信息圈家庭信息全部录入了社会救助一门受理平台系统,实行分圈、实时管理,有效实现了救助政策"兜得准"的目标。三是加强救助程序的规范化。建立从救助对象确定、救助需求测定、救助标准制定与调整、救助程序、救助实施及退出的全过程动态考

核机制,对于"骗保"现象,除了追回骗保资金,可以通过罚款等方式以示惩戒;对于截留挪用救助资金,"回扣式"腐败的基层干部要严加惩罚;对于不再符合救助条件的,由救助机构出具书面通知,或者采取物质、精神等激励措施鼓励其主动退出。为了保障救助权利不被公权力侵犯、维护经济秩序、促进社会公平和公正,还应建立相应的申诉制度,申请人对审核结果存在不满或者疑惑,可依法提起行政申诉;申请人无故拒绝支付理应支付的费用的,服务机构可依法对其进行民事追偿。四是提高基层经办机构的综合服务效能,打造便民服务。山东省泰安市新泰市积极推动社会救助"放管服"改革,制定委托事项监管办法和审批专用章使用办法,将低保、特困、临时救助在内的12大项20小项民政事项的审批权下放到乡镇街道,市级民政部门职责由程序上的审批变备案、监管、资金发放,实现了审批和监督职能分离,减少了审批上报环节。此外,还将家庭经济状况核对环节"关口"前移,实行先核对、后申请。减少救助审核环节,取消民主评议,将两榜公示减为审批结果一榜公示。实现了社会救助审批15个工作日内办结,构建起了简约高效的社会救助服务管理机制,不但大幅减少了办理的时间成本、行政成本,还把惠民政策第一时间送到了群众心坎上。其经验值得借鉴。

6. 健全社会救助监督检查长效机制,确保社会救助制度公平实施

首先,各部门要严格按照《民政部关于建立健全社会救助监督检查长效机制的通知》落实监管职责。县级以上人民政府及其社会救助管理部门应当制定社会救助工作的监督管理制度,并负责督促实施。社会救助管理部门或者经授权的社会救助经办机构履行监督检查职责,有权采取下列措施:查阅、记录、复制与社会救助工作相关的资料,了解救助对象家庭成员、家庭收入和资产拥有情况;询问与调查事项有关的单位和个人,要求其对与调查事项有关的问题作出说明、提供有关证明材料;制止社会救助经办机构和受委托的村(居)民委员会违反法律法规、规章和规范性文件的规定办理社会救助的行为。其次,明确将社会救助的多种类型纳入行政诉讼的受案范围,赋予公民对社会救助机关的监督权力。社会救助管理部门及其工作人员行使职权,应当自觉接受社会和公民的监督。任何单位、个人有权对履行社会救助职责的工作人员在社会救助工作中的违法行为进行举报、投诉。收到检举的机关,应当按照职责及时核实、处理。县级人民政府及其社会救助管理部门应当通过公共查阅室、资料索取点、信息公告栏等途径,及时公开社会救助资金、物资的管理和使用等情况,明晰举报、投诉等具体监督的程序。

最后,创新社会救助监督机制。山东省临邑县探索建立了"肯定式"受理、"否定式"审查诚信救助机制,其经验值得推广。临邑变革了传统救助理念,减少事前审核,加强事后监督和联合惩戒,给予申请人最大限度信任,实行"肯定式"受理,由申请人签订诚信承诺书,不再进行事前审核,按照申请人提供信息全部真实有效随时受理申报、即时审批,实现应救尽救、及时救助。依托大救助云平台,建立了失信人员数据库,后期监管中一旦发现信息不实,启动信用追溯,将失信人及涉事人员纳入失信人员数据库、永不删除,若其再申请救助,实行"否定式"审查,将当事人提供的资料全部按不实进行严格审查,职能部门实行联合惩戒,加大了失信成本,营造了诚实守信、依法办事的社会环境。

7. 实现城乡融合的社会救助管理

实现城乡融合的社会救助管理,要从根本上破除户籍制度的影响。一是要切实破除城乡二元分治的社会救助理念。政府在制定社会救助标准、分配城乡救助资源时要将城乡差距控制在合理范围内,由物价水平、居民消费品差异和救助需求差异引起的城乡救助差距是合理

的,而由"重城镇,轻农村"的二元分治理念导致的城乡差距是不合理的。目前,北京市、上海市、天津市、浙江省已经实现城乡低保标准一体化①,其他省市也在不断努力缩小城乡低保标准差距。二是要逐步打破户籍对申请社会救助的限制,采取属地化管理原则,切实保障流动人口的救助权利。有的省份在这方面已经提供了做法经验,比如《山东省社会救助办法》规定,"社会救助应当逐步实行属地化管理,允许符合条件的外来常住人口在居住地申请社会救助",特别是放宽了低保申请条件:"户籍所在地为城镇且实际居住满3年、无承包土地、不参加农村集体经济收益分配的家庭,可以申请城市最低生活保障。在居住地稳定就业的外来转移人口家庭,有固定住所且家庭成员均在居住地连续缴纳社会保险满3年的,可以在居住地申请最低生活保障。"

复习思考题

1. 什么是社会救助管理? 结合实际,谈谈你对社会救助管理的认识?

2. 如何认识和完善社区在社会救助管理中的作用?

3. 我国的社会救助管理存在哪些问题? 如何进一步完善?

---

① 资料来源:中华人民共和国民政部网站。http://www.mca.gov.cn/article/sj/tjjb/bzbz/2019/202002191727.html.

参考文献

[1]胡芳肖.社会救助理论与实务[M].西安:西安交通大学出版社,2015.

[2]蔡勤禹.国家、社会与弱势群体[D].南京:南京大学,2001:34-35.

[3]黄树贤.民政改革40年[M].北京:中国社会出版社,2018:10-15.

[4]潘华.改革开放40年来我国社会救助事业发展成就、历程与经验[J].市场论坛,2018(12):
    1-5,8.

[5]林闽钢.我国社会救助体系发展四十年:回顾与前瞻[J].北京行政学院学报,2018(5):
    1-6.

[6]王立剑,凤言,金蕾.社会支持能否缓解支出型贫困:来自陕西省的证据[J].农业技术经济,
    2019(2):47-60.

[7]谢勇才,丁建定.从生存型救助到发展型救助:我国社会救助制度的发展困境与完善路径
    [J].中国软科学,2015(11):39-49.

[8]刘浩瀛,魏莉,刘玉安.国外社会救助的经验借鉴[J].中国财政,2014(21):76-78.

[9]陈帝.我国非营利组织发展的税收激励机制研究[D].厦门:集美大学,2019.

[10]金锦萍.非营利组织营利性收入税收政策比较研究[J].社会保障评论,2019,3(4):
    118-132.

[11]汪朝霞.论社会救助制度的福利经济学思想渊源[J].理论观察,2007(6):31-33.

[12]米尔顿·弗里德曼.弗里德曼文萃[M].北京:北京经济学院出版社,1991:70-85.

[13]易艳玲,蒲晓红.用负所得税原理改革我国低保制度的现实性分析[J].生产力研究,2008
    (7):37-122.

[14]边恕,黎蔺娴.基于面板门槛模型的中国农村扶贫负所得税机制研究[J].社会保障研究,
    2018(5):87-95.

[15]彭华民,黄叶青.福利多元主义:福利提供从国家到多元部门的转型[J].南开学报(哲学社
    会科学版),2006(6):40-48.

[16]顾昕.贫困度量的国际探索与中国贫困线的确定[J].天津社会科学,2011(1):56-65.

[17]杨立雄、谢丹丹."绝对的相对",抑或"相对的绝对":汤森和森的贫困理论比较[J].财经科
    学,2007(1):59-66.

[18]AMARTYA SEN. Poor,Relatively Speaking[J]. Oxford Economic Papers,New Series,
    1983(2):153-169.

[19]亚太发展中心,盖托碧,卡利德.有效的摆脱贫困[M].陈胜华,译.北京:经济管理出版
    社,1996.

[20]汪三贵.贫困问题与经济发展政策[M].北京:农村读物出版社,1994:1-3.

[21]康晓光.中国贫困与反贫困理论[M].南宁:广西人民出版社,1995:1-3.

[22]林闽纲.中国农村贫困标准的界定[J].中国农村经济,1994(2):56-59.

[23]关信平.中国城市贫困问题研究[M].长沙:湖南人民出版社,1999,31-35.

[24]唐钧.中国城市贫困与反贫困报告[M].北京:华夏出版社,2003:28-42.

[25]江治强.全面建成小康社会后相对贫困及其治理[J].中国党政干部论坛,2020(1):71-74.

[26]沈扬扬,李实.如何确定相对贫困标准?:兼论"城乡统筹"相对贫困的可行方案[J].华南师范大学学报(社会科学版),2020(2):91-101,191.

[27]刘建平,王选选.贫困程度测度方法与实证分析[J].暨南学报,2003(2):53-57.

[28]杨立雄.贫困线计算方法及调整机制比较研究[J].经济社会体制比较,2010(5):52-62.

[29]乐章.社会救助学[M].北京:北京大学出版社,2008:43.

[30]李强.社会学的"剥夺"理论与我国农民工问题[J].学术界,2004(4):7-22.

[31]王娜.农村征地中失地农民的社会剥夺研究:原理与案例[D].重庆:重庆大学,2017.

[32]汪子涛.精准扶贫视角下社会救助兜底保障问题研究[D].天津:天津财经大学,2019.

[33]张泽胜,刘宝臣.民政兜底保障的实践探索和思考:基于山东省的实地调研[J].重庆文理学院学报(社会科学版),2020,39(3):48-55.

[34]陈爱云.我国城市最低生活保障制度的问题及对策探讨:兼论美国社会救助制度的借鉴[J].特区经济,2011(4):243-244.

[35]高园.从救济到救助:新中国城市社会救助的发展历程及其启示[J].河北科技师范学院学报,2011(1):58-62.

[36]张琬.中国最低生活保障制度嬗变历程及阐释[J],河南科技学院学,2020(1):1-8.

[37]祖俊涛,董黎明."后脱贫攻坚时代"背景下农村低保对象精准识别的实现困境和路径优化:以安徽省S县为例[J].北京化工大学学报(社会科学版),2019(4):11-21.

[38]陈文琼,刘建平.论农村低保救助扩大化及其执行困境[J].中国行政管理,2017(2):85-90.

[39]韩华为.农村低保会引致负向就业激励吗?:基于CFPS面板数据的实证检验[J].人口学刊,2019,41(6):89-102.

[40]战建华.农村五保供养制度的历史演变[J].经济与社会发展,2010(5):86-89.

[41]马宗晋,郑功成.灾害管理学[M].长沙:湖南人民出版社,1998:147.

[42]郑功成.社会保障学[M].北京:中国劳动社会保障出版社,2005:286.

[43]刘华平.社会救助与社会福利新论[M].西安:陕西人民出版社,2010:117.

[44]孙婧.灾害救助方式的政府决策分析[J].中国减灾,2006(10):32-33.

[45]江兰.灾后恢复重建项目管理创新研究[D].南京:南京大学,2012.

[46]黄敏.我国灾害救助中政府与非政府组织协作机制研究[D].北京:北京交通大学,2011.

[47]郭建平.从汶川地震看我国自然灾害救助体系的健全[J].河海大学学报,2009(11):29-31.

[48]孔锋.化解重大风险背景下的我国救灾资金保障分析[J].水利发展研究,2019,19(11):60-65.

[49]刘建义.我国灾害救助中的应急志愿服务机制研究[D].长沙:中南大学,2011.

[50]钟仁耀.社会救助与社会福利[M].上海:上海财经大学出版社,2005:186.

[51]新华社.深入开展生产救灾工作 董副总理在中央救灾委员会成立会上的报告[N].人民日报,1950-03-07(2).

[52]蒋积伟.1978年以来中国救灾减灾工作研究[D].北京:中共中央党校,2009.

[53]胡务.社会救助概论[M].北京:北京大学出版社,2010:40.

[54]民政部政策研究室.民政工作文件选编(1985)[M].北京:华夏出版社,1986:104.

[55]民政部法规办公室.中华人民共和国民政工作文件汇编(1949—1999)[M].北京:中国法制出版社,2001:1472.

[56]赵朝峰.当代中国自然灾害救助管理机构的演变[J].中国行政管理,2015(7):137-142.

[57]王东明,曹坤,刘剑博.汶川地震以来我国自然灾害救助工作的发展[J].中国应急救援,2018(3):9-14.

[58]郭茜茜.建国以来我国防治自然灾害工作的基本经验探讨[D].武汉:华中科技大学,2010.

[59]李华文.改革开放四十年来中国自然灾害与社会救助述论:基于历年灾害与救灾数据的统计分析[J].湖南社会科学,2018(5):46-52.

[60]胡洋.我国自然灾害救助工作存在的问题及对策[J].中共太原市委党校学报,2012(3):46-48.

[61]周孜予,全荃.自然灾害行政救助制度:反思与重构[J].学术交流,2015(9):108-112.

[62]Bardash. Improving the productivity of JOBS program[M]. New York: Manpower Demonstration Research,1993.

[63]左常升.中国扶贫开发政策演变:2001—2015年[M].北京:社会科学文献出版社,2016:31.

[64]胡锦涛文选(第1卷)[M].北京:人民出版社,2016:2.

[65]吴忠民.中国社会政策演进及问题[M].济南:山东人民出版社,2009:212.

[66]杨祥竹.我国城乡医疗救助制度研究[D].武汉:华中师范大学,2016.

[67]邱舒.论城乡医疗救助制度的完善:以广西南宁市为例[J].现代商贸工业,2020,41(9):137-138.

[68]杨立雄.我国医疗救助管理制度改革探析[J].学术研究,2012(12):6-9.

[69]高和荣.论建立健全我国城乡弱势群体医疗救助制度[J].中国社会科学院研究生院学报,2007(1):133-137.

[70]朱铭来,胡祁.中国医疗救助的对象认定与资金需求测算[J].社会保障评论,2019,3(3):132-146.

[71]任丽明,刘俊荣.城市医疗救助与城镇居民基本医疗保险制度相衔接模式的分析及建议:以广州市为例[J].中国卫生事业管理,2010(8):526-528.

[72]朱亚鹏.住房制度改革政策创新与住房公平[M].广州:中山大学出版社,2007.

[73]史京华.莱芜市农村危房改造问题研究[D].济南:山东大学,2015.

[74]洛涛,毛海峰,李佳鹏.西安廉租房六年无人住,惠民政策为何一拖再拖?[EB/OL].(2007-1-29).http://news.xinhuanet.com/house/2007-01/29/content_5666952.htm.

[75]李凌翌.开启全国先河 成都农村居民享受住房保障[EB/OL].(2012-07-29).http://www.cdrb.com.cn/html/2012-07/29/content_1646882.htm.

[76]宏耀,赵常成.法律援助的管理体制[J].国家检察官学院学报,2018,26(4):32-50,172.

[77]李雪莲,夏慧,吴宏耀.法律援助经费保障制度研究报告[J].中国司法,2019(10):89-95.

[78]黄家焱.论法律援助质量不高的原因和对策[J].法制与社会,2019(28):140-142.

[79]陈良谨.社会救助与社会福利[M].北京:中国劳动社会保障出版社,2009:153-167.

[80]杨立雄.中国老年贫困人口规模研究[J].人口学刊,2011(4):37-45.

[81]王思斌.从管制到救助:流浪乞讨人员救助制度分析[J].中国党政干部论坛,2003(7):8-10.

[82]陈微.当代中国流浪乞讨救助制度研究[M].北京:社会科学文献出版社,2007:167.

[83]岳经纶.政府购买社会救助服务现状、问题与对策建议[J].中国民政,2020(5):56-58.

[84]陈成文,王祖霖."碎片化"困境与社会力量扶贫的机制创新[J].中州学刊,2017(4):81-86.

[85]唐钧.社会救助管理需专业化[J].社会观察,2014(8):27-28.

[86]吴正泓.社会力量参与公共文化服务供给模式研究[D].天津:天津大学,2018.

[87]唐果,陈恺宇,徐建军,等.社会力量参与社会救助的优势、途径及风险防范[J].贵州省党校学报,2018(1):124-128.

[88]康莉莹.论社会力量参与社会救助[J].法制与社会,2015(36):173-175.

[89]何丽.社会力量参与社会救助制度的路径及风险研究[J].青藏高原论坛,2018,6(2):49-52.

[90]张世青.城市贫困人口社会救助主体的救助责任研究[D].济南:山东大学,2016

[91]王锡源.我国社会救助中政府与非政府组织协作机制研究[D].上海:上海交通大学,2008.

[92]杜宇.社会救助中非政府组织参与机制研究[D].吉林:长春理工大学,2016.

[93]肖莎,社会组织在社会救助事业中的参与:合作与互动[J].中国浦东干部学院学报,2010(5):108-112.

[94]丁建文.我国社会组织参与社会救助的困境与对策[J].陕西理工学院学报(社会科学版),2015,33(2):66-70.

[95]郭艳丽.我国非营利组织参与社会救助问题研究[D].济南:山东财经大学,2012.

[96]李先军,黄速建.新中国70年企业扶贫历程回顾及其启示[J].改革,2019(7):16-26.

[97]尹皓.社会力量参与社会救助研究[D].北京:中国矿业大学,2017.

[98]梁立新,兰俏梅.社会组织:社会救助实践参与的新型主体[J].兰州学刊,2018(5):169-177.

[99]吴振华.社会力量参与社会救助制度的路径[J].中国民政,2015(7):24-26.

[100]刘霞.社会治理视阈下社会组织的困境与发展[J].行政与法,2016(4):54-60.

[101]胡嵩雯.社会组织参与农村事实孤儿救助模式研究[D].长沙:东南大学,2019.

[102]黄静.社会救助实务[M].成都:西南交通大学出版社,2018:61.

[103]刘剑武.曲靖市民政局社会救助管理系统的设计与实现[D].济南:山东大学,2019.

[104]焦克源,胡晓婷."双向系统性"模式:社会救助管理水平提高的新思路[J].云南社会科学,2009(2):115-118.

[105]林闽钢.论我国社会救助立法的定位、框架和重点[J].社会科学辑刊,2019(4):90-95.

[106]王秀花,张元洁.我国社会救助管理服务体系建设研究[J].安徽农业大学学报(社会科学版),2018,27(4):93-97.

[107]王雄.统筹社会救助体系建设研究[D].大连:东北财经大学,2018.

[108]金玉.宪法视阈下我国农村社会救助制度之检视与构造[J].学术界,2019(8):141-147.

[109]刘苏荣.我国社会主要矛盾发生转化背景下构建城乡一体化社会救助体系的基本策略[J].学术探索,2018(8):66-72.

[110]关信平.当前我国反贫困进程及社会救助制度的发展议题[J].陕西师范大学学报(哲学社会科学版),2019,48(5):28-36.

[111]林闽钢主编.社会救助通论[M].北京:科学出版社,2017:196.

[112]林闽钢.新时期我国社会救助立法的主要问题研究[J].中国行政管理,2018(6):44-48.

[113]王莹.新形势下城市贫困群体救助制度问题研究[D].长春:吉林财经大学,2017.

[114]李运华,魏毅娜.贫困衡量视角下"精准"救助的体制机制构建[J].东北大学学报(社会科学版),2017,19(1):61-66.